國家社會科學基金資助項目
全國高等院校古籍整理研究工作委員會資助項目
福建省高校服務海西建設重點資助項目
福建省社科研究基地重大資助項目

叢書主編 林志強

林義光《文源》研究

葉玉英 林志強 田勝男 著

中國社會科學出版社

圖書在版編目（CIP）數據

林義光《文源》研究／葉玉英等著 . —北京：中國社會科學出版社，
2017.7

（閩籍學者文字學著作整理研究叢書）

ISBN 978 - 7 - 5203 - 0623 - 2

Ⅰ . ①林…　Ⅱ . ①葉…　Ⅲ . ①漢字—古文字學②《文源》—研究
Ⅳ . ①H121

中國版本圖書館 CIP 數據核字（2017）第 134120 號

出 版 人	趙劍英	
責任編輯	張　林	
特約編輯	文一鷗	
責任校對	張　虎	
責任印製	戴　寬	

出　　　版	中国社会科学出版社	
社　　　址	北京鼓樓西大街甲 158 號	
郵　　　編	100720	
網　　　址	http://www.csspw.cn	
發 行 部	010 - 84083685	
門 市 部	010 - 84029450	
經　　　銷	新華書店及其他書店	

印　　　刷	北京明恒達印務有限公司	
裝　　　訂	廊坊市廣陽區廣增裝訂廠	
版　　　次	2017 年 7 月第 1 版	
印　　　次	2017 年 7 月第 1 次印刷	

開　　　本	710×1000　1/16	
印　　　張	24.75	
插　　　頁	2	
字　　　數	388 千字	
定　　　價	99.00 元	

凡購買中國社會科學出版社圖書，如有質量問題請與本社營銷中心聯繫調換
電話:010 - 84083683
版權所有　侵權必究

目　　録

從鄭樵到林義光：閩籍學者
的文字學研究（代序）

　　閩籍學者的文字學研究，自宋代至民國有鄭樵、黃伯思、謝章鋌、林尚葵、李根、林慶炳、呂世宜、林茂槐、陳建侯、陳榮仁、林義光等人，其中著名者，宋代有鄭樵，民國有林義光，可以作為閩籍學者文字學研究的代表性人物。

一

　　鄭樵讀書論學，涉獵極廣，用力至勤，成果豐碩。以文字學而言，其著作有《象類書》《六書證篇》《六書略》《金石略》《石鼓文考》等，前三種主要研究"六書"，後二種主要研究金石文字。其中《六書略》是鄭氏最重要的文字學著作，書中最能體現鄭氏字學研究成果的是他對"六書"理論的研究。

　　《六書略》對"六書"的深入研究表現在下面幾個方面：第一，拋開許慎之說，重新闡釋"六書"，不乏卓見。比如他通過比較來闡釋"指事"字的特點，比許慎的"視而可識，察而見意"更為清晰。他說："指事類乎象形：指事，事也；象形，形也。指事類乎會意：指事，文也；會意，字也。獨體為文，合體為字。形可象者，曰象形，非形不可象者指其事，曰指事。"這就把指事字的"事"字的含義和不可拆分的特點說得比較透徹了。他對"諧聲"的認識也頗為精到，他說："諧聲與五書同出，五書有窮，諧聲無窮；五書尚義，諧聲尚聲。天下有有窮之義，而有無窮之聲……諧聲者，觸聲成字，不可勝舉。"從中可見形聲造字法的優越性之所在。第二，他提出"子母相生"說，發揮了"獨體為文，合體為字"

的觀點，並把"六書"的排列順序予以邏輯化。他在《論子母》篇中立330母為形之主，870子為聲之主，合為1200"文"，構成無窮之"字"，"以子母相對的二元構字方式首次分析了漢字系統，求得了漢字組字成分中母與子的最低公約數"，證明漢字系統是有規律可循的。① 他又說："象形、指事，文也；會意、諧聲、轉注，字也；假借，文字俱也……六書也者，象形為本，形不可象，則屬諸事，事不可指，則屬諸意，意不可會，則屬諸聲，聲則無不諧矣，五不足而後假借生焉。"此說明確了"六書"中的"文""字"之別，揭示了"六書"之間的排列順序和相互關係，其中以"象形"為本，較之許慎把"指事"置於"象形"之前，無疑更容易為人們所接受。第三，對"六書"中的每一書又進行了更為詳細的分類，其分類先以圖表形式列出，又在《六書序》中用文字加以說明，可謂綱目清楚，條理井然。第四，《六書略》以"六書"統字，共分析象形、指事、會意、諧聲、轉注、假借各種類型的文字計24235字，打破了《說文》以部首統字、據形繫聯的格局，是在實踐上對其"六書"理論的進一步驗證，其創新精神是值得肯定的。

鄭樵對"六書"的重視和實際研究，奠定了他在文字學史上的地位。正如唐蘭先生所評價的那樣，鄭樵是文字學史上"第一個撇開《說文》系統，專用六書來研究一切文字"② 的人。他的研究使文字學結束了僅僅仿效《說文》編撰字書或為之作傳的階段而進入一個比較純粹的理論探求階段。在他的影響下，"六書"學成為後代漢語文字學研究的一個新領域，一個核心問題，出現了一大批以"六書"為名的文字學著作，提出了不少有價值的見解，推進了漢字學理論的研究。文字學史上"六書"理論的發展和進步，究其緣由，不能否認鄭樵的提倡和轉軌之功。

鄭樵的文字學研究，除了"六書"理論以外，還對文字學的其他專題進行了有益的探索。主要有：

（一）他對文字的起源生成問題作了可貴的探索。第一，他闡明了"書畫同源"的理論。他說："書與畫同出。畫取形，書取象；畫取多，書取少。凡象形者，皆可畫也，不可畫則無其書矣。然書窮能變，故畫雖

---

① 參見張標《論鄭樵的〈六書略〉》，《古漢語研究》1997年第2期。

② 參見唐蘭《中國文字學》，上海古籍出版社1979年版，第71頁。

取多而得算常少，書雖取少而得算常多。六書也者，皆象形之變也。"這裏他闡述了兩個重要觀點，一是"書畫同出"，二是"書畫有別"。首先他認為書畫同出，即象形字和圖畫一樣，都是取象於客觀事物，正如許慎所說，象形字是"畫成其物，隨體詰詘"而形成的，因而文字與圖畫具有共同的特點。其次，他在指出書畫有共性的同時，還進一步區別了書畫的不同："畫取形，書取象；畫取多，書取少。"他認為漢字的象形，並不像繪畫一樣纖毫畢現，而是觀物以取象，抓住特徵，寥寥幾筆，以少勝多，所謂"書雖取少而得算常多"。從象形字的特點來看，鄭樵的看法是完全符合實際的。他對書與畫的區別，雖然還不能抓住關鍵問題——書與語言中的詞掛鉤，具有音和義，畫則否——但他能著眼於書與畫之筆畫的繁簡、形神的不同來加以論述，說明他已開始辯證地思考書與畫的關係問題，較之單純論述"書畫同出"，無疑更進了一步。"書畫同源"的看法是"漢字起源於圖畫"說的先聲，較早提出"漢字起源於圖畫"的學者，有孫詒讓、沈兼士、唐蘭等人。從文字學史上看，鄭樵早論及此，是很了不起的。第二，他提出了"起一成文"說，認為漢字的基本筆畫都是由"一"及其變化形體構成的。"起一成文"說是從楷體文字符號體系內部來探討文字用於表現其內容或对象物的憑藉手段——筆畫及其相生之理。這與"書畫同出"說顯然不同。"書畫同出"講的是文字、圖畫及其與对象物的關係，是從整體上考察文字與它所反映的外部世界之間的關係，是從社會功能和本質屬性的角度來闡述漢字起源問題的。因此，"起一成文"雖然也可視為漢字起源的學說，但它與"書畫同出"角度不同，性質有別，兩者不宜混為一談。然而如果就漢字生成的角度而言，"起一成文"和"書畫同出"又是互相聯繫的。"書畫同出"注重文字與外部世界的關係，"起一成文"則著眼於字符內部筆畫的形成，兩者內外結合，是相輔相成的。①

（二）針對《說文》五百四十部首的設置提出新的建設性的看法。他在《論子母》中說："許氏作《說文》定五百四十類為字之母，然母能生而子不能生，今《說文》誤以子為母者二百十類。"於是他又在《論子母所自》中提出部首刪並的原則，主張從顯隱、遠近、約滋、同獨、用與

---

① 參見林志強《鄭樵的漢字生成理論》，《古漢語研究》2001 年第 1 期。

不用、得勢與不得勢等六個方面來考慮，把《說文》五百四十部歸併為三百三十部首。過去論及部首簡化，多認為始于明代梅膺祚所作《字彙》的二百一十四部。梅氏的部首是檢字法的部首。鄭氏三百三十部首雖然仍是文字學性質的部首，但畢竟早于梅氏。故部首簡化創始之功，當推鄭氏①。只可惜《六書略》不以部首統字，看不出鄭氏部首的具體設置情況，因而也降低了鄭氏部首對後世的影響力。

（三）對異體字及其形義關係作了專題研究。《六書略》中有《古今殊文圖》《一代殊文圖》《諸國殊文圖》《殊文總論》諸篇，討論了有關異體字的問題。他指出字形因古今差異、方國不同而有所變化，同一時代可能也有不同寫法，因此不能以義理說解文字，否則同一個詞若有幾個字形就要認為有幾種義理。他在《殊文總論》中說："觀古今殊文與一代殊文，則知先儒以義理說文字者，徒勞用心……大抵書以紀命為本，豈在文義！以義取文者，書之失也。"可見他已從文字的異體現象中認識到文字只是記錄語言的符號，不宜尋求每一字形必有義理存乎其中。這種看法也有其深刻的一面。當然因反對義理之學而完全否認以義說字也過於偏激，沒有充分認識到漢字的表意性質以及漢字形義關係的動態結構。

（四）對比較文字學作了有益的嘗試。《六書略》中有《論華梵》三篇，討論漢字與梵文的差別，所見可能未必深刻，但也看到了華梵的不同特點。如《論華梵下》云："梵人別音，在音不在字；華人別字，在字不在音。故梵書甚簡，只是數個屈曲耳，差別不多，亦不成文理，而有無窮之音焉……華書制字極密，點畫極多，梵書比之實相遼邈，故梵有無窮之音而華有無窮之字，梵則音有妙義而字無文彩，華則字有變通而音無錙銖。"鄭氏把對漢字的研究延伸到與外域文字的比較中去，其視野是相當開闊的。

（五）鄭樵對金石文字的研究也頗有成績，主要著作有《金石略》和《石鼓文考》。《金石略》一書所收"上自蒼頡石室之文，下逮唐人之書"，② 保存了不少金石材料，但只錄其名，不存其文，是一缺陷。在鄭

---

① 參見吉常宏、王佩增編《中國古代語言學家評傳‧鄭樵》，山東教育出版社 1992 年版，第 255 頁；党懷興《宋元明六書學研究》，中國社會科學出版社 2003 年版，第 63—64 頁。

② 《通志‧總序》，《通志‧二十略》，中華書局 1995 年版，第 9 頁。

樵之前,歐陽修作《集古錄跋尾》,已開始對金石材料加以簡單的說明和考證,趙明誠的《金石錄》在這一方面取得了很大成就,而鄭樵沒有繼承這種做法,也失之簡陋。但是,正如馬衡先生所說,"鄭樵作《通志》,以金石別立一門,儕於二十略之列,而後金石學一科,始成為專門之學,卓然獨立,即以物質之名稱為其學科之名稱矣。"① 可見其書在中國金石學史上的地位。如果說《金石略》一書因略於考證而影響了它的價值,那麼他的《石鼓文考》則以精闢的考證,為石鼓是秦國之物提供了文字學上的根據,備受古今學者的稱讚。《福建藝文志·卷十五》云:"《石鼓文考》三卷,鄭樵著。《直齋書錄解題》云:'其說以為石鼓出於秦,其文有與秦斤秦權合者。'隨齋批註云:'樵以本文巠、殹兩字秦斤秦權有之,遂以石鼓為秦物……'案樵說證據甚碻,可從。"此外,正如裘錫圭先生所指出的,由於鄭樵對金石文字頗有研究,受到金石文字中較古字形的啟發,對一些表意字字形的解釋明顯勝過《說文》,值得挖掘闡發。例如《說文》說"止"字"象艸木出有址",《六書略》則認為"象足趾";《說文》說"立"字"从大立一之上",《六書略》則認為"象人立地之上";《說文》說"走"字"从夭、止,夭者屈也",《六書略》則說"夭""象人之仰首張足而奔之形",皆符合古文字的造字本意。② 張標先生也舉出了一些例子,如《說文》釋"元"為"始",《六書略》則說"元"為"人頭也",《說文》釋"我"為"施身自謂",《六書略》則說"我"為"戍、戚也,戍也,皆从戈,有殺伐之意……又借為吾我之我,許氏惑於借義",也都是很有見地的。③

　　宋人為學以創新為特色,鄭樵亦不例外。他的文字學研究,確有不少真知灼見,足以啟人心智,值得繼承發揚。然鄭氏之學,亦難免其弊,比如他對"六書"的分類過於繁瑣,有些說法又過於玄虛,等等。清·戴震在《與是仲明論學書》中說,鄭樵等宋代學者,"著書滿家,淹博有

---

① 參見馬衡《凡將齋金石叢稿·中國金石學概要上》,中華書局 1977 年版,第 2 頁。

② 參見裘錫圭《古文字學簡史》,收入《文史叢稿——上古思想、民俗與古文字學史》,上海遠東出版社 1996 年版,第 144—145 頁。

③ 參見張標《論鄭樵的〈六書略〉》,《古漢語研究》1997 年第 2 期。

之，精審未也"。① 姚孝遂先生說："鄭樵的文字學理論，現在看起來，不免有些幼稚，然而卻是新穎而獨到的。任何新生事物，在其發生的階段，都不可避免地顯得有些幼稚，這是情理之常，絲毫不足為怪。令人遺憾的是，鄭樵所需要研究和整理的範圍過於廣博，他沒有在文字學方面作進一步的探討，從而使他的文字學理論得到進一步的發揮和完善。"② 這些評價都是非常允當的。

二

林義光與容庚、商承祚等人都是清末民初從事古籀研究的名家，也是最早研究甲骨文的學者之一。他的主要論著有《文源》《釋裁萹》《卜辭⿱⿰屮屮⿱屮日即祭惑說》《鬼方黎國並見卜辭說》《論殷人祖妣之稱》等。其中最重要的文字學著作《文源》，是一部運用商周秦漢金文和石刻文字等材料以窺造字之源，以求文字本義的字書，"比較集中地反映了宋至清代利用金文探求字源的成果"，③ 也是一部探索漢字構形條例，研究漢字演變規律的文字學著作，其中真知灼見，常為學者所徵引，是一部很有價值的文字學著作。

《文源》書前的《六書通義》，是林義光集中闡釋"六書"理論的重要文章。林氏的"六書"在定義上完全承襲《說文》，但對每一書都作了更詳細的說明，有的進行全新的分類，有的加以深入的分析，歸納條述如次：

（一）對象形、指事二書進行了全新的分類，象形分為"全體象形""連延象形""分理象形""表象象形"和"殼列象形"等五類，其中的"殼列象形"，舊以為會意，林氏歸為象形，是其特別之處；指事分為"表象指事""殼列指事""形變指事"等三類，其中的"殼列指事"，一般亦以為會意，林氏歸為指事，亦屬特殊。林氏同時還對"表象指事"

---

① 參見段玉裁編《戴東原集》卷九，轉引自梁啟超《清代學術概論》，上海古籍出版社1998年版，第37頁。

② 參見黃德寬、陳秉新《漢語文字學史（增訂本）·序》，安徽教育出版社2006年版，第12頁。

③ 李學勤語，參見《文源·序》，天津古籍出版社、遼寧人民出版社2012年版，第1頁。

和"表象象形""敍列指事"和"敍列象形"進行了對比分析，說明在其封閉自足的系統裏，他對理論的探討還是比較深入的。把他的分類與鄭樵進行對比，可以發現兩者是有所不同的。鄭樵對各書都進行了分類，林氏則只對前二書進行分類；鄭樵對象形的分類是根據取象對象來進行的，有所謂天物之形、山川之形等等，林氏的分類則是根據字符的構形特點與物象的對應關係來進行的；鄭樵對各書的分類，除了正生，還有兼生或變生，出現了兼類的問題，林義光只在形聲和轉注方面作了兼類處理，等等。

（二）林義光根據許慎所舉會意字的例子，認為"止、戈"為"武"，"人、言"為"信"，乃是取其詞義連屬，非復對構其形。他把傳統上的許多會意字歸為"敍列象形"和"敍列指事"，只承認詞義連屬的才是會意字，因此他把會意字的範圍縮小得比較厲害，如二人相隨為"从"，口、木為"束"，自在宀下為"官"之類，他認為都不是會意字，與傳統的看法是不同的。

（三）林義光從兼類的角度來討論形聲問題，認為"形聲之字常與他事相兼，'江''河'从'水'，此以轉注兼形聲；'今'聲之'禽'，'止'聲之'齒'，此以象形兼形聲；'白'聲之'碧'，'虍'聲之'虞'，此以會意兼形聲。"他對形聲字的重要貢獻是提出"二重形聲"的結構類型，①《文源》卷十二還對此進行了專題研究，引起學術界的關注。從來源上看，林氏"二重形聲"與鄭樵"子母同聲"應有密切的關係。

（四）林義光對轉注的看法是很深刻的。他說："意有同類，建一以為首，後出之字受形焉，謂之轉注。猶'考''老'同意，而'考'受形於'老'也。"扣緊許慎的定義作了很好的解釋。他認為"轉注不能無所兼，而兼形聲者獨多"。這與他在形聲字部分所說的"凡造字以轉注兼形聲為最簡易，後出之字多屬之，《說文》九千，獨此類字什居八九，學者但目為形聲，而轉注之謬解遂不可究詰矣"，可謂互相呼應。他的這種

---

① "二重形聲"指的是兩個偏旁都是聲符的字，從名實關係看，現代學者稱為"兩聲字"或"雙聲符字"更為合適。

看法與徐鍇、鄭樵、趙宧光等人的看法有相似之處，① 應該是受到先儒的啟發，對後人也有深刻的影響。他還批評了戴震的"互訓說"和許瀚、江聲的"部首說"，分析很到位。

（五）林義光論假借，筆墨獨多。他先論假借之產生，謂"文字之出，後於音聲。凡事物未制字者，先有聲矣。借同音之字以彰之，使讀者如聞其語，雖不制字，其效則同。故假借者，單純形聲也"。說得很清楚。他續說假借之類別，分為"與本義相關"和"不關於本義"兩類，實與鄭樵"有義之假借"和"無義之假借"相同。他還從共時、歷時以及古書用字的角度分析了假借的諸多現象，強調假借乃是基於"本無其字""有本字不得借用他字"的原則。

以上林義光所論"六書"之內容，總起來看，確有與前賢不同而顯其獨特看法者，但也存在模糊和不易掌握之弊。如他對象形的分類似乎還沒有很清晰的邏輯關係，對具體文字的判斷似乎也缺乏操作性。又比如他說"表象指事"與"表象象形"的區別是，前者的指事是虛設，後者的象形是實有，理論上是說得過去，但從所舉的例子看，則不一定好認定，如"牟"（牟）字他列為象形，其實也符合他的指事。當然，也許我們對林義光的"六書"理論還缺乏深入準確的理解，還需要進一步的研究。

《文源》以林氏自己的"六書"分卷，前六卷為"象形"的五類，卷七、卷八、卷九為"指事"的三類，卷十為"會意"，卷十一是"轉注兼形聲"，卷十二為"二重形聲"，全書總共分析了1700多字，體例是先錄《說文》，若有意見，則再加按語。其間多用商周金文材料，間采秦漢金石文字，"金刻不備之文，仍取足於小篆"。偶亦以己意構擬古文，失之主觀。或謂《文源》乃全面使用金文材料疏證文字，這種說法是不夠準確的。至於《文源》未採用甲骨文者，蓋其書寫作在前，而甲骨學或影響未及，林氏本人研究甲骨文也在《文源》問世10年之後。林氏認為"古文製作之微旨，足正從來說解之違失"，② 故以商周秦漢的金文和其他一些古文字材料探討本形本義，跳離了傳統的材料局限，用偏旁分析等方

---

① 徐氏、鄭氏、趙氏的看法參看黨懷興《宋元明六書學研究》，中國社會科學出版社2003年版，第161—166頁。

② 參見林義光《詩經通解·序》，《詩經通解》，中西書局2012年版，第1頁。

法來研究文字的構形及其形義關係，用歷史發展的眼光來看待文字的動態
變化，這些都是值得稱道的地方，顯示了林氏研究文字的科學性。在具體
文字的疏解過程中，精彩之語隨處可見，然亦難免個人和時代之局限，我
們應該是其所當是，非其所當非。其中涉及許多文字學的問題，比如關於
古今字、文字分化、訛變、互體、聲借、依隸制篆、形變指事、二重形聲
等等，或隨文疏解，或專題研究，對後來古文字的研究都有或大或小的影
響，可以看出林氏對文字學的特殊貢獻。

值得注意的是，林義光的研究很好地繼承了前人的研究成果。《文
源》是一部繼承傳統文字學特別是清代段、朱"說文學"成就的承前啟
後的著作，前述"六書"理論也有不少智慧來源於宋元以來的學術研究，
特別是對鄭樵學術思想的繼承，比如鄭樵對"六書"進行了分類，提出
兼類的問題，林氏的結果雖然不同，但思路做法並無二致；把轉注和形聲
合而論之，二人也有許多相似的地方；鄭樵的"子母同聲"和林氏的
"二重形聲"，提出並研究了一類特殊的漢字構形問題，林氏對鄭樵的承
襲並且後出轉精，也是顯而易見的。

三

其他閩籍學者的文字學研究，都不如鄭樵和林義光那麼專門，成就也
沒有他們那麼突出。涉及者有黃伯思、謝章鋌、林尚葵、李根、林慶炳、
呂世宜等，以下略作介紹。

(一) 黃伯思

黃伯思 (1079—1118)，字長睿，別字宵賓，自號雲林子，福建邵武
人。據史料記載，黃伯思所學汪洋浩博，學問號稱淵博淹通。編有《古
文韻》一書，是一部古文字字形的專書，以夏竦《四聲集古韻》（按，當
即《古文四聲韻》）為基礎擴編，益以三代鐘鼎款識及周鼓秦碑古文、古
印章、碑首並諸字書所有合古者，可惜已佚。其所著《東觀餘論》，主要
在於考證名物，但也零星涉及語言文字的問題，約有如下數端：第一，在
《東觀餘論·法帖刊誤》之《第一帝王書》及《第六王會稽書上》中對
"信"字的一個後起義"信使"作了很充分的論證；第二，對個別文字的

讀音和形體有所辨正，如《跋鐘緜賀捷表後》論"蕃"字讀音，《第九王大令書上》說"鄒""郤"之辨；第三，對一些古文字的考釋提出了自己的看法，如《周寶和鐘說》的"走"字，《茝仲医辨》的"茝"字等。

（二）謝章鋌

謝章鋌（1820—1903），[①] 初字崇祿，後字枚如，號江田生，晚號藥階退叟，自稱瘈邊人，福建長樂人，祖籍浙江上虞，世居福州。謝章鋌一生著述豐富，文章詩詞皆碩果累累，而以詞學為尤著。其治學重經學，秉承清儒樸學之風，因此對小學也頗為措意，在音韻、訓詁等方面均有著述傳世。其文字學著作《說文大小徐本錄異》（以下簡稱《錄異》），雖非完篇，知名度也不高，但作為閩省為數不多的文字學著作，仍然值得我們珍視，特別作為清代二徐互校的系列作品之一，也有其自身的特色，從中可以看出謝氏在文字學研究方面的見識和成就。

謝氏作《錄異》的主要目的是"窺《說文》之真于萬一"，所以他作《錄異》並非完全"錄而不作"。《錄異》中可見謝氏文字學水準的材料，主要是謝氏按語。《錄異》一書錄二徐之異六百餘條，其中七十餘條加有按語，其按語體現了謝氏的校勘水準，也體現了謝氏對文字學或《說文》學的判斷能力。約有以下數端：第一，引用別人意見，推究《說文》的原貌，如大徐本正文中的某些文字，在小徐本中屬於徐鍇的按語，謝氏則據此認為"非許氏原文"，比如卷一"祭"字條，大徐本有"《禮記》曰：雩祭祭水旱"之語，謝氏據小徐本"《禮記》"上有"臣鍇按"三字，認為"此非許氏原文也"。第二，根據大小徐本的對照，直接判斷其正誤得失，也間接體現了謝氏對《說文》原本的判斷。如卷一"藎"字條指出，小徐本"公"作"從"，不誤；"葚"字條指出小徐本"跳"作"銚"，不誤。卷二"彳"字條指出小徐本"從"作"行"，非是。卷五"笑"字條按語云："小徐本載大徐說，此後人所加。"卷六"枱"字條指出小徐本"黍"作"耒"，不誤。卷七"瓢"字條指出小徐本作

"从贾，弧省聲"，似誤；"奧"字條指出小徐本"西"作"東"，似誤；"幅"字條指出小徐本"畐"作"幅"，誤；"嶑"字條指出小徐本"南郡"作"臬帬"，似誤；"黐"字條，大徐本作"黑與青相次文"，小徐本"次"作"刺"，謝氏認為小徐誤，等等。第三，根據許書無"音某"之文，認為凡標注"音某"者，皆非許氏原文。如大徐本卷二"公"字條的"音司"二字，"昏"字條的"音厥"二字，卷七"悅"字條的"又音稅"三字，小徐本卷四"瞿"字條的"又音衢"三字，謝氏認為皆後人所加，非《說文》原貌。第四，根據其他一些具體的理由推定《說文》原貌。如小徐本卷五"左"字條，釋文作"手左相佐也"，因"佐"為"左"之俗字，非許書所有，故以為非許書原文。以上可以看出，謝氏對《說文》原貌的探求，綜合運用了各種方法，可謂言簡而意賅。謝氏於文字學雖非大家，但亦有善可陳，不應埋沒。[①]

(三) 林尚葵、李根

林尚葵，字朱臣，福建侯官（一說莆田）人。李根，字雲谷，福建侯官（一說晉江）人。從有限的資料可以推知，林、李二人同郡，為明末清初學者，皆精篆籀六書之學，有共同愛好，共著有《廣金石韻府》一書。此書乃根據明代朱時望的《金石韻府》增益而成，按四聲分部，共分為上平聲、下平聲、上聲、去聲、入聲五卷，每聲之下再按韻來收字：上平聲收 642 字，下平聲收 556 字，上聲收 563 字，去聲收 640 字，入聲收 500 字，全書合計收 2901 字。字頭用楷書，以黑色圓圈標明，大都有反切注音或直音。字頭下依據許慎《說文解字》列出小篆字形，再在其後描出古文之形，小篆和古文都用朱墨書寫古文皆注明出處，《廣金石韻府》來源於宋代《汗簡》《古文四聲韻》《歷代鐘鼎彝器款識法帖》諸書，是傳抄古文一系的著作，從初步整理的情況看，其書在古文字形資料的收集方面有一定貢獻，書中有關字形之下，作者注明"省文""假借"等，說明他們對文字結構的省變和用字現象有所考察，值得進一步

---

① 陳近歡《〈說文大小徐本錄異〉研究》（碩士學位論文，福建師範大學，2013 年）對《錄異》作了比較全面的研究，可參看。

整理和研究。①

（四）林慶炳

　　林慶炳，字耀如，福建侯官（今福州）人，是清代愛國學者、詩人林昌彝之子，幼承家學，著有《說文字辨》《周易述聞》等。《說文字辨》書前所錄序文及評語，有一些是大宦名家所寫，如陳澧、沈葆楨等，可見其交遊甚廣。《說文字辨》的寫作緣由，林慶炳在《自敘》中說得很清楚。他說："因世之好古者多，欲書其字而莫得其源，每以殘篆之散見於字書者以為《說文》正字，或以己意杜撰，而摹篆作楷，反成破體。此徒於字形求之，不知於字義辨之也，然字形不正則字義亦不明，奚可以不辨哉。"可見這是一本根據《說文》辨析字形字義的著作。其做法是摹篆作楷，究心點畫，同時辨析正俗、古今、通假等問題。他的"摹篆作楷"，完全根據小篆的結構以楷書的筆畫進行轉寫，如"吏"作"叓"、"每"作"𡴋"、"折"作"𣂚"、"右"作"𠮝"、"走"作"𣥺"、"前"作"歬"等。這實際上就是沿襲傳統"隸古定"的做法，可以稱為"楷古定"。②"隸（楷）古定"在存古方面有著積極的作用，特別是對於不識之字和結構奇特的文字，通過隸古定的方法予以保存，有利於進一步的研究，現在古文字學界還經常使用。而《說文字辨》的這種"隸（楷）古定"，所定的對象是《說文》的小篆，字皆認識，形已固定，再轉寫為怪異的形體，顯然沒有必要。當然作者的主要目的在於通過轉寫小篆的結構來與通行的字形作比較，在這個角度說，還有一定的意義。該書共對3310 個篆體字形進行了楷化轉寫，並對其進行形、音、義等方面的分析。相當一部分的文字只作了簡單的對比，如"叓，今作吏"之類；有些字如果有細微的區別，也加以說明，如指出篆書之"王""中畫近上"，與通行的"王"字三橫等距不同；如果涉及古今字、異體字、假借字等問

---

①　參見林文華《清代金石學著作〈廣金石韻府〉研究》，《福建師範大學學報》2012 年增刊。

②　"隸古定"一詞首出於《尚書》孔序，其"隸"當指隸書。但是真正的隸古定古籍（如《尚書》）已不可見，敦煌等地發現的古本《尚書》，雖然號稱隸古定本，其實都是楷古定本。傳世的《穆天子傳》，李遇孫的《尚書隸定釋文》也是如此。參見林志強《論傳抄古文的形態變化及相關問題》，《漢字研究》（第一輯），學苑出版社 2005 年版。

題，則參照字書韻書進行辨析。① 從這些辨析中可見作者的文字學水準，這方面的情況還需要進一步的研究。

（五）呂世宜

呂世宜（1784—1855），字可合，號西邨，晚年號不翁。出生于金門，長期在廈門居住，後入臺灣。呂氏好古嗜學，研究範圍涉及金石小學和書法，其書法在閩、台兩地有很高的聲望。其文字學著作《古今文字通釋》菽莊刊本收入《續修四庫全書》，正文共分十四卷，卷首有呂世宜自敘、林維源序、陳榮仁序。該書選擇 4353 字進行通釋，解說主要根據段玉裁《說文解字注》並進行增刪補正，對篆隸正俗之變、文字通假現象等有較多分析，若對段注有不同的意見，作者也作了具體的辯駁。作者根據典籍，補充了許多通假字、古今字、異體字的例證，又根據銅器銘文和碑刻材料對有關文字現象進行佐證。這些都說明《古今文字通釋》在文字學研究方面有一定的成績，值得肯定和闡揚。②

福建自宋代以降文化發達，學者著述豐富。文字學方面的著作，除上文所述之外，根據史籍和地方文獻，尚可找到不少，如明代福清林茂槐的《字學書考》，清代福州陳建侯的《說文撮要》，晉江陳榮仁的《閩中金石略》《說文叢義》等，他們共同豐富了閩籍學者文字學研究的成果，今後需要進一步地收集、整理和研究。

四

以上對閩籍學者的文字學研究情況作了概述，並不全面，今後還需要不斷補充。但通過以上的概述，我們可以發現，閩籍學者的文字學研究，也有一些共同的特點：第一，重視理論的探索和創新，如鄭樵的《六書略》，林義光的《六書通義》，都注重"六書"理論的重新解釋和建構，推動了文字學理論的不斷發展。第二，很重視古文字材料的運用，鄭樵很

---

① 參見徐福豔《〈說文字辨〉字形摹辨體例及得失》，《福建師範大學學報》2012 年增刊。
② 參見林奎良《〈古今文字通釋〉研究》，碩士學位論文，福建師範大學，2012 年。據王繼洪先生博文，可知 2011 年郭蓉蓉寫有同名碩士學位論文，但未能在知網上查見。

早就利用金文材料來研究文字的形義關係，有些解釋比《說文》的說法更符合造字本意；林義光更是通過全面的古文字資料來探明字源，研究本形本義；黃伯思、林尚葵、李根、呂世宜等也對銅器銘文和傳抄古文多所關注。第三，大家基本上都是圍繞著《說文》展開研究，都在傳統文字學的框架內探索漢字的奧秘。第四，有些學者之間，在學術上存在著傳承的關係，特別是林義光的研究與鄭樵的研究，有比較明顯的源流關係，這是區域性學術共同體應有的特點。我們把閩籍學者的文字學研究作為一個區域性案例來考察，不僅考慮空間上的共同點，也注意挖掘其學術研究的共性特點和學術傳承的密切關係。

科學學術史的建構，需要對重要學者的著作進行深入的研究，也需要對眾多一般學者的著作進行全面的解讀。閩籍學者的文字學研究，在全國範圍內，肯定不是最重要的，但也是有特點的，他們的著作是文字學研究的有機組成部分。如果把文字學研究的情況進行斷代的、分區域的全面整理，把大大小小的學者的研究都進行仔細的爬梳，那麼我們所建構的文字學史一定是全面、科學、可信的。

五

對閩籍學者的文字學研究，以往沒有專門的梳理。學界對鄭樵的研究，多集中在史學方面，從唐蘭先生開始，才對鄭樵的文字學有一個公允的評價。近年來在對宋元時期的文字學進行研究的課題中，學者們多有涉及，如黨懷興先生的《宋元明六書學研究》（中國社會科學出版社 2003年）等，研究在不斷深入，同時也有博士學位論文對鄭樵“小學”成就進行總結，如薄守生先生有《鄭樵小學研究》（蘇州大學博士學位論文，2009年）等，但把鄭樵放在閩籍學者的陣營裏進行研究，還少有成果，況且他的《六書略》等著作，還有不少內容可以繼續挖掘。林義光的《文源》一書，在研究本形本義及形義關係方面，其卓識新見，屢被學者徵引闡發，引用率頗高，然而從學術史的角度提及林義光之學術貢獻者殊為少見，對此書進行全面整理的更無一人，因而導致學界對林義光和《文源》還缺乏深入、準確的認識，甚至還存在一定的誤區。至於鄭、林之外的閩籍學者的文字學著作，則基本沒有學者進行研究。

　　有鑒於此，我們擬對閩籍學者的文字學著作進行整理和研究，推出《挖掘、整理閩籍文字學家著作及其研究叢書》，為學術史提供具體的案例。我們的選題得到了學術界的支持，先後獲得福建省高校服務海西建設重點項目、全國高等院校古籍整理研究工作委員會項目、國家社會科學基金項目和福建省社科研究基地重大項目的資助，在此表示衷心的感謝！本課題涉及的範圍比較大，需要整理和研究的著作有好幾部，課題組的成員經過努力，現已完成了大部分的初稿，今後將進一步修訂完善，逐步推出相關成果。擬將陸續出版的著作有：《〈文源〉評注》《林義光〈文源〉研究》《〈六書略〉〈金石略〉的整理和研究》《〈說文字辨十四卷〉的整理和研究》《〈廣金石韻府〉〈說文大小徐錄異〉的整理和研究》《〈古今文字通釋十四卷〉的整理和研究》等。由於我們的水平有限，這些成果一定存在疏漏錯誤，敬請大雅方家批評指正。

林志強
丙申仲春吉日於福建師大康堂

第一章 林義光及其《文源》總論

第一節 林義光生平及主要著作

一 林義光生平

林義光，字藥園，福建閩縣①，生年未詳。從他與楊樹達的書信來看，卒年當爲 1932 年。楊樹達之孫楊逢彬先生整理出版的《積微居友朋書劄》中有《林義光三通》。其中第三通寫于 1932 年 6 月 4 日。楊樹達附記："此去年林君來簡。不久林君以暴病謝世矣。惜哉！"②據《中國文化界人物總鑒》記載：林義光卒業于當時的外交部譯學館，先後在清華學校任國文教員③、北平中國大學、師範大學任講師④。

林義光的治學領域廣泛，涉及經史、諸子、文字等，但其著述一直未得到後人的重視，生平情況也不盡詳實，著實令人遺憾。相比之下，林昌彝、林慶炳與林義光同爲閩籍的文字學者，且都作爲林氏後人，卻比林義光更爲人們所熟悉。《閩侯縣誌》最能說明這一問題。該書於 1929 年開編，翌年編竣，1933 年刊行。一方面閩侯是林義光的原籍，而且編纂之時林義光的所有著作均已發表，恰值其學術輝煌之時，其中收錄林氏人物眾多，林春溥、林昌彝、林慶炳等均收錄其中，唯不見林義光之名。2000年 12 月出版的《福州市志》，共收歷代林氏人物 92 人，依舊未尋到林義

---

① 林義光在《文源》中署名 "民國九年九月閩縣林義光"。民國二年（1913）閩縣、侯官縣兩縣合併，取兩縣原名首字組成新的縣名 "閩侯"。

② 楊逢彬：《積微居友朋書劄》，湖南教育出版社 1986 年版，第 23—25 頁。

③ 林義光於 1927 年在清華學校國文系（即今清華大學中國語言文學系）任講師，同時任教的還有楊樹達、朱自清等學者。

④ ［日］僑川時雄：《中國文化界人物總鑒》，中華法令編譯館 1940 年版。

光的名字。我們期待今後有新的資料面世，以補其缺。

二　林義光的學術研究活動及其主要著作

從目前我們掌握的資料來看，林義光的學術研究涉及甲骨文、金文、《說文》學、音韻學、易學、經學等領域，並在各個領域都有建樹。其中影響最大的是《文源》和《詩經通解》兩部專著。我們將於下節對《文源》作詳細介紹。此不贅述。

1. 甲骨文研究

徐文鏡《古籀彙編序》稱：閩侯林藥園與鄒安、方若、容庚、商承祚等人都是清末民初從事古籀研究的名家。范毓周先生《甲骨文研究的歷史、現狀與未來展望》也稱在 1928 年殷墟發掘以前，林義光是當時最早研究甲骨文的包括羅振玉、王國維、葉玉森、陳邦懷、余永梁、王襄、陳邦福、商承祚、容庚等五十幾個學者中的一個。在唐蘭、葉玉森、陳邦懷等先生的有關甲骨文考釋的文章中也常常可見他們對林義光之說的評價。據胡厚宣先生《五十年甲骨學論著目》記載：除了《文源》外，他還有《鬼方黎國並見卜辭說》《釋栽畬》《卜辭𡥈𡥈即熒惑說》《論殷人祖妣之稱》等四篇有關甲骨文字研究的文章，分別刊登在北京中國大學《國學叢編》1931 年第 1 期第 2、3、4 冊，1932 年第 2 期第 1 冊上。

2. 音韻學研究

林義光在音韻學方面也有深厚的造詣。《文源》附有他寫的一篇《古音說略》，提出了自己的上古聲母系統和古韻分部。在上古聲母系統方面，他提出"紐音十紐"說和"紐音通轉"說。紐音十紐指：群、疑、喻、端、精、審、滂、明、來、孃。紐音通轉指：群—端、群—精、群—審、群—滂、群—來、群—孃、疑—審、疑—來、疑—孃、喻—精、喻—審、喻—明、喻—來、喻—孃、端—來、端—孃、精—來、精—孃、審—滂、審—來、審—孃、明—來。他雖然沒有對這些異部通轉作出解釋，但他提出的問題的確是上古音研究中極為重要的課題。他的古韻十八部只分陰陽，沒有入聲，按對轉關係分九組：之—蒸，宵—談、葉，幽—侵、緝，遇—東，模—陽，泰、歌—寒，微—文、臻。除了對轉，他還提出旁轉說，如之蟹、之微、之模、之遇、之幽、之宵、蟹微、蟹泰、蟹歌、蟹模、蟹宵、微泰、微歌、微模、微幽、微宵、泰歌、泰模、泰遇、泰幽、模宵、遇幽、遇宵、幽宵、蒸臻、蒸陽、蒸侵、蒸談、青臻、青文、青寒、青陽、臻文、臻寒、臻陽、文寒等，皆爲旁轉。在《文源》中，他還將自己的古音理論貫穿其中，因聲求義、因聲求字，真正實現形、音、義互相推求。

3. 易學研究

林義光不僅是古文字學家、音韻學家，還是當時著名的易學家。他將文字學的研究方法應用在易學及《詩經》研究上，取得了很高的成就，是當時著名的易學大家，我國當代"易學宗師"黃壽祺先生就曾師從於他①。林氏《周易卦名釋義》一文發表在 1928 年 6 月的《清華學報》（自然科學版）上。該文提出了他對於"卦"的起源的看法，認爲"卦"的產生早於書契，與結繩記事的方法類似，都是在文字尚未產生以前，借來標識事物的方法，而非爲卜筮而作。此外，林氏以研究古文字之法探索卦爻六十四卦卦名與卦畫之間的關係，對六十四卦一一進行解讀，以乾、坤二卦爲例，林氏曰："乾，健也，坤，順也，乾與健古同音，坤與順古音近。漢人書坤作巛，巛即川字，川與順古同音也。"

4. 經學研究與《詩經通解》

林義光又是當時著名的經學家。臺灣中研院中國文哲研究所經學文獻研究室于 2007 年啟動的"民國以來經學之研究"計劃書中指出："此一時期的代表人物爲羅振玉、章太炎、王國維、劉師培、林義光、鄭振鐸⋯⋯"林義光在經學研究方面的著述于今可見的，除了刊登于《國學叢編》第 1 期的《三事大夫說》一篇以外，還有《詩經通解》一書，是其經學研究代表作。《詩經通解》成書于 1930 年，共廿卷，並附有《詩音韻通說》。據《詩經鑒賞辭典》記載當時有衣好軒排印本，1971 年臺北"中華書局"有新版。《詩經通解》的一大特點就是利用古文字材料來研究《詩經》。他在《自序》說：

　　　　秦漢以降，語言文字浸以變易，古書傳寫屢失本真，由是《詩》
　　無達詁，董生歎之。其中艱深之文，比之盤誥聱牙，曾不少異。即其

---

① 張善文：《易學宗師之風範—先師黃壽祺教授治〈易〉成就述略》，《易詮釋中的儒道互動學術研討會論文》，臺灣大學 2005 年版。

號為淺易者，亦或狃於誤解，蘊疑義而不知，蓋三百篇中，傳讀而通
曉者未逮什一，自餘皆晻昧忽荒，莫與洞究；不思而學，祗為面牆；
欲有所感發興起，不亦難哉？夫《詩》之難讀，既由今昔詞言殊致，
則欲究詩義，自必於古音古字求之……輓近三代器物日顯於世，學者
始得見真古文。由之以博稽精思，合以清儒所得音聲故訓之端緒，則
文字孳生通假之故，古書傳寫改易之跡，憭然易明。

　　這就是說，由於語言文字的變遷，秦漢以後，人們讀解《詩經》就
已相當困難，要真正讀懂《詩經》，就得先掃除語言文字障礙，運用古字
古音才能得其確解。清儒精通古音，但不善於利用金文。王國維首倡二重
證據法，利用甲骨文、金文等古文字材料來研究《詩經》的訓詁和相關
問題。其《詩經》學關注點在《頌》詩及其與樂舞的關係，重要論文有
《說商頌》《周頌》和《周大武樂章考》等（均見《觀堂集林》）。林義光
研究《詩經》的方法與思路和王國維是一致的，但王國維的研究重在史
學，而林義光則重在探求《詩經》本來面目及其文學意義。後來聞一多、
于省吾等先生利用古文字材料研究《詩經》，應該就是受其影響。《中國
文化界人物總鑑》就認為林義光的《詩經通解》乃于省吾先生《詩經新
證》之先聲。香港學者吳宏一先生在《中國文學研究的困境和出路》一
文中高度讚揚了王國維和林義光的思路和方法及深厚的學問根底。網絡佚
名文章《本世紀初的〈詩經〉學研究》說："林義光則于晚近出土的三代
器物銘文多有留意，又合之以清儒音聲通假之法，嘗著《文源》一書，
以擅長文字訓詁之學名于世。故其所著《詩經通解》，往往取證金文，每
多勝說，實與王國維的二重證據法同一聲氣，為後來聞一多、于省吾先生
利用古文字材料以明《詩》之訓詁之先聲。"① 臺灣學者季旭昇先生《評
林義光〈詩經通解〉中的古文字運用》分析了《國風》部分林義光用金
文解詩的得失，共十三則，結果發現，除兩則仍待商榷外，其餘各條均言
之成理，說而有據。季先生的專著《詩經古義新證》也高度讚賞林義光
《詩經通解》在《詩經》研究史上的意義和價值。大陸也有不少學者稱引

---

① 佚名：《本世紀初的〈詩經〉學研究》，http：//www.guoxue.com/master/liaoping/
lp06.htm。

《詩經通解》，如雒三桂先生和李山合先生注的《詩經新注》、王宗石先生
《〈詩〉義新探三則》、吳賢哲先生《〈詩經〉注釋新解》、孫玉石先生
《論聞一多的現代解詩學思想》等。《中國通史·第三卷》中就將林義光
的《詩經通釋》和于省吾先生的《澤螺居詩經新證》列爲研究《詩經》
的必讀書目①。

2007 年 1 月，臺灣文哲研究所經學研究室啟動了"民國以來經學
之研究"項目，並擬定至 2012 年 12 月 31 日分階段完成。該項目將
1912—1949 作爲第一階段，執行時間爲兩年，研究分綜論和經學學者
各論兩部分。林義光作爲此時期的代表人物，也被列入該階段的研究計
劃。由於民國經學尚未得到應有的注意，相關工具書甚少，經學家的文
獻數據很難查尋，爲方便學者檢索，擬以兩年的時間編輯《民國經學家
傳記數據索引》。

第二節 林義光與《文源》

傳統《說文》學之所以舉步維艱，很難有所突破，其中最根本的原
因有二：一是宗許思想太重，所以難逃許說的束縛；二是未能有效地利
用古文字材料，特別是在清代金文材料已經相當豐富的情況下，仍未能
意識到金文對古文字研究的意義。受這些因素的局限，傳統《說文》
學家之六書研究日臻繁複、文字說解迂曲難通，字源學也被局限于對
《說文》部首的研究。20 世紀初，在孫詒讓、羅振玉、王國維等學者的
帶動下，掀起了甲骨文、金文研究的熱潮，真正意義上的古文字學才逐
漸形成。孫詒讓偏旁分析法、王國維的二重證據法等科學研究方法的提
出，爲新文字學開闢了廣闊的天地。林義光的《文源》就是在這一時
代背景下誕生的。

一 《文源》版本介紹

《文源》一書寫定于民國九年（1920 年），胡厚宣先生《五十年甲
骨學論著目》記載的《文源》爲 1920 年北平中國大學石印本，共十二

---

① 白壽彝：《中國通史》第三卷（上），上海人民出版社 1999 年版，第 5 頁。

卷附二卷，四冊。目前能查到的版本主要有：林義光自印的石印本三冊，藏于吉林大學、中山大學、清華大學、福建師範大學等；抄本三冊，藏于廈門大學；油印本二冊，藏于中國社會科學院先秦史研究室。批校本，乃于省吾先生對《文源》的批校，現藏于吉林大學的"于氏專藏"圖書室①。據悉，早在 1982 年，《文源》就已在國務院批准的古籍整理出版規劃的語言文字類中了，遺憾的是，這項工作很長時間都未能完成。不過，近年來隨著古籍出版力度的加大，以及越來越多的學者對《文源》關注度的提升，局面已經大為不同：2004 年中國社會科學院考古研究所編著的《金文文獻集成》，第十七冊收錄了《文源》。之後，2006 年由著名《說文》學學者、古文字學者董蓮池主編的大型文獻集成《說文解字研究文獻集成》也已完成出版。該書以 1911 年爲界，分爲古代卷（十四卷）和現當代卷（十二卷），其中現當代卷第二卷"文本研究"中全文收錄了林義光的《文源》。無疑，這兩套巨著的收錄，從某種程度上也是肯定了《文源》在文字學史上所佔有的一席之地，對於提升《文源》的關注度有積極作用。但是，由於這兩套書價格不菲，且是直接翻印出版，故不便於查閱。2012 年中西書局影印出版了《文源》單行本，為學者研究和引用《文源》提供了便利條件。林志強先生標點的《文源》重排標點本，也已交付出版社待出。

二　《文源》編排體例

《文源》是一部運用商周秦漢古文字材料以定文字本形、本義的字書，共收字頭 1551 個，分爲十二卷。前附林義光《自序》《六書通義》《古音略說》《凡例》，書後附《通檢》《引用彝器異名箋》。該書一改《說文解字》以小篆爲字頭之例，而以金文爲字頭（金文所無的字則取小篆），以林義光六書理論爲經，並以其古音理論爲緯，旨在"觀爻象之變，掇采遺文，以定文字之本形，審六書，窺制作之源，以定文字之本義，然後古文可復，先聖述作之意曉然可知，文化之盛庶以不泯也"。林義光認爲小篆已在很大程度上喪失了造字之本旨，所以許慎"但就秦篆

---

① 朱永慧：《著名古文字學家于省吾的藏書特色》，《文獻》2001 年第 1 期。

立說，而遂多不可通"（《文源·自序》）。《文源》在體例上的重要特色表現在：

第一，以其六書理論爲綱，並貫穿每一個條目。《文源》卷一爲"全體象形"，卷二"連延象形"，卷三"分理象形"，卷四、五"表象象形"，卷六"殽列象形"，卷七"表象指事"，卷八"殽列指事"，卷九"形變指事"，卷十"會意"，卷十一"轉注兼形聲"，卷十二"二重形聲"。在每一個條目下都詳細分析字形，說明六書造字之意。

第二，盡量以古文字字形爲字頭，並以古文字爲佐證材料，按語中每有"古作……"之語，因此《文源》可以看作第一部系統運用古文字糾正《說文》的字書。比較系統地利用古文字匡正《說文》，始于清末吳大澂的《說文古籀補》，其後丁佛言《說文古籀補補》、強運開《說文古籀三補》進行了增補。孫詒讓、羅振玉、王國維等人在考釋甲骨文時也指出一些《說文》之誤，但象《文源》這樣系統地利用古文字分析研究《說文》則尚屬首例。林義光在總結古文字構形規律的基礎上提出自己的六書理論，又反過來用這一理論統攝一千多個古文字，系統地分析它們的形音義，探求文字之源，所以他把這本書命名爲《文源》。當代古文字學者詹鄞鑫先生對此書作了很高的評價，他說："（《文源》）用甲骨[①]金文兼取篆文以定文字之本形，審六書，窺造字之源，以求文字之本義。此書頗有見識，爲傳統《說文》學開闢了道路"[②]。

第三，《文源》在每一個字頭下首先注明該字所屬古音韻部。有時採用直音的注音方法說"音某"。有的既有韻部，又言"音某"，還有反切。如卷一"母"字條下注云："之韻，彌以切，又模韻，音毋。"尤其值得我們注意的是，林義光常常以音爲線索，分析文字的構形和演變。因體例如此，故《文源》的每一個條目下，作者一方面審定六書，一方面對文字的形音義加以考證。在作者選取的所有字頭中，大多數是作者在形音義上糾正《說文》的說解，對于作者與《說文》看法一致的，則盡可能補充古文字字形，使讀者對文字制作之源一目了然。

---

① 《文源》未用甲骨文，此當筆誤。
② 詹鄞鑫：《漢字說略》，遼寧教育出版社 1991 年版，第 17 頁。

三 《文源》研究現狀

20 世紀 80 年代以後，學術界雖然逐漸開始重視《文源》，稱引《文源》的學者越來越多，但對《文源》進行系統研究卻是 21 世紀以後的事。有關《文源》的研究，最早見於北京大學圖書館的馬月華先生的論文《林義光與〈文源〉》。文中對《文源》及其作者作了初步的探討，但有關林義光的生平數據並不詳實，且對其文字學理論沒有系統深入的研究。陳偉武先生曾對林義光的"二重形聲"作過研究①。2003 年，葉玉英的《〈文源〉的文字學理論研究》首次從林義光的生平及其著作、六書理論、古文字研究及其對古文字研究的貢獻四個方面作了比較系統的研究②。翌年，她在《論林義光對古文字學的貢獻》一文中又著重闡釋了林義光在古文字構形規律及六書理論研究上的成就。同年發表的《"形變指事"說之推闡》一文，分析了《文源》中收錄的十個"形變指事字"。所謂的"形變指事"字，是指那些由已有的文字改變字形方向或增減筆劃而產生的字。"形變指事"概念的提出，從理論上爲那些傳統六書無法解釋分析的字找到了歸屬，但在相當長的一段時間内都沒有引起學界的重視。直到裘錫圭、詹鄞鑫二人的"變體字"的提出，才使得我們能夠重新回顧歷史，發現林氏的開創之功③。2005 年，葉玉英又在《論雙聲符字研究中的若干理論問題》一文中，以林義光的"二重形聲"說爲基礎，探討了作爲文字構形中特殊的一類的"雙聲符字"的歸屬，並指出林義光爲傳統六書理論無法解釋的文字現象找到了理論上的歸宿，實有開創之功④。

《文源》成書之時，甲骨文已出土多年，且不乏相關專著，況且林義光本人也是當時研究甲骨文的名家。然爲何《文源》談字源卻不求證於甲骨文，著實令人費解。爲了彌補這一缺憾，2010 年田勝男的碩士論文

---

① 陳偉武：《雙聲符字綜論》，載於《中國古文字研究》第一輯，吉林大學出版社 1999 年版，第 328—339 頁。

② 葉玉英：《〈文源〉的文字學理論研究》，福建師範大學碩士論文，2003 年。

③ 葉玉英：《"形變指事"說之推闡》，《廈門教育學院學報》（哲社版）2004 年第 1 期。

④ 葉玉英：《論雙聲符字研究中的若干理論問題》，《廈門大學學報》（哲社版）2005 年第 1 期。

《〈文源〉疏證舉例——以甲骨文爲中心》就以此爲選題，利用目前的甲骨文材料對《文源》全書 1551 個字進行補充、疏證，借此匡正林氏據金文立說之誤，以弄清字形演變，探求文字之源①。寫作期間，田勝男注意到《文源》中提到的"互體"現象，並於 2011 年寫成《論林義光的"互體"理論》一文，認爲林義光"互體"思想來源於易經的"互卦"理論②。

林志強在《〈文源〉取材三題》一文中就《文源》採用古文字資料的範圍、《文源》不用甲骨文之謎和《文源》引用傳統"說文學"資料等三個問題作了探討。他指出："從取材的角度看，《文源》是一部繼承傳統文字學特別是清代段、朱'說文學'的成就，同時又結合古文字資料特別是商周秦漢金石文字資料來探討漢字本形本義的承前啟後的著作。它雖然還沒來得及用上甲骨文的資料，但已經充分展示了古文字資料和傳統文字學相結合給漢字學研究所帶來的新氣象。"③他在《林義光的"聲借"說》一文中，還對《文源》所謂"聲借"作了深入的研究，指出："林義光的所謂'聲借'，是指在對漢字形義關係進行分析時，對某一偏旁的表意功能的說明，不是從本形出發，而是借用它的音同音近字來解釋構形理據的方法。簡單地說，'聲借'就是借用音同音近的偏旁來解釋形義關係的方法。這種方法，以前似乎未聞，當是林氏的發明。""'聲借'法突破構字偏旁之形的束縛，用音同音近的其他偏旁來分析漢字理據，顯然與林義光古音修養和古音意識相關聯。"④

林義光的《文源》，是民國時期"今證派"的代表性著作之一，對它進行前比後聯的觀察和研究，有利於我們全面總結晚清以來傳統《說文》學和古文字學的發展歷史。隨著大家對《文源》認同度的提升，學術界對涉及《文源》研究的課題也給予了大力的支持。近年來，林志強領銜

---

① 田勝男：《〈文源〉疏證舉例—以甲骨文爲中心》，福建師範大學碩士論文，2010 年。

② 田勝男：《論林義光的"互體"理論》，復旦大學出土文獻與古文字研究中心，http：// www. gwz. fudan. edu. cn/SrcShow. asp? Src_ ID＝1692。

③ 林志強：《〈文源〉取材三題》，《福建師範大學學報》2015 年第 1 期。

④ 林志強：《林義光的"聲借"說》，《古文字研究》第三十輯，中華書局 2014 年版，第 545—550 頁。

申請的涉及《文源》和閩籍學者文字學研究的有關項目都獲得批准立項。在項目的推動下，有關研究正在順利推進。

第三節　關於《文源》的取材問題

　　林義光《文源》寫定於民國九年（1920 年），距今已九十多年。在近百年的歷史中，《文源》一書頗受關注，然稱引者多，而研究者少，對其人其書尚缺乏全面準確的認識。近年來我們因項目研究的需要，正在對《文源》進行逐條評注，評其得失，注其未備。在這個過程中，我們對《文源》的文本進行了較爲全面的研讀，因而也有一些不成熟的意見和看法，擬梳理出來就正於大雅方家。本節就《文源》取材的三個問題作一粗淺探討。

一　關於《文源》採用古文字資料的範圍

　　林義光在《文源》卷首《敘》中述其著書之由，從中可以看出。他認爲《說文》雖然"敘篆文，合古籀"，但由於"壁經彝器傳習蓋寡""亦不能無失其真"，故許氏對於"古籀造字之原，多闕不論，但就秦篆立說，而遂多不可通"，而林義光所處的時代，乃是"寶器咸覿"的時候，因此他想通過"掇采遺文，以定文字之本形；審六書，窺制作之源，以定文字之本義"，但"金刻不備之文，仍取足於小篆"。學者們大概是根據這些文字，通常認爲《文源》是全面利用金文（兼取小篆）材料來疏證《說文》、提出自己見解的溯源之作①。但是通過《文源》文本的全面考察，我們發現這個主流看法還是不夠準確的。下面用具體材料進行

---

①　如詹鄞鑫先生云："《文源》用甲骨金文兼取篆文以定文字之本形，審六書，窺造字之源，以求文字之本義。"（《漢字說略》，遼寧教育出版社 1991 年版，第 17 頁。按"甲骨"二字當刪）劉釗先生、葉玉英女士認爲，"《文源》是一部運用金文以定文字本形、本義的字書……一改《說文解字》以小篆爲字頭之例，而以金文爲字頭（金文所無的字才取小篆）……所引古文字字形皆爲金文，因此《文源》成爲第一部系統運用古文字糾正《說文》的字書。"（影印本《文源·導論·林義光及其〈文源〉》，中西書局 2012 年版，第 2—3 頁）田勝男女士也說："林義光所說的'遺文'，即不爲《說文》所載的金文。利用金文材料來系統地印證《說文》，並從中總結出古文字構形演變規律，是《文源》一書的最大特色。"（《林義光及其〈文源〉》，《福建師範大學學報》2012 年增刊）

說明：

1. 採用石鼓文

據統計，《文源》引石鼓文為字頭或用石鼓字形為證明材料的，有 20 多條，如卷一"鹿"字條引石鼓文"🦌""🦌"二形，"蜀"字條引"石鼓作🦌"①，"蟲"字條引石鼓文"蜀"字偏旁，"肩"字條引石鼓文"貓"字偏旁，"氏"字條引"石鼓作🦌"，"淵"字條引"石鼓作🦌"；卷三"區"字條引石鼓"歐"字偏旁；卷四"燹"字條引石鼓文"欇"字偏旁；卷六"與"字條引石鼓文"鱮"字偏旁，"漁"字條引"石鼓文作🦌"，"建"字條引石鼓文"騹"字偏旁，"丞"字條引"石鼓作🦌"，"𤔔"字條引"石鼓作🦌"，"胃"字條引石鼓文"謂"字偏旁，"圃"字條引"石鼓作🦌"；卷九"卂"字條引石鼓文"𦮃"字偏旁；卷十"秀"字條引"石鼓作🦌"，"麀"字條引"石鼓作🦌"，"栗"字條引"石鼓作🦌"；卷十一"遊"字條引"石鼓作🦌"；卷十二"欶"字條引石鼓"字作🦌"。

2. 採用繹山碑

《文源》各卷引繹山碑文字為字頭或證明材料者有七八見，如卷三"白"字條引繹山碑"白作日"，卷六"長"字條引"秦繹山碑作🦌"，"建"字引石鼓文"🦌"為證，又云"秦繹山碑亦同""婁"字引繹山碑"數"字偏旁；卷七"上""下"兩字均引繹山碑；卷十"暴"字條引"秦繹山碑作🦌"，"辛"字條下引"繹山碑'逆'作🦌"。秦繹山碑為小篆，與《說文》小篆或異，故林氏引以為證。

3. 採用漢魏金石材料

如卷一"屮"字條引高彪碑，卷六"兵"字條引孔宙碑，"狀"字條引華山碑，"婁"字條引婁壽碑，卷八"竟"字條引魏鄭文公碑等皆是引碑刻材料；卷一"斗"字條引"漢平陽甋作🦌，永初銅作🦌，皆象斗形"，"升"字條引"漢臨菑鼎作🦌"，卷八"昌"字條引"漢洗文'富貴昌'皆作昌"，則皆是引用漢金文材料。卷十一"更"字條注云："隸書有甚合古意者，如韓敕碑之🦌，婁壽碑之🦌，劉熊碑之🦌，皆歷世相傳如

---

① 田勝男碩士論文已經注意到這個問題，她說"金文沒有'蜀'字，但林義光沒有取小篆為字頭，而是採用石刻文字材料石鼓文。"參見田勝男：《〈文源〉疏證——以甲骨文為中心》，福建師範大學碩士論文，2010 年。

是。《說文》每字必推原'六書',則有穿鑿舊文以求通其說者。"這種認識,應該就是林氏選用隸書來印證漢字本形本義的理由。

除以上所列三種金石材料外,《文源》還偶用貨幣文字材料,如卷四"七"字條引用齊貨"化"字偏旁,其說雖未恰,但從選用材料的角度說,則屬可嘉。

以上情況可以看出,林義光所謂的"掇采遺文",眼光是比較開闊的,不局限在商周金文範圍之內。他說"金刻不備之文,仍取足於小篆",如果把"金"和"刻"分開理解,"金"指"金文","刻"指"石刻文字",那麼他用"金刻"二字還是很準確地概括了《文源》一書的取材範圍。人們以前注意到了他所說的"金",而忽略了他所說的"刻",所以才有上述的不是特別準確的說法。鑒於以上分析,關於《文源》取用古文字的問題,這樣表述應該更為準確:《文源》作者運用他當時所能採集到的商周秦漢金文和石刻文字等材料來研究漢字的本形本義,這些材料中未見的字形,則仍取用小篆。

當然,林氏雖然強調"金刻不備之文,仍取足於小篆",但在具體材料的使用上仍然存在較多的用偏旁推寫古字的現象,雖然憑藉其對古文字的熟悉和對漢字結構的瞭解,用偏旁推寫的古字也有與古暗合的情況,如卷二"質"字條的字頭作"質",未標出處,當系林氏據偏旁推寫,然與井人妄鐘作"質"者近同;同卷"風"的字頭作"風",亦當林氏依例推寫,然與秦簡作"風"(日甲79)者亦近同。但這種做法嚴格來講還是不夠嚴謹的,而且他的推寫,有的其實就是出於想象而臆造,更是不可信據,比如:

卷一"角"字條,以為"制字之始本當作角,方象角形,後變為角耳"。

卷一"瓜"字條,以為"象瓜形,當如瓜,變作瓜"。

卷二"囪"字條,以為"囪"字"當作囪,如人戴腦,于象形方合"。

卷二"乳"字條,以為"以孔字義推之,乳本義當為人乳,象乳撫子就乳形"。於是據"孔"字作"孔"而推出"乳"字作"乳"。

卷二"畀"字條,以為其"本義當為蔽甑底之箅。田象甑,底下基屬也"。故其字頭作"畀"。

卷三"丸"字條,認為"丸"字"疑先作丸,形變乃作丸。丸象搏物為丸，中有凹痕未合形"。

卷四"秋"字條，所擬古字把"火"形與"禾"形相連作"𤒈"，謂"象禾穗成實可收之形"。

以上這些字形，根據目前的古文字資料，皆于古無徵，屬林氏杜撰之形，以之為證據，顯然是不合適的。所以，在講到"金刻不備之文，仍取足於小篆"的問題上，我們還要進行細緻的辨析。

二　關於《文源》不用甲骨文的推測

《文源》不用甲骨文材料的問題，也是《文源》的取材之謎。詹鄞鑫先生在《漢字說略》中對《文源》作了很中肯的評價，但他說"《文源》用甲骨金文兼取篆文以定文字之本形"①，想當然地把甲骨文也囊括進去，顯然是誤說。這種誤說，可能也是事出有因的，是一種慣性思維，因爲《文源》出版之時，甲骨文已出土多年。胡樸安在《中國文字學史》中認爲："林義光之《文源》，以六書解說古文字，此實爲研究古文字之要。惜其書不甚善，頗望繼起者有人，合甲骨文、金文、篆文，爲有統系之研究，以識文字變遷之跡。"② 他說"其書不甚善"，從後半句所說的意思看，大概就是指沒有使用甲骨文材料，故未能"爲有統系之研究"。黄德寬、陳秉新二位先生的《漢語文字學史》也指出："民國初年，林義光有《文源》之作，其時甲骨文已發現，林氏猶據金文以定文字之本形、本義，實已落後於時代。"③ 曾憲通、林志強的《漢字源流》在介紹《文源》時，也特別提到"《文源》主要採集鐘鼎文字……但不及甲骨文"④。這些介紹從正面和反面都反映了一個潛在的認識問題，即講《文源》似乎不應繞開甲骨文，也就是說，《文源》作爲一部探求文字本形本義之書，在甲骨學已經形成的年代裡，它的內容不應該不涉及甲骨文，所以田勝男女士說："《文源》成書之時，甲骨文已出土多年，且不乏相關專著，況且林義光本人也是當時研究甲骨文的名家。然爲何《文源》談字源卻

①　詹鄞鑫：《漢字說略》，遼寧教育出版社 1991 年版，第 17 頁。
②　胡樸安：《中國文字學史》，上海書店 1984 年據商務印書館 1937 年版複印，第 612 頁。
③　黄德寬、陳秉新：《漢語文字學史》（增訂本），安徽教育出版社 2006 年版，第 190 頁。
④　曾憲通、林志強：《漢字源流》，中山大學出版社 2011 年版，第 3 頁。

不求證於甲骨文，著實令人費解。"① 斯人已逝，對這個問題的解釋，我們沒有確切的答案。但 "謎" 之未解，總覺是一種遺憾。思之再三，擬作如下的推想：

首先，在《文源》寫定時的 1920 年，甲骨文雖然已發現二十餘年，但研究還屬於初步階段，其影響力應該還沒有完全顯現。據胡厚宣先生《五十年甲骨學論著目》的統計，1920 年之前的甲骨學論著共有四十五種②，其中有一半是日本、英國、美國、法國的學者所寫；四十五種論著中涉及甲骨文文字材料的傳播和研究的論著約二十種，也有接近一半是外國學者所著。國內學者的著作如劉鶚的《鐵雲藏龜》（1903 年），孫詒讓的《契文舉例》（1904 年）③、《名原》（1905 年），羅振玉的《殷商貞卜文字考》（1910 年）、《殷墟書契考釋》（1914 年）、《殷墟書契菁華》（1914 年），王國維的《殷卜辭中所見先公先王考》、《續考》（1917 年）等雖然都很著名，但限於當時條件，估計流傳也不夠廣泛和快捷，林義光是否看到，不得而知。

其次，林義光寫作《文源》的準備工作應該很早就開始了，他在《文源·敍》中說："余既致力於是，其辨正彝器釋文及訓釋諸經，以積稿繁多，不易寫定，乃作《文源》以發其凡。" 說明他在寫作《文源》之前，先在做辨正彝器釋文的工作，而且這些工作是長期投入的，故有 "積稿繁多" 之說④。由於時間早於 1920 年，甲骨學的影響自然也更小，他沒有注意和利用甲骨文的資料，也是在情理之中；再者，古人寫書，較之如今電腦操作，其繁難程度何啻天壤，假設《文源》寫定時，即使想到要添加甲骨文資料，又談何容易！

再次，從林義光本人研究甲骨文的情況看，他應該是在《文源》寫定之後才開始的。根據胡厚宣先生《五十年甲骨學論著目》，現在可以看到他的四篇研究甲骨文的文章，即《鬼方黎國並見卜辭說》《釋栽苗》《卜辭𡥈𠦪即熒惑說》《論殷人祖妣之稱》，均載于北平中國大學的《國學

---

① 田勝男：《林義光及其〈文源〉》，《福建師範大學學報》2012 年增刊。
② 胡厚宣：《五十年甲骨學論著目》，中華書局 1952 年版，第 11—12、15 頁。
③ 胡厚宣先生記錄的是 1917 年吉金盦叢書本一冊和 1927 年上海蟬隱廬石印本二冊。參見胡厚宣：《五十年甲骨學論著目》，中華書局 1952 年版，第 44 頁。
④ 從《文源》內容來看，林氏對金文材料非常熟悉，沒有長期的研究，是不可能做到的。

叢編》，前三篇發表於 1931 年，後一篇發表於 1932 年，這個時間距離《文源》寫定已經超過十年了。由這個情況可以推定，林義光在寫作《文源》時，應該對甲骨文還缺少關注或沒有研究，果真如此，他自然是不可能使用甲骨文來討論文字的本形本義的。

從以上三點的推想看，《文源》不用甲骨文資料應屬正常，似乎沒什麼可奇怪的。

三 關於《文源》引用傳統"說文學"材料的問題

《文源》一書，除了大量引用商周金文等出土文獻材料外，還大量引用傳世文獻，涉及面頗爲廣泛，除《周易》《詩經》《尚書》《周禮》《儀禮》《禮記》《公羊傳》《左傳》《爾雅》《論語》《孟子》《孝經》等傳統十三經外，還有《老子》《莊子》《墨子》《韓非子》《荀子》《列子》《國語》《楚辭》《呂覽》《山海經》《晏子春秋》《史記》《漢書》《方言》《釋名》《淮南子》《說苑》《白虎通》《酒箴》《春秋元命苞》《古今通議》《文選》《廣雅》《後漢書》《經典釋文》《一切經音義》《九經字樣》《小爾雅》《御覽》《通志》等經典，另外還引用了一些漢賦作品，可謂蒐羅宏富。林氏在《文源·敘》中謂其致力於辨正彝器釋文及訓釋諸經，以致積稿繁多，實非虛言。本節以下所論者，擬專門就林氏引《說文》及段玉裁、朱駿聲、王筠諸氏之說，來討論林氏對傳統"說文學"材料的引用情況，並觀察林氏文字學的學術取向。

《文源》的體例是先節引《說文》，如有可說者，則加注按語。從其所錄《說文》和加注按語的情況來看，林氏所據最多者，當爲段玉裁之《說文解字注》及朱駿聲之《說文通訓定聲》。下面的情況可以說明這一點：

《文源》所錄《說文》，凡與大徐本不同者，則多本段注本，此種情況甚多，不能一一說明。從引用的情況看，《文源》全書明引段玉裁說者共有十八次，其中卷末附錄一次，其餘皆在正文；正文除卷四"妥"字篆文注明"依段氏訂"、卷十一"朕"字條標明"段氏玉裁以爲"外，其餘皆標明"段氏玉裁云"，分別見於卷二"迺"字條，卷六"鬥""廬""困"字條，卷七"罌"字條，卷八"筵"字條，卷十"覒""吝""暴""衛""忍""褒""贏"字條，卷十一"欬""太"字條。如卷二"迺"字條引段氏玉裁云："《爾雅·釋詁》：仍、迺、侯，乃也。以乃釋廼，則本非一字可知。”卷十“吝”字條引段氏玉裁云：“凡吝惜多以口文之。”當然，古人引書多引其意，此類引用雖標明“段氏玉裁云”，但與原作仍有出入①，不宜以現在的學術規範來看待。除了明引，亦有暗引。如卷十“覡”字條云：“《說文》云：‘覡，能齊肅事神明者。在男曰覡，在女曰巫。從巫、見。’”按“齊肅”之“齊”，大徐本作“齋”，段注以爲非②，林氏從之，即爲暗引。又如同卷“告”字條，林氏按語曰：“‘牛口’爲文，未見‘告’義。”此語出段玉裁注③而未注明，亦爲暗引。

《文源》全書明引朱駿聲說者共有二十二次，其中卷首《六書通義》一次，卷末附錄一次，正文除卷十二“黹”字條云“朱氏駿聲訂‘纊’爲‘絖’之誤字”外，明引“朱氏駿聲云”者達二十次，分別見於卷一“癹”“丁”字條，卷二“夬”“癸”字條，卷三“希”字條，卷四“夏”字條，卷六“反”“夋”“表”字條，卷八“妃”字條，卷十“某”“殺”“需”“知”“征”字條，卷十一“囂”“疾”“句”“鰥”字條。如卷一“囂”字條引朱氏駿聲云：“當爲猥之古文。”“丁”字條引朱氏駿聲云：“鐕也。象形。今俗以釘爲之。”卷二“夬”字條引朱氏駿聲云：“引弦彄也。從又，⊃象彄，|象弦。”與引段氏說一樣，《文源》引朱氏亦有明有暗。如卷一“萬”字條，《文源》曰：“《說文》云：……‘萬，萬蟲也。蟲屬，從厹省，從内，象形，厹亦聲。’按：‘萬蟲’他書無考……”此條“按”字之前，依常例皆《說文》語，而大徐本作“萬，蟲也。從厹，象形。”段注本同，皆與《文源》相異。經查證，其實此條林氏乃依據朱駿聲說，見《說文通訓定聲·泰部第十三》“萬”字條；同卷“宁”字條

---

① 上述兩條引文，前者“《爾雅·釋詁》”，段注作“《釋詁》曰”，另“知”後有“矣”字。參見段玉裁：《說文解字注》，上海書店 1992 年版，第 203 頁；後者段注原作“凡恨惜者多文之以口。”參見段玉裁《說文解字注》，上海書店 1992 年版，第 61 頁。

② 參見段玉裁：《說文解字注》，上海書店 1992 年版，第 202 頁。按朱氏亦作“齊”（見《說文通訓定聲·解部第十一》“覡”字條），故此條亦可視爲暗引朱氏說。又卷十“宕”字條亦爲林氏暗引段、朱說之例。林氏以“洞屋”爲“宕”之本義，云：“‘石’爲‘碭’省不顯。洞屋，石洞如屋者，從石、宀。洞屋前後通，故引伸爲‘過’。”其說可從，然亦有所本。段氏云：“洞屋謂遍適之屋，四圍無障蔽也。”（參見段玉裁：《說文解字注》，上海書店 1992 年版，第 342 頁）朱氏云：“宕，按字從宀，洞屋當爲本訓。洞屋者，四圍無障蔽之謂。”（參見朱駿聲：《說文通訓定聲·狀部》“宕”字條）皆與林氏說有共通之處。

③ 參見段玉裁：《說文解字注》，上海書店 1992 年版，第 53 頁。

的按語"與貯略同"，其實亦來自《說文通訓定聲·豫部第九》該字條朱氏按語；又如卷三"羋"字條"从二，从倒入"五字，大徐本及段注本皆無之，乃林氏據朱說補入，見《說文通訓定聲·臨部第三》"羋"字條。卷十"緜"字條，《文源》作"緜聯，散也。"大小徐本作"聯微也。"段注本作"聯散也。"朱駿聲《說文通訓定聲·乾部第十四》"緜"字條云："緜聯，微也。从系、从帛會意。緜聯，迭韻連語。許以'微'訓'緜聯'也。"可見林氏實從朱氏說，只是"散"字用段注本。

《文源》全書還明引戴震說者兩次①，王筠說者一次②，徐鍇說者一次③，揆之以常理，其暗引諸家說者亦當有之④，但總量皆不及引用《段注》與《通訓定聲》之繁。總體看來，《文源》所據《說文》本及有關按斷意見，主要參考段氏玉裁及朱氏駿聲，其學術淵源和學術取向由此可見。

綜上所述，從取材的角度看，《文源》是一部繼承傳統文字學特別是清代段、朱"說文學"的成就，同時又結合古文字資料特別是商周秦漢金石文字資料來探討漢字本形本義的承前啟後的著作，它雖然還沒來得及用上甲骨文的資料，但已經充分展示了古文字資料和傳統文字學相結合給漢字學研究所帶來的新認識和新氣象。

---

① 《六書通義》一次，卷十一"朕"字條一次："戴氏震云：'舟之縫理曰朕，故劑續之縫亦謂之朕。'"

② 見於卷二"韭"字條："王氏筠云：'韭葉整齊，字中兩直即其狀，本是八直並列，以象其多，其六畫曲而附於旁，爲其成文耳。'"按王筠《說文釋例·卷二》云："韭則莖短葉長，紛紜滿畦，如剪斯齊，故字之中兩直，正其狀也，旁出之六筆，亦非岐枝也，象其多耳……韭無不齊也，故其字直是八直並列，以況其多耳，其六畫曲而附於旁，爲其成文也。"（見王筠：《說文釋例》，中華書局 1987 年版，第 40—41 頁）林氏只是節引其意。

③ 見於卷八"置"字條："徐鍇云：'與"罷"同意。'"

④ 如卷十"舜"字條，徐鍇云："舛者人足也，言光行著人。"（徐鍇：《說文解字系傳》，中華書局 1987 年版，第 202 頁）林氏謂"'舛'象二足跡形。鬼火宵行逐人，故从 ![字符]、![字符]。"當本小徐而未說明。同卷"罳"字條，徐鍇《系傳》云："罙弟爲罳，會意。"（徐鍇：《說文解字系傳》，中華書局 1987 年版，第 104 頁）王筠《釋例》云："罙，及也。凡言及者，必自後及之，是從兄之義也。弟之所罙，是爲罳矣。"（王筠：《說文釋例》，中華書局 1987 年版，第 397 頁）林氏云："罙，及也。兄弟相及，故罙弟爲'罳'。"當本徐鍇、王筠而未說明。

第四節　林義光古音學思想初探

自 20 世紀 90 年代以來，林義光《文源》（1920 年刊行）在古文字學界逐漸受到世人的關注。但從目前的研究來看，學者們關注的多是林義光在文字研究方面的成就，而他收在《文源》中的《古音說略》以及他在他在另一部著作《詩經通解》（1930 年）中所附的《詩音韻通說》至今尚無人問津。《古音說略》和《詩音韻通說》互爲補充，集中體現了林義光的古音學思想。林義光在文中提出了自己的上古聲母系統和韻母系統以及古音通轉說，其學術價值值得我們關注，故本節專論此事，旨在拋磚引玉。

一　求古音之法

林義光在《古音說略》中首先明確了他所謂的古音是指“漢以前之音”，即我們現在所說的上古音。隨後，他提出了研究古音的方法，包括定古同音之法五、定雙聲之法二和定疊韻之法二。定古同音之法是：以聲母定同音、以諸書異文定同音、以聲訓定同音、以《說文》重文定同音、以《說文》聲讀定同音；定雙聲之法有以一語之轉定雙聲和以連語定雙聲兩種；定疊韻之法則包含以古書有韻之文定疊韻和以連語定疊韻。他說：“以茲法求古音，大體畫一者，即其本音，小有出入者，則爲通轉。”

從清代學者錢大昕（1728—1804）①、近代學者章太炎（1869—1936）②、黃侃（1886—1935）③ 的研究來看，林義光所說的這些研究古音的研究方法並非他首創，而是當時學者的普遍做法。不過，林義光對研究方法進行總結的，形成理論，並構成自己的古音思想體系，這就值得我們去探索了。

---

① 錢大昕：《十駕齋養新錄》，上海書店 1983 年版。
② 章太炎：《國故論衡》，商務印書館 2010 年版；《文始》，江蘇廣陵古籍刻印社 1981 年版。
③ 黃侃：《黃侃論學雜著》，上海古籍出版社 1980 年版；李長仁：《試論黃侃上古音的研究方法》，《松遼學刊》1991 年第 2 期。

　　我們認爲林義光定同音之法的第一個條例"以聲母定同音"很值得探討。先來看他怎麼說：

　　　　以聲母定同音。如"龠"從"合"聲，故音如"合"，而"龠"可爲"合"；"唯"從"隹"聲，故音如"隹"，而"隹"可爲"唯"；"泰"從"大"聲，"達"從"羍"聲，"羍"又從"大"聲，故"泰""達"同音，《說文》云"泰，滑也"，又云"㳄，滑也"，引《詩》曰："㳄兮達兮"，是"達"亦可爲"泰"也。

　　在《詩音韻通說》中他又說：

　　　　字之由形聲孳生者，必與其聲母同音。如"英"音同"央"，"儀"音同"我"，"野"音同"予"，"遺"音同"貴"，"華"音同"于"（"華"篆作"𦾓"，從"于"得聲）之類，皆可于《詩》之用韻見之。此因"英""儀"等字今音改易，致與其聲母"央""我"不同音也。又如"瓜"音同"孤"（《木瓜》《七月》《信南山》諸篇與"琚""壺""苴""廬""葅"爲韻），"且"音同祖（《山有扶蘇》《出其東門》《巧言》《韓奕》與"蘇""荼""娛""憮""辜""蒲""胥"爲韻），"兄"音同"況"，"才"音同"蕭"，"爲"音同"譌"之類，以《詩》之用韻證之，亦甚顯然。此由聲母（"瓜""且"等）之音今讀改易，致與其所孳生之字（"孤""祖"等）不同音也。

　　從上引林義光的兩段話，我們能清楚地理解什麼叫"以聲母定同音"。林義光所說的"聲母"指的是同一諧聲系列字的聲符。因爲它們有共同的聲符，所以它們的上古音本來是一致的。它們的今音有所改易，是因爲音變造成的。因此他認爲可以根據聲符來確定一組字的同音關係。我們知道段玉裁在《六書音韻表》裡有一個著名的論斷"同諧聲必同部"。這是用諧聲字研究韻母，而林義光所說的"以聲母定同音"，說的不僅是韻母，還指聲母。這我們可以從他的《詩音韻通說》中的另一段話中得以證明：

> 古借"似"爲"嗣"（《斯干》"似續妣祖"，《江漢》"召公是
> 似"，皆借"似"爲"嗣"）。"似"從"以"得聲。"嗣"從"司"
> 得聲，古或作"𤔲"（毛公鼎），從"辭"得聲。《堯典》"弗嗣"，
> 《漢書》作"不台"。《秦誓》"易辭"，《公羊傳》作"易怠"。則
> "似""嗣""辭""台""怠"諸字古皆與"以"同音。其音統于喻
> 紐也。"饋""遺""隤"皆從"貴"得聲，古宜同音。而"饋"古
> 字通作"歸"，"歸"又與"懷"同訓，則此等字古亦同音。"貴"
> 諧聲如"隤"，如"隊"（"貴"聲之"遺"古音與"隊"相通，說
> 見《長髮》二章），"歸"聲如"𠂤"（音"堆"），"懷"聲如"眔"
> （音"遝"），其音宜統爲 t 紐也。

這段話實際上是"以聲母定同音""以諸書異文定同音""以聲訓定
同音"以及以通假定同音諸法的巧妙運用。從他所舉例子來看，"以"與
"司""辭"，"貴"與"遺""隤""隊"，"歸"與"𠂤"，"懷"與
"眔"，它們在聲紐上可謂遠隔。但林義光仍然堅信它們古同音。雖然他
未能在音理上作出解釋，但在那個時代，他能有這樣的歷史語言學的眼
光，可謂卓識！

二　林義光提出的上古聲母系統

在《詩音韻通說》中，林義光同意清代學者錢大昕的"古無輕唇音"
說和"古無舌上音"說。他也贊同近人章太炎的"娘日二母歸泥"說。
在此基礎上，他又提出以下三點意見：（1）古無齒頭、正齒之分。照、
穿、牀與精、清、從無異。審、禪與心、邪無異。故齒頭、正齒之別亦不
可施于古音；（2）古音之清濁不可考，則同一輔音而分清濁者，如溪與
群、透與定、滂與並之類皆可合併；（3）見與溪、端與透、幫與滂、精
與清皆同一輔音而有出送之分。古音之出送二音，今亦無從深考。故每一
輔音只需一紐。因此在《古音說略》中，林義光提出的上古聲母系統只
有十個輔音。不過在十年後即 1930 年出版的《詩經通解》中附的《詩音
韻通說》一文裡，他將"影、喻"和"曉、匣"分開，這樣就有了十一

紐。同時他還爲除了影、喻之外的十紐擬了音，用國際音標標注。從他的注音來看，他的古本紐有所改變，牙音改爲見，唇音改成幫，齒音審變爲心。這些修正都是正確的，也表明他的古音學思想有了進步。下面我們將林義光在《古音說略》和《詩音韻通說》中的兩個表合併起來：

等韻字母	古紐音	擬音
見溪群	群	k
疑	疑	ng
影喻	喻	音元①
曉匣		h
端透定知徹澄	端	t
精清從照穿牀	精	ts
心邪審禪	審	s
幫滂並非敷奉	滂	p
明微	明	m
來	來	l
泥日娘	娘	n

　　林義光提出的上古聲母系統至今無人提及。李葆嘉先生《論清代上古聲紐研究》一文談及的清末至近代提出上古聲母系統的學者有鄒漢勛（《五韻論・廿聲四十論》1851 年）、章炳麟（1908—1910 年立說）②、黃侃（1914—1919 年間形成 "古音十九紐" 說）、曾運乾（1927 年立說），沒有論及林義光的上古聲母系統③。林義光與章太炎、黃侃、曾運乾差不

---

　　①　大概是林義光無法確切構擬影、喻的古音，所以這裡他沒有擬音，而採用直音法，說 "音元"。
　　②　參見張渭毅：《章太炎和他的〈國故論衡〉》，《邯鄲學院學報》2011 年第 3 期；劉又辛、李茂康：《章太炎的語言文字研究》，《西南師範大學學報》1990 年第 3 期。
　　③　李葆嘉：《論清代上古聲紐研究》，《語言研究》1992 年第 2 期。

多是同時代的學者，也許是因爲他在當時名氣不夠大，又沒有學生傳
世①，所以他的古音系統一直未能引起關注。我們將林義光的古聲十一組
和黃侃古音十九組說相對照，发现二者有一個共同的地方，就是他們談的
都是古本音。不同之處有三：其一，他們在處理齒頭和正齒的問題上表面
上看是一致的，但實際上卻有很大的不同。林義光仍用“照、穿、牀、
審、禪”指正齒音，而黃侃則稱正齒音爲“莊、初、牀、疏”。林氏系統
中齒音“精、審”實際上包含了精組、照二組、照三組，而黃氏的“精、
清、從、心”只包括精組和照二組。黃氏將照三組和端知組合併。從現
在的研究來看，他們的分法各有優劣。因爲中古照三組的來源有的與端知
組有關，有的與精莊組相聯繫；其二，在喉音的處理上，黃氏“影”本
音下有“喻”和“爲”兩個變音，“喻”指喻四，“爲”指喻三。林氏在
《古音說略》中將喻母作爲古本音，在《詩音韻通說》中沒有擬音，只說
“音元”，而“元”是疑母字，但他的十一組中已有疑母。關于這個問題
只好存疑，留待以後我們整理《文源》和《詩經通解》正文中的音韻資
料時再研究；其三，林氏認爲上古聲母既沒有清濁之分，也沒有送氣不送
氣之分。這與黃侃有很大的不同。我們認爲林氏的說法是有一定依據的。
首先，從高本漢在《中文分析字典》中提出的諧聲原則②以及李方桂在
《上古音研究》中指出的諧聲原則③來看，上古同部位的塞音、塞擦音可
以任意互諧，而不與同部位的鼻音、擦音通諧；其次，出土文獻中的諧聲

---

① 林義光卒業於當時的外交部譯文館。此前在清華學校當過國文教員，在北平中國大學、
師範大學當過講師。參見葉玉英：《〈文源〉的文字學理論研究》，福建師範大學碩士學位論文，
2003 年。

② 高本漢在《中文分析字典》中指出十項諧聲原則：（1）端、透、定可任意互諧；（2）
精、清、從、心、邪可任意互諧；（3）莊、初、牀、疏可任意互諧；（4）知、徹、澄可任意互
諧；（5）端、透、定不與精、清、從、心、邪互諧；（6）精組與莊組可以任意互諧；（7）照、
穿、神與禪可以任意互諧；（8）審不與照、穿、神、禪互諧；（9）精組、莊組不與照組互諧；
（10）端、透、定不但可與知、徹、澄互諧，且可與照、穿、神、禪任意互諧。轉引自李葆嘉：
《論清代上古聲組研究》，《語言研究》1992 年第 2 期。

③ 李方桂的諧聲原則是：（1）上古發音部位相同的塞音可以互諧。a. 舌根塞音可以互諧，
也有與喉音（影及曉）互諧的例子，不常與鼻音（疑）諧。b. 舌尖塞音互諧，不常與鼻音
（泥）諧。也不跟舌尖的塞擦音或擦音相諧。c. 唇塞音互諧，不常與鼻音（明）相諧；（2）上
古的舌尖塞擦音或擦音互諧，不跟舌尖塞音相諧。李方桂：《上古音研究》，商務印書館 1980 年
版，第 10 頁。

和通假資料也顯示上古音中同部位的塞音、塞擦音可任意互諧；再次，羅智光先生根據漢語諧聲偏旁、聲訓、讀若、異文、異切、漢語聲母與壯語借詞對音、《越人歌》以及佛經梵語輔音等材料提出"古無次清音"說，認爲漢語次清音起于近古①。可見，林義光的上古聲母系統中塞音、塞擦音每一組只保留一個本音，即見組 k、端組 t、精組 ts、幫組 p，鼻音疑母 ng、明母 m、娘母 n 各自獨立，擦音 s 和 h 也分立，不是沒有道理的。

三　林義光提出的上古韻母系統

林義光在《古音說略》中提出他的上古韻母系統，包含十八個韻母，其中陽聲韻、陰聲韻各九個。它們按陰陽相配成九對，即之—蒸，蟹—青，模—陽，遇—東，幽—侵，緝，宵—談、葉，微—臻、文，歌、泰—寒。我們看到他將入聲韻葉併入談、緝納入侵。這樣看來他的韻母系統是沒有入聲了。不過，在《詩音韻通說》中，他又有修正。他首先提出一個包含入聲的系統，共二十七個韻母。林義光爲它們都擬了音，按陰、入、陽三分如下：

陰聲韻	入聲韻	陽聲韻
之 i	職 ik	蒸 ing
蟹 e		青 eng
微 ei	質 it	臻 in
隊 ei	術 et	文 en
泰 ai	歌 o	寒 an
模 u	鐸 ok	陽 ang
遇 ü	屋 uk	東 ung
幽 ou		冬 ung
	緝 ip	侵 im
宵 au		
	葉 ap	談 am

---

① 羅智光：《試論古無次清音》，《中山大學學報》1999 年第 2 期。

　　關于上表，林義光有個說明。他說："微與隊、東與冬，古人用韻間有區別，而其韻母實難別異。諸家多不爲細分。又入聲除緝、葉外，皆于陰聲爲近，故分韻欲求簡約，可併隊于微，併冬于東，其入聲之職、質、術、鐸、屋又各併于所系屬之陰聲。如是，則表中二十七類可以之、蟹、微、泰、歌、模、遇、幽、宵、蒸、青、臻、文、寒、陽、東、侵、談、緝、葉二十韻統括之。"由此可見，林義光的上古韻母系統已由十八韻改成二十韻了。他之所以將入聲職、質、術、鐸、屋各併于所系屬的陰聲，是因爲他看到《詩經》中常以入聲與陰聲通韻，而不與陽聲相通。他說："蓋入聲短促，迥非陽聲高朗可比，故雖與陽聲同收輔音，而其聲調反與陰聲爲近耳。"從這句話來看，他並非認爲上古沒有入聲，而是以爲同一系屬中入聲相比于陽聲來說，與陰聲更接近。他將古韻省成二十韻，只是爲求簡約。

　　從上面這個韻表，我們可以作出以下推論：其一，林義光受章太炎的影響很大，可以說他的研究是在章太炎研究的基礎上進行的。這表現在：（1）他模仿章太炎的《成均圖》，也作了一個圓形的韻十八圖（見下文）；（2）對照兩張韻圖，我們發現二者有不少共同的結論。如入聲都只有緝、侵二部，歌、泰與寒相配，之與蒸相配，宵、盍、談相配等。當然，從這兩種韻圖中，我們也可以看出林義光關于古韻的觀點與章太炎已經有了很大的不同。主要表現在：（1）章氏的古韻有二十三部，而林氏只有二十部；（2）章氏以真韻配至韻，諄韻配脂韻和隊韻，而林氏則用臻（真）、文（諄）配微韻；（3）章氏以冬韻、侵韻、緝韻三韻配幽韻，而林氏則將冬韻併入東韻，只以侵韻和緝韻配幽韻；其二，黃侃在《音略》中說："陽聲十，收鼻八，收唇二；入聲十，收鼻八，收唇二。"[①]可見黃侃還不能很好地認識上古韻母陽聲韻所帶的鼻韻尾和入聲韻所帶的塞音韻尾。在這一點上，林義光比黃侃先進。他在《古音說略》中對陽聲韻所帶的鼻韻尾作了準確的區分。他說："臻、文、寒皆收抵齶音，青、蒸、陽皆收穿鼻音，侵、談皆收閉口音。"在《詩音韻通說》中，他更是用音標來說明陽聲韻和入聲韻的韻尾，即陽聲韻韻尾有 ng、n、m，入聲韻韻尾爲 k、t、p，並將它們正確地相配，

---

　　①　黃侃：《黃侃論學雜著》，上海古籍出版社 1980 年版，第 90 頁。

即 -k 配 -ng、-t 配 -n、-p 配 -m。這說明林義光對入聲韻尾和陽聲韻尾的發音部位已經有了正確的認識，掌握了同部位相配的原理；其三，林氏將幽與侵、宵與談相配，應該是採納了清代學者嚴可均的意見。裘錫圭先生曾撰文，利用古文字資料證明宵、談對轉說①；其四，林氏將陽、寒、葉、談的主要原因都擬爲 a 是正確的。鄭張尚芳先生指出：“在漢語史的發展階段上，上古以 a 對魚模麻，中古以 a 對歌麻，近現代以 a 對麻二爲其時代特徵”②；其五，林氏的元音系統有 a、o、e、i、u、ü，跟鄭張尚芳先生的上古韻母相對照，有一部分是相符的。鄭張系統中宵 1、陽、盍（葉）1、談 1、元 1（寒）、月 4（泰）的主要元音也是 a，支（林義光的蟹韻）、耕（林義光的青韻）、質 2、質 4、緝 3、侵 3 主要元音也是 i，歌 3 的主要元音也是 o③；其六，林氏認爲蟹、泰（歌）、宵、幽四韻沒有相應的入聲相配。從林氏《詩音韻通說》的解釋來看，他作出這樣的結論一是因爲這四韻本來就字少，二是因爲在《詩經》中，這四類韻的字常與入聲字通押。李方桂認爲歌部是古韻分佈中唯一沒有與入聲相配的陰聲韻④。

四　林義光的通轉說

(一)　聲轉

在《古音說略》中，林義光還提出了他的通轉說，包括聲轉和韻轉。聲轉說創自宋人邵雍《經世正音》，至清代，戴震作《轉語二十章序》及《聲類表》，錢大昕作《聲類》等，推進並豐富了聲轉理論。近代學者章太炎、黃侃的音轉理論頗受推崇。周玉秀先生曾對聲轉理論的研究作過很好的述評，文中也沒有提及林義光的聲轉說⑤。從《古音說略》來看，林義光沒有詳細展開他的聲轉理論，只是列了一個非相近之紐通轉表：

---

① 參看裘錫圭：《從殷墟卜辭的 “王占曰” 說到上古漢語的宵談對轉》，《中國語文》2002 年第 1 期。

② 鄭張尚芳：《上古音系》，上海教育出版社 2003 年版，第 8 頁。

③ 鄭張尚芳上古韻母系統參看其《上古音系》，上海教育出版社 2003 年版，第 72 頁。

④ 李方桂：《上古音研究》，商務印書館 1980 年版，第 53 頁。

⑤ 周玉秀：《聲轉述評》，《古漢語研究》1996 年第 3 期。

滂審 必聲瑟	**來端** 林聲郴 龍聲寵 翏聲瘳 賴聲獺 豊聲體 凌或勝	**明喻** 每聲海 冒聲勖 毛聲耗 麻聲麿 微聲徵 蕾聲蘽 默黑聲	**精喻** 豈聲楷 井聲刑 勺聲約 饎喜聲 跡亦聲 札乚聲 夋允聲 箴咸聲	**娘疑** 饒堯聲	**來群** 林聲禁 呂聲莒 翏聲膠 祼果聲 隆降聲 練柬聲 藍監聲 涼京聲	**端群** 自聲歸 隤貴聲 唐庚聲 稹或經
明審 尾聲犀 眇少聲				**端喻** 多聲移 累聲裹 兌聲閱 蟲聲融 饕號聲 代弋聲 牘竇聲 妒戶聲 塗余聲 惕易聲 軸由聲 條攸聲 沈尢聲 荅合聲 殆台聲 通甬聲		**精群** 支聲跂 旨聲耆 井聲耕 自聲洎 造告聲
來審 樂聲鑠 婁聲數 隸示聲	**娘端** 難聲歎 耳聲恥 餒妥聲 狃丑聲	**來喻** 立聲昱 荔劦聲 盧虍聲 椑或柙	**審喻** 失聲佚 西聲垔 所戶聲 穗惠聲 俟矣聲 筱攸聲 誦甬聲 梟台聲 式弋聲 拾合聲 祀或禩		**娘群** 肉聲羴 念今聲	**審群** 殳聲股 示聲祁 氏聲祇 頌公聲 收丩聲
娘審 怒叔聲 濡需聲 奈示聲 孃襄聲	**來精** 尢聲黿 斂僉聲 梁刅聲 李子聲				**審疑** 邪牙聲 朔屰聲 穌魚聲 褻埶聲 產彥聲	
來明 厲萬聲	**娘精** 拈占聲	**娘喻** 肉聲育 肉聲宭 冏聲裔			**來疑** 癰樂聲	**滂群** 敕棘聲 駁交聲

　　林義光指出的這些異紐諧聲現象非常值得我們關注。從這個表來看，他是將章組納入精組，見母、溪母都歸入群母。其中有些同諧聲組的字被他分在不同組，如"癰"和"鑠"、"妒"和"所"、"梟"和"殆"、"式"和"弋"、"通"和"誦"、"瘳"和"膠"、"禁"和"郴"等，我們應該將它們合併起來一起考慮。有些現在已經得以解釋，如明母與喻母、來母，用複輔音﹡ml-、﹡mr-來解釋；來母與群母，則可用複輔音﹡kl-、﹡khl-、﹡gl-來解釋；"隤""遺"從貴聲，鄭張尚芳先生擬"隤"﹡l'-、"遺"﹡l-、"貴"﹡kl-。他用流音塞化來解釋端組與來母、以母通諧，也成功地解釋了見組、端組、來（以）

母相諧的諧聲系列①。精組和群（見）組，幫組以及流音來母、以母相諧的，如"井"和"耕"、"自"和"泊"，"公"和"頌"、"戶"和"所"、"魚"和"穌"、"牙"和"邪"、"褻"和"執"、"惠"和"穗"、"彥"和"產"、"必"和"瑟"、"刅"和"梁"等，蒲立本②、李方桂③、包擬古④、白一平⑤、鄭張尚芳⑥以及筆者⑦等學者都用帶＊s-頭的複輔音來解釋。

（二）韻轉

林義光的韻轉研究也應該是在章太炎研究的基礎上進行的。在術語上，他比章太炎少了很多。章氏關于韻轉的術語有：對轉、旁轉、近旁轉、次旁轉、正對轉、次對轉、交紐轉、隔越轉、陰陽對轉，林氏只有對轉、旁轉和次對轉。林義光作《韻十八圖》也跟章氏一樣，是爲了說明韻轉關係。

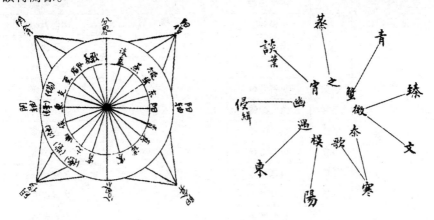

①　鄭張尚芳：《上古音系》，上海教育出版社 2003 年版，第 132—140 頁。

②　［加］蒲立本著，潘悟雲、徐文堪譯：《上古漢語輔音系統》，中華書局 1999 年版，第 91—118 頁。

③　李方桂：《上古音研究》，商務印書館 1980 年版，第 88—91 頁。

④　［美］包擬古著，潘悟雲、馮蒸譯：《原始漢語與漢藏語》，中華書局 1995 年版，第 1—45、69—82、85—87 頁。

⑤　［美］白一平：《漢語上古音手冊》（*A Hand Book of Old Chinese Phonology*），Trends in Linguistic—s. &m. 64，Mouton de Gruyter, Berlin / New York，1992 年版，第 222—231 頁。

⑥　鄭張尚芳：《上古音系》，上海教育出版社 2003 年版，第 92—109、141—144、227—228 頁。

⑦　葉玉英：《中古精莊組字來源於＊S—複輔音說箋證》，首都師範大學博士後出站報告，2011 年。

（章太炎《成均圖》）　　　　　　（林義光《韻十八圖》）

爲了更好地對比林氏與章氏的韻轉觀，我們列表如下：

章氏術語		章氏韻轉	林氏術語	林氏韻轉
旁 轉	陽部 與陽 侈音 陽弇 音皆 旁轉	陽東旁轉	對 轉	之蒸對轉
		陽冬侵旁轉		蟹青對轉
		陽蒸旁轉		微臻對轉
		陽談旁轉		微文對轉
		陽青旁轉		泰寒對轉
		陽真旁轉		歌寒對轉
		陽諄旁轉		模陽對轉
		陽寒旁轉		遇東對轉
	魚部 與陰 侈音 陰弇 音皆 旁轉	魚侯旁轉		幽侵對轉
		魚幽旁轉		宵談對轉
		魚之旁轉		之蟹旁轉
		魚宵旁轉		之微旁轉
		魚支旁轉		之模旁轉
		魚至旁轉		之遇旁轉
		魚脂旁轉		之幽旁轉
		魚隊旁轉		之宵旁轉
		魚泰旁轉		蟹微旁轉
		魚歌旁轉		蟹泰旁轉

续表

章氏術語	章氏韻轉	林氏術語	林氏韻轉

	東冬旁轉		蟹歌旁轉
	冬侵旁轉		蟹模旁轉
	冬蒸旁轉		蟹宵旁轉
	侵蒸旁轉		微泰旁轉
	蒸談旁轉		微歌旁轉
	青真旁轉		微模旁轉
	真諄旁轉		微幽旁轉
	諄寒旁轉		微宵旁轉
	侯幽旁轉		泰歌旁轉
	幽之旁轉		泰模旁轉
	之宵旁轉		泰遇旁轉
	支至旁轉	旁	模幽旁轉
	至脂旁轉		模宵旁轉
	脂隊旁轉		遇幽旁轉
	脂歌旁轉		遇宵旁轉
	隊泰旁轉		幽宵旁轉
	泰歌旁轉		蒸臻旁轉
	東蒸次旁轉		蒸陽旁轉
	東談次旁轉		蒸東旁轉
	冬談次旁轉		蒸侵旁轉
	侵談次旁轉		蒸談旁轉
	青寒次旁轉		青臻旁轉
	真寒次旁轉	轉	青文旁轉
次	青諄次旁轉		青寒旁轉
	侯宵次旁轉		青陽旁轉
	侯之次旁轉		臻寒旁轉
	幽宵次旁轉		臻陽旁轉
旁	支脂次旁轉		文寒旁轉
轉	支泰次旁轉		文侵旁轉
	支歌次旁轉		寒陽旁轉
	至泰次旁轉		寒東旁轉

续表

章氏術語	章氏韻轉	林氏術語	林氏韻轉
對 轉	東侯對轉		寒談旁轉
	冬幽對轉		陽東旁轉
	侵幽對轉		陽侵旁轉
	緝幽對轉		陽談旁轉
	之蒸對轉		東侵旁轉
	談宵對轉		東談旁轉
	盍宵對轉		侵談旁轉
	青支對轉		之臻次對轉
	真至對轉		之東次對轉
	諄脂對轉		之侵緝次對轉
	寒與泰歌對轉		蟹臻次對轉
	魚陽對轉		蟹寒次對轉
次 對 轉	陽泰次對轉	次 對 轉	微寒次對轉
	陽宵次對轉		微侵次對轉
	魚寒次對轉		微蒸次對轉
	魚談次對轉		微青次對轉
	東幽次對轉		泰陽次對轉
	緝之次對轉		泰談次對轉
	冬之次對轉		泰臻次對轉
	東之次對轉		模談次對轉
	青至次對轉		模寒次對轉
	真支次對轉		遇寒次對轉
	真脂次對轉		幽文次對轉
	寒支次對轉		幽寒次對轉
	寒與脂隊次對轉		幽東次對轉
交紐轉	寒宵交紐轉		幽青次對轉
	談盍歌泰交紐轉		幽寒次對轉
隔 越 轉	宵青、支談		
	之真、至蒸		
	幽諄、脂隊對冬侵		
	侯寒、泰東		

　　參照章氏和林氏的韻圖及上表，我們可以看出，林義光沒有採納章氏以"魚陽"爲陰軸、陽軸的做法，因此也就沒有了交紐轉和隔越轉。林義光的旁轉其實包含章氏的旁轉和次旁轉，但又有不同。如在林氏看来，之不可與泰、歌旁轉，蟹不可與遇、幽旁轉，微不可與遇旁轉，泰不可與幽、宵、之旁轉，模與遇不旁轉，遇不與蟹、微、模旁轉，蒸不與青、文、寒旁轉，青不與東、侵、談旁轉，臻不與東、侵、談旁轉，文不與東、談、蒸旁轉，寒不與侵、蒸旁轉。林氏的次對轉比章氏的次對轉更寬。章氏的韻轉理論常被批無所不轉。林義光在《古音說略》中說："通轉有定例，本音有常居，舉其大綱，弗能紊也。"可見他自認爲他的通轉是有原則的。如何評價林氏的音轉理論，有待進一步的研究。

五　結語

　　通過研究，我們看到，林義光的上古音系統以及他的一些古音學思想很有價值。他的研究應該在音韻學研究史上留下一筆。由於篇幅的原因，我們對林義光的古音學思想只是作了初步的探索。我們認爲要深入瞭解林氏的古音學理論，一方面我們還必須對《古音說略》《詩音韻通說》中一些理論問題進行更加廣泛、深入的研究；另一方面，還需要對《文源》中的注音、《文源》關于語音與文字關係的說解、《詩經通解》中的語音材料進行全面的整理。

第二章 《文源》所用術語詮釋

第一節 《文源》所用術語分類闡釋

林義光在《文源》按語裡用了很多術語，主要有四類：一類是關於文字形體演變規律的術語，如反文、倒文、倒轉、同字、一字、古文、今字、或體、省文、繁文、訛作、混、變體、形近字別、形同、形近等；第二類是關於文字之間關係的術語，如經傳以……為之、互體、聲借、本字、借字、通用、同音通用等；第三類是與音有關的術語，如音轉、音同、聲轉、諧聲、疊韻語等；第四類是與詞義有關的術語，如本義、借義、借義轉注等。闡釋這些術語，一方面可以讓我們更好地解讀《文源》，另一方面也可以使我們更加深入地瞭解林義光的學術思想、學術體系、學術水準。下面我們將分別舉例，對這些術語進行闡釋。

一 有關文字形體演變規律的術語

《文源》按語中用於揭示文字形體演變規律的術語最多。這些術語一方面反映了林義光研究文字方法上的科學性，另一方面表明他研究文字觀念上的科學性，即始終堅持歷史的、動態的文字觀。在科學的思想、方法指導下，林義光為我們揭示了漢字演變過程中發生的種種變化，為我們展現了精彩而又生動的漢字世界。《文源》按語中關於文字形體演變規律的術語主要有：

（一）反文和倒文

林義光在《文源·凡例》中說："諸彝器多有反文，形雖反而聲義無異。然反'正'為'乏'，反'𢀤'為'𠱤'，反'欠'為'旡'，反

'身'為'月',雖近反文,故當別為一字。至于'己''少''曰''邑''斤''爪'等字,則聲義多不足據,似皆同字之反文也。以不可肌斷,亦並存之。"在這段話裡,他表明對反文的三個觀點:第一,金文裡很多反文,形體雖反,但聲音和意義都一樣;第二,有些反文是形變指事字;第三,《說文》裡有些字如"己""少""曰""邑""斤""爪"只是同一個字的反文,它們在《說文》裡的聲義都不可信。

1. 金文裡聲義無異的反文和倒文

林義光已經認識到古文字往往正反無別、正倒無別。他在《文源·六書通義》中說:"象形字詰詘翩反,本無二致,諸彝器之反文可證也,而別稱倒'口'為'亼合'(見'亼'字條),反'人'為'相匕'('艮'字下),'人'之宛轉為符節(見'人'字條)。"在《林義光在金文上研究的成就》一節中我們提到,林氏認識到古文字中"ᗄ"即倒"ᗄ",在古文字構形中,二者都表示人之口,并由此正確地考證了"侖""龠""令""命""食""今""僉"等字的造字構形理據。同樣地,由於他意識到古文字中"人"字作"ᒉ""ᒑ",正反無別,故而有些古文字中從"人"的字雖然後來變形得很嚴重,但林義光仍然能準確地解釋它們的形義關係。如:

(1)ᒾ,《說文》:"艮,很也。从匕、目,匕目猶目相比不相下也。"林按:"ᒑ"即"ᒉ"(人)之反文。人上有目,象很怒之形。古作"ᒾ"(舀鼎"限"字偏旁)。

(2)ᗭ,《說文》:"甾,頭髓(髓)也。从匕,匕相匕(比)箸(著)也。巛以象髮,囟象甾(腦)形。"林按:相比於腦義不切。"ᒑ"即"ᒉ"之反文,猶"ᒾ"(艮)"ᗊ"(卬)"ᗱ"(頃)皆以"匕"為"人"字,當作"ᗭ",如人戴腦,於象形方合。

(3)ᗖ,《說文》:"ᗖ,從後近之。从尸,匕聲。"林按:"匕""尼"不同音。"ᒑ","人"之反文。"ᒑ"亦人形,象二人相昵形,實"昵"之本字。

(4)ᖽ,《說文》:"艮,望遠合也。从日、匕。匕,合也。讀若窈窕之窈。"林按:"日合"非義。"ᒑ"即"人"字反文,日與人相去之遠,遠望之,若人在日旁,故"艮"為"望遠合也"。

(5)ᗅ,《說文》:"此,止也。从止、匕。匕,相比次也。"林按:

古作"ᕀ"（此字器），"ᕀ"即"人"之反文，从"人""止"。"此"者，近處之稱，近處即其人所止之處也。

（6）ᕀ，《說文》："卓，高也。早、匕為卓，匕、卩為印，皆同意。"林按："ᕀ"即"人"之反文。从"人""早"聲。"早""卓"雙聲旁轉。古作"ᕀ"（趞鼎"趞"字偏旁）、作"ᕀ"（龙姞𣪘彝"綽"字偏旁）。

（7）ᕀ，《說文》："疒，倚也。人有疾痛。象人倚著之形。"林按："ᕀ"，"人"之反文，"ᕀ"，"ᕀ"省，即"牀"字。象人在牀上形。

（8）后，《說文》："后，繼體君也。象人之形，从口。"林按："ᕀ"，"人"反文，"ᕀ"象出令形。

（9）ᕀ，《說文》："嫠，坼也。从攴、从厂。厂之性坼，果孰有味亦坼，故謂之嫠。从未聲。"林按：古作"ᕀ"（克彝"釐"字偏旁），本義當為"飭"、為"治"。从"攴"、从"人"（"ᕀ"即"人"之反文），與"攸"（修）同意，"來"聲。經傳以"釐"為之。

上舉諸字，其中"艮""𦜝""尼""旦""此""卓"，許慎皆以為从"匕"。"疒"字小篆作"ᕀ"，已看不出人形。《說文》析"后"字的字形為"厂之从一、口"。"嫠"字《說文》以為从"厂"。因為錯識形旁，《說文》對這些字的形義分析都十分牽強。如"艮"字，《說文》謂"从匕、目。匕目猶目相比不相下也"。林義光根據曶鼎"限"字偏旁"艮"作"ᕀ"，指出"艮"不从"匕"，而从"人"。人上有目，象很怒之形。林氏對"艮"字的形義分析是合理的；又如"𦜝"字，《說文》對此字為何从"匕"的解釋是：从"匕"，匕相匕（比）箸（著）也。這與"𦜝"的"腦髓"義毫無關係，十分牽強。林氏解釋為"人戴腦"，則非常順適；"尼"字，《說文》解析成形聲字，从"尸""匕"聲。但"匕"與"尼"的上古音聲母相差太遠，林義光認為"尼""匕"古不同音當可信。鄭張尚芳先生的《古音字表》沒有將"尼"列入"匕"聲系。他擬"匕"的上古音為 * pilʔ、"尼"為 * nil①。林義光還指出"（尼）象二人相昵形，實'昵'之本字"，頗有道理；"旦"字，《說文》為了跟"望遠合"之義扯上關係，就將字解為"从日、匕。匕，合也。"林義光指出

---

① 鄭張尚芳：《上古音系·古音字表》，上海教育出版社 2003 年版，第 175、284 頁。

"日匕"非義，"ᒡ"即"人"字反文，日與人相去之遠，遠望之，若人在日旁，故"皀"為"望遠合也"。這比《說文》的解釋要合理得多；"此"字，《說文》謂："从止、匕。匕，相比次也。""相比次"與"止"之義無關。林義光的解釋"从人、止。此者，近處之稱，近處即其人所止之處也"，比之《說文》要合適得多；"卓"字，《說文》所謂"早匕為卓"與"高"義毫不相干。林氏認為字从"人""早"聲。楚簡"卓"字作"ᗀ"（天卜）"ᔑ"（郭店殘簡），上部作"ᒕ"。侯馬盟書从"卓"的"ᘐ"字、戰國晉璽"ᘣ"也有一樣的變化。"ᒕ"是在人形上加一橫飾筆。古文字中从"人"的字常在人形腿部加飾點，後來飾點拉直變成一橫飾筆。从"匕"的字則沒有這樣的飾筆。因此"卓"上部當為人形。至於"卓"是下部是不是"早"字還有待考證。"ᘐ"字甲骨文作"ᘧ"（《合集》26908）"ᘨ"（屯南4453）皆从"人"，可正《說文》之誤，亦可證林義光以"ᒡ"即"人"之反文確為高見。

2. 反文、倒文成為形變指事字，獨立成字

《文源》的形變指事字中由反文、倒文變來的有"ᔓ""ᘲ""叵""旡""ᰩ""ᙠ""ᙣ"六字。其中只有"ᔓ""ᘲ"二字不可信。"叵"由"可"之反文變來；古文字中，"旡"與"欠"的區別在口部朝前還是向後，與身體直立與否沒有關係。因此林義光將"旡"作為改變部分形體的形變指事字；"ᰩ"由"身"的反文變來；"ᙠ"本為倒子形。在古文字也表示"子"之義。如"棄"字甲骨文作"ᘶ"（《合集》08451）"ᘷ"（《合集》21430），所从之"子"正倒無別；"ᙣ"為倒首形。西周中期縣改簋"縣"字作"ᙤ"，所从之"首"不倒，楚簡"梟"字作"ᙥ"（包山258），从倒首。可見"首"字在參與構字時也是正倒無別的。

3. 指出《說文》的某些部首其實是反文，不為字

（10）《說文》："ᑈ，卩也。闕。"林按：即"卩"之反文，不為字。

（11）《說文》："ᖋ，蹈也。从反止。讀若撻。"林按：經傳未見，疑即"止"之反文，不為字。

（12）《說文》："少，不多也。从小，丿聲。"林按：古作"ᑊ"（《攈古錄》卷三之七鄘侯敦）。"小"象物少形。"丿"，抽去之，則猶少也。

《説文》："少，少也。从小，八聲。讀如輟。"林按：即"少"之反文。"少""少"亦双聲旁轉，當與"少"同字。

（13）《說文》："厂，抴也。象抴引之形。""乀，流也。从反厂。讀若移。"林按：即"厂"之反文，與"厂"同字。"㲋"，《說文》从"次"，"厂"聲，亦云"讀若移"，是"厂""乀"同音也。

（14）丂，《說文》："丂，反丂也。讀若呵。"林按：《說文》"可"字从此。古"可"作"可"（師嫠敦），从"丂"，是"丂"即"丂"字。

今按：林義光指出《說文》"戶"字篆文"𦥑"即"卪"之反文，"少"為"少"字反文，本與"少"同字。"厂""乀"也是正反關係，且同音，故亦同字。"丂"與"丂"亦正反關係，本同字。林氏認為《說文》裡這類字本不為字，甚確。

（二）同字、一字

同字分化或稱"一字分化"，是漢字歷史演變過程中非常重要的現象。林義光在《文源》中指出的同字共96對。"酋"和"酉"、"冂"和"宀"、"夂"和"匕"、"厂"和"乀"、"白"和"霝"、"㠯"和"巳"、"求"和"九"、"小"和"少"、"希"和"肅"、"八"和"分"、"口"和"厶"、"方"和"丙"、"禿"和"芺"、"兌"和"夋、允"、"鞅"和"夋"、"猒"和"愁"、"非"和"飛"、"艻"和"菲"、"辱"和"農"、"豩"和"豩"、"絲"和"茲"、"殷"和"辠"、"配"和"肥"、"崐"和"崑"、"令"和"命"、"尋"和"得"、"攣"和"燮"、"史""事"和"吏"、"淖"和"朝"、"吉"和"凷"、"眞"和"奠"、"東"和"束"、"晉"和"舂"、"利"和"刺"、"威"和"畏"、"元"和"兀"、"畜"和"意"、"就"與"喬"、"吾"和"五"、"辛"和"辛"、"百"和"白"、"晒"和"奭"、"妃"和"改"、"教"和"學"、"羃""罩"和"臭"，"或"和"國"、"苟"和"敬"、"恵"和"德"、"余"和"舍"、"濕"和"淫"、"麃"和"票"、"旬"和"佃"、"皀"和"享"、"容"和"容"、"尚"和"商"、"厶"和"私"、"足"和"疋"、"音"和"否"、"愛"和"惡"、"叀"和"虔"、"俏"和"屑"、"甫"和"圃"、"魑"和"娩"、"复"和"復"、"絕"和"紹"、"佣"和"朋"、"征"和"延"、"眚"和"省"、"肆"和"肆"、"禍"和"骷"、"母"和"毋"、"內"和"肉"、"菫"和"萬"、"番"和"采"、"中"

和"艸"、"艾"和"乂"、"氏"和"氐"、"不"和"丕"、"夕"和
"月"、"樊"和"棥"、"冃"和"冒"、"祢"和"箅"、"羃"和"眉"、
"谷"和"去"、"巴"和"函"、"世"和"葉"、"六"和"亢"、"劦"
和"梁"、"古"和"甾"、"米"和"朮"、"卯"和"丣"、"直"、"廼"
和"迪"、"荆"和"㽆"等。其中只有"白"和"霍"、"目"和"巳"、
"求"和"九"、"希"和"黹"、"方"和"丙"、"芍"和"菲"、"殸"
和"壴"、"配"和"肥"、"吉"和"甾"、"眞"和"奠"、"晉"和
"眷"、"利"和"剌"、"威"和"畏"、"就"和"喬"、"晷"和
"五"、"麃"和"票"、"皀"和"享"、"夷"和"處"、"羃"和
"眉"、"谷"和"去"、"劦"和"梁"、"古"和"甾"共22對不可信,
其餘都是正確的。以當時的古文字研究水準來衡量,林義光的確相當了不
起。林氏還清楚地分析了它們分化的過程,指出其中有的還同音或音近,
有的因為訛變,有的是因為添加形符。有的分化為兩個字,有的《說文》
分為兩字的,其實是同一個字。

1. 同音或音近的同字

(15) **足**,《說文》:"足,人之足在體下。从口、止。"林按:"口止"
無"人足"之義。本義當為麤足之"足"。"足"有"止"義,體下之足
亦所止,故謂之"足"。从"足"之字皆以借義轉注。古作"**足**"(史懋
壺"路"字偏旁),同。

《說文》:"疋,足也。上象腓腸,下从止。"林按:"楚"字《說文》
从"疋",古作"**楚**"(楚公鐘),从"足"。"足"(遇韻)"疋"(模韻)
形近,又雙聲對轉,當即同字。

今按:林說是。"足""疋"本同字。甲骨文"足"字作"**足**"(《合集》
22236)"**足**"(《合集》190正)"**足**"(《合集》4584)"**足**"(《合集》19956),
在卜辭中皆用為"疋",故李孝定先生釋為"疋"[1]。商代金文有字作"**足**"
(父癸疋冊鼎)"**足**"(疋作父丙鼎),劉釗先生認為字應釋為"足",金文作
"**足**""**足**""**足**",就是由甲骨文"**足**"形加以規整化後變來的[2]。裘錫圭先

---

① 李孝定:《甲骨文字集釋》,中研院歷史語言研究所,1970年,第640頁。
② 劉釗:《古文字構形學》,福建人民出版社2006年版,第134頁。

生也認為"疋""足"本由一語分化①。金文"足"（疋）皆讀為"胥"。
西周春秋時期"足""疋"仍不分，但戰國時期二字已開始分化②。戰國
時期的燕陶"疋"作"𤴓"（陶匯4·21），是將"足"上部由圓形改寫
成開口狀而分化出"疋"。楚簡裡"足""疋"區別甚為明顯。"足"字
作"𤴓"（包山112）"𤴓"（郭店·老子甲6）"𤴓"（上博一·性情論
39），"疋"字作"𤴓"（包山楚簡70）"𤴓"（郭店楚簡·老子甲28）
"𤴓"（上博一·孔子詩論10）"𤴓"（曾侯乙墓竹簡175）。

林氏還指出"足""疋"雙聲對轉。從出土文獻來看，"足"和
"疋"的語音是有聯繫的。河南商水縣出土戰國陶文

即"夫疋司工"，李學勤先生指出"夫疋"即"扶蘇"③。《東亞錢志》卷
四有"於疋""於邨"兩種方足布。李家浩先生認為"於疋""於邨"應
讀"於蘇"④；《說文》："疏，通也。從㐬從疋，疋亦聲。"馬王堆帛書
《周易·震卦》六三："辰疏疏，辰行𩇠省。（31行）"通行本《易》"疏
疏"作"蘇蘇"。"蘇"從"穌"聲，而"穌"又從"魚"聲，"魚"為
疑母字。齊國陶文有字作"𨵗"（陶彙3·414）"𨵗"（陶彙3·406），可
隸作"閭"，文中"墧閭"即"高閭"，齊都臨淄城門。因此我們擬
"足"的上古音為 * sklaa，"疋"為 * sŋraaʔ。

（16）屑，《說文》："屑，動作切切也。從尸，𡭗聲。"林按：從
"尸"猶從"人"，此即"俏"字（"俏"與"屑"蓋同音同字）。

今按：林義光以為"俏"與"屑"同音同字，甚確。當代學者張振
林、陳雙新、陳劍等先生皆認為"俏""屑/屑"本爲一字。古代樂舞的

① 裘錫圭：《殷墟甲骨文字考釋（七篇）》，《湖北大學學報》1990年第1期。
② 參看劉釗：《古文字構形學》，福建人民出版社2006年版，第135頁；林澐：《四版〈金
文編〉商榷》，江蘇太倉古文字學年會論文，1990年；董蓮池：《金文編校補》，東北師範大學出
版社1995年版，第58—59頁。
③ 南水縣文物管理委員會：《河南商水縣戰國城址調查記》，《考古》1983年第9期，第
848頁。
④ 李家浩：《戰國於疋布考》，《中國錢幣》1986年第4期。

行列稱"佾"，即《論語·八佾》"八佾舞於庭"之"佾"。舞者的集合單位元詞稱爲"佾"。陳劍先生還指出"屑/屑"字可能就來源於"觡"或"徇"字中的"脅"形。秦子戈"𘞀""𘞁"兩形中的"脅"，如果其兔頭形省變爲"尸"，下面代表兔身的兩筆變爲"八"形，加上其下的"肉"，就跟"屑"形相對應了①。

2. 指出《說文》分為兩字，其實當為一字

《文源》中指出《說文》分成兩個字的，其實是同一個字的例子，有"𣎵"與"朮"、"卯"與"𠨘"、"冃"與"冈"、"厂"與"乁"、"憂"與"㤅"、"𥅴"與"𣉺"等。林義光之說可信。"憂"與"㤅"的討論見本書"林義光在金文研究上的成就"。"𥅴"與"𣉺"我們在"《文源·二重形聲》箋證——兼論雙聲符字研究"一節已證其是。此不贅述。這裡只對其餘四例加以疏證。

(17) 𣎵，《說文》："朮，分枲莖皮也。從屮、八，象枲皮。讀若髖。"《說文》："𣎵，艸木盛，𣎵𣎵然。象形，八聲。讀若輩。"林按："八"古作"八"，"𣎵"從"八"，則與音"髖"之"朮"無別。音"髖"（臻韻）、音"輩"（微韻），亦雙聲對轉，其實一字。本義為枲皮，假借為草木盛貌。

今按：林說近是。《說文》"朮"部下的"𣏂""索""孛""㭆""南"諸字中，僅"𣏂"字未見於古文字。從古文字來看，"索"所從之"朮"是由"𘌧"這類形體中"止"形變來的；"孛"字甲骨文作"𘌩"（英2525），金文作"𘌪"（散氏盤），郭店楚簡作"𘌫"（老子乙本10），《說文》小篆變從"朮"是訛變的結果；"㭆"字甲骨文作"𘌬"（《合集》1385正），其演變軌跡跟"索"一樣；"南"字甲骨文作"𘌭"（《合集》10903），金文作"𘌮"（南宮乎鐘）"𘌯"（二十七年衛簋），秦國文字作"𘌰"（秦漢南北朝官印徵存0021）"𘌱"（睡虎地·日書甲140反），《說文》小篆"南"字所從之"朮"是從秦文字演變而來的。可見《說文》從"朮"的字都是訛變的結果。

從"朮"的"枲"字睡虎地秦簡作"𘌲"（封診式64），居延漢簡甲本作"𘌳"（簡918）。"枲"本當從"木"。《說文》從"朮"的字中，

① 參看陳劍：《甲骨金文舊釋"𣄧"之字及相關諸字新釋》，《出土文獻與古文字研究》第二輯，復旦大學出版社2008年版，第13—47頁。

"橄""麻"字見於金文。"橄"字作"㮙"（橄伯車父鼎）"㮙"（橄車父
簋）"㮙"（橄車父壺），"麻"字作"㡐"（師麻㪀叔匜）。"橄"字還見於
甲骨文，作"㮙"（《合集》29092）"㮙"（《合集》31786）"㮙"（屯南
0149）。可見"朮"是由"木"變來的。從金文"橄"來看，"林"是在
"艸"所從之"屮"下部兩邊各加一長點變來的。

《說文》從"宋"和從"朮"字來源雖然不同，但小篆"宋"字作
"㮈"，"朮"字作"㮈"，形體相當接近。林義光認為"㮈"從"八"，則與
音"髖"之"㮈"無別，音"髖"（臻韻）、音"輩"（微韻）亦雙聲對
轉，"宋""朮"同字。就這兩個字的關係而言，很可能是對的。

（18）㪀，《說文》："卯，冒也。二月萬物冒地而出。象開門之形。
故二月為天門。"林按：古作"㪀"（取彝），不從二戶，即兜鍪之"鍪"
本字，首鎧也。"卯""鍪"古同音。"㪀"象兜鍪形，兩旁與"兜"從
"㇇㇂"同意。

　，《說文》："丣，古文酉。從丣。丣為春門，萬物已出；丣為秋門，
萬物已入。一，閉門象也。"林按：《說文》"丣"聲之字古皆從"㪀"，
如"柳"古作"㮙"（散氏器）、"留"古作"㮙"（留鐘），是"卯"
"丣"本一字。

今按：林義光說"㪀"象兜鍪形有誤，不過他認為"卯""丣"本一
字則是對的。甲骨文"卯"字作"㪀"（《合集》19798）"㪀"（《合集》
1051 正）。《甲骨文字詁林》姚孝遂先生按語："王國維疑'卯'即'劉'
之假借字，實則'劉'乃'卯'之孳乳字，《說文》作'鎦'。……其演
變軌跡當如下：㪀—㮙—㮙—㮙—㮙"①。甲骨文"柳"字作"㮙"（屯南
0088），西周金文"留"字作"㮙"（趩鼎），皆如林氏所言從"卯"。《說
文》從"丣"的字還有"貿""茆""珋""㮙"。"貿""茆"見于古文
字。西周金文"貿"作"㮙"（公貿鼎），戰國文字"茆"字作"㮙"（宋
公差戈），皆從"卯"。

（19）㮙，《說文》："冃，小兒及蠻夷頭衣也。從冂，'二'，其飾
也。"林按：古作"㮙"（陳曼匜"曼"字偏旁），象形。今字作"帽"。

---

① 于省吾主編：《甲骨文字詁林》，中華書局 1996 年版，第 3355 條，第 3341 頁。

⊓，《說文》："冃，重覆也。从冂、一。讀若艸莓之莓。"林按："曼"字本从"冃"，古亦作"🖐"（曼龔父盨），从"冃"，是"冃""冒"同字。"帽"幽韻，"莓"之韻亦雙聲旁轉。

今按：《說文》"冃"部下收"冕""冑""冒"和"最"四字。甲骨文"冕"字作"🖐"（《合集》33069），"冑"字作"🖐"（《合集》36492），"冒"字作"🖐"（《合集》10405 反）。金文"冕"字作"🖐"（免尊），"冑"字作"🖐"（戜簋），"冒"字作"🖐"（九年衛鼎）。"⌒""⊓""⌒"皆象帽形，乃"帽"字初文。"冃"是由"⌒"變來，"冃"則是由"⊓"變來。《說文》"冃"部下收"同""肙""冡"三字。甲骨文"同"字作"🖐"（《合集》28019），字从"🖐"，《說文》小篆變从"⊓"乃訛形。"冡"字見於戰國文字，作"🖐"（陶彙 4.138）"🖐"（包山 94）。从"冡"聲的"蒙"字作"🖐"（中山王𨵿方壺）。可見"冡"亦从"冃"。林義光認為"冃""冃"本同字，當是。

（20）厂，《說文》："厂，抴也。象抴引之形。"《說文》："乀，流也。从反厂。讀若移。"林按：即"厂"之反文，與"厂"同字。"𣲴"，《說文》从"次""厂"聲，亦云"讀若移"，是"厂""乀"同音也。

今按：《說文》"厂"部下僅收"弋"字。甲骨文"弋"字作"🖐"（《合集》05899）"🖐"（《合集》19088）"🖐"（《合集》19946 反）"🖐"（《合集》4284），金文作"🖐"（召伯簋）"🖐"（農卣）。《說文》小篆作"🖐"，許慎所謂从"厂"，實是由金文所从之"丿"或"一"變來。《說文》"乀"字下僅收"也"字。戰國文字"也"字作"🖐"（書也缶）"🖐"（坪安君鼎）"🖐"（卅二年坪安君鼎）"🖐"（詛楚文）"🖐"（郭店·語叢三 37）"🖐"（郭店·六德 17）"🖐"（郭店·唐虞之道 4）。《說文》"也"字小篆作"🖐"，或體收秦刻石作"🖐"。"🖐"應是由"🖐"這類字形變來。"🖐"則與"🖐""🖐"形近。《說文》所謂从"乀"當即"🖐""🖐"所从之"🖐""🖐"的變形。林義光據《說文》"𣲴，从次、厂聲。讀若移"，認為"厂""乀"同音，亦同字，完全有可能。

（三）古文與今字

1. 古文

林義光所謂"古文"有兩個含義：一指早於《說文》小篆的古文字，

一是與今字相對的古字。

A. 指早於《說文》小篆的古文字

（21）⿰，《說文》："能，熊屬，足似鹿。从肉，㠯聲。能獸堅中，故稱賢能，而彊壯稱能傑也。"林按：《爾雅·釋魚》："鼈三足，能。"此當為"能"之本義。古作"⿰"（毛公鼎），正象三足形。《漢書·天文志》："魁下六星，兩兩相比者曰三能。""能"亦取三足之象。小篆"⿰"與古文"⿰"形近，故以"能"為熊屬也。

（22）⿰，《說文》："兵，械也。从廾、从斤，并力之皃。⿰，古文从人、廾、干。"林按："兵"，漢孔宙碑作"⿰"，"⿰"與"斤"形近而變。"⿰"實隸書，非古文。古作"⿰"（故鄴句鑃）。

（23）⿰，《說文》："乍，止亡，詞也。从亡、一。一，有所礙也。"林按："乍"為"止亡"，其義未聞。古作"⿰"（仲五父敦）、作"⿰"（嬰仲㦲尊彝）、作"⿰"（伯要敦）、作"⿰"（頌敦），皆以為"作"字，即"作"之古文，象興構之形。

在"能"字例，林義光說："小篆'⿰'與古文'⿰'形近。"這就是說小篆不是古文；在"兵"字例，林氏指出《說文》古文"⿰"實隸書而非古文，即"⿰"是根據隸書"⿰"，用篆書的筆法轉寫而來的，不是真正的古文。言下之意，隸書不是古文；在"乍"字例，林氏列舉了仲五父敦"⿰"、嬰仲㦲尊彝"⿰"、伯要敦"⿰"、頌敦"⿰"四個金文字形，並指出這些都是"作"字古文。這裡，"古文"即金文。總而言之，林氏所謂"古文"非隸書，亦非小篆，乃小篆以前的古文字。

B. 指與今字相對的古字

這類古文的表述有兩種形式，一是"古作某，今字以某為之"或"今字作某"；二是"某為（即）某之古文"，"某者，某之古文"，"以某為古文"或"某實某之古文"。如：

（24）⿰，《說文》："族，矢鋒也。从㫃、从矢。所以標眾矢之所集。"林按：古作"⿰"（師酉敦）、或作"⿰"（宋公戈），"⿰"即"㫃"之變，今字以"鏃"為之。

（25）⿰，《說文》："介，畫也。从人、八（八，分也）。"林按：今字作"界"。

（26）《說文》："⿰，古文蕢。象形。《論語》曰：'有荷蕢而過孔氏

之門。'"林按：古作"**킅ㅑ**"（曶鼎"遺"字偏旁），實與"**肉**"同意。從
"**肉**"之字如"縢""送"，從"**킅ㅑ**"之字如"饋""遺"，皆有"贈與"
之義，則"**킅ㅑ**"當為"饋"之古文，"**ㅣ**"象物形，"**ㅌㅕ**"，兩手奉之以饋
人也。

（27）**ㅂ|**，《說文》："剛，彊斷也。從刀，岡聲。**ㅁ**，山脊也。從山，
网聲。"林按："网""岡"不同音。古"犅"字作"**钌**"（靜敦），從
"牛""剛"聲。"剛"即"剛"之古文，從刀斷网（網）。"岡"字古作
"**ㅁ|**"（《散氏器》："陟剛三封"），從"山""剛"聲。

（28）**ㅌㅡ**，《說文》："亙，求亘也。回，古文回，象亘回之形，上下，
所求物也。"林按："亙"訓輾轉求物，說無他證。古作"**ㅌ**"（洹子器
"洹"字偏旁）、作"**ㅌ**"（尌仲敦"趄"字偏旁），當為"垣"之古文，
象垣牆繚繞之形。亦作"**ㅌ**""**ㅌ**"（虢季子伯盤"宣"字及"趄"字偏
旁）。

（29）**ㅊ**，《說文》："差，貳也。左，不相值也。從左、巫。"林按：
"左"者，"佐"之古文，無"差忒"之義。"左""巫"皆聲也。古作
"**ㅊ**"（宋公戈）。今或謂不相值為左者，其本字當作"差"。"左""巫"
古同音。

（30）**ㅊ**，《說文》："吳，大言也。從矢、口。"林按："矢"象人傾頭
形，哆口矯首，謹呼之象。古作"**ㅊ**"（尣鬻彝），變作"**ㅊ**"（王子吳
鼎）。謹嘩之"嘩"、歡娛之"娛"，並與"吳"同音，實以"吳"為
古文。

（31）**ㅣ**，《說文》："聿，所以書也。從聿、一。"林按：楚謂之"聿"，
秦謂之"筆"，"聿"實"筆"之古文。古作"**킅**""**ㅣ**"（婦庚器），從
"又"持"**ㅣ**"，"**ㅣ**"象筆形。

（四）訛變與訛混

林義光已經認識到文字發展演變過程中常常發生訛變。他稱之為
"譌作""變作""譌變""形譌""誤體"或"某形之誤"，如：

（32）**ㅊ**，《說文》："爲，母（獼）猴也。其為禽，好爪，下腹為母
猴形。"林按：古作"**ㅊ**"（曶鼎），上其手，故爪在頭上，或作"**ㅊ**"（邾
討鼎），象形，不從"爪"。或譌作"**ㅊ**"（楚公鐘）。

(33) □，《說文》：“巨，規巨也。从工，象手持之。”林按：古作“□”（伯矩尊彝）、作“□”（伯矩歆彝），象人手持工（“□”與“□”皆象人形）。“工”，事也。變作“□”（毛公鼎“□”字偏旁）、作“□”（吳尊彝“□”字偏旁）。

□，《說文》：“榘，巨或从木、矢。矢者其中，正也。”林按：从“矢”非義。“矩”即“□”之譌變，或又加“木”耳。

(34) □，《說文》：“戹，隘也。从戶，乙聲。”林按：古作“□”（毛公鼎），以為“軶”字，實即“軶”之古文。《詩·韓奕》篇“鞗革金戹”。象輈“□”、轅“□”、軏“□”、軥“□”之形。“軶”一名“衡”，本有二軥，狀如□，以扼兩馬之頸。“□”但象一軥，乃略形也。若象全形，當變為“□”，倒轉為“□”，即“□”字。篆作“□”，乃“□”之形譌。

(35) □，《說文》：“肜，丹飾也。从丹、彡。彡，其畫也。”林按：古作“□”（師湯父鬳彝）、作“□”（伐徐鼎）。《說文》無“肜”字。《爾雅》：“繹，又祭也。周曰繹，商曰肜。”林按：即“彤”之誤體。《詩序》：“繹，賓尸。”（絲衣）箋云：“商謂之肜。”《釋文》亦作“融”。“融”从“蟲”得聲，古與“肜”同音。

(36) □，《說文》：“虤，虎怒也。从二虎。”“虤”，韻書“五閑切”，與“獻”“甗”古亦同音，當為“猒”形之誤。

林氏還指出文字發展演變過程中發生混同的現象。有的是形近而混，有的是因為訛變而混。所用術語有“混”或“相混”。如：

(37) □，《說文》：“手，象形。”林按：古作“□”（無㠱敦），象掌及五指之形。或作“□”（虢叔鐘“□”字偏旁），與“毛”相混。

(38) □，《說文》：“丮，持也。象手有所丮據也。讀若戟。”林按：古作“□”（奉彝庚“奉”字偏旁）、作“□”（仲丮良父器）、作“□”（師寰敦“執”字偏旁），象人伸兩手持物形。或作“□”（王孫鐘“䄇”字偏旁），下从“□”，蓋“□”之誤，象人足。“夊”與“女”形易混，故不䄇敦玁狁字“狁”作“□”，實假“夋”為“狁”。“狁”“夋”古同音，而譌从“女”。古“婚”作“□”，而《說文》以“□”為籀文“婚”字，復譌从“夊”。

上舉之例，“手”作“□”，與“毛”字作“□”（此鼎）混同。例

(38)"🔣"譌成"🔣",故"夂"與"女"易混。林氏指出從"夂"的字,常訛從"女"。如"🔣"實從"夂"而變從"女","婚"字作"🔣"下本從"女",《說文》籒文作"🔣"訛從"夂"。不過林氏不知"🔣"即"聞"字,金文假借"聞"字為"婚"。"聞"字本從"夂"作"🔣"(善夫克盨),因訛混而變作"🔣",象從"女"。

（五）或體

林義光所謂"或體"跟許慎有所不同。他在《六書通義》中說:"至於時俗異文,有增益轉注形聲以為或體者,其在金文,則如'或'之作'國','兄'之作'🔣'。許書乃多所別異,如'𩮜'與'𩭤',同為毛髮;'永'與'羕',皆訓水長,而不以為同字,類皆求密而反疏也。"從這段話來看,林氏認為有些《說文》視為二字的,實則一字或體,如"𩮜"與"𩭤"、"永"與"羕"、"与"和"與"、"白"與"百"、"白"與"𩙿"、"知"與"智"、"四"與"呬"等。《說文》對這些字的說解以及林義光的按語如下:

(39)"🔣",《說文》:"𩮜,毛𩮜也。象髮在囟上及毛髮𩮜𩮜之形也。"林按:古作"🔣"(師寰敦)、作"🔣"(宰椃尊彝)。

(40)"🔣",《說文》:"永,水長也。象水巠(經)理之長永也。"林按:古作"🔣"(豆尌仲敦),象水長流相會形。亦作"🔣"(㗊鼎)。

"🔣",《說文》:"羕,水長也。從永,羊聲。"林按:古作"🔣"(郲子妝匜),以為"永"字。"永"古音如"羕","羕"實"永"之或體,"羊"聲。

(41)"🔣",《說文》:"与,賜予也。一勺為与。"林按:"一勺"無"賜予"之義。石鼓作"🔣"("𤛘"字偏旁),象兩手授受形。

"🔣",《說文》:"與,黨與也。從舁、与。"林按:即"与"之或體。古作"🔣""🔣"(毛與敦),四手象二人交與,"丨",所與之物也。與"🔣""🔣"同意。或作"🔣"(齊侯鎛"𧲮"字偏旁)。

(42)"🔣",《說文》:"白,西方色也。陰用事,物色白。從入合二,二,陰數。"林按:入二非義。古作"🔣"(虢季子白盤)。秦刻"因明白矣","白"作"🔣"。皆不從"入""二"。

"🔣",《說文》:"𩙿,濡革也。從雨、革。讀若膊。"林按:即"白"

之或體。因"白"假借為色，復制此字。古作"𩏻"（䣄敦以為"霸"字）、作"𩆜"（守敦"霸"字偏旁）。

𦥑，《說文》："百，十十也。从一、白。數十十為一百。百，白也，十百為一貫。貫，章也。"林按：从"一"非"百"之義。古作"𦥑"（伊簋彝），當為"白"之或體。"ᄭ""ᄉ"皆象薄膜虛起形。變作"𦥑"（史頌簋彝）、作"百"（多父盤）。

（43）知，《說文》："知，詞也。从口、矢。"朱氏駿聲云："識也。憭于心，故疾于口。"

智，《說文》："智，識詞也。从白、亐、知。"林按："智"為"詞"，非本義，當為"知"之或體。古作"智"（毛公鼎），从"甘"即从"口"（轉注），从"知""于"。"于"，曲也。

（44）四，《說文》："四，会（陰）數也。象四分之形。"林按：許意謂"囗"象四方，中从"八""八"者分之，謂分為四方也。然古作"四"（邵鐘），不象四方，即"㖒"之古文，獸口也，象口鼻相連之形。"ᘺ"，兩鼻腔，"囗"象口腔。"㖒""四"古同音。《詩·緜》："昆夷兌矣，維其喙矣。"《說文》引作"犬夷呬矣"是也。獸蟲口鼻相連，其息以喙，故引伸為息。《方言》："呬，息也。"（"呬"實即"四"之或體）。

如何從上引林氏按語理解他對或體的界定呢？林氏是將古今字跟或體混為一談嗎？從表面看，似乎如此。然而，仔細考辨之後我們發現，林氏說"鼠"與"鬣"、"永"與"羕"、"白"、"百"與"𩆜"、"与"和"與"、"知"與"智"、"四"與"呬"是或體，並非他不知道這些字後來已經分化為兩個不同的字，而是他認為這幾組字本義相同，音也一樣，只是字形不同。"鼠"與"鬣"本義都是指獸類頸上較粗硬的毛，音也相同，"鬣"是加了"髟"為意符；"永"和"羕"音同，本義都指水長，"羕"字加了聲符"羊"；"白""百"和"𩆜"，林氏認為本義都是"雨濡革"，三字音近，當為同一個詞造的異體字；"与"和"與"音同，本義都是賜予。雖然林氏對"与"的字形分析有問題，但他認為"與"的本義也是賜予、交與是對的。"与"和"與"在某一時期是異體字，應該沒有問題；甲骨文"知"字作"𥄳"（《合集》32563），辭曰："弜知用"，"智"字甲骨文作"𥄳"（《合集》30429），辭曰"其莘河惟舊智用於淪彫"。從辭例來看，"𠂤"和"𠀎"當為異體；"四"為"𠴲"之初文①，當無疑義。

林氏談或體是從古文字出發的，如他認為"曐"字作"𤽯"（交彝），又作"𤽰"（王母鬲）是或體；"得"作"𧶀"（虢叔鐘），又作"𧶙"（智鼎），此乃轉注或體；"望"作"𡧍"（庚嬴尊彝），或作"𡧍"（師望鼎）。"絲"字作"𢇁"（智鼎），又作"𢇁"（太保彝），後來"𢇁"變成"絲"字，"𢇁"變成"茲"字，故林氏認為"絲""茲"為異體。

林氏還利用或體考字。如他認為"兀"和"元"乃同字分化的根據之一就是"髡"《說文》從元"，或體從"兀"（中華書局影印本《說文解字》"髡"字從"兀"，或體從"元"）；"軝"《說文》作"軝"。

（六）互體

林義光在《文源》中論及互體僅見一處。由於互體揭示了古文字構形的重要規律，故而于此有申之之必要。林氏在"亳"字條下說：

（45）𠅧，《說文》："亳，京兆杜林亭也。從高省，乇聲。"林按："亳"與"乇"不同音。"亳"字當為殷湯所居邑名而製，其本義不當為亭名也。從"京"，"宅"省。"京""宅"互體而省，猶"罷""熊"合為"羆"，"𤇾""宮"合為"營"也。

從林義光的按語來看，其所謂"互體"是指一種造字方法。這種造字方法是由兩個字組成，其中有一部分是兩字共有的。如"亳"是由"京"和"宅"組合而成，其中"冂"是"京"和"宅"共有的部分；"罷"和"熊"組合而造"羆"，其中"能"是二字共有的部分；金文"𤇾"字作"𤇾"（𢨗伯簋），"宮"字作"宮"（休盤），二字都有"冂"這個部件，故林義光認為"營"是由"𤇾"和"宮"互體合成。

林義光所謂互體，其實就是清代學者王筠在《說文釋例》中所論的"兩借"，當代學者所說的借筆。《說文釋例》中的"兩借"字例有"齋，從示齊省聲，二字上屬則為齊""兜之從兆從兒省也，以兒屬𠂉為兆，以兒屬白為兒""象從𠫪豕省，一字兩借""黎從黍𥝢省聲，此以禾子左右

① 參看丁山：《數名古誼》，臺灣中研院《歷史語言研究所集刊》一本一分，1928年，第90—91頁；曾憲通：《吳王鐘銘考釋——薛氏〈款識〉商鐘四新解》，《古文字研究》第17輯，中華書局1989年版，第129頁。

兩借也"等①。當代學者林澐先生在《古文字研究簡論》中提到的"並
劃性簡化"②說的就是這種現象。楊五銘先生在《兩周金文數字合文初
探》一文中首次將這一古文字構形規律稱為"借筆",並將合文分為借筆
與不借筆兩種情況。何琳儀先生在《戰國文字通論》第四章第二節"簡
化"中指出戰國文字借用筆劃、借用偏旁以及合文借用筆劃、合文借用
偏旁的現象③。吳振武先生的《古文字中的借筆字》是最早的關於借筆的
專題性文章。他採用了楊五銘先生在《兩周金文數字合文初探》中所用
的術語"借筆",但吳先生所論的借筆除了合文中的借筆外,還包括單字
借筆。"借筆"可以是借筆劃,借偏旁,也可以是借字。該文的第二部分
是吳先生新釋的十個借筆字:"坣"(公子孟)"鼎"(君子)"杲"(中易)
"馬"(馬市即馬師)"睛"(青中,讀作"精忠")"瘍"(去病)"筆"(私
庫)"佢"(佢)"紒"(付臣)"起"(起)"今"(塚)等。在文章的第三
部分,吳先生在充分吸收學術界已有研究成果的基礎上,對古文字中的借
筆字作了較為全面的整理和考察,共有362例。在結語部分,吳先生指
出:"不僅古文字中有借筆,到了今隸和真書階段,仍會出現借筆。"他
認為古人寫字用借筆,求簡是一個重要原因,但有時可能也有"玩"的
意思④。

劉釗先生的《古文字中的合文、借筆、借字》在理論上對"借筆"
作了進一步探討。首先他指出合文、借筆、借字三者相互包容,但又各有
不同特點。合文、借筆、借字是三種不同的現象,但又有聯繫。合文中常
用借筆,借字與借筆在某種意義上相似,都是古文字記錄語言時追求省便
的一種變通方法;其次,他從定義上對合文、借筆、借字三者作了明確的
區分。他指出:合文,又稱合書,是指兩個或三個在詞序上相連的文字符
號用或不用合文符號,相對緊湊地寫在一起的寫詞形式;借筆,又叫借
劃、兼筆、共用筆劃,或稱省略重複偏旁。借筆是指一字本身或詞序相連
的兩個字之間共同佔有筆劃或偏旁的古文字構形方法;借字又稱重文,是

---

① 王筠:《說文釋例》,武漢古籍書店影印 1983 年版,第 125 頁。
② 林澐:《古文字研究簡論》,吉林大學出版社 1986 年版,第 81—83 頁。
③ 何琳儀:《戰國文字通論》,中華書局 1989 年版,第 190—193 頁。
④ 吳振武:《古文字中的借筆字》,《古文字研究》第 20 輯,中華書局 2000 年版,第
308—337 頁。

指一個獨立形體用借字符號或不用借字符號重複一次記錄功能的寫詞方法；再次，將"借筆"作為一種獨立的古文字特殊構形方式與合文、借字區別開來，指出其性質和特點：借筆要求合文借筆的兩個字詞序必須相連，不論二字借筆還是單字借筆。借筆的雙方相鄰的筆劃或偏旁必須相同或相近。借筆是古文字為書寫簡便而產生的一種變通方法，在一定程度上還有裝飾化的意味①。

林清源先生把借筆作為文字簡化現象進行研究。他認為"借筆"一词的語意稍嫌含糊，所以改稱"共用部件"。林先生考察了楚國文字中的共用部件現象，指出五例單字共用部件和四例合文共用部件②。

（七）繁簡

1. 繁化

《文源》論及繁化問題的術語有"繁文"和"增作"兩種。林氏所謂"繁文"是指由兩個完全相同的部件組合而成的字，且這個新字跟原字的音義沒有差別。《文源》中"繁文"兩見，見"業"字條和"㲋"字條。

（46）業，《說文》："業，大版也，所以飾縣鐘鼓（"飾"謂"飾於枸"。《詩·有瞽》篇"設業設簨"，傳云："大版也，所以飾枸為縣也"），捷業如鋸齒，以白畫之，象其鉏鋙相承也。从丵、从巾，巾象版。"林按：晉公盦"業"字，當即"業"之繁文。"業"象全虡上有飾版之形。"業"字象鼓鼙在虡上形，亦以"木"為簨足，則"業"下當非"巾"字。

（47）竛，《說文》："㲋，晉晉，銳意也。从二先，先亦聲。"林按："㲋"字經傳未見，"晉"字从"㲋"得聲，當即从"先"之繁文，猶《說文》無"䤴"字，"鑼"从"刀""畐"聲，而字从"䤴"也。

《新金文編》就將晉公盦"業"字收在"業"字條下，可證林說。《說文》南唐徐鍇注音"㲋"字為"子林切"，"先"字"側岑切"，二字同音。"㲋"字未見於經傳，《說文》收从"㲋"聲的字有兩個，即

---

① 劉釗：《古文字中的合文、借筆、借字》，《古文字研究》第21輯，中華書局2001年版，第397—410頁。

② 林清源：《楚文字構形演變研究》，東海大學中國文學系博士論文，1997年。

"鸞" 和 "晉"。《說文》："鸞，讀若岑。""晉" 字徐鍇注音為 "七感切"。林義光認為 "冘" 為 "先" 之繁文，當是。

繁文在古文字中多見，如甲骨文 "得" 字作 "⿰" （《合集》518），又作 "⿰" （《合集》18190）；"⿰" 字作 "⿰" （《合集》904 正），又作 "⿰" （《合集》766 正）；"肇" 字作 "⿰"（《合集》07763），又作 "⿰"（英 23 正）；"夕" 字作 "⿰" （《合集》27271），又作 "⿰" （《合集》20957）①。

"增作" 亦兩見，見 "保" 字條和 "晨" 字條，說的是筆畫的增添。

(48) ⿰，《說文》："保，善也。从人，采省。采，古文孚。" 林按：古作 "⿰" （克卹彝），即 "緥" 之古文，小兒大藉也。"丿" 象緥形，子在其上，人褓負之。或作 "⿰" （遷尊彝），从 "任" 轉注，或增作 "⿰" （司寇良父壺），或省作 "⿰" （保林父敦）。《詩》"佛時仔肩" 敬之，"仔" 當作 "⿰"，即 "保" 字，故訓為 "任"。《說文》謂 "仔" 从 "人" "子" 聲，於古無徵，恐無其字。

(49) ⿰，《說文》："晨，早昧爽也。从臼、辰。辰，辰時也。辰亦聲。卂夕為夙，臼辰為晨，皆同意。" 林按：辰者，"脣" 之古文。"晨" 古作 "⿰" （伯晨鼎），象持物入脣。早昧爽者，進食時也。與 "夙" 不同意。變作 "⿰" （師趛鸞），从 "⿰" 即从 "辰" （"辰" 亦作 "⿰"，又增作 "⿰"）。

今按：甲骨文 "保" 字作 "⿰" （《合集》18970），象大人背負小孩之形。或省作 "⿰" （《合集》18969）。金文 "保" 字作 "⿰" （保鼎）"⿰" （盂鼎）"⿰" （作冊大鼎）"⿰" （司寇良父簋）"⿰" （中山王䰥鼎）"⿰" （十年陳侯午）等形。"⿰" 所从之 "丿" 應該是 "⿰" 這種字形中手形的簡省。"⿰" 則是在 "⿰" 上再添飾筆，使得筆劃對稱；"辰" 字甲骨文作 "⿰" （《合集》21145），金文作 "⿰""⿰" 是添加了飾筆。

2. 簡省

《文源》關於簡省的術語有 "……之省" "即某之省" "某者，某之省" "即某之省形" "即某之省文" "省作" "省爲" 等。如：

①　參看劉釗：《古文字構形學》，福建人民出版社 2006 年版。

（50）⬚（頮），《說文》："⬚，古文沬，从水，从頁。"林按：洒面也。古作"⬚"（魯伯俞父盤）、作"⬚"（殷敔盤），象皿中有水，人面及鼻、鬢臨其上之形。或作"⬚"（歸父盤），"⬚"即"⬚"之變，从"⬚"持水。

⬚，《說文》："顐，昧前也。从頁，㬎聲。讀若昧。"林按：形近"⬚"，即"頮"之省文，"昧"音亦與"頮"同。

（51）⬚，《說文》："旐，旗有眾鈴，以令眾也。从㫃，斤聲。"林按：古作"⬚"（龙姞鬻彝），从"⬚"，象眾鈴形。"單"古文或作"⬚"（甕鬻彝甲）、作"⬚"（揚敦），皆與眾鈴形近。蓋"旐"字本作"⬚"，以形似"單"，故譌从"單"耳。"⬚"象旐形，斤聲。或作"⬚"（陳公子甗），省作"⬚"（頌鼎）。

（52）⬚，《說文》："千，十百也。从十，人聲。"林按：从"十"則十百之義未顯。"十"古作"⬚"，"千"古作"⬚"（多父盤）、作"⬚"（盂鼎），不从"十"。"千""身"古音近，當即"身"之省形。"⬚"亦象人形，固可省為"⬚"也。

（53）⬚，《說文》："疒，倚也。人有疾痛。象人倚著之形。"林按："⬚"，"人"之反文，"⬚"，"⬚"省，即"牀"字象人在牀上形。古作"⬚"（毘疕鐘"疕"字偏旁），"⬚"即"⬚"之省，猶"雍"字本作"⬚"，从"⬚"。大鼎作"⬚"，从"⬚"。

林義光用"省文""省形""省作""……之省"來分析古文字中的簡省現象，揭示古文字構形演變規律。這也表明他是用動態的文字發展觀來考察文字的。

（八）變體

林義光所謂"變體"是指某一構字部件是某字的變體。如：

（54）⬚，《說文》："履，足所依也。从尸，服履者也。从彳、夊，从舟，象履形。一曰尸聲。"林按：象形，从"⬚"，从"⬚"。"⬚"（尸）猶"人"也，"⬚"即"辵"之變體，人辵為履，會意象形兼會意。

今按：甲骨文"履"字作"⬚"（《合集》33284），象人足履地之形。散氏盤"履"字作"⬚"，變兩短橫並移至右側。兩短橫又變成"舟"，置於止下，作"⬚"（五祀衛鼎）"⬚"（大簋蓋）"⬚"（士山盤）。倗生簋加“辵”旁作“”。《說文》小篆作“”就是從這種字形變來。林義光認為“”是“辵”的變體，甚確。

(55) ，《說文》:“息，喘也。从心、自。”林按：嘘气也。从“自”(象鼻)，“”象氣出鼻形，非“心”字。古有“”（遄尊彝）“”（𠠧尊彝乙）字，疑即“息”之變體。

今按：林氏指出“息”字所从之“”非“心”字，甚確。不過他認為“”是“”的變體，則本末倒置了。

二、關於音的術語

（一）聲借

林義光所謂“聲借”是指一種造字方法，即借用語音相同或相近且意義相關的字作為構字部件參與造字。林志強師對《文源》中的“聲借”有專文討論，已收入本書，故此不贅述，僅舉如下二例以觀之：

(56) ，《說文》:“悉，詳盡也。从心、釆。”林按：“釆”者，“辨”之聲借。

(57) ，《說文》:“帑，金幣所藏也。从巾，奴聲。”林按：从“巾”非義。古作“”（廩帑器），从“才”省（番生敦以“”為“在”，實“才”字），“奴”聲。“才”者，“在”之聲借。

林義光認為“釆”“辨”同音，且“釆”有“辨”義（據《說文》)，故“悉”字从“釆”。“在”“才”同音，“在”與“藏”義相關，故“帑”字可从“才”。

（二）同音

同音是《文源》中用得最多的術語。林義光以同音定同字分化、聲借、本字、通假、或體、古文等。

1. 以同音定同字分化

(58) ，《說文》:“叉，手足甲也。从又，象叉形。”林按：古作“”（叉彝)，象手有指爪形。

，《說文》：“丑，紐也。十二月萬物動，用事。象手之形。日加丑，亦舉手時也。”林按：古作“”（庚贏尊彝)，與“叉”同形，即“叉”字。“丑”“叉”古同音。

2. 以同音定聲借

(59) 攸，《説文》:"攸，眇也。从人、从攴，豈省聲。"林按:从"攸"，从"豈"(端)省。"攸"者，"修"之古文，治也。凡微妙者得其端而後可治。"攸"與"抽"古同音，疑亦"抽"之聲借。古作"攸"。

今按:林義光將"攸"字析成"豈"省和"攸"兩部分，不可信。引用此例，是為了説明聲借的條件之一是古同音。

3. 以同音定本字

(60) 尸，《説文》:"尸，陳也。象臥之形。"林按:古作"尸"(罻尊彝癸)、作"尸"(豐兮尸敦)、作"尸"(曾伯霥匜)，象人箕踞形。"尸"古與"夷"同音(師𡞵敦、兮田盤、曾伯霥匜皆以"淮尸"為"淮夷")，疑即夷居之"夷"本字。"尸"形與"尸"(人)近，故从"尸"之字與"人"同意。

4. 以同音定通假

(61) 蠲，《説文》:"蠲，馬蠲也。从虫、罒象形，益聲。"林按:从"蜀""益"聲。"蠲"古音如"益"，《詩》"吉蠲為饎"，《周禮》"蜡氏"注作"吉圭惟饎"，"圭""益"古亦同音。

5. 以同音定聲符

(62) 庶，《説文》:"庶，屋下眾也，从广、炗。炗，古文光字。"林按:"光"字諸彝器皆不作"炗"。"庶"，眾也。古作"庶"(毛公鼎)，从"火""石"聲("石""庶"古同音)。从"火"，取眾盛之意。或作"庶"(伯庶父敦)，譌作"庶"(魯大司徒匜)。

6. 以同音定或體

(63) 屑，《説文》:"屑，動作切切也。从尸，㕯聲。"林按:从"尸"猶从"人"，此即"佾"字("佾"與"屑"蓋同音同字)。

今按:林義光認為"佾"與"屑"同音同字，即一字或體。王國維亦曾指出:"考屑、佾本一字，《説文》無'佾'字，蓋以為'屑'之俗字，从"尸"从"亻"在古文並無區別。"①

7. 以同音定古文

_____

① 王國維:《魏石經殘石考》，收入《王國維遺書》第六冊，上海書店出版社1983年版，第173—174頁。

（64）米，《說文》："未，味也，六月滋味也。五行，木老於未。象木重枝葉也。"林按：木重枝葉非滋味之義，古"未"與"枚"同音，當即"枚"之古文，枝榦也。从木，多其枝。"&"為小枝，故附以實；"米"為大枝，故附以榦也。古作"米"（都公敦）。

今按：《甲骨文字詁林》姚孝遂先生按語引林義光之說。姚先生認為"枚"與"條"對文則殊，散文則通。甲骨文"未"正象"木重枝葉"，枝榦之義①。

（三）音轉

林義光認為音轉是文字分化的決定性因素。如在"蠆、萬"字條中，他說："'蠆''萬'本同字。'萬'音轉如'曼'（寒韻與泰韻對轉），始分為兩字矣"；在"粵"字條，他指出："'粵'音本如'于'，字作'宁'（毛公鼎），音轉如'越'，故小篆別為一字，其形由'雩'而變，非從'宷'也"；"印"即"抑"之古文，象爪在人上抑按之。古作"印"（毛公鼎）。"印"為"印"之反文，音轉如"壹"。

林氏還認為音轉是假借造字的源動力。這種音轉往往是指方言音變。他在《六書通義》中指出："又有方音譌變，不能復用本字，則假借以興。如'凶'為'胸'之本字，音轉如'鷹'，則借雍隼字為之。膺受之'膺'，金文皆作'雍'，形聲之'膺'，乃後出字。"

三　與義有關的術語

與義有關的術語有本義、引申義、借義、借義轉注、形近義別等。其中，借義轉注最值得關注。《文源》中提及"借義轉注"的有以下兩條：

（65）席，《說文》："席，藉也。从巾，庶省聲。"林按：古作"席"（歸奉敦借為"庶"字），从"厂"、从"廿"、从"衣"、从"巾"，即"藉"之古文。"廿"象物形，"厂"藉之，衣、巾亦所以藉也。"席"與"藉"古同音。

石，《說文》："石，山石也。在厂之下，口，象形。"林按：古作"石"（父辛尊彝），或作"后"（魯大司徒匜"礪"字偏旁）。"石"即"席"之省，藉也，象物有所藉形，"二"，厚之象，"石""席"古並同

---

① 于省吾主編：《甲骨文字詁林》，中華書局 1996 年版，第 3595 頁。

音。"尉"與"叚"同有"藉"義（今言慰藉、假借，"借"即"藉"之俗字），而皆從"尸"。"尸"，古作"尸"（叚敦"叚"字偏旁），亦"尼"之省也。從"石"之字多以山石為義，乃以借義轉注。

（66）足，《說文》："足，人之足在體下。從口、止。"林按："口止"無"人足"之義。本義當為䠱足之"足"。"足"有"止"義，體下之足亦所止，故謂之"足"。從"足"之字皆以借義轉注。古作"足"（史懋壺"路"字偏旁），同。

上引二例中，"席"字條，林氏認為"石"乃"席"之省，象物有所藉形，本義為"藉也"。"石"的"山石"義為借義，而從"石"之字多與"山石"有關，故林義光說這是借義轉注；關於"足"字條，林氏以為"足"的本義為"䠱足"，"體下之足"乃借義，而從"足"之字皆與"體下之足"義有關，故林氏說"從足之字皆以借義轉注"。林義光關於"石""足"的本義的解釋是錯誤的，因此其所謂"借義轉注"就更不可信了。

四　關於古人用字習慣的術語

《文源》中的林義光按語，還有一些關於古人用字習慣的術語，如"經傳以……為之""本字""借字""通用"等。以下我們將分而論之：

（一）經傳以……為之

"經傳以……為之"指的是相對於古文字而言的典籍中的用字。《文源》中有 12 條。如：

（67）墉，《說文》："墉，從回，象城墉（郭）之重，兩亭相對也。或但從口作亭。"林按：古作墉（侯氏鐘）、作墉（毛公鼎），經傳以"郭"為之。

（68）嫠，《說文》："嫠，坼也。從攴、從厂，厂之性坼，果孰有味亦坼，故謂之嫠，從未聲。"林按：古作嫠（克彝"釐"字偏旁），本義當為"飭"、為"治"。從"攴"、從"人"（𠂆即"人"之反文），與"攸"（修）同意，"來"聲。經傳以"釐"為之。

（二）本字

林義光所謂"本字"有兩種含義：一是指初文，二是與借字相對而言。下面第 69 例中"本字"指初文，第 70 例中"本字"與"借字"相對：

（69）甫，《說文》："甫，男子之美稱也。从用、父，父亦聲。"林按："用父"非義。古作"甫"（王孫鐘"尃"字偏旁），从"田""父"聲，即"圃"之本字。

（70）兄，《說文》："兄，長也。从儿、从口。"林按：古作"兄"（龙姞觚彝），象人哆口形。兄帥教，與"后"同意。或疑"弟"本義為"次第"，則"兄"本義當為"滋長"。然"弟"字難於取象，故用借字，不必以此疑"兄"非本字也

（三）通用

林義光所謂"通用"，有時指典籍中的通假，有時指出土文獻中的通假，有時指或體，有時指異文，有時則指義近形旁通用。如：

（71）魯，《說文》："魯，鈍詞也。从白，魚聲。"林按："魯"非詞。古作"魯"（克觚彝），从"口"不从"白"。彝器每言"魯休""純魯"。阮氏元云："魯即嘏字。"《史記·周本紀》："魯天子之命。"《魯世家》作"嘉天子命。""魯""嘏""嘉"並同音通用。"魯"本義蓋為"嘉"，从魚入口，嘉美也。"魯"（模韻）"嘉"（歌韻）雙聲旁轉。

（72）命，《說文》："命，使也。从口、令。"林按：諸彝器"令""命"通用，蓋本同字。古作"命"（毛公鼎），"令"下復有口，應命者也。

（73）制，《說文》："制，裁也。从刀、未。未，物成有滋味可裁斷。"林按："滋味"非可裁斷。"未"，古"枚"字，枝幹也。古"制""折"通用。《論語》"片言可以折獄者"，《魯論語》作"制獄"，"制"蓋即"折"之或體。

（74）競，《說文》："競，彊語也。从誩、二人。"林按：二人首上有言，象言語相競意。古作"競"（宗周鐘），或作"競""競"（取彝），"大"象人形，與从"人"同。

竟，《說文》："竟，樂曲盡為竟。从音、儿。"林按："音儿"非義。字為"競"之半形（古从"言"从"音"多通用），又與"競"同音，即"競"省。魏《鄭文公碑》"竟"作"竞"，與古甚合。

以上我們分四大類對《文源》中的術語進行闡釋，文中舉了大量的例子，希望對大家理解《文源》有所幫助。

第二節　試論林義光的 "聲借" 說

閩籍學者林義光所著《文源》，運用他當時所能採集到的金文和一部分秦漢金石文字資料來研究漢字的本形本義，對《說文》之說多有補正。其書分爲十二卷，前附《撰書人啟》①《敘》《文源目錄》《六書通義》《古音略說》《凡例》，後綴《通檢》《引用彝器異名箋》。《文源》一書，不僅 "比較集中地反映了宋至清代利用金文探求字源的成果"②，也包含著作者對文字學理論的許多思考。全書以《六書通義》爲總綱，以一千七百餘字本形本義的探索爲實證，在語言與文字的關係、六書理論、漢字演變、漢字結構等方面都進行了有益的探索，其中有些成果已經得到了學者的肯定和闡揚③，有些仍然有待進一步發現和研究。本節嘗試對《文源》中的 "聲借" 說進行評述，請方家指正。

一《文源》 "聲借" 之例證

《文源》一書，提及 "聲借" 的共有十二例，分別是卷七 "表象指事" 一例（ "𣏟" 字條），卷十 "會意" 八例（ "悉" "咸" "囍" "宷" "敄" "奏" "㝅" "穆" 字條），卷十一 "轉注兼形聲" 兩例（ "帑" "觀" 字條），卷十二 "二重形聲" 一例（ "㗱" 字條）。這裡先逐條簡要分析如下：

1. 卷七 "𣏟" 字條云：

《說文》云： "𣏟，進也。从本，从屮，允聲。" 按，古作 "𣏟"，从 "𣏟"。 "𣏟"， "奔" 之聲借。从 "允"④。

---

①　中西書局 2012 年影印出版的《文源》沒有收錄《撰書人啟》，福建師大圖書館藏本有之。

②　李學勤：《字源·序》，天津古籍出版社、遼寧人民出版社 2012 年版，第 1 頁。

③　劉釗、葉玉英爲中西書局影印本《文源》所撰寫的導論《林義光及其〈文源〉》，比較集中反映了目前學術界對《文源》的認識和評價。文中對林義光的文字學思想和文字學理論，如六書理論、古今字、同字分化、訛變、二重形聲等問題都有較全面的論述。參見《文源·導論·林義光及其〈文源〉》，中西書局 2012 年版，第 1—13 頁。

④　爲便印刷和節省篇幅，《文源》原文所書古文，如非必要，徑用楷書；字形出處和有關注釋，無關論旨者，亦不錄。下同。

今按，林氏據金文"𢑑"字從"𣎴"，"𣎴"字《文源》釋為"桒"①，故以"奔"之聲借說"𢑑"字之"進"義。"奔""進"義近。

2. 卷十"悉"字條云：

《說文》云："悉，詳盡也。从心、釆。"按，"釆"者，"辨"之聲借。

今按，林氏謂"'釆'者，'辨'之聲借"，就是說"悉"字"从心、釆"相當於"从心、辨"，以"心辨"來會"詳盡"之意。其實"釆"本來就有"辨別"之義。"釆"本象獸爪之形，引申而有辨別義。《說文》云："釆，辨別也。象獸指爪分別也。讀若辨。"也許因為"釆"比"辨"罕用，其義不顯，故林氏以"聲借"方式解之。

3. 卷十"咸"字條云：

《說文》云："咸，皆也。从口、戌。戌，悉也。"按，从"口"與"僉""皆"同意。"戌"，"悉"之聲借。

今按，林氏謂"戌"為"悉"之聲借，就是說"咸"字"从口、戌"相當於"从口、悉"，以"口悉"會"詳盡周遍"之意。其實，"戌"象斧鉞之形，"咸"之本義為以斧鉞殺戮，如《書·君奭》："咸劉厥敵。"《逸周書·克殷》："則咸劉商紂王。""咸劉"同義，都是"殺戮"的意思。《說文》釋為"皆"，當是其假借之義。林氏從《說文》以"皆"為本義，用聲借之說，能很好地解釋其形義關係。

4. 卷十"囍"字條云：

《說文》云："囍，籀文艱从喜。"按，从"菫""喜"，即"勤饎"之聲借（諸彝器"勤"皆作"菫"，"喜"亦古"饎"字）。飲食，勤乃得之，故"菫喜"為"囍"。

今按，"囍"即"艱"字，甲骨文作"𩫢"（《合集》6057正）"𩫣"（《合集》24206）"𩫤"（《合集》24204）等形，从"女"或"菫"，从"豈"。"豈"為"鼓"之初文，在此疑為"艱"之迻加聲符，與"艱"同屬牙音見紐②。从"女"从"豈"者後世無傳，从"菫"从"豈"者即演變為《說文》籀文"囍"。按"菫"字甲骨文作"𦰩"（《合集》

---

① 參見《文源》卷三"桒"字條。
② 參見黃德寬主編：《古文字譜系疏證》，商務印書館2007年版，第3661頁。

1103）"𪐴"（《合集》9815）。省體从"口"从"黑"（"墨"本字，本義為受墨刑之人），會受墨刑之人歎息之意。繁體益"火"作"𪐴"，為迭加意符，表示災難、苦困之意。故"堇"乃"艱"之本字①。林氏以字"从堇、喜，即'勤饎'之聲借。飲食，勤乃得之，故'堇喜'為'囍'。"乃是以後來演變之字形而另尋別解，且其"勤饎"為"囍"的道理，迂曲難通，其說當不可據。

5. 卷十"宷"字條云：

《說文》云："宷，悉也。知悉諦也②。从宀、釆。審，篆文从宀、从番。"按，宀者深象，辨宀為審。"釆""番"皆"辨"之聲借。

今按，"釆""番"同字，故"宷"又作"審"。林氏謂："宀者深象，辨宀為審。'釆''番'皆'辨'之聲借。"大徐本引徐鍇曰："宀，覆也；釆，別也。包覆而深別之，宷悉也。"兩說各有千秋。

6. 卷十"敳"字條云：

《說文》云："敳，眇也。从人，从攴，豈省聲。"按，从"攸"，从"耑"（端）省。"攸"者"修"之古文，治也。凡微妙者得其端而後可治。"攸"與"抽"古同音，疑亦"抽"之聲借。古作"𢽾"。

今按，"敳"字甲骨文作"𢼸"（《合集》27996），金文承之。左邊所从的字形，象人長髮之形，或釋"㲋"，或釋"髟"。釋"㲋"者著眼於髮絲細微，釋"髟"者著眼于長髮飄飄，當是同象異字的現象。"敳"字从"㲋"、从"攴"，會斷發而微眇之意③。《說文》分析為"从人，从攴，豈省聲"，林氏分析為"从'攸'，从'耑'省"，恐皆非確解；林氏以"聲借"說之，亦不可據。徐鉉按曰："豈字从敳省，敳不應从豈省，蓋傳寫之誤。疑从耑省。耑，物初生之題，尚敳也。"林氏从"耑"之說，當本此。

7. 卷十"奏"字條云：

《說文》云："奏，進也。从𠬞，从本，从屮。屮，上進之義。"按，

---

① 同上書，第 3655 頁。

② "知悉諦也"，大徐本作"知宷諦也"，段注本同，《文源》或承上而誤。

③ 高鴻縉云："發既細小矣，攴之則斷而更敳也。"（《散盤集釋》，轉引自季旭昇：《說文新證》，福建人民出版社 2010 年版，第 656 頁）

"本"字說解不可據。从"𡗗"，即"奔"之聲借，从"𡗗"。與"奏"同音之字，如"走，趨也"，"趨，走也"，"趣，疾也"，皆與奔赴義近；"湊，會也""聚，會也"，亦奔赴之義引伸。

今按，"奏"字甲骨文作"𤇾"（《合集》937 正）"𤇾"（《合集》14606）"𤇾"（《合補》7237 正），象雙手持一有枝葉根須的植物以舞蹈，與"無（舞）"字構形表意相類似。甲骨文多用為祭名，本義當為進奉祭品。春秋時期的秦公磬作"𤇾"，从"廾"、从"𡗗"，本於甲骨文，唯下部增一短橫。《說文》小篆作"𦥑"，又"本"於"𤇾"形而有所訛變，其所从之"𡗗"，當是从"𡗗"形析出，故上部變為从"屮"从"廾"。"奏"字的演變過程還有一些疑問，秦漢篆隸資料裡的"奏"字，其下部不从"本"，如睡虎地秦簡作"𦥑"，馬王堆文字作"𦥑"，漢印作"𦥑"，皆从"矢"作，這些字形中的"矢"形是否由"本"形訛變，待考。从"矢"的"奏"再變而从"夫"，如石門頌作"𦥑"。這樣看來，後世"奏"字下部从"天"，很可能是从"矢"到"夫"再到"天"演變過來的[①]。至於其上部所从之"夫"，從上引字形中可以看出，乃是"屮"和"廾"在增筆、黏合的過程中逐步形成的。林氏指出字不从"本"而从"𡗗"，其說是；其以"𡗗"即"奔"之聲借，與上述卷七"靴"字條所論相同，雖不合古形，但"奔""進"義近，對形義關係的解釋，也還頗有理趣。他從語音的角度論證"奏"有奔赴之義，也可與之互相印證。

8. 卷十"㸒"字條云：

《說文》云："㸒，賦事也。从㸒、八。八，分之也。八亦聲。讀若頒。一曰讀若非。"按，从"八"，"僕"省。"八"，分也。"僕"，"付"之聲借（《詩》"景命有僕"，"僕"亦"付"也）。

今按，"㸒"字先秦出土文獻似未見之，傳世文獻亦罕見其用。林氏以聲借之說解其會意之旨，有一定道理。"八""僕"者，"分""付"也，即所謂"賦事"也。段注云："賦者，布也。"則"賦事"猶今之"佈置工作"之意。

9. 卷十"穆"字條云：

《說文》云："穆，禾也。从禾，㣎聲。""㣎，細文也。从彡，㫒省

---

① 參見林志強：《古本〈尚書〉文字研究》，中山大學出版社 2009 年版，第 47—48 頁。

聲。"按，"穆"為"禾"無考，經傳無"𠆥"字。"穆"當訓為"細文"。古作"𥝩"、作"𥝐"，从"禾"。"禾"為"穌"之聲借。从"𡿺"省，从"彡"。"𡿺"者"細"意，"彡"者"文"意。

今按，"穆"字甲骨文作"𥝩"（《屯南》4451）"𥝐"（《合集》28400），象禾穗下垂有芒穎之形。金文加"彡"符。所以"穆"字當把"彡"獨立切分出來，象禾穗下垂部分為其初文。《說文》切分為"从禾，𥝩聲"，林氏切分為"从禾，从'𡿺'省，从彡"，都不符合"穆"字的本形。其本義當為禾的某種狀態，《說文》訓為"禾也"，倒是不離本義範疇。林氏以為當訓為"細文"，"𡿺"者"細"意，"彡"者"文"意。其說非是。"禾"為"穌"之聲借，似乎與"細文"之義也不相涉。

10. 卷十一"帑"字條云：

《說文》云："帑，金幣所藏也。从巾，奴聲。"按，从"巾"非義。古作"𢎘"，从"才"省（番生敦以"十"為"在"，實"才"字），"奴"聲。"才"者，"在"之聲借。

今按，"帑"的本義為藏金帛的府庫。段注云："以幣帛所藏，故从巾。"林氏據金文从"才"，故以"在"之聲借說之，其所謂"在"者，當與"金幣所藏"之"藏"的意義相當。

11. 卷十一"艱"字條云：

《說文》云："艱，土難治也。从堇，艮聲。"按，難也。从"堇"，為"勤"之聲借，諸彝器"勤"字皆以"堇"為之。

今按，"艱"字源流演變，已見上述"囏"字條。林氏前以"从堇、喜，即'勤饎'之聲借"說"囏"字，迂曲難通；此以"'堇'為'勤'之聲借"說"艱"字，大意是事情困難，故需勤，其說亦頗為勉強。

12. 卷十二"哿"字條云：

《說文》云："哿，可也。从可，加聲。"按，《詩》"哿矣富人"，傳云："可也。"此"可"之聲借，"哿""可"同音。既非同字，則當別有本義。"加""可"皆聲也（"加"古音亦如"可"）。

今按，此條比較費解。林氏以《詩》傳為例，其意似在說明"哿""可"只是同音關係，在"哿"字中，"加""可"都是聲符，即林氏所說的"二重形聲",今人多謂之"兩聲字"或"雙聲符字"①。按照林氏的說法,"哿"字別有本義,其本義不是"可",而是借"可"之聲來表示,故云"此'可'之聲借"也。按以上各條,聲借之字,與偏旁不同字,如"堇"為"勤"之聲借,"才"為"在"之聲借,而此條"可"之聲借,與"哿"所從之"可"相同,故本條與上述各條當非一類。

二 林義光"聲借"說之探討

從以上"聲借"之例來看,除末條外,林義光的所謂"聲借",是指在對漢字形義關係進行分析時,對某一偏旁的表意功能的說明,不是從本形出發,而是借用它的音同音近字來解釋構形理據的方法。簡單地說,"聲借"就是借用與偏旁音同音近的字來解釋形義關係的方法。這種方法,以前似乎未聞,當是林氏的發明。不過,它的道理還是明白的,其實就是根據傳統假借和聲訓的原理。只不過假借是整字獨立的運用,"聲借"是構字偏旁的分析;假借在乎音同音近,"聲借"在注重音同音近的同時更兼顧意義相通。段玉裁在《說文》"咸"字"戌,悉也"下注云:"戌為悉者,同音假借之理。"已經道出了林氏"聲借"的原理所在。段氏之說,基於《說文》;林氏之說,又脫胎於段注,可謂淵源有自。然林氏冠以"聲借",且多有運用,故亦不乏其獨特之處,我們研究《文源》,自然不應避而不談。

我們覺得,林義光能夠創造"聲借"之法來解釋漢字的形義關係,跟他比較重視語音在漢字研究中的重要作用有密切關係。劉釗、葉玉英指出,林義光"對'音'在文字產生、構成、演變中的重要性有著充分的認識。林義光古音學修養相當精深,撰有《古音略說》。他……把古音作為古文字研究的鑰匙,因此在很多問題上都能有所突破。如同字分化是文字發展演變的一個重要現象,原字與從其分化出來的字之間不僅在字形上有某種聯繫,而且在字音上往往也關係密切,所以林義光在確定幾個字形具有同字分化關係時常常從音的聯繫上尋找線索,並獲得成功。"② "聲

---

① "二重形聲"指兩個偏旁都是聲符的字,從名實關係看,現代學者稱為"兩聲字"或"雙聲符字"更為合適。

② 劉釗、葉玉英:《林義光及其〈文源〉》,載《文源》,中西書局 2012 年版,第 5 頁。

借"法突破構字偏旁之形的束縛,用音同音近的其他偏旁來分析漢字理據,顯然與林義光古音修養和古音意識相關聯。

從《文源》所列十二個"聲借"之例來看,"聲借"手法在對漢字形義關係的解釋方面,其有效度是有限的。根據以上的分析,在 12 個例子中,聲借之說能比較圓通曉暢地解釋漢字形義關係的,有"靴""悉""咸""宋""奏""奱""帑"等 7 字[①],其餘 5 字的解釋都比較勉強;而且對那 7 個字所作的解釋,雖然理據可通,也不一定符合造字本意。就是說,聲借法在漢字形義解釋中所能發揮的作用,大概只局限於對部分漢字的理據重解,造字時是否運用聲借之法,還有待具體例證的研究。朱駿聲就不同意造字時有聲借方法,他在《說文通訓定聲·臨部第三》"咸"字條下說:"此字許意以戌為悉,謂造字之叚借。愚按,造字有省文之叚借,無聲近之叚借。"[②] 總之,從有限的例子來看,"聲借"法應該是漢字理據重解的手段,雖然不是一種可以普遍使用的有效方法,但也體現了林氏在漢字解釋方法論上的努力思考和積極創新,是對傳統假借和聲訓的拓展,從這一點來說,"聲借"還是值得肯定的。

第三節 《文源》"因隸制篆"例說

林義光《六書通義》是討論"六書"及有關問題的理論性文章,也是其創作《文源》的綱領性文件。文中在肯定許慎"其識誠以超絕"的同時,也指出《說文》"說解字形,不能盡厭人意"的"數端",包括"斷以名理""雜以陰陽""其意不顯""其形不顯""古本一字強析為二""因隸制篆"等等。本節擬對《文源》中的"因隸制篆"諸例進行疏釋,並對相關問題略作討論。

---

① 可以用聲借之法來闡釋形義關係的字應該還有,但由於《文源》收字有限,故未能全面展示聲借法的作用。比如"襲"字古從"龖"聲,《說文》"龖""讀若遝。"疑"龖"有"遝"義,"遝"又有"多、重"之義。如果在"襲"字的解釋中說"龖"為"遝"之聲借,對說明"襲"的衣上加衣、重疊、因襲等意義也是很合適的。

② (清)朱駿聲:《說文通訓定聲》,中華書局 1984 年版,第 103 頁。

一

所謂"因隸制篆"，就是根據漢隸結構寫出小篆、小篆或體以及籀文、古文等古文字字形。林氏的"因隸制篆"，或稱"依隸制篆"①，意思相同。他在《六書通義》中說：

> 古篆放失之餘，是非無正，有以漢隸為舊文者，如"兵"隸變作"兵"［孔宙碑］而謂古文作"𠈁"②，"捧"古作"𢱭"［師嫠敦（簋）］，隸變為"拜"，而謂篆或作"𢰍"③。他如"𤇾"之作"廉"，"晦"之作"畞"，"䍏"之作"臬"，因隸制篆，其謬顯然。凡此之類，皆不合文字嬗降之途，與六書相剌謬，雖在前哲，不能曲為之諱也。

這裡所列舉的"因隸制篆"的例子，"𠈁""臬"二字見於《文源》卷六，"拜""廉"二字見於《文源》卷十，"畞（畝）"字見於《文源》卷十一。此外，卷十一"辭"字條對"辝"字還有"不當制篆"的按語，也屬"因隸制篆"之例，但沒有在《六書通義》中說明。下面先對這些例子略作疏釋。

1. "𠈁"字

《文源》曰：

> 《說文》云："兵，械也。从𠬞、从斤，並力之皃。𠈁，古文从人、廾、干。"按："兵"，漢孔宙碑作"兵"，"仒"與"斤"形近而變。"𠈁"實隸書，非古文。古作"兵"。

今按根據林氏的說法，《說文》"兵"的古文"𠈁"是根據隸書

---

① 見林義光：《文源》卷六"䍏"字條。

② 大徐本《說文·廾部》"兵"字古文作"𠈁"，小異。

③ 按《說文·手部》"𢱭，首至地也，从手𡴀，𡴀音忽。𢰍，楊雄說拜从兩手下。"林氏所摹之"𢰍"，乃據段注本，段注則據楊雄《訓纂篇》。參見《段注》該字條。

"兵"的結構,用篆書的筆法轉寫而來的,不是真正的古文。按孔宙碑的"兵"字,上部的"仟",既可以如林氏所說,乃"斤"形近而變,也可以分析為從"人"從"干"(只不過"人"旁和"干"旁連在一起了)。如後說可從,則可以把"兵"看成對"𠦜"的轉寫。清代顧藹吉就認為"碑從古文而筆跡小異,非从斥逐之斥也"①。漢碑多有根據《說文》小篆、古文、籀文而轉寫的隸書,即以孔宙碑來看,如"則"字作"𠛬",與《說文》籀文同構;"終"字作"緕",與《說文》小篆同構②。因此把"兵"看成對"𠦜"的轉寫,也是不無道理的。另按,戰國璽印有字作"𠓥"(《璽匯》5205),從三"又"持"干",因是單字,沒有文義可供判斷,或釋"戒",或釋"兵",都有道理,"干""戈""斤"都是武器。如釋"兵"可從,則"兵"字從"干"亦有淵源,季旭昇先生就認為該字"當即《說文》古文所自承"③。要之,《說文》釋古文"𠦜"為"从人、廾、干",不宜輕易否定,林氏認為是"因隸制篆"的例子,還沒有很確鑿的證據。

2. "臮"字

《文源》曰:

> 《說文》云:"眔,目相及也。从目,隶省。"按:"小"者"尾"省。目見尾將及之也。古作"眔"。《說文》云:"臮,眾詞與也。从从,自聲。《虞書》曰:'臮咎繇。'𦥔,古文臮。"按,古言"及"多用"眔"。諸彝器言"小子眔服""眔小臣""眔厥僕""小輔眔鼓鐘""僕令眔奮"是也。《虞書》"臮咎繇","臮"必"眔"字。"眔"从"目",與"自"形近。或作"臮",亦與作"𦥔"者相類。蓋隸訛為"臮","臮"則依隸制篆也。

今按:"臮"字先秦出土古文字材料未見之,用法同"眔",林氏以為即"眔"之訛變,應該是可信的,但還缺乏足夠的證據。"臮"上之

---

① 見顧藹吉:《隸辨》,中華書局 1986 年版,第 63 頁。
② 參看林志強:《漢碑隸體古文述略》,《古文字研究》第 26 輯,中華書局 2006 年版。
③ 季旭昇:《說文新證》,福建人民出版社 2010 年版,第 174 頁。

“自”，與“目”形近，但其下部，小篆从“𣎳”，古文从“朩”，與“罘”下部之“氺”，還缺乏它們能夠訛變的中間環節。林氏云：“蓋隸訛為泉，𣶒則依隸制篆也。”其實“泉”“𣶒”之間，還難以完全對應。因此“𣶒”作為“因隸制篆”的例子，說服力還是不夠的。

3. “拜”字

《文源》曰：

《說文》云：“𢷎，首至手也。从手、𠦪。”按：“𠦪”者“文飾”之意。古作“𢱭”、作“𢴦”、作“𢪔”、作“𢫳”。

今按《六書通義》以《說文》所收之“𢷏”（林氏書作“𢪃”）為“因隸制篆”的例子，上引《文源》卷十“拜”字條未論及此。“拜”字始見於金文，本从“手”“𠦪”。“𠦪”旁寫法多變，或與“手”旁趨同，如善夫山鼎作“𢪔”，其字兩邊的寫法就比較相近。戰國時偏旁類化，兩邊的寫法變得相同，如郭店楚簡作“𢯷”（《性自命出》21），魏石經之“𢪔”，《說文》所收之“𢷏”，皆其流變。《說文》之“𢷏”，或即來源於此種形體。所以《六書通義》以“𢷏”為“因隸制篆”者，證據也並不充分。

4. “麃”字

《文源》曰：

《說文》云：“票，火飛也。从火、𡇒，𡇒與䙴同意。”按，从“火”，从“䙴”省。“䙴”，升也。“𤆄”亦古“火”字。“票”今字或作“熛”。《說文》云：“麃，麞屬。从鹿，𤐫省聲。”按，“火”為“𤐫”省不顯。“麃”當與“票”同字。隸書多以形近轉變。“𤐫”上从“西”，从“𦥑”。“𦥑”變為“𠀉”、為“比”，遂成“鹿”字。“鹿”又與借義（麞屬）相應，故訛从“鹿”也。不當制篆。

今按“麃”字金文作“𪊀”（九年衛鼎），睡虎地秦簡作“麃”（《語書》12），从“鹿”、从“火”，構形不明。《說文》以為“𤐫（票）省聲”，林氏以為“火”為“𤐫”省不顯，所疑有道理，然以為其字乃“𤐫”之訛變，理據不足；且金文實有其字，戰國秦漢皆有傳承，“不當制篆”之說實不可從。

5. "畮（畝）" 字

《文源》曰：

> 《說文》云："畮，晦或从十、久。" 按："十久" 非義。古 "每"
> 或作 "𣎒"，上類 "十" 而下類 "久"，此隸書以形近省變也，不當
> 制篆。

今按《六書通義》論 "畝" 為 "因隸制篆" 的例子，此則以 "畮"
為 "不當制篆" 的對象。"畝" "畮" 之間，還有差異。"畝" 是 "畮"
的進一步變化，但因為林氏所論 "因隸制篆" 是針對《說文》的，故
《通義》中的 "畝"，還是以作 "畮" 為妥。"晦" 字金文作 "𣇃"（賢
簋），从 "田" "每" 聲，為小篆所本。戰國古隸作 "𤲃"（睡虎地秦簡
《秦律十八種》38），改換 "久" "又" 為聲。"每" "久" "又" 皆屬之
部。小篆或體作 "十" 形，當是由秦文字的 "又" 形變來[1]。林氏以為
小篆或體所从之 "十" 與 "久"，乃由 "每" 之古體 "𣎒" 的上部和下部
省變而來，不失為其演變過程的一種推測，但似乎比較玄乎，並沒有充分
的證據。由於睡虎地秦簡已有與《說文》小篆結構相同的寫法，因此小
篆之 "畮"，應該有可能依據秦簡古隸 "𤲃" 一類的寫法轉化而來。當然
二者也有相互轉化的可能，孰先孰後，實難論定。漢隸作 "畝"（丁魴
碑）"畝"（孔宙碑），是秦隸的進一步演變[2]。《六書通義》所論之
"畝"，倒是與漢隸較為接近。

6. "辟" 字

《文源》曰：

> 《說文》云："辡，不受也。从受、辛。受辛宜辡之也。" 按：與
> "辡" 形近，隸省 "♀" 也，不當制篆。

---

① 參見何琳儀：《戰國古文字典》，中華書局 1998 年版，第 30 頁；徐在國：《隸定古文疏
證》，安徽大學出版社 2002 年版，第 283 頁。

② 顧藹吉於 "畝" 下加按語云："《說文》畮从田、十、久，碑省从亠，从人。" 於 "畝"
下加按語云："碑複變久从攵。" 參見《隸辨》，中華書局 1986 年版，第 116 頁。

今按：林義光認為“辟”是“辭”字省了“⠀”形後分化出來的一個字，是隸變的結果，雖可備一說，但由於秦兩詔橢量“辭”字作“辭”①的存在，可以推知睡虎地秦簡的“辟”（《日書》甲40）“辭”（《封診式》17），漢隸的“辟”（孔穌碑）“辭”（鄭固碑），都有可能就是“辭”這種形體的隸變，同時《說文》篆文的“辭”也應該來源於“辭”。如果以上推論成立，“辟”就不太可能是林氏所謂“以漢隸為舊文”的結果。

由以上分析可知，林氏所列的“因隸制篆”的六個例子，只有“畝”字有一定的根據。至於“俑”“皋”“拜”“廐”“辟”五字，就現有證據而言，還都缺乏足夠的說服力。“因隸制篆”是探究《說文》篆文來源的問題，顯然對研究《說文》和漢字演變序列具有比較重要的意義，但林氏所列的例子又幾乎都沒有很強的說服力，這應該引起我們的進一步思考。

二

漢字的演變，歷時既久，體式亦多，概而言之，真草隸篆也。漢字的書寫，前人不能寫後代之字，後人可以寫前代之字，而同時代的不同體式，則可以互相轉寫。在漢字資料整理、研究和漢字書寫中，常有不同字體互相轉寫的實踐活動，比如“隸古定”是用隸書的筆法轉寫古文字的結構。“因隸制篆”是依據隸書的結構寫出篆文的字形。從前人所用的本意來說，“因隸制篆”之“隸”顯然是指“漢隸”，“篆”則指小篆以及其他類型的古文字，即林義光所言“以漢隸為舊文”者也。同時，隸楷的內涵曾經也有交叉。在楷書時代，“因隸制篆”在一定意義上也可以理解為“因楷制篆”。總之，以傳統的理解來看，“因隸制篆”顯然是一種歷時的轉寫。但隨著材料的增多和研究的深入，“隸”的內涵變得更加豐富了。隸書的形成，經歷了一段比較長的時間，一般分為古隸和今隸兩個階段。根據古文字的研究，特別是戰國秦漢文字材料的發現和研究，從時間上看，小篆和隸書不是父子關係，而是兄弟關係，特別是古隸與小篆，

---

①　見徐無聞主編：《甲金篆隸大字典》，四川辭書出版社1991年版，第1026頁。

更是難分先後①。如果"因隸制篆"的"隸"指"秦隸","篆"指"小篆",則"因隸制篆"又是一種共時的轉寫關係。當然,如果"篆"還指商周古文字,則還是歷時的轉寫關係。所以籠統而言,傳統上所謂"因隸制篆",講的還是歷時轉寫的關係。本書即在此前提下討論"因隸制篆"的問題。

從文字學史上看,出於各種目的,漢字的轉寫也是一種常態。《說文解字》是一部全面收錄小篆及其他古文字字形的字書,但它顯然不是古文形體的自然集成,而是經過人為整理的系統,其中的字形有各種來源,情況並非純粹。即以小篆而言,趙平安先生在《〈說文〉小篆研究》中指出,《說文》書中所收小篆情形十分複雜。有些直接來源於史籀大篆,或是由史籀大篆省改而來的。這在《說文·敘》和《漢書·藝文志》中說得很清楚。也有一些來源於六國古文,這在清代就有學者零星指出,近人黃焯先生又撰《篆文中多古文說》(作者原注:黃侃:《說文箋識四種》,上海古籍出版社 1983 年 4 月版。黃焯先生的文章附於該書之後)一文專論此事。也有一些是漢代人根據隸書新造的。清人已經意識到這一點,近年來,得到黃綺、李學勤、王寧等先生的支持(作者原注:黃、李二位先生曾對筆者口授這一觀點,王寧先生說見《〈說文解字〉與漢字學》,34 頁,河南人民出版社 1994 年 7 月版。引者按,王寧先生的原話是'有些小篆甚至是後代隸書的篆化,恐怕已經接近西漢時代')。還有一些是發生訛變或經過篡改的。"作者又引裘錫圭先生之說,云:"《說文》成書于東漢中期,當時人所寫的小篆的字形,有些已有訛誤。此外,包括許慎在內的文字學者,對小篆的字形結構免不了有些錯誤的理解,這種錯誤理解有時也導致對篆形的篡改。《說文》成書後,屢經傳抄刊刻,書手、刻工以及不高明的校勘者,又造成了一些錯誤。"(作者原注:《文字學概

---

① 裘錫圭先生曰:"隸書在戰國晚期就已經基本形成了。隸書顯然是在戰國時代秦國文字俗體的基礎上逐漸形成的,而不是秦始皇讓某一個人創造出來的。"(參見裘錫圭:《文字學概要》,商務印書館 1998 年版,第 69 頁)曾憲通先生曰:"秦簡使我們有機會看到真正的'秦隸'……秦隸的特點是在用筆上改篆體的圓轉為方折,但在結構上仍保留著較濃厚的篆意。這種書體並非來自小篆,而是直接從晚周大篆的草率寫法演變而來的,可能形成于戰國晚期。"(參見曾憲通:《四十年來古文字學的新發現與新學問》,《曾憲通學術文集》,汕頭大學出版社 2002年版,第 392 頁)

要》，62 頁，商務印書館 1988 年 8 月版）趙平安先生又說："在漢代，當語言中出現新詞，在特別需要的前提下，也會偶爾新造篆文，而且這種新造往往是先有隸書，再根據隸書'翻譯'過來。""許慎所處的時代，是漢篆流行之時。為了編撰《說文》，許慎在秦、漢篆的甄別上下過一番真功夫，是不容置疑的事實。但是，有時由於甄別上的困難，或是由於設立字頭的需要，或是由於其他什麼原因，他在《說文》裡有意無意地收錄了一些漢篆。"①

李家浩先生也指出，"《說文》所收的篆文字形（作者原注：本文所說的"篆文"，包括《說文》的古文、籀文、大篆、小篆等古文字），有一些跟先秦秦漢文字不合。造成這種情況的原因，主要有兩個方面：一是《說文》在傳抄、翻刻和整理的過程中，無意造成篆文字形的訛誤或有意對篆文字形的篡改；一是許慎在編寫《說文》時，他所收的篆文字形就已被篡改，甚至是根據隸書虛造的。"② 饒宗頤先生認為許沖在上《說文》表中所說的賈逵的"修理舊文"，可能就是把隸書的《三蒼》，恢復為小篆字體③。李家浩先生認為"饒氏的說法很有道理……有前代篆文可依的字，就據前代篆文來'修理'；沒有前代篆文字形可依的字，就據前代有關篆文的字形拼湊出字來'修理'。這有點象現在人書寫古文字書法作品，有古文字字形可依的字，就按照古文字字形來書寫；沒有古文字字形可依的字，就按照有關古文字字形拼湊出字來書寫。在這些'修理'的篆文中，不可避免地會有篡改和虛造的字形。"④

由以上諸家論述可知，"因隸制篆"確實是《說文》篆文來源的一個問題。在古代，象《汗簡》之類收錄古文字形的字書，應該也都存在此類現象。因此，"因隸制篆"作為古文來源的一個問題，較早就引起有關

---

① 趙平安：《〈說文〉小篆研究》，廣西教育出版社 1999 年版，第 1—2、37—38 頁。

② 李家浩：《〈說文解字〉篆文有漢代小學家篡改和虛造的字形》，《安徽大學漢語言文字研究叢書·李家浩卷》，北京師範大學出版社 2013 年版，第 364 頁；該文亦收入《許慎文化研究》（二），中國社會科學出版社 2015 年版。

③ 參看饒宗頤：《梁庾元威論〈說文解字〉》，《慶祝王元化教授八十歲論文集》，華東師範大學出版社 2001 年版，第 102 頁。轉引自李家浩：《〈說文解字〉篆文有漢代小學家篡改和虛造的字形》，《安徽大學漢語言文字研究叢書·李家浩卷》，北京師範大學出版社 2013 年版。

④ 李家浩：《〈說文解字〉篆文有漢代小學家篡改和虛造的字形》，《安徽大學漢語言文字研究叢書·李家浩卷》，北京師範大學出版社 2013 年版，第 366 頁。

學者的注意，零星的研究還是有的。趙平安先生說"清人已經意識到這一點"，應該是指王筠、鄭珍等人。王筠《說文釋例》錄許瀚論《說文》或體俗體，明確指出《說文》小篆的或體"不盡出自秦篆，亦有漢人附益之者"；又如"壄"（野）字又作"壄"，王筠《句讀補正》謂"壄"字"隸訛予為矛，《汗簡》又因隸造篆耳。矛聲不諧"①。直接用了"因隸造篆"的說法，只不過針對的是《汗簡》罷了。同樣，鄭珍在《汗簡箋證》中也大量使用了意思近同的說法。如上述"壄"字，鄭箋云："'野'從'里'，'予'聲；古文'壄'從'里'省、從'林'，'予'聲。此以楷書'壄'字上誤同'楙'，從'矛'，即易以古文'矛'，謬。"② 又如"剿"字，鄭箋云："《說文》'剿，絕也。'經典今作'勦'。隸變從'巢'從'㬎'之字每互易。此以隸作古，非。"③ 鄭知同《〈汗簡箋證〉題記》也說《汗簡》的作者"自為裁制，求合所定偏旁，未免變易形體，以就己律，不必其出處有然。自我作古，於斯為劇"④。

由此可見，晚清學者已很重視古文字字形（包括傳抄古文）的來源問題，林義光對"因隸制篆"問題的研究，乃是繼承傳統的一個課題。林氏的《文源》是研究漢字本形本義的，由於"古篆放失之餘，是非無正"，因隸制篆"不合文字嬗降之途"，所以他要提出來進行研究；亦即說，他要探究《說文》小篆、小篆異體以及籀文、古文的來源問題，弄清字形的本來面貌。這對於探究文字演變的序列和文字材料的真實性，都是有積極意義的。

三

林義光提出"因隸制篆"的命題，對於研究《說文》篆文是非正繆

---

① 參見于省吾主編：《甲骨文字詁林》"埜（野）"字條下，中華書局 1996 年版，第 1385 頁。按"壄"字漢隸或作"壄"，顧藹吉云："《說文》壄，古文野，碑則變予從矛。"見《隸辨》，中華書局 1986 年版，第 107 頁。

② 王鍈、袁本良點校：《鄭珍集·小學》，貴州人民出版社 2001 年版，第 962 頁。黃錫全云："郭見本作壄，以隸作古。"見《汗簡注釋》，武漢大學出版社 1990 年版，第 455 頁。

③ 王鍈、袁本良點校：《鄭珍集·小學》，貴州人民出版社 2001 年版，第 696 頁。黃錫全云："剿當是剿字或體，《說文》艸部藻字或作薻。"見《汗簡注釋》，武漢大學出版社 1990 年版，第 237 頁。

④ 王鍈、袁本良點校：《鄭珍集·小學》，貴州人民出版社 2001 年版，第 465—466 頁。

的來源問題具有學術意義，已如上述。但從林氏所舉例子來看，幾乎不能成立。這說明研究"因隸制篆"也不是簡單的問題。《說文》中雜入漢篆，有些應該就是難以判別造成的。從前輩時賢的實踐看，對這個問題的研究，一要掌握充分的證據，靠豐富的字形和緊密的銜接重現漢字演變的序列，才能分清字形先後的邏輯順序，才能辨別字形演變的源流關係；二要運用科學的方法，形的排比，音的辨別，都應充分論證，方能得出比較合乎實際的結論。林氏所處的時代，古文字材料還沒有現在這麼豐富，主要靠感覺判斷或有限的例子推論，所以還難以成功。

上引清代學者王筠《說文釋例》錄許瀚論《說文》或體俗體，指出《說文》小篆的或體"不盡出自秦篆，亦有漢人附益之者"，他們的研究方法值得借鑒，移錄於下：

> 印林曰："《說文》重文，於古文、籀文、奇字外，又有或體、俗體者，皆以紀小篆之異文也。或體有數種，或廣其義，或廣其聲。廣其義者無可議，廣其聲者則有古今之辨。此種蓋不盡出自秦篆，而亦有漢人附益之者。如'營'，司馬相如說作'苪'；'薩'，司馬相如說作'遴'；'芰'，杜林說作'蔿'。此皆或體。'苪'則明言'或'，以發其例，餘可類推也。然以古音部分考之，'營'，'宮'聲，屬東部；'苪'，'弓'聲，則屬蒸部矣；'薩'，'陵'聲，屬蒸部，'遴'，'遴'聲，則屬真部矣；'芰'，'支'聲，屬支部，'蔿'，'多'聲，則屬歌部矣。雖皆一聲之轉，而與周秦之音不合，斯為漢人附益之明證……即此可明制字之先後，聲音之變遷①。

音變具有比較明顯的時代特徵，他們指出某些形聲字是漢篆，主要根據就是某些形聲字換了聲符，"雖皆一聲之轉，而與周秦之音不合"。從形聲字聲符的變化情況來研究漢字的演變序列和古今之變，應該是一種行之有效的方法。

除此之外，隨著出土文字材料的增多，根據古文字字形發展演變的邏輯序列來研究《說文》篆文的來源問題，也是一種重要的途徑，頗得學

---

① 王筠：《說文釋例·卷五》，中華書局1987年版，第124頁。

者關注。上引趙平安先生《〈說文〉小篆研究》就是在新的歷史條件下把《說文》小篆置於漢字字形演變序列中進行橫向系聯和縱向比較而進行研究的著作。書中舉出很多小篆都是漢篆，不是真正的秦篆。如"羞"本從"又"，漢篆則訛從"丑"；"野"本作"壄"，從"田"從"土"而分書，漢篆則合"田""土"為從"里"；"疊"本從三"日"，"亡新以為疊從三日太盛，改為三田"而作"疊"，等等。

　　所以，如果能夠運用充分的材料和科學的方法，把漢字演變的先後序列重新呈現出來，則漢字發展的具體過程就更加明晰了。林義光的研究雖然在實例上還難有突破，但還是有借鑒意義的。

餘　論

　　"因隸制篆"除了作為文字學研究的一個專業課題，也是漢字書法的一個範疇。上引李家浩先生的文章說："現在人書寫古文字書法作品，有古文字字形可依的字，就按照古文字字形來書寫；沒有古文字字形可依的字，就按照有關古文字字形拼湊出字來書寫。"確實，在書法界有許多古文字作品中的古字是"拼湊"出來的，因為出於內容的需要，有些字在古文字中沒有現成的字形，只好"拼湊"。按"拼湊"是可以的，但怎麼"拼湊"卻是一個很重要的問題。也就是說，在書法上"因隸制篆"或"因楷制篆"是可行的，但如何"因隸"或"因楷"，則不得不講究。除了李先生提到的"按照有關古文字字形"來"拼湊"外，還要注意古文字結構上的搭配習慣以及各類古文字的筆意風格。亦即說，要根據文字發展演變的規律和構形特點來"拼湊"古文字，不能簡單地把隸書或楷書的字形筆劃直接轉換成古文字的形狀。在這一點上，中山大學古文字研究室的前輩容庚、商承祚老先生以及眾多的後輩弟子，給我們做出了很好的示範。陳煒湛師云："遇到古文字中沒有的字怎麼辦？……這就得費點心思，按照文字的結構規律加以組合了。一般來說，金文甲骨文所無而小篆有的，可取小篆的結構，用金文甲骨文的偏旁來組合；以金文甲骨文的筆意來書寫。在這方面，我師商承祚教授為我們作出了榜樣，他的《商承祚篆隸冊》便巧妙地組合了許多甲骨文中沒有的字，以解決字少不夠用的矛盾，值得我們學習、借鑒。"①

第四節　論林義光的"互體"理論

林義光《文源》的最大特色就在於以金文系統地印證《說文》，並從中總結出一些有關古文字構形演變的規律。例如，在六書理論方面，他首列"二重形聲"及"形變指事"二名，得到了後世學者的肯定，在六書研究上具有難能可貴的創新之處，爲傳統六書無法解釋的字找到了理論上的歸屬。此外，從研究方法上看，林義光能綜合運用二重證據法、歷史比較法、辭例推勘法、偏旁分析法等科學方法，不僅正確考釋出不少文字的本形、本義，還在動態文字發展觀的指導下，從中梳理總結出不少關於古文字構形演變的規律，如省形、訛變等，並將其運用在古文字考釋當中，取得了不少成果。本節所探討的"互體"也是其發現的文字發展演變的諸多規律中的一條。

一　林義光的"互體"理論

林義光在《文源》"亳"字條中首次提出了"互體"這一概念。

《說文》："亳，京兆杜陵亭也。从高省，乇聲。"林按："亳"與"乇"不同音，"亳"字當爲殷湯所居邑名而制，其本義不當爲亭名也。从"京""宅"省，"京""宅"互體而省。"罷""熊"合爲"羆"；"燚""宮"合爲"營"也。

"亳"甲骨文作""（《粹》二．一）。其上部舊釋爲"高之省"。從古文字形來看，"京（）""高（）"乃一字分化，故許慎、林義光謂"从高省""从京省"都是可通的。而且從音韻上講，"亳""乇"同屬鐸部，"亳"以"乇"作爲聲符也是極有可能的。許慎的解釋是有道理的。因此，林義光僅僅據音並不能判定《說文》有誤。實際上，我們可以把林義光的說法看作對"亳"字構形的進一步地分解，而且這種分析

---

① 陳煒湛：《古文字與篆刻》，《字詞天地》1984 年第 4 期，收入《陳煒湛語言文字論集》，世紀出版集團、上海古籍出版社 2005 年版。該書還收入《請正確書寫古文字——向書法家進一言》等文章，讀者可參看。

是很有道理的。所謂"京、乇互體而省"，是指"京""乇"二字互相借用各自的構形成分，在省變的基礎上組合成的複合形體。即將"🔲（京）"與"🔲（宅）"相結合，"宅"之"宀"借"🔲"而省，故有"🔲"。如圖所示：

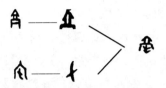

于省吾先生在《甲骨文字釋林》中亦謂："甲骨文亳字所从之乇，與宅字从之乇形同。"[1] 所以，這個字的正確解釋應當是"从京（高）宅省，乇亦聲"。林義光只看到了形的層面，沒有意識到二字間還存在着聲的關係。

同理，林義光認爲"羆""營"也是互體相省而成。"羆"，《說文》云："从熊，罷省聲。"《文源》謂："古熊不从能、火，此後出字，疑無本字，借罷字爲之，後因加火耳。"所以，林氏所說的"罷熊合爲羆"，並不僅是指"罷"與"熊"字下部之"灬"相結合而構成"羆"字。"羆"字中間的"能"既可看作"熊"的上部，也可看作"罷"的下部。再說"營"，《說文》云："从宮，熒省聲"。"熒"的初文當作"燊"，加"火"爲"熒"乃後起之字，故"營"字並非从"熒"省，而是从"燊"爲聲。因此，林義光謂"燊宮合爲營"是十分正確的，但是他同樣沒有意識到"燊"也是可以作爲聲符的。

三　"互體"與"互體字"的區別

綜上所述，我們對林義光的"互體"理論有了一個大致的認識。要說明的是，這裡的"互體"與現在文字學上的"互體字"是兩種概念，不可等同。"互體字"是形聲字的一種，這些字的聲符和義符完全相同，由於偏旁位置不同，造成音或義不同，是兩個完全不同的字，例

---

[1]　于省吾：《甲骨文字釋林·釋乇、舌》，中華書局 1979 年版，第 168 頁。

如："怠"和"怡"、"怒"和"恢"。這類字我們稱之爲"互體字"，類似於"異體字"。而"互體"則是關於形聲字來源的一種途徑、規律，是古文字構形演變中常見的"簡省"現象，類似於"省體""合體"。一般來說，"簡省"是"省形"和"省聲"兩種方式的統稱。所謂"省聲""省形"就是"造字或用字的人，爲求字形的整齊勻稱和書寫方便，把某些形聲字的聲旁或形旁的字形省去了一部分"①，是許慎分析漢字形體的專用術語，在《說文》中其基本訓釋術語爲"从某省，某聲"或"从某，从某省"。例如："星"，从"晶"省、"生"聲。由此看來，林義光的"互體"或可歸入"省形"一類。雖然經過前面的討論，我們發現林義光忽略了"亳""燊"中聲符的存在，但他的"互體"思想還是卓有見識的，特別是對於探討形聲字的造字途徑及構造具有重要的啟示意義。

四　林氏"互體"思想的來源探究

"互體"這一名稱，並不是由林義光在《文源》中首次使用。關於"互體"這一概念，在我國傳統文化的其他領域還有不同的涵義，主要有兩種說法：一是指舊體詩的修辭手法之一，即詩中一聯的上下兩句文意互相映襯補充。例如：杜甫《狂夫》詩有云："風含翠筱娟娟淨，雨裛紅蕖冉冉香。"上句說風的句裡也含有雨意，在細雨中綠竹更顯得潔淨美好，所以說"娟娟淨"；下句說雨的句裡含有風意，所以聞到紅荷花的"冉冉香"。二是出自《易經》，是觀察卦象的另一種方式，傳統易學界對"互卦"的定義是：《易》卦一個六爻的卦體中，二、三、四爻與三、四、五爻又構成連體卦形，上下兩體相互交錯取象而成之新卦，又叫"互卦""互象"。正如孔穎達在《春秋左傳正義》中說："二至四、三至五，兩體文互，各成一卦，先儒謂之互體。"譬如觀（䷓）爲坤下巽上，取其二至四爻則爲艮，三至五爻則爲坤；再如習坎，九二、六三、六四三爻，呈現震象，爲下互震，六三、六四、九五三爻，呈現艮象，叫做上互艮。

爲什麼會有這樣的現象？前人多有解釋。劉勰《文心雕龍・隱秀》

---

① 裘錫圭：《文字學概要》，商務印書館 1988 年版，第 160 頁。

中云："辭生互體有似變爻。"清王鳴盛《蛾術編·說錄二·南北學尚不同》亦云："若無互體，六十四卦只說六十四事，何以彌綸天地、經緯萬端乎？"也就是說，宇宙萬事萬物，僅僅用六十四卦來代表，恐難涵蓋所有。而《易經》的核心就在於一個"變化"，若每一個卦都只由一種卦象，那麼只能是表示一種固定的狀態，這樣也就違背了其精神，因此卦中有卦，一卦變萬象，象外生象，才能涵蓋無窮的宇宙萬物，這正是《易經》至今仍能夠引起大家研究興趣的重要原因之一。

據張政烺先生的考證，"互卦"的出現可追訴到商高宗武丁時代。在巴黎歸默博物館的館藏甲骨中，一片殷墟第一期的卜甲上，反面刻有"六一一六"（《甲骨續存》一九八〇），《合集》二九〇七四的上面刻有"六七七六"，這些甲文中的四字一體圖樣，張先生認爲都是四爻卦，這些四爻卦就是互體卦[①]。

通過與《文源》中林氏對"互體"的解釋相對照，我們不難發現林氏的"互體"理論與《易經》的"互體"有相似之處。《文源》中的"互體"是指二字互相借用各自的構形成分，生成一個新字，而這一構形成分是二字所共有的，只是加了某種省形變化。如"京、乇互體而省"產生的"亳"字，其中的"冖"即是"京"的構形成分"𡉈"的簡省，也是"乇"的構形成分"宀"的簡省。而《易經》中所謂的"互體卦"，上下兩體相互交錯形成新的卦象，如習坎的上互艮和下互震，其中的六三、六四二爻就是二者所共有的。

事實上，從對林義光的生平研究來看，他也是完全有可能從《易經》中借鑒某些思想的。首先，林義光在易學的研究上有頗深的造詣。他是當時著名的易學大家，寫有《周易卦名釋義》一文發表在 1928 年的《清華學報》上[②]。我國當代的"易學宗師"黃壽祺先生就曾師從於他[③]。再者，林義光一生治學廣泛，涉及經史、諸子、文字等領域。將不同領域相結合進行研究也是其治學的一大特色，這一點在其對《詩經》的研究上

---

① 鄧球柏：《〈易〉卦"互體"淺說》，《湘潭大學學報》（社科版）1985 年第 3 期。

② 參見《清華學報》，1928 年第五卷第 1 期，第 1501 頁。

③ 張善文：《易學宗師之風範—先師黃壽祺教授治〈易〉成就述略》，《易詮釋中的儒道互動學術研討會論文》，臺灣大學，2005 年，http://blog.sina.com.cn/s/blog_ 5f0111340100ceql.html。

體現得尤爲充分。林義光認爲要想讀懂《詩經》，就必先要掃清語言文字
上的障礙。前人的研究多集中在語音上，林義光則利用古文字材料來研究
《詩經》，著有《詩經通解》一書，該書主要特色在於通過徵引鐘鼎銘文，
考證"文字孳生通假之故，古書傳寫改易之跡"，以探求詩義。譬如《小
雅·常棣》有"死喪之威，兄弟孔懷"之句，他認爲"威"字古通作
"畏"，並引毛公鼎"疾威"、盂鼎"天威"之"威"皆作"畏"爲證，
得出"死喪之威猶死喪是畏"，令人信服①。季旭昇先生在其《評林義光
〈詩經通解〉中的古文字運用》一文中，對《國風》部分中林義光利用金
文的考釋加以分析後發現，除兩則有待商榷外，其餘均言之成理②。另有
《三事大夫說》一文於 1931 年發表在《國學叢編》第一期上。綜上所述，
我們認爲林氏在對古文字的研究上借鑒《易經》的某些思想或術語，是
完全有可能的。

---

① 林義光：《詩經通解》，中西書局 2012 年版，第 179—180 頁。
② 葉玉英：《論林義光對古文字學的貢獻》，《福建師范大學學報》（哲社版）2004 年第 2
期。

第三章　林義光的"六書"理論

第一節　傳統六書研究中的相關問題概述

　　東漢許慎的《說文解字》自問世以來，一直受到後世學人的關注，研究《說文》的著作可謂層出不窮、世世不廢，到了清代形成了一門學問——說文學。說文學是清以前中國文字學的主體，而對《說文》六書的研究又是傳統說文學的重要組成部分。《說文》研究著作幾乎無不論及六書，僅《說文解字詁林》就收有關六書研究的論著一百多種。其中影響較大的有江聲《六書說》、孔廣居《論六書次第》、姚文田《六書論》、黃以周《六書通故》、王筠《說文釋例》、張度《說文解字索隱》、張行孚《說文發疑》、饒炯《文字存真》、曹仁虎《轉注古義考》等。

　　"六書"之稱始見於《周禮·保氏》。東漢鄭眾注《周禮》以為"六書"指"象形、會意、轉注、處事、假借、諧聲"。班固《漢書·藝文志》則稱六書為"象形、象事、象意、象聲、轉注、假借"。許慎所謂"六書"乃"指事、象形、形聲、會意、轉注、假借"，並作了定義、舉了例字。但由於許慎的六書名稱、次第與鄭眾、班固的不同，同時，也由於許慎對六書的定義過於簡單，舉的例字只有兩個，有的還有問題，因而在一些問題上造成人們認識的分歧，引發激烈的爭論。問題的焦點主要集中在六書次第、六書分類、轉注和假借等方面。

一　六書次第

　　由於許慎的六書次第不同於鄭眾、班固，所以歷代關於六書次第的爭論不少，主要是從班固之次第還是從許慎之次第的問題，也就是象形與指事、會意與形聲孰先孰後的問題。主張象形先於指事的、會意在形聲之前的，主要有徐鍇、鄭樵、張有、孔廣居、江聲等；認為指事先於象形者，如清代張行孚、程棫林都撰有《六書次第》，主張指事先於象形，會意在形聲之後。王筠《說文釋例》、張度《說文解字索隱·六書易解》、葉德輝《六書古微》也從許慎之說。林義光從語言與文字的關係出發，認為六書作為造字方法，其次第當為：象形、指事、會意、假借、形聲、轉注。目前學術界仍有不少學者撰文討論六書次第問題。如高亨先生就主張指事先於象形；林志強先生則從原始思維特點的角度探討這一問題，認為"文字是原始思維、原始藝術發展到一定歷史階段的產物""在這個抽象思維還未成熟的時候，是不可能產生文字的，不管是象形字還是指事字"，因此，象形字與指事字大致同時產生①。關於假借與形聲的次第，現代很多學者都認為假借一般早於形聲，至少不得晚於形聲。

二 六書分類

六書是古人提出的關於漢字形體結構的理論。許慎用它來分析小篆的形體結構，並豐富和發展了這一理論，但還很不完善，用它去分析小篆以後的字形，自然有許多地方行不通。

鄭樵是許慎之後第一個專用六書理論來研究文字的人。他想做許慎的諍臣，但最終無法擺脫許氏的義例，所以在難以分類的時候，就採用兼類的辦法。他的六書分類，象形除正生、側生外還有兼生，包括形兼聲、形兼意兩類；指事在正生歸本之外別有兼生，即事兼聲、事兼形、事兼意；諧聲有聲兼意者，共六種兼類。其後明代趙撝謙承其說，略有所不同的是趙撝謙的指事兼生只有事兼聲一類。清代朱駿聲、王筠亦主兼類說。朱駿聲分七類，王筠分十三類，張度分十二類，王菜之兼類說竟多至十八類。兼書說除了"諧聲兼會意"一類經右文學派的宣導而逐漸得以豐富和發展以外，其他均遭到摒棄，但由於朱駿聲、王筠等人的影響很大，一直到民國仍餘續尚存。林義光作《文源》時偶爾也採用兼類的辦法。何添先生在《王筠說文六書相兼說研究》對兼書說在清代得以發展的原因作了比較客觀的分析：其一，由於宗許之風盛於清世，諸家篤守許說，即使有

---

① 林志強：《漢字的闡釋》，海峽文藝出版社 2000 年版，第 15、16 頁。

所見，亦不敢獨自更張，只好輾轉以求合轍，結果去本形本義愈遠；其二，當時雖有金文，但主要不是用於文字學研究，而甲骨文未出，無所驗徵；其三，欲其界域分明，故分類不得不細，結果難免流於蕪累繁瑣。

三　象形、指事是否僅僅為獨體？

許慎對象形下的定義是：畫成其物，隨體詰詘。象形即象物之形，在這一點上似乎已無異議，然象形字是否一定為獨體字？不少文字學家認為象形有獨體，亦有合體。最早的，如趙撝謙在《六書本義》中舉"累""箕"為形兼聲之例；趙宧光《說文長箋》分象形為獨體、多體等八類，多體如"艸""竹""蟲""龍"之類，合體如"林""从"之類，聚體如"苗""蔬""樂""巢"之類，變體如"尸""几"之類，離合體如"折""芻""癸"之類，加體如"出""未""束"之類，省體如"屮""片"之類①。段玉裁認為象形有獨體之象形，有合體之象形。獨體如"日""月""水""火"，合體即从某而又象形者，如"眉"从"目"而以"∽"象其形，"箕"从"竹"而"其"象其形，"疇"从"田"而以"𤲶"象耕田溝詰屈之形②。張度所謂象形兼聲如"齒""函"，象形兼會意如"果""石""眉""巢"，象形兼聲兼意如"龍""禽""金""舜"，亦為合體字③。細審所謂合體象形字，可以發現除少數如"果""眉"確為合體象形外，其他如"石""龍""蟲""函"等是因為當時的文字學家未見甲骨文、金文，或過於迷信《說文》而誤以為合體象形；"箕""齒"等則是由於他們不明這些字乃孳乳後出字，它們還有更古老的初文。林義光主張象形不必拘於獨體，跟前代學者有質的區別。首先他是以古文字形體為研究基礎，所以他能克服前代學者以流當源的毛病；其次，他牢牢地把握住象形的主旨即"以形表義"，他所說的"合體象形"就是由兩個或兩個以上形體共同描繪一個物象的字，如"🐘""🐦""🌿"等。

"指事"，漢代鄭、班、許三家或稱"處事"、或稱"象事"、或稱

---

① 張其昀：《"說文學"源流考略》，貴州人民出版社 1998 年版，第 119 頁。

② 張斌、許威漢：《中國古代語言學資料匯纂·文字學分冊》，福建人民出版社 1993 年版，第 119 頁。

③ 同上書，第 123 頁。

"指事"，這使得歷代文字學家對指事的理解也存在分歧，有的偏重於
"指"，有的側重於"事"。認為有合體指事的主要是那些主張"指事"
即指"事"的學者，有王應電、朱謀瑋、張位、江聲、王筠等人。江聲
的"合體指事說"強調指事所表示的抽象義。他認為"因字而生形為指
事"，旨在"意"，故"以意求之可知矣"。所以他舉"莫""閠""至"
"旦"為指事例①。王筠論指事字有正例和變例。正例即獨體指事，變例
如"以會意定指事""指事而兼形意與聲"等則為合體指事；會意中的變
例又有"會意兼指事"②。王筠克服了王應電等人誤以會意為指事的毛病，
可謂理論上的一大進步，但又陷入"兼書說"的怪圈之中。林義光主張
指事不拘獨體合體，指事之要在於意而非形，他對象形、指事、會意的界
定可謂涇渭分明。這一方面繼承了江聲說的合理之處，另一方面又克服了
王筠指事說兼類的毛病。

四　"四體二用"說與六書皆造字之本說

　　長期以來，學術界就六書問題一直存在"造字"說和"四體二用"
說之爭。林義光主張"造字"說、否定"四體二用"說必有原由，因此
我們認為有必要對這一問題進行梳理。

　　班固《漢書·藝文志》云："古者八歲入小學，故周官保氏掌國子，
教之六書，謂象形、象事、象意、象聲、轉注、假借，造字之本也。"據
此，六書為造字之法本無可疑。但許慎在《說文解字·敘》中沒有明言
六書均為造字法，他說："倉頡之初作書，蓋依類象形，故謂之文。其後
形聲相益，即謂之字。"在正文部分，許慎在分析字形時也只用指事、象
形、形聲、會意四書，而未提及轉注和假借。這就為後來的"轉注、假
借是造字法還是用字法"之爭埋下伏筆。明代楊慎首先提出"四經二緯
說"。他說："六書當分六體，班固云'象形、象事、象意、象聲、轉注、
假借'是也。六書以十分計之，象形居其一，象事居其二，象意居其三，
象聲居其四。假借者，借此四者也；轉注者，注此四者也。四象以為經，

---

　　①　張斌、許威漢：《中國古代語言學資料匯纂·文字學分冊》，福建人民出版社 1993 年版，
第 134 頁。

　　②　何添：《王筠說文六書相兼說研究》，吉林文史出版社 2000 年版。

假借、轉注以為緯。四象之書有限，假借、轉注無窮也。假借者，借義不借音；轉注者，轉音而注義。"① 楊慎已認識到象形、象事、象意、象聲與轉注、假借不同，前四體是從文字形體的構造上來劃分的，而轉注、假借是對前四者的"注"或"借"。同時，楊慎也已意識到文字形體有限而用字無窮這一矛盾。清代乾嘉學派學者戴震正是在這一認識的基礎上提出"四體二用"說。他在《答江慎修先生論小學書》闡述了他的"四體二用"說：

> 大致造字之始，無所憑藉。宇宙間，事與形兩大端而已。指事之實曰指事，"一""二""上""下"是也；象其形之大體曰象形，"日""月""水""火"是也。文字既立，則聲寄於字，而字有可調之聲；意寄於字，而有可通之意；是又文字之兩大端也。因而博衍之，取乎聲諧曰"諧聲"，聲不諧而會合其意曰"會意"。四者，書之體止此矣。由是之於用，數字共一用者，如"初""哉""首""基"之皆為"始"，"印""吾""台""予"之皆為我，其義轉相為注，曰轉注；一字具數用者，依於義以引申，依於聲而旁寄，假此以施於彼，曰假借。所以用字者，斯其兩大端也②。

從戴震的論述來看，他是在共時的漢字結構分析的基礎上得出"四體二用"這一結論的。"四體二用"說最根本的錯誤在於：不能從歷時的角度考察漢字產生、孳乳和發展演變的過程，而從共時的漢字結構類型來倒推造字法，其結果只能得出"轉注和假借不是造字法而是用字法"這一結論。因為假借、轉注都是歷時態的，它們與漢字的產生、孳乳和分化是聯繫在一起的。戴震的學說經段玉裁、王筠等人的大力宣導，影響極大。如當代學者高明先生仍主張轉注、假借都為用字法。

戴震之後的清代學者中仍有不少人主張六書為造字法，影響較大有江聲、黃以周、孫詒讓、饒炯等人。其中，孫詒讓的假借說很有新意，他認為假借是造字之初為了解決造字之窮而採用的變通之法，其特點是"視

---

① 楊慎：《轉注古音略》附《古音後語》叢書集成本
② 轉引自江中柱：《戴震"四體二用說"研究》，《湖北大學學報》1993 年第 4 期。

之不必是其本字也，而言之則其聲也，聞之足以相喻，用之可以不盡"。顯然，"其"就是指需要為之造字的語言中的那個詞。從某種意義來說，假借乃不造字之造字，所以孫詒讓說"以（假借）為造字之本，奚亦不可乎?"① 關於轉注，江聲本徐鍇之說，認為《說文》五百四十部之首即所謂一首，"同意相受"就是部首相同、意義相近的一類字；孫詒讓亦本徐鍇之說，同時他又著眼於漢字孳乳分化的過程，他說："蓋倉頡制字之初，為數尚尠，凡形名之屬，未有專字者，則依其聲義，於其文旁沾注以明之，其後遞相沿襲，遂成正字，此孳乳浸多之所由來也。"② 客觀地說來，孫詒讓、饒炯等人之論轉注、假借，能從歷時的角度考察它們產生的歷史必然性，不能不說比戴震等人的"四體二用"說更具說服力。因此，他們的轉注、假借造字說至今還對學術界產生重大影響，林義光對假借和轉注的一些看法就受到孫詒讓的影響。

五 轉注與形聲

由轉注法造出來的字，有一個共同的部首，如"耆""耊""耄"；用形聲法造的同形符的一組字也有同樣的部首，如從"水"的"江""河"，從"木"的"松""柏"等。從漢字結構類型來說，有相當一部分形聲字是由轉注而成的。由於沒有認清漢字形體結構與造字法的關係，使得人們長期以來都無法劃清轉注與形聲這兩種造字法的界限。最早做出嘗試的是南唐徐鍇，他認為，凡部首相同而可互訓的為轉注，不能互訓的為形聲。同時，他又認為"轉注"，其"立類之始類於形聲"，"總言之曰轉注"，"散言之則曰形聲"。這就是說，孤立地從一個個字來看，具備意符和聲符的就是形聲；從部首總起來看，則都是轉注。徐鍇的理論對清代許多學者都有很大影響，如江聲就繼承了徐鍇的轉注說，對於轉注與形聲的關係，江聲的理解與徐鍇也是一致的。他認為形聲造字的"以事為名"，即轉注之"同意相受"。其後陳澧進一步提出"形聲之字必兼轉

---

① 張斌、許威漢:《中國古代語言學資料匯纂·文字學分冊》，福建人民出版社 1993 年版，第 316 頁。

② 孫詒讓著、戴家祥校點:《名原·轉注揭櫫第五》，齊魯書社 1986 年版。

注"。孫詒讓也認為"凡形聲駢合文無不兼轉注。"① 鄭樵在《六書略·
六書序》中說:"諧聲、轉注一也,諧聲別出為轉注,役它為諧聲,役己
為轉注。"他把轉注分為四類:建類主義、建類主聲、互體別義、互體別
聲。他所說的"役己為轉注",是從造字的角度來說的,但他所說的"諧
聲、轉注一也",則又著眼於字的結構。所以說,徐鍇、鄭樵等人所犯的
共同錯誤是把造字規則與結構類型混而為一。林義光從造字法的角度談轉
注與形聲的關係,從而突破了徐鍇等人的局限性。在他看來,用轉注法造
出來的字不僅僅為形聲字,還有象形、指事、會意,同樣地,形聲字也不
是都由轉注而生,大部分形聲字是用形聲造字法造出來的。

　　綜觀清代以前的六書研究,可謂蕪菁並存,瑕瑜互見。從積極意義上
說,他們的研究豐富並發展了六書理論,如對漢字結構,對漢字產生、孳
乳、分化的過程和規律等都有了更進一步的認識。同時,他們的研究,也
為近現代文字學理論的發展起著拋磚引玉的作用。另一方面,由於他們過
於迷信《說文》,也因為受到條件限制而始終以小篆和漢代發現的很有限
的"古文""籀文"作為漢字的原始形態,使得他們的研究帶有很大的局
限性,始終無法跨越《說文》的藩籬而在《說文》設定的條例裏兜圈子,
其結果就是使一些問題更加複雜化,最典型的例子就是轉注問題。林義光
充分利用古文字材料重新審視《說文》,成功地跨越《說文》的藩籬,批
判地繼承前人的六書研究成果,並從古文字實際出發,提出了自己的六書
理論,取得了較大的成功。

第二節　林義光《六書通義》研究

　　林義光《六書通義》附於《文源》一書中。在《六書通義》中他提
出了自己的一套六書理論。實際上,《文源》就是按照這一理論體系進行
編排和架構的。雖然《文源》一書已得到當代古文字學界的高度評價,
但迄今為止尚無人對《六書通義》進行過研究。這是我們不願看到的。
因此我們不揣鄙陋,在闡釋《六書通義》的過程中,試圖揭示其價值和
意義,從而引發學界對林義光六書理論的關注。

---

① 孫雍長:《轉注論》,嶽麓書社 1991 年版。

一　《六書通義》說六書

(一) 象形

　　"一曰象形。象形者，畫成其物，隨體詰詘，日、月是也。"今
條分其類：如"⊙"（日）"𝕯"（月）"𠆧"（人）"𧰨"（馬），畫成
全物者，謂之"全體象形"；"𩓾"（須）"𦆲"（眉）"醢"（酒）"𥁕"
（血），兼象旁物者，謂之"連延象形"；"回"（回）"田"（周）
"𠃊"（曲）"己"（伸），詰詘成象者，謂之"分理象形"；"夭"（夭）
"夨"（矢）"𦥑"（憂）"𢆶"（慶）"丂"（丏）"𠤎"（兆）"牟"（牟）
"半"（芈），以全體象形惟標物象者，謂之"表象象形"；"夾"（夾）
"竝"（並）"𦥑"（尋）"秉"（秉）"旦"（旦）"莫"（莫）"明"
（明）"扁"（扁），以諸形參兩布列成一物象者，謂之"殼列象形"。

——《六書通義》

　　從林義光的論述中，我們可以知道，他把象形分為全體象形、連延象
形、分理象形、表象象形、殼列象形五類。他認為象形不拘獨體合體，關
鍵在於是否象具體事物之形，構成合體象形字的幾個部分，只要能體現事
物之形，就是象形字。《文源》列全體象形二百一十七個，主要是人體、
動植物、宮室、器物、天文、地理之象形。全體象形對事物的描摹與圖畫
不同，只要抓住事物的特徵就行。如"人""卩""大"都是人形，只是
選取的角度不同，"亻"象人側立形，"𠂤"象踞伏形，"大"象正立，三者
作偏旁時都與人同義；林義光所謂"連延象形"是指"兼象旁物"者，
即通常所說的複體象形，《文源》收八十個。從造字上說，即除了把需要
造字的那個詞所指稱的物體用簡略的線條筆劃勾勒出來外，還把相關的物
體也連帶描繪下來。如"須"，古作"𩓾"，若孤立地畫幾根鬍鬚，意義
難以明了，所以連帶描繪人的臉部；"身"的本義是指人的身體，但光畫
"𠂤"不足以明其義，所以還得加上"亻"形，作"𨈬"；分理象形即"詰
詘成象"者，也就是許慎所謂"隨體詰詘"，共八十二字。如"甲"，古
作"十"，林義光說："甲者，皮開裂也，十象其裂文。""周"字條說：
"象周帀之形"；表象象形謂"全體象形惟標物象"者，《文源》收一百

二十字。造這類字時，有意突出強調物體的某一部位，如"矢"，古作
"矢"，突出頭部動作；"夭"，古作"夭"，強調手的動作，"象兩手搖曳
形"；"員"，古作"員"，林義光指出："从口从鼎，實圓之本字。'○'，
鼎口也，鼎口圓象"，字形突出鼎口之圓；殽列象形即"以諸形參兩布列
成一物象"者，共四百六十字。從造字的角度來說，殽列象形就是由兩
個或兩個以上的形體組合共同描繪一個物象。這類字有的與表象象形很相
似，其實二者是有區別的，構成表象象形的形體之間有主次之分，如
"益"，古作"益"。"益，皿中盛物。八象上溢形"。字形由"益"和
"八"兩部分構成，但以"八"為主，強調"溢出"之義，而構成殽列
象形的各部分之間則是平行的，不分主次。如"暮"，古作"暮"，諸形
體共同描繪了一幅日落草叢中的景象，表達"暮"字的本義。林義光所
謂"殽列象形"即通常所說的"比形會意"。對此，林義光在《凡例》
中強調指出："殽列象形，舊皆以為會意。今考金文，如'朋''祭'
'惠''豐''豎''禽''勾''豹'皆隨體畫物，其會合也，不以意而以形。
蓋古文變為篆隸，寖失其形，始誤為會意爾（如'獄'，偏旁篆从兩犬，
古作'狀'，象兩犬對守；'贊'偏旁篆从兩虎，古作'豼'，象兩虎對
爭，是其證），茲悉定為象形字，以从其朔。"

《文源》收象形字九百五十九個，占總數（一千五百五十一個）的
61.8%。據統計，《甲骨文編》收錄的象形表意字占75%[①]，而《文源》
中收錄的多為金文，相比之下，這個比例與古文字發展狀況是相符的。這
說明林義光對先民重形象、重經驗的思維特徵已經有所認識，並意識到最
早的文字系統應該是一個以象形表意為主的系統。正因為如此，他在六書
次第上主張象形先於指事。下面我們分別列舉數例以申之：

1. 全體象形

（1）豆，《說文》："豆，古食肉器也。从口，象形。"林按：全體象
豆形。古作"豆"（豆必敦）、作"豆"（大師虘豆）、作"豆"（周生豆）。

（2）莧，《說文》："莧，山羊細角者。从兔足，从苜聲。"林按："苜"
非聲。此象形字，"屮"象角，"日"象首，"儿"象尾、足之形。

（3）🐒，《說文》："爲，母（獼）猴也。其為禽，好爪，下腹為母猴形。"林按：古作"🐒"（曶鼎），上其手，故爪在頭上，或作"🐒"（邾討鼎），象形，不從"爪"。或譌作"🐒"（楚公鐘）。

（4）弋，《說文》："弋，橜也。象析木衺銳者形，〔象物掛之也。"林按：古作"弋"（袁盤"必"字偏旁），從"干"而曲之。"杙"與"干"同類，"一"象中有節形，非物掛之也。變作"弋"（使曾鼎"宓"字偏旁）。

從上舉諸例我們可以看出，林義光所謂"全體象形"包括我們通常所說的獨體象形和比形會意字。如"莧"字作"🐐"，"ⲙ"象角，"◎"象首，"🐐"象尾、足之形，則"莧"為獨體象形字；"爲"字，從"爪"、從"象"，通常以為是會意字，但林義光認為這兩部分都是以形體來表意的，所以納入全體象形；"弋"所從的"一"象中有節形，也是形體的一部分。甲骨文"弋"字作"🐐"（《合集》10937 正）"🐐"（《合集》05899）"🐐"（《合集》11031）。金文作"🐐"（史牆盤），乃線條化的結果。

由於林義光特別重視用歷史的眼光來研究古文字，所以他的全體象形裏面有一部分字不是單純的象形字，而是轉注字或形聲字。如：

（5）🐐，《說文》："蔺，糞也。從艸，胃省。"林按：從"艸"（轉注），象形。

（6）华，《說文》："蕚，艸木華也。從𠬞，于聲。"林按：古作"华"（邾公華鐘），象一蒂五瓣之形，"于"聲。或作"华"（克剟彝），"∧"象蕚足。

（7）🐐，《說文》："星，從晶，生聲。一曰象形，從'○'。古'○'後注中，故與日同。"林按：本從三"○"，象星形，"生"聲。作"🐐"者，即"○"而注點其中，與"日"形同文異。古文中空者，多注點其中，如"🐐"或作"🐐"，從"□"之字或從"🐐"也。

今按："蔺，從艸轉注，象形"意謂"蔺"本為象形字，作"🐐"，"艸"是後來添加的意符；林氏將"蕚"納入全體象形，又說"于聲"，意謂"蕚"本作"华"，象一蒂五瓣之形，後加二橫變作"于"聲；"星"本為象形字，本從三"○"或三"⊙"，後加"生"聲。甲骨文"星"字作"🐐"（《合集》10344 正）"🐐"（《合集》29696），可證林說。

2. 連延象形

"連延象形"即我們通常所說的"複體象形"。林氏指出的連延象形字很多已為大家所公認，如"身""頁""眉""須""尾""葉""果""州""血""至""丹"等。有一些我們通常以為是指事字的例子，林氏則認定為連延象形。如：

（8）𢀮，《說文》："孔，通也。从乚、子。乚，請子之候鳥也，乚至而得子，嘉美之也，故古人名嘉，字子孔。"林按：以乚至得子為嘉美，說已迂曲，且非"孔"字本義。"孔"，通也。古作"𢀮"（曾伯黎匿）。本義當為乳穴，引申為凡穴之稱。"𐤟"象乳形，"𢀮"就之，以明乳有孔也。

（9）𝼀，《說文》："叉，手足甲也。从又，象叉形。"林按：古作"𝼀"（叉彝），象手有指爪形。

我們通常認為"孔"和"叉"是指事字。"孔"字从"子"从"𐤟"。"𐤟"是指事符號，標示在嬰兒的頭部，表示嬰兒的頭部囟的部位有孔。林義光認為"𐤟"是乳形，"子"形是為了表明"乳有孔"。這樣的解釋也符合複體象形的特點，能自圓其說，可備一說；"叉"字金文作"𝼀"，去掉"𝼀"形的部分就是爪形。因為爪形無法用獨體象形表示，爪長在指頭上，所以要附上"𝼀"（手形）。有的我們以為是會意字的字，林氏也納入連延象形，如：

（10）𧷑，《說文》："質，以物相質。从貝、从所。闕。"林按：本義當為椹質之"質"。"貝"古作"𧶠"，象椹形，二斤並運於上也。"鼎"古作"𪔅"，上象鼎耳及鼎腹，亦非"貝"字，而形同"貝"。

（11）𦥼，《說文》："要，身中也。象人要（腰）自臼之形，从臼。𦥼，古文𦥼。"林按：古作"𦥼"（伯要敦）、作"𦥼"（洹子器"宴"字偏旁），象女自約兩手於腰之形，"卤"聲。

林義光認為"質"的本義是椹質之"質"，"𧶠"是椹形訛變後的形體，類似"鼎"本不从"貝"，但金文中从"鼎"之字常訛从"貝"。椹形難以用獨體象形表示，"故"加二"斤"於上，符合連延象形的特徵。陳劍先生指出"質"本不从二"斤"，左邊的"斤"的來源有兩種可能：一種是由"𠂤"一類形體斷開成為"𠂤"，把"𠂤"形相交錯重疊，就成為"𠂤"，變得與"斤"同形；另一種可能是"所"本作"𠂤"，後重複"𠂤"

部分，變成"🔲"，再發展成"🔲""🔲"①。如此，林義光之說就很難成立了。不過這也不影響我們用此例來理解林氏"連延象形"的內涵；"要"過去多以為會意字，事實上"🔲"和"🔲"兩個部件的作用並不是平行的，而是有主有次。"🔲"是起輔助作用的的。將"🔲"置於"身中"才能準確地表達"要"字的本義。因此我們認為將"要"納入連延象形比納入會意字更合適。

正如我們之前提到的，林義光是用歷史的、動態的眼光去研究文字，因此我們研究他的六書理論，也應該用歷史的、動態的眼光去判斷。如：

（12）🔲，《說文》："佩，大帶佩也。从人、凡、巾，佩必有巾，故从巾。巾謂飾。"林按：古作"🔲"（頌鼎），从"人"（轉注），"🔲"象帶形。

（13）🔲，《說文》："金，五色金也。生於土，ナ（左）又（右）注象金在土中形，今聲。"林按：古作"🔲"（曾伯霧匦），作"🔲"（吳尊彝），作"🔲"（🔲伯尊彝），象金在地中形，"今"省聲。

林義光認為"佩"所從之"人"形是後加的。"佩"本从"巾"从"🔲"，"🔲"是主體，"巾"是其輔助作用的，故納入連延象形；"金"字甲骨文作"🔲"（《合集》23573），从"火""今"省聲。金文作"🔲"，所從之"🔲"即由甲骨文"🔲"形演變而成，另加"🔲"表金塊。林氏理解"金"字字形顯然是將"🔲"除去"🔲"的部分理解為"土"了，這不准確。但他認為"🔲"是主體部分，"🔲"起輔助作用，因此納入連延象形，倒也能自圓其說。

3. 分理象形

所謂"分理"，是指紋理、脈絡或事物間的聯繫。《說文解字·敘》："黃帝之史倉頡，見鳥獸蹄迒之跡，知分理之可相別異也，初造書契。"段注："分理，猶文理。"因此分理象形比較抽象。如：

（14）🔲，《說文》："冬，古文終。"林按：古作"🔲"（頌鼎），象兩端有結形。

（15）🔲，《說文》："工，巧飾也。象人有規矩，與巫同意。"林按："工"非人形。"工"，事也（《小爾雅·廣詁》："功，事也。"以"功"

---

① 陳劍：《甲骨金文考釋論集·釋"慎"》，線裝書局 2007 年版。

為之)。象構作之形。古作"工"(不嬰敦)。

(16) ，《說文》:"申，神也。七月会氣成體，自申束。从臼，自持之也。吏以晡時聽事，申旦政也。"林按:古作""(南亞彝癸)，不象人體，實即"伸"之古文，象詰詘將伸之形。

(17) ，《說文》:"黹，箴縷所紩衣也。从㡀、丵省、象刺文也。"林按:古作""(師㝅父鼎)、作""(無叀鼎)，象形。"山""们"皆針紩處，""，縷端也。或作""(頌壺)、作""(頌敦)、作""(曾伯黎匜)。

上舉諸例可以幫助我們理解什麼是分理象形。首先，它們是象形字。"冬"象兩端有結形，"工"象構作之形，"申"象詰詘將伸之形，"黹"象針線繡紋;其次，表達的意義比較抽象，與外在形體有一定聯繫。如"冬"線上的兩端打結表示"終結"。"工"字甲骨文作""(《合集》11484正)，或以為築牆的工具，用來表示"構作之事"。"申"是雷電的"電"的初文，象閃電之形。閃電雖詰詘，但有伸展之勢。因此"申"也是伸展之"伸"的初文。"黹"象針線繡紋，指做針線、刺繡;第三，這些字的形體都"詰詘成象"。

4. 表象象形

表象象形與全體象形的共同點在於都象一個整體的事物，不同點則在於表象象形有一個部分是標誌性的，用以突出強調物體的某一部位。表象象形與表象指事的區別在於:表象象形若"見"之从"目"、"吳"之从"口"，都是形體中自有的;而表象指事如指事若"夕"之从"丶"，"亦"所从之"丶"只是起指事作用的抽象符號。表象象形如:

(18) ，《說文》:"交，交脛也。从大，象交形。"林按:古作""(交彝)。

(19) ，《說文》:"艮，很也。从匕、目，匕目猶目相比不相下也。"林按:""即""(人)之反文。人上有目，象很怒之形。古作""(舀鼎"限"字偏旁)。

(20) ，《說文》:"走，趨也。从夭、止。夭者，屈也。"林按:古作""(師兌敦)，象人走搖兩手形。从"止"，"止"象其足。

今按:"交"字象一個人交叉雙腿站立之形，兩腿交叉是"交"字最關鍵的部位;"艮"字的目形特別突出，象很怒之形;"走"字象一個人擺動雙手奔跑之形。前後擺動的雙手是標誌性的部分。

有些我們通常認定為會意字的字如"臭""吠""吳""鳴""彪""瞿""霝""鉛"等，林義光都納入表象象形，大概是因為他認為"臭"所從之"自"，"吠""吳""鳴"等所從之"口"，"霝"所從之"𝌆"、"鉛"所從之"呂"是關鍵部位，起著標識物象作用。

表象象形中也有一些帶"轉注""某聲"的例子，如：

(21) 𝍖，《說文》："頃，頭不正也。從匕、頁。"林按：從"頁"（轉注），"𝍖"象人頭傾形。《說文》"𠤰"下云："從匕，支聲。匕，頭傾也。"

(22) 𥛀，《說文》："祝，祭主贊詞者。從示，從儿、口。"林按：從"示"（轉注），"𥛀"象人形，口哆於上，以表祝之義。古作"𥛀"（太祝禽鼎）。

(23) 觲，《說文》："觲，用角低仰便也。從羊、牛、角。"林按：羊牛角於"低仰"義不顯。古"辛"或作"𠔄"（趙鼎），"觲"從"𠔄"，即"辛"字。"𠆢𠆢"象角低仰形。從"角"（轉注），"辛"聲。《說文》引《詩》："觲觲角弓。"今本作"騂"。"羊"偏旁亦得以"辛"為之。《說文》："𡍨，赤剛土也。"《廣雅·釋地》作"𡋯"。《周禮·草人》："騂剛用牛。"故書作"觲"。

林義光認為"頃"所從之"𝍖"象人頭傾形，即"𝍖"本身就足以表示"頭不正"之義，"頁"只是後來添加的意符；"祝"甲骨文作"𧵊"（《合集》27283），又作"𧵊"，可證林氏之說確為高見；"觲"所從之"𠆢𠆢"象角低仰形，足以表意，"辛"是添加的聲符，"角"則是後來增加的意符。因此林氏認爲"頃""祝""觲"都用了轉注造字法。

5. 殽列象形

(24) 旅，《說文》："旅，軍之五百人。從㫃、從从。从，俱也。"林按：古作"旅"（伯筍父𪓐），象二人（示人之多）在旗下形。省作"旅"（伯晨鼎），或作"𣃽"（陳公子𪓐）、作"旅"（伯貞𪓐）、作"旅"（甫人匜）。

(25) 斯，《說文》："斯，析也。從斤，其聲。"林按："其"非聲。"其"，箕也。析竹為之，從斤治箕。古作"斯"（儀兒鐘）。

(26) 絲，《說文》："絲，蠶所吐也。從二糸。"林按：古作"絲"

（舀鼎）。

88，《說文》："絲，微也。从二幺。"林按：古作"**88**"（太保彝），以為"絲"字（舀鼎："舀用絲金作朕文考宄伯鬲牛鼎。"太保彝"用絲彝對命。""絲""絲"皆借為"茲"，蓋本同字），即"**88**"之省。訓"微"之"絲"，經傳未見。

88，《說文》："茲，黑也。从二玄。"林按："玄"古作"**8**"，則"茲"古作"**88**"即"絲"之或體，不訓"黑"（舀鼎："舀用茲金"，"茲"作"絲"）。

（27）**牢**，《說文》："安，竫也。从女在宀中。"林按：古作"**牢**"（安父尊彝）、作"**牢**"（公貿彝），从"女"在"宀"下，有藉之，與"保"从"**8**"同意。或省作"**宀**"（罙尊彝癸）、作"**宀**"（格伯敦）。

今按：甲骨文"旅"字作"**牢**"（《合集》01027 正）"**牢**"（英 0150 正）。"旅"在甲骨文中用作軍旅單位，指臨時徵集的非專業軍隊，由王朝統轄[1]。所以"旅"的造字本義當如林義光所言"象二人（示人之多）在旗下"，表示軍事組織的徵集活動；"斯"的上古音在心紐支部，"其"在見紐之部，聲韻都差得很遠。林義光認為"其"非聲。"其"是"箕"的初文。"斯"的造字本義為析竹為箕，可備一說；林義光認為"絲""絲""茲"乃一字分化，甚確。甲骨文"茲"字作"**88**"（《合集》36013），當隸作"絲"。"絲"字作"**||**"（《合集》3336 正）。从"糸"之字在甲骨中作"**8**""**|**"或"**|**"無別，如"絕"字作"**|**"（《合集》152 正）"**|**"（《合集》17464）或"**8**"（《合集》36508）。从"絲"的字在甲骨文中从"絲"，如"彎"字作"**8**"（《合集》8177），"戀"字作"**88**"（西周甲骨 H11：153），"攣"字作"**|**"（《合集》5667）。西周金文"絲"作"**88**"（舀鼎）"**88**"（守宮盤），又作"**88**"（商尊）"**88**"（寓鼎）。林義光提到的西周舀鼎銘文"**88**"既用作"絲"，又用作"茲"。可見"絲""絲""茲"本為一字。戰國文字，楚文字依然不分，僅見郭店楚簡《緇衣》"茲"字（讀作"緇"）作"**88**"（緇衣簡 1）和上博三《亙先》"茲"字（讀作"滋"）作"**8**"（簡 2）兩例。其餘無論"絲"

---

①　劉釗：《卜辭所見殷代的軍事活動》，《古文字研究》第十六輯，中華書局 1989 年版，第 73—76 頁。

還是"茲"，皆作"丝"。"茲"與"絲"完全分化見於秦文字。睡虎地作"茲"字作""（為吏之道 46），"絲"字作""（封診式 82）；關於"安"字，林義光注意到金文"安"除了从宀从女外，還有""。這個意見一直未受到重視。長期以來，學界都以為"安"从宀从女。近些年，陳劍先生開始注意到林義光的說法，並進一步指出甲骨文""和""是不同的兩個字，前者是"賓"字，後者才是"安"。"安"與安坐有關①。"安"的本義讓如林義光所言，象从女在宀下，有藉之。

（二）指事

"二曰指事。指事者，視而可識，察而見意，上、下是也。"
"二"（上）"二"（下）"彐"（寸）"尺"（尺）"引"（引）"喬"（喬）"耴"（耴）""（喦），由象形別加表飾者，謂之"表象指事"；"一"（一）"二"（二）"晶"（晶）"丝"（惢）"圍"（圍）"官"（官）"學"（學）"或"（國），積文字以見意者，謂之"殽列指事"；"乏"（乏）"厷"（厷）"巾"（个）"片"（片），取反文或半體為形者，謂之"形變指事"。"表象指事"之異於"表象象形"者，象形若"見"之从"目"，"吳"之从"口"，"巛"之从"一"，""之从"仌"，皆形體中所自有；指事若"夕"之从"丶"，"耴"之从"乛"，則由虛設而成。"殽列指事"之異於"殽列象形"者，象形之殽列，積數形而仍成一形；指事之殽列，徒取見意，於形體固無當也。

——《六書通義》

林義光認為指事的關鍵在於所指者乃意而非形。這與鄭樵在《六書略》中所說的："指事類乎象形：指事，事也；象形，形也。指事類乎會意"是相承的。但與鄭樵主張指事為獨體不同，林義光認為指事當不拘獨體合體。清代著名學者王筠曾主張合體指事，但由於他無法超越《說文》並陷入"兼書說"的錯誤之中，所以無法自圓其說。林義光的指事觀則比較合理地解決了這一問題。他認為指事介於象形和會意之間，指事字中往往有象形的成分，它與象形的區別關鍵在於它還包含另一表示抽象

① 陳劍：《甲骨金文考釋論集·說"安"》，線裝書局 2007 年版。

意義的成分，且這才是點睛之筆。如，表象指事和表象象形都旨在強調形體中的某一部分，但表象形象用來"標識物象"的那一部分是形體中本來就有的，是實的，而表象指事乃象形之外"別加表象"者，別加的部分是虛的，不表具體事物之形；殼列指事與殼列象形看似相同，其實不然。林義光在《凡例》中特意加以分辨，他說："殼列指事其隨體成象不異象形，而每以非象形字當一形之用，如'辛''辛'皆訓為罪人而非象形字，故'執'象兩手持辛、'獄'象兩犬守言、'宰'則辛在屋下、'圉'則辛在圍中，雖不得為象形，要非比事合誼、連文會意者比，今入之指事，庶得其衷。"構成殼列指事的各個部分中必有表抽象意義的非象形成分，而殼列象形則是有幾個形體共同組合來表示一種物象。無論是表象指事、殼列指事還是形變指事，它們都表達一種抽象的意義。那麼，指事與會意的區別何在？指事字含有象形的成分，而會意則是純粹的"詞義連屬"，構成會意字的各個部分所表示的意義不同。林義光還進一步將其說付諸實踐，在《文源》中收錄了表象指事 41 個，殼列指事 91 個，形變指事 10 個。下面我們將分別談談。

1. 表象指事

從造字的角度來看，表象指事就是在象形之外再加上識別字號以表達某種抽象意義。如：

（28）𦫳，《說文》："隼，雛或从隹、一。一曰'鷻'（鶽）字。"林按：隼有爪芒，一名題肩。《御覽》引《春秋考異郵》云："陰陽貪，故題肩擊。"宋均注云："題肩有爪芒"是也。"隹"下於爪處加"一"，示其有芒，與"刃"字同意。

（29）𦫵，《說文》："喬，高而曲也。从夭、从高省。"林按：古作"𦫵""𦫵"（邵鐘），从"高"，曲其上。

（30）引，《說文》："引，開弓也。从弓、丨。"林按："丨"，引之之象。

上舉各例均為林義光所定的表象指事，"隼"是在隹的爪處加"一"以其有芒；"喬"在"高"字上加"∧"，表高而曲之義；"引"字甲骨文作"𠃌"（《合集》13031），可證林義光之說。林氏未見甲骨文，卻能有此卓見，指出"丨，引之之象"。"一""∧""丨"各自表示某種抽象意義。

2. 殽列指事

林義光說："殽列指事其隨體成象不異象形"，意謂殽列指事的造字原理與殽列象形是一樣的。它們之間所不同的是，殽列指事字含有非象形成分，且造字的目的是為了表示抽象的意義，而不是描繪事物的形態；殽列象形的構成成分都是象形的，它們組合而成一種物象。下面試舉殽列指事、殽列象形各幾例以作比較。

殽列指事如：

（31）𰒂，《說文》："劓，劓或從鼻。"林按：從"刀"、從"鼻"，為劓象。

（32）𦦙，《說文》："䊔，䊝（謠）也、舞也。從夊。從章，樂有章也。羋聲。"林按："羋"非聲。三夊象舞時多足跡。

（33）𠆢，《說文》："內，入也。從冂、入，自外而入也。"林按：古作"𠓲"（利鼎），"𠔼"象屋形，入其中，為內象。

殽列象形如：

（34）右，《說文》："右，助也。從口、又。"林按：古作"𠂇"，義取手口相助並作也。

（35）相，《說文》："相，省視也。從目、木。易曰：'地可觀者莫可觀於木。'"林按：古作"𣁏"，從"木"非取其可觀。凡木為材，須相度而後可用。從"目"視"木"。

今按：較之殽列象形例，很容易看出二者之不同之處。殽列指事字必一部分是表抽象意義的。如"劓"所從之"鼻"已不是以象形字參與造字，而是用來表示"鼻子"之義；"䊔"所從之"章"也不是象形成分，而是用來表示"樂章"這一抽象義；"內"從"冂"從"入"，"冂"是象形部分，"入"表示抽象意義"進入"。而殽列象形字"𠂇"所從之"𠃋"和"⊔"，"相"字所從之"𣎳"和"目"均為象形成分，"𠂇"表手口相助之象，"相"表以目相木之狀，故為象形。

3. 形變指事

將指事字分出一類"形變指事"，是林義光的一大創見，特別值得關注。"形變指事"字是指採用改變字形的方法而造的字。改變字形的方法有兩種：一種是改變字形的方向，或左右反書，或上下倒書。有的是改變整個字的方向，如"𦣻"是"身"的反寫，"叵"是"可"的反書。有的是部分形體的反書，如"旡"與"欠"，只是改變口部的方向，"欠"
的口部向左，"旡"的口部向右。有的則是某個字的倒書。如"㐫"是
"子"的倒書，"県"是"首"的倒書；另一種方法是截取某字的一部分
而成。如"个"是取"竹"字的一半，"片"是取"木"字的一半；"卂"
是截取"飛"字的一部分。形變指事字都是獨體字，用一個形體表達抽
象的意義。从形體來看，它們似乎是象形，如"旡"字作"𠀐"，"肙"字
作"𩪊"，"㐫"字作"𠀎"，"県"字作"𩠹"，"个"字作"𠆜"，"卂"
字作"𠁢"，但它們表示的不是具體事物的形象，而是一個抽象的意義，
如"肙"表"歸"義，"叵"表"不可"義，"个"作數量詞，"片"表
"判木"義。因此形變指事字不同於象形字。形變指事字也與表象指事字
不同，表象指事字是在一個象形字上加上一個抽象符號，起標識作用；形
變指事字與殽列指事的區別在於，殽列指事字是合體字，而形變指事字是
獨體字。因此，林義光將形變指事字獨立成一類。《文源》收錄形變指事
字有十個，我們將在下文專節論述，故此不贅述。

（三）會意

> "三曰會意，會意者，比事合誼，以見指撝，武、信是也。"止
> 戈為武，人言為信，非複對構其形，故二人相隨為"𠈌"、豕在口中
> 為"圂"，乃象形，非會意也；口木為"束"、叉目為"𥄂"，雖亦連
> 文，因其隨體象形，要非會意。又會意者，詞義比合，無假增字系
> 聯，故"𠂤"在"宀"下為"官"、口地而以戈守之為"國"，可謂
> 之指事，不可謂之會意也。

——《六書通義·會意》

在傳統六書研究中，文字學家對會意的理解是較為一致的。一般認為
會意即合誼，合二體乃至多體之意。構成會意字的幾個偏旁，可以是同體
的，也可以是異體的。"比類合誼"可以是比形會意（通過構字偏旁的形
象來會意），也可以是比意會意（通過構字偏旁獨立成字時的字義來會
意）。林義光則認為只有象"止戈為武""人言為信"那樣"取其詞義連
屬"的字，才可以算會意字。會意與象形（殽列象形）的區別在於：會

意乃"取其詞義連屬,非複對構其形",相反,象形則"隨體畫物,其會合也,不以意而以形"(《文源·凡例》一)。會意之別於指事(殽列指事)的關鍵在:會意為詞義之比合,"無假增字系聯"。"無假增字系聯"的"字"指的是獨體象形字,殽列指事通常是取一個構字偏旁的詞義,但又取另一個偏旁的字形,兩者系聯起來表達一個抽象的意義。裘錫圭先生認為林義光的這種說法是有道理的①,下面略舉數例以申之:

(36) 𠛱,《說文》:"到,至也。从至,刀聲。"林按:古作"𠛱",从"人""至"。

(37) 𣥂,《說文》:"此,止也。从止、匕。匕,相比次也。"林按:古作"𣥂","𠂆"即人之反文,从"人""止"。此者,近處之稱,近處即其人所止之處也。

(38) 𡥈, 《說文》:"寺,廷也,有法度者也。从寸。"林按:从"寸",無法度之意。古作"𡥈",从"又"从"之",本義為"持"。"𠂇"象手形,手之所之為持也,"之"亦聲。邾公鐘"分器是持",石鼓"秀弓持射","持"皆作"寺"。

今按:林義光所界定的會意字不包括傳統六書說中的同體會意。他把由兩個或兩個以上相同的偏旁構成的字一部分歸入殽列象形,另一部分歸入殽列指事。但歸入殽列指事的那一部分都有問題。據林義光對殽列指事和會意的定義,這部分歸入殽列指事的有兩個或兩個以上相同的偏旁構成的字應當歸入會意。如:

(39) 辡,《說文》:"辡,辠人相與訟也。从二辛。"林按:"辛",罪也。

(40) 惢,《說文》:"惢,心疑也。从三心。讀若《易》'旅瑣瑣。'"

(41) 競,《說文》:"競,彊語也。从誩、二人。"林按:二人首上有言,象言語相競意。古作"競"(宗周鐘),或作"競""競"(取彞)。"大"象人形,與从"人"同。

上引諸例皆比義會意。"辡"所从之"辛"不是以形體參與構字,而是以"罪"義參與構字;"惢"所从之"心"指的不是具象的心,而是抽象的意義"心思";言語是抽象的,"競"象言語相競。

---

① 裘錫圭:《文字學概要》,商務印書館 1988 年版,第 99 頁。

（四）形聲

"四曰形聲，形聲者，以事為名，取譬相成，江、河是也。"以事為名，謂以事物著於文字，"江""河"之聲，譬諸"工""可"，是取同類以成之也。形聲之字常與他事相兼。"江""河"从"水"，此與轉注兼形聲；"今"聲之"禽"、"止"聲之"齒"，此以象形兼形聲；"白"聲之"碧"、"虍"聲之"虜"，此以會意兼形聲。凡造字以轉注兼形聲為最簡易，後出之字多屬之。《說文》九千，獨此類字什居八九，學者但目為形聲，而轉注之謬解遂不可究詰矣。形聲之不能無所兼者，以取聲他文，不復成為新字故也。然駢列二聲，則不害其為新字，故有二重形聲。自許氏以來，不達斯恉，而"賦""異""悟""閔""靜""睯""賒""萌"等字之說解，皆扞格難通矣。

——《六書通義·形聲》

林義光是從造字的角度談六書的，因此他研究形聲字是把形聲字置於漢字產生、發展和孳乳分化的歷史背景中來進行的。他認為很多形聲字都是後起的，它們原有更古的初文。他所說的"象形兼形聲"，意謂在象形字的基礎上加注音符或意符形成一個形聲字；同理，"指事兼形聲""會意兼形聲"就是在指事字、會意字上加注音符或意符構成一個形聲字。這些兼聲字跟純粹的形聲字是有區別的：純形聲字的形符只表示意義的類屬，並不表達具體的字義，只是在形符跟聲符組合之後才表達一個語言裏的詞；而林義光指出的這些兼聲字則不同，它們的形符已能完整地表義了，聲符在表義上並不起作用，形符與聲符的結合不像純形聲字那樣緊密。從另一個角度來說，正因為《文源》是一部探討文字本形、本義的字書，林義光研究形聲字也是從文字的源流的角度入手的，所以他把字分別並入象形、指事和會意字中。需要強調指出的是：林義光所說的"象形兼形聲""指事兼形聲""會意兼形聲"跟清代以前學者的"兼類"說有著本質的不同。"兼類"說拘於靜態的文字結構分析，結果只能越"兼"越亂，而林義光則是著眼於文字動態發展歷史去探索文字發生發展演變的規律，線索清晰。他認為只有"轉注兼形聲"才是名副其實的形聲字，他說："以事為名，謂以事物著於文字（這與段玉裁所說的'事兼指事之事，象形之物，言物亦事。名即古曰名今曰字之名'是一致的，意謂把需要造字的事物附著於形聲字的形符），'江''河'之聲，譬諸'工''可'，是取同類以成之也。"為同類事物而造的形聲字往往採用同樣的意符，這與轉注造字法之"取同類之意附注其形"有相通之處，所以林義光稱之為"轉注兼形聲"。正因為轉注與形聲二者有相通之處，自南唐徐鍇以來直至清代江聲、孫詒讓等學者都把轉注、形聲混為一談，認為所有的形聲字都是用轉注造字法造出來的。他們單就文字的結構論轉注與形聲的關係，卻未能從造字原理和造字手段上對"轉注"與"形聲"作出正確的區分。林義光所謂的"轉注兼形聲"初看似乎與徐鍇等人的觀點沒有什麼不同，其實不然，在林義光看來，"轉注兼形聲"字只是由於它們的意符通常是"取同類以成之"而帶有轉注造字的特徵，並非是用轉注法造出來的。形聲與轉注是兩種不同的造字法，它們有各自的造字原理，轉注是在一個原有的文字上加注表示義類的類首從而形成一個新的文字，轉注法所造的字並非都是形聲字；而轉注兼形聲一般都沒有初文，它們是由意符和聲符相輔而成的。實際上只有象形兼聲、指事兼聲、會意兼聲、形聲兼會意字才是轉注法所造的字。林義光之所以能超越前人，正是因為他是用動態的文字發展觀來研究形聲字的。另外，他已經從文字的源流上注意到形聲字的幾種形成途徑，這是非常可貴的。下面分別列舉數例以觀之：

1. 象形兼形聲

（42）𡪹，《說文》："寢，寐而覺也。从宀、从疒，夢聲。"林按："𡩀"象屋下人在床上形（"𠤎"，"人"之反文。"𤓷"，"爿"省，即"床"字也），"夢"聲。从"𤕫"之字如"寐""寢""癡""癢"等，《說文》皆云从"寢"省，實非"寢"之轉注，皆象形兼形聲。

（43）"𠬻"，《說文》："𠬻，相付也。从受，舟省聲。"林按：古作"𢨳"，象相授受形，"舟"聲。"授""受"二字，古皆作"受"。

（44）禽，《說文》："禽，走獸總名。从内，象形，今聲。"林按：古作"𠷎"（不嬰敦）、作"𠷎"（禽彝），皆象形。

（45）𝌺，《說文》："星，从晶，生聲。一曰象形，从○。古○後注中，故與日同。"林按：本从三"○"，象星形，"生"聲。作"⊙"者，即"〇"而注點其中，與"日"形同文異。古文中空者，多注點其中，如"𦥑"（臣）或作"𦥑"，從"口"之字或從"曰"也。

（46）𪗙，《說文》："齒，象口齒之形。止聲。"

（47）𤕦，《說文》："方，併船也。象兩舟省總頭形。"林按："方"為兩舟總頭，其形不顯。古作"𤕦"（易尊彝丁）、作"𤕦"（番生敦），即"丙"之變形。"方""丙"同音，本與"丙"同字，邊際也。變作"𤕦"（不𡊥敦）、作"才"（馭方鼎）。

（48）𦮃，《說文》："旁，溥也。從二（上），闕，方聲。"林按：古作"𦮃"（旁器）、作"𦮃"（旁彝丁），從"凡""方"聲。"方""旁"古通用，當即"方"之或體。

今按：林義光採用了兩種說解方式，一稱"象某，某聲"，一稱"象形兼形聲"。其中稱"象某，某聲"的有二十七例，而直接稱"象形兼形聲"者只有三例，即"𤕦""𤕦"和"廷"。從他對字形的分析來看，他稱為"象某，某聲"的字跟"象形兼形聲"可謂同中有異。所謂"同"是指它們都是由象形性的形符與聲符構成一個形聲字，而且這一象形性的形符已足以表達字義，所以他把這些字都歸入象形字之列，而不是真正的形聲字。不同的是，象形兼形聲字沒有象形的初文，它們從一開始就是形聲字；而所謂"象某，某聲"的字都有象形的初文，並且有不同的來源。有的由象形的初文另加聲符構成的，如"禽""星""齒""樊"等；有的是以象形的初文為聲符再加形符構成的，如"旁"；有的則是亦聲字，即構件中含有音的成分，如"受""客"等。它們中有的初文後來廢棄不用，如"禽""雞"等；有的初文和後起形聲字後來分化成兩個字，如"星"分化為"晶"和"星"；有的成為一字異體，如"永"和"羕"、"兄"和"𤕦"等。

2. 指事兼形聲

（49）𤕦，《說文》："頞，鼻莖也。從頁，安聲。齃，或從鼻、曷（"曷"，聲也）。"林按：古作"𤕦"，從"自"。"自"，鼻也。"𤕦"象鼻中有莖，"晏"聲。

今按："𤕦"乃"夏"字，林義光以為"頞"字，誤。本書仍舉此例是為了說明"指事兼形聲"的特點。指事兼形聲是指由指事性的形符加上聲符而構成的形聲字。因為指事性的形符已足以表義，所以林義光認為

它們仍然是指事字而非真正的形聲字。如"頯"的本義為鼻莖，形符
"𦣹"由"自"跟指事符"◡"構成已能達其義。

3. 會意兼形聲

（50）𧗟，《說文》："道，所行道也。从辵、首。"林按：首所向也，
"首"亦聲。古作"𧗠"，从"行""首"，或作"𢔬"。

（51）繭，《說文》："繭，蠶衣也。从糸、从虫、从芇。"林按：
"芇"聲。

會意兼形聲有兩種情況，一是以一個會意字為形符，再加上聲符，林
義光稱"从某某，某聲"或"从某从某，某聲"。這種會意兼聲字既不同
於亦聲字，也不同於一般的形聲字。它們的形符是由一個會意字構成的，
且這個形符就能表本義，如"繭"的形符從"糸"、從"虫"就能會出
本義"蠶衣"，聲符是附加的。詹鄞鑫先生指出："凡由象形、指示、象
事、會意等純表意字附加表音符號而形成的形聲字，由純表意字轉化成的
形符原先並不是為了表示意義類屬，而是表示它的本義，這是它不同於一
般形符的特點。"[1]　一是構成會意字的兩個偏旁中有一個含有音的成分，
林義光稱"从某某，某亦聲"，如"寺""旬""道"等。這種意符兼表
讀音的會意字跟聲符具有表意功能的形聲兼會意字在本質上是截然不同
的。會意兼聲字中兼表音的那個成分參與了會意字的構形，如"寺"字，
意符"之"，既與"寸（又）"一起會"以手持物"之意，又兼表音；形
聲兼會意字則不同，它們通常是以已有的文字為聲符再累增形符而形成
的，聲符字與累增的形符並不構成會意關係，如"電"的本義指雷電，
其聲符字"申"原來就表本義，其形符"雨"是累增的，兩者並非會意
關係。

4. 轉注兼形聲

林義光在《文源·卷十一》卷首對"轉注兼形聲"進一步作了說明，
他說："《說文》轉注兼形聲之字凡八千餘，其義明顯者不錄。轉注兼形
聲之字本自明顯，而《說文》以為會意，如'社'為土示，'電'為雨
申之類是也。引申之義或增益轉注以別本義，亦可謂之轉注兼形聲，而
《說文》以為會意，如'伍'為五人，'什'為十人，'協'為劦心，'總'

---

①　詹鄞鑫：《漢字說略》，遼寧教育出版社 1991 年版，第 194 頁。

為𠂹思之類是也。此皆易曉，亦不錄。"林義光認為轉注兼形聲除一般的形聲字還包括用轉注法造的形聲兼會意字（形聲兼會意與會意兼形聲的區別在"會意兼形聲"部分已作了辨析）。這種形聲兼會意字都是以初文為聲符再加注形符而形成的，有的是為本義而造的，如"社""電"；有的是為了分化引申義而造的，如"伍""什""協""緦"（裘錫圭先生認為"伍""什"是為假借而造）。林義光所言極是，在當時堪稱卓識。對後世的轉注研究、形聲字來源研究都很重要。

5. 林義光在形聲字研究方面的重要貢獻還在於他糾正了不少許慎以為會意而實為形聲的字或許慎以為形聲而實為象形、指事或會意以及許慎所說的一些省聲字。

A. 許慎以為會意而實為形聲

（52）𤻲，《說文》："醫，治病工也。從殹、從酉。殹，惡姿也。醫之性然、得酒而使，故從酉。王育說。一曰'殹，病聲。酒所以治病也。'《周禮》有醫酒。"林按："殹"為"惡姿"、為"病聲"皆未祥，本義當為《內則》"漿水醷濫"之"醷"，梅漿也。從"酉"，"殹"聲。"殹""醫"雙聲旁轉（《周禮》"醫酒，司農亦以為"醫"即"醷"）。

今按："醫"見於秦文字，作"𤻲"（睡虎地·日書乙種242簡文）。秦印印文有"醫活""醫疕""醫縱""醫衡""太醫丞印"等①，"醫"皆指醫官。睡虎地秦簡《日書》乙種242簡文"壬辰生，必善醫"，"醫"用作動詞。林義光認為"醫"的本義為"醷"，指梅漿，不可信。不過他認為"醫"從"酉""殹"聲，則是對的。

（53）筈，《說文》："等，齊簡也。從竹、寺，寺官曹之等平也。"林按：從"竹""寺"聲。"寺""等"，雙聲對轉（"待"從"寺"得聲，今俗語亦謂"待"為"等"）。"等"本訓"篇簡整齊"，故從"竹"。

今按：包山楚簡"等"字作"筈"（簡132背）。何琳儀先生認為"等"為會意兼聲字，即從"竹"、從"寺"，會法庭簡冊之意，"寺"亦聲②。

（54）𠇍，《說文》："伊，殷聖人阿衡，尹治天下者。從人、尹。"

---

① 徐雄志主編：《秦印文字編》，河南美術出版社2001年版，第283頁。

② 何琳儀：《戰國古文字典》，中華書局1998年版，第46頁。

林按：一人之名無專制字之理。伊尹生於伊川空桑，本以伊水為姓。"伊"為姓，故从"人"，猶"姬""姜"之从"女"也。"尹"聲，"尹""伊"，雙聲對轉。"伊尹"二字即"伊音"之反切，伊尹名摯，相承舉姓不舉名耳。

今按：古音"伊"在影紐脂部，"尹"在以紐真部。脂真陰陽對轉，以影二母在商代語音中當可通，如甲骨文有字作"𡉀"（《合集》33211）"𡈾"（《合集》33233）"𡉀"（《合集》9481）。裘錫圭先生認為字當讀為"雍"，又加"用"聲作"𡈾"（《合集》9485）[1]。古音"雍"在影紐東部，"用"在以紐東部；"易""益"同源分化。"易"為以母字，"益"為影母字。

（55）𦫼，《說文》："義，己之威儀也，从我、从羊。"林按：从"美"省，"我"聲。

今按：林說近是。古音"義""我"皆為疑紐歌部字。"義"字當析為"从羊，我聲"。

（56）奇，《說文》："奇，異也。从大、从可。"林按：从"大"，"大"象人形，从"大"猶人也，"可"聲。

今按：林說是。古音"奇"在群紐歌部，"可"在溪紐歌部，音極近。

（57）庶，《說文》："庶，屋下眾也，从广、炗。炗，古文光。"林按："光"字諸彝器皆不作"炗"。"庶"，眾也，从"火""石"聲（"石""庶"古同音），从"火"取"眾盛"之意。

今按：林義光指出"庶"字从"火""石"聲，極高。甲骨文"庶"字作"𤇾""𤇾"等形，金文作"𤎩""𤎩"，皆从"石"从"火"，應該就是从"火""石"聲的形聲字。于省吾先生肯定了林說"从火石聲"，但不同意林義光"从火取眾盛"之說，認為"庶"本義是指以火燃石而煮，字从"火""石"，"石"亦聲[2]。

（58）粵，《說文》："粵，于也。寀慎之詞也。从寀、亏。"林按："粵"

---

① 裘錫圭：《古文字論集·甲骨文中所見的商代農業》，中華書局1992年版，第179—181頁。

② 于省吾：《甲骨文字釋林》，中華書局1979年版，第431頁。

音本如"于"。毛公鼎"粵之庶出入事",散氏器"粵㹇遼以西",靜敦"粵八月初吉",皆以"雩"為之字,字作"雩",音轉如"越",故小篆別制一字,其形由"雩"而變,非從"宷"也。或作"雩","尹"亦"于"字,象紆曲形。

今按:"雩"為雙聲符字,古音"雨""于"均在匣紐魚部,"雩"在曉紐魚部,音極近。

(59)俞,《說文》:"俞,空中木為舟,从亼、从舟、从巜。巜,水也。"林按:从"舟""余"省聲。"余"(模韻)"俞"(遇韻),雙聲旁轉。

今按:林說近是。甲骨文"俞"字作"舟"(《合集》4883)"俞"(《合集》10405正),皆从"舟"、从"余"。古音"俞"在以紐侯部,"余"在以紐魚部,音極近,故"俞"當為从"舟""余"聲之字。

(60)鼂,《說文》:"鼂,匽鼂也。讀若朝,从黽、从旦。"林按:"黽""旦"非義,"旦"疑"早"省,"早"古作"尹",與"旦"形近,从"黽""早"省聲。"鼂""早"雙聲旁轉。

今按:林說是。秦印"鼂女"之"鼂"字作"鼂"(秦印257頁),正从"早"。

(61)朕,《說文》:"朕,我也。闕。"林按:《考工記·函人》"視其朕欲其直也。"戴氏震云:"舟之縫理曰朕,故劓續之縫亦謂之朕。"段氏玉裁以為本訓"舟縫",引申之為凡縫之稱。凡言"朕兆"者,謂其幾甚微,如舟之縫,龜之坼也。"矕"下云:"目但有朕也。"謂但有縫也。从"舟""芣"聲。

今按:林說是。甲骨文"朕"字作"舟""朕",金文作"朕",皆从"芣"。《甲骨文字詁林》"朕"字條下姚孝遂先生按語云:"朕當从舟、芣聲"。

(62)青,《說文》:"青,東方色也。木生火。从生、丹。"林按:木生火為青生丹,義已紆曲。古作"青"(靜敦)、作"青"(靜彝,並"靜"字偏旁),从"生",草木之生,其色青也,"井"聲。或作"青"(克鼎彝)、作"青"(毛公鼎,並"靜"字偏旁),从"生"省。變作"青"(吳尊彝)。

今按:"青"从"井"聲是由"丹"變形音化而來的,匋簋"邢"

假借"青"為之，邢姜大宰巳簠"邢"則作"井"，可證"青""井"同音，"井"可作為"青"之聲符。

(63) 𠊱，《說文》："便，安也。人有不便更之，从人、更。"林按：从"人""𩵋"聲。"𩵋"，"鞭"之古文。

今按：林說是。甲骨文"鞭"字作"𠂤"。金文"鞭"作"𩵋"（九年衛鼎），加"免"聲。或作"儝"（儝匜），"𩵋"即"便"。"鞭"是在"便"上再加意符"革"。

(64) 𢎺，《說文》："弦，弓弦也。从弓，象絲軫之形。"林按：从"弓""玄"聲。

今按：秦漢文字"弦"均从"弓"从"系"作"𢎺"（睡虎地·日書甲27）"𢎺"（漢印文字征）。作"弦"始見於東漢熹平石經。"弦""玄"均為匣紐真部字，"弦"變从"玄"聲亦可看作是變形音化。

(65) 燹，《說文》："燹，火也。从火，豩聲。"林按：从"火""豩"聲。"豩"（微韻）"燹"（文韻）雙聲對轉。

今按：林說是。金文"燹"皆作"燹"（燹公盨），从"豩"聲。

(66) 順，《說文》："順，理也。从頁、川。"林按：从"頁"者，順從見於顏面，與頷項𩑺謹同意，"川"聲。

今按：林說是。金文"順"字作"𩑺"（何尊），从"見""川"聲。

B. 糾正許慎對形聲字形符的說解

(67) 夤，《說文》："夤，敬惕也。从夕，寅聲。《易》曰：'夕惕若厲'。"林按：从"夕"，夕惕之義不見。"夤"當即"胂"之或體，从"肉""寅"聲，"𠕋"以形近訛為"夕"也。《易·艮卦》"列其夤"馬注："夾脊肉也。"正以"夤"為"胂"，鄭本作"臏"。

今按：《陶彙》五·一二九收"臏"，字正从"肉"作"夤"。林義光指出《說文》小篆从"夕"乃"𠕋"以形近而訛，甚確。

(68) 蜴，《說文》："蠋，馬蠋也。从虫，罒，象形，益聲。"林按：从"蜀""益"聲。"蠋"古音如"益"，《詩》"吉蠋為饎"，《周禮》"蠟氏"注作"吉圭惟饎"，"圭""益"古同音。（《說文》以為多形字，實為一般的形聲字）

今按：甲骨文"蜀"字作"𢀳"，可隸作"罒"，後又加"虫"以明其義。

（69）𣊫，《說文》："𣊫，日始出，氣𣊫𣊫也，从旦，认聲。"林按：从"早""认"聲。

今按：林說近是。劉釗先生認為"𣊫"字是在"𣊫"形的基礎上類化出的一個字。金文"认"字作"卜""𠂤"，因"𣊫"字上部作"丫"，與"认"字上部形近，于是受"认"字的影響，在"𣊫"形上類化加上一筆寫成从"认"①。

（70）憲，《說文》："憲，敏也。从心、目，害省聲。"林按：古作"憲"（井人鐘）、作"憲"（伯憲尊彝辛），从"目""害"省聲，"憲"（寒韻）"害"（泰韻）雙聲對轉。

今按：《古文字譜系疏證》也認為"憲"字从"目""害"省聲②。西周金文井人鐘"憲"字以及史牆盤銘"憲"字皆當讀為"憲"。"憲"當是在"憲"字上再加意符"心"後分化出來的一個新字。"憲"字最早見於秦公镈，作"憲"。

（71）牆，《說文》："牆，垣蔽也。从嗇、爿聲。"林按：古作"牆"（師袁敦），从"稟""爿"聲。"稟"即"向"也。向以牆為固，故从之。

今按：甲骨文"牆"字作"嗇"，或加"爿"聲作"牆"，而"嗇"从"來"作"嗇"，區別顯然③。

（72）隆，《說文》："隆，豐大也。从生，降聲。"林按：高也。古作"隆"（釆隆矛），从"土""降"聲。王莽量"長壽隆崇"，"隆"作"隆"，則篆亦不从"生"。

今按：裘錫圭先生亦主"隆"从"土""降"聲④。

（73）奞，《說文》："奞，鳥張毛羽自奮奞也。从大、隹，隹亦聲。讀若睢。"林按：古作"奞"（《諆田鼎》"奮"字偏旁），从"衣"不从"大"，衣者，張毛羽象也。

---

① 劉釗：《古文字構形學》，福建人民出版社 2006 年版，第 107 頁。

② 黃德寬等編：《古文字譜系疏證》，商務印書館 2007 年版，第 2375 頁。

③ 劉釗：《卜辭所見殷代的軍事活動》，載《古文字研究》第十六輯，中華書局 1989 年版，第 75 頁。

④ 裘錫圭：《文字學概要》，商務印書館 1988 年版，第 174 頁。

今按：《說文》“奞”部下所收的“奮”和“奪”二字在古文字中皆从“衣”。“奮”字作“”（令鼎），“奪”字作“”（奪壺）。西周早期金文有字作“”，《金文編》和《新金文編》都釋為“奞”。此“奞”確从“大”。

C. 許慎以為形聲而林義光以為象形者

（74），《說文》：“專，六寸簿也。从寸，叀聲。”林按：从“寸”無“六寸”之義。古作“”（傳尊彝戊“傳”字偏旁）。“”即“疐”字，礙不行也。从“又”，謂以手轉之，即“轉”之古文。《廣雅·釋言》：“專，轉也。”《方言》：“篿，吳楚之間或謂之夗專。”“夗專”即“宛轉”。

今按：林說已近是，但他釋“”為“疐”則誤。“”為紡專形。甲骨文“專”字作“”，从“叀”从“又”會“轉動”之意。

（75），《說文》：“弟，韋束之次弟也。从古文之象，，古文弟，从古文韋省，聲。”林按：古作“”（公尊彝），从“弋”，“”束之。束杙亦有次第也。

今按：林說近是，但他釋“弟”所从之“”為“杙”則誤。甲骨文“弟”作“”（英 2674 正），金文作“”（臣諫簋），所从之“”，乃“柲”之象形初文[①]。

（76），《說文》：“畢，田綱也。从田、从華，象形。或曰田聲。”林按：古作“”，“田”非聲。“”象畢形，在田間。

今按：林說極是。張世超先生認為“畢”和“禽”都是由甲骨文“”分化而來。“”象有柄之小型田網。加“今”聲分化出“禽”字，加“田”分化出“畢”。“畢”所从之“田”為“箅”之象形初文，與“田地”之“田”同形。“田”疑為聲符[②]。張說可備一說。我們傾向於林義光之說，即“田”非聲，表示在田間。

（77），《說文》：“剛，彊斷也。从刀，岡聲。岡，山脊也。从山，网聲。”林按：“网”“岡”不同音。古“犅”字作“”（靜敦），从“牛”“㓻”聲。“㓻”即“剛”之古文，从“刀”斷“网”（網）。“剛”

① 裘錫圭：《裘錫圭自選集·釋“柲”》，大象出版社 1994 年版。
② 張世超：《金文形義通考》，中文出版社 1996 年版，第 0707 條。

字古作"𤣡"（《散氏器》："陟剛三封"），从"山""剛"聲。

今按：林說是。甲骨文"剛"作"𠚣"，正作以刀斷網形。金文"剛"作"𤣡""𤣡""𤣡"就是在初文"剛"上添加形符"山"構成的。

（78）�，《說文》："威，姑也。从女，戌聲。"林按："戌"非聲。"威"當與"畏"同字（王孫鐘"威儀"作"畏義"）。从"戌"，象戈戮人，女見之，女畏懾之象。古作"𢆍"（虢叔鐘），省作"𢆍"（禹敦）、作"𢆍"（邾公華鐘）。

今按：甲骨文"威"字作"𢆍"，从"戈"、从"女"，會以戈害女之義①。金文"威"字或从"戈"、或从"戌"、或从"戌"。古文字"戈""戌""戌"用作形旁可以通用。張世超先生指出："戌、戌、戈皆兵器，（'威'）象女見兵畏懼之意也。"②"威"與"畏"是同源詞，但不是同源字，即在字形上沒有關係。甲骨文"畏"字作"𢆍"（《合集》14173 正）。"威"與"畏"不同字。

（79）臨，《說文》："臨，監也。从臥，品聲。"林按：从"臣"轉注，"臣"，屈伏也。臨下必屈其體；"品"，眾物也。象人俯視眾物形。古作"𤣡"（毛公鼎）"𤣡"（盂鼎），"𤣡""𤣡"即"品"之變體。

今按：《漢語大字典》引用了林說。郭沫若指出："（甲金文）'臣'均象豎目之形，人首俯則目豎，所以'象屈服之形'。"③ 不過"臨"字所从之"臣"與"屈服"無關。林義光認為"从臣轉注"不確。"臣"與人形本來是連成一體的，作"𤣡"，象一個人彎腰低頭俯視的樣子。後來由於形體割裂，才分成"𤣡"和"𤣡"兩部分。

（80）穴，《說文》："𤣡，土室也。从宀、八聲。"林按："穴""八"不同音。古作"𤣡"，象穴形。

今按：《漢語大字典》引用了林說。古音"穴"屬匣母質部，"八"屬幫母月部，聲韻都差別很遠，故"穴"當不从"八"聲。

D．許慎以為形聲而林義光以為指事者

（81）𠦬，《說文》："𠦬，相从也。从从、开聲。一曰'𠦬持二干為

---

① 何琳儀：《戰國古文字典》，中華書局 1998 年版，第 1169 頁
② 張世超：《金文形義通解》，中文出版社 1996 年版，第 2167 條。
③ 郭沫若著，中國科學院考古研究所編：《甲骨文字研究》，科學出版社 1962 年版。

幷'。"林按："开"非聲，二人各持一干非"并"義。秦權量"皇帝盡并兼天下"，"并"皆作"幷"，從二人并立，"〓"，并之之象。

今按：于省吾先生肯定了林說，又進一步指出"并"為附劃因聲指事字，認為"并"字的造字本義是於"从"字的下部附加一個或兩個橫劃，作為二人相連的指事字的標誌，以別於"从"，而仍因"从"字為聲①。

E. 許慎以為形聲而林義光以為會意者

（82）僕，《說文》："僕，給事者也。從人、業，業亦聲。""業，瀆業也，從丵、從廾，廾亦聲。"林按："業"字經傳無考，"僕"古作"僕"（史僕壺），從"辛""人"。辛人者，辠人也。從"畀"。"畀"，舉也。舉甾缶，僕役之事，與"卑"同意。省作"僕"（靜敦）、作"僕"（太僕敦），或作"僕"（伐邾鼎）、作"僕"（魯太僕敦）、作"僕"（諆田鼎）、作"僕"（歸父盤）。

今按：林說近是。甲骨文作"僕"（《合集》17961），象人手捧糞棄之物。

（83）季，《說文》："季，少稱也。從子、稚省，稚亦聲。"林按："禾"為"稚"省不顯。《說文》云"稚亦聲"，是"季"與"稚"同音，當為"稺"之古文，幼禾也。從"子""禾"。古作"季"（趞尊彝），引伸為叔季之"季"，亦與"稺"通用。《詩》"有齊季女"（采蘋），"季女斯飢"（候人），"季"猶"稺"也。

今按：甲骨文"季"即從"禾"、從"子"作"季"（《合集》14710），皆用作先公之名。《甲骨文字詁林》"季"字條下姚孝遂按語引林義光之說，認為"季""稚""稺"同源。

（84）尚，《說文》："尚，曾也，庶幾也。從八，向聲。"林按："庶幾"之義不得從"八"。古作"尚"（陳公子甗），當為"賞"之古文，以物分人也。從"口"（轉注），從"八""宀"，與"曾"同意。"宀"為宅，所以分人也。變作"尚"（曶鼎）、作"尚"（陳侯因育敦）。凡贈賞者以自有之物增加於他人所有之物，故"曾"（古"層"字、"增"

---

① 于省吾：《甲骨文字釋林》，中華書局 1979 年版，第 457 頁。

字）"尚"皆可訓"加"，"曾""尚"亦一聲之轉，故"曾"為詞與
"嘗"（"尚"聲）同意。

今按：周原甲骨"尚"字作"⿱八向"（H11：2）。西周中期舀鼎銘文
"賞"字作"⿱尚貝"，從"貝""⿱八向"聲。"⿱八向"即"尚"字，不從"口"。
林義光認為"尚"從"口"轉注，即"口"是後加的，有道理。《戰國
古文字典》："尚，從八從冂，會分開覆冒之物而顯露之意，口為裝飾部
件。疑敞之初文。"① 雖在析字上與林義光的說法有出入，但二者都認為
"尚"是會意字，而不是形聲字。

（85）辻，《說文》："𢔊（徙），迻也。從辵，止聲。辻，或從彳，止
聲。"林按："徙"古屬歌韻，"止"非聲。從"辵""止"，或從"行"
（"彳"，"行"省）"止"。古作"辻"（伐商彝辛）。

今按：甲骨文"徙"字作"⿰彳⿱止止"（《合集》16301），從"彳"、從二
"止"，會二足在道路上遷移之意。"延"字作"⿰彳止"（《合集》13737），
與《說文》"徙"字或體同形。大徐本小篆作"辻"，林氏改作"徙"，與
甲骨文相合。

F. 許慎以為省聲而實際上不省者

（86）羆，《說文》："羆，如熊，黃白文。從熊，罷省聲。"林按：古
"熊"作"⿱能火"，不從"能""火"。此後出字，疑無本字，借"罷"字為
之，後因加"火"耳。

今按：秦印有"羆"字作"⿱网熊"。睡虎地有"罷"字作"罷"（法律
答問 133），簡文曰："罷癃守官府。"皆用作姓氏"罷"。《集韻·紙韻》：
"罷，姓。""罷"和"羆"都只能是會意字，"罷"從"网"從"能"
與"羆"從"网"從"熊"，所會之義應該沒有差別。季旭昇先生認為
"能"和"熊"應該分別指不同的熊類。甲骨文"能（熊）"字作"⿰能"
（屯南 2169），金文作"⿰能"（毛公鼎）"⿰能"（能匋尊）"⿰能"（中山王𰜫
壺）"⿰能"（鄂君啟節），象熊之形。楚帛書"熊"字作"⿱能火"（甲1·69），
"熊"指"大熊"。"熊"所從之"火"可能是由"大"訛變而來的②。
林義光之說雖未精准，但他不信從《說文》所謂"罷"省聲，並指出

① 何琳儀：《戰國古文字典》，中華書局 1998 年版，第 68 頁。
② 季旭昇：《說文新證》，福建人民出版社 2010 年版，第 782 頁。

"熊"不从"能""火",則是可取的。

(87) 度,《說文》:"度,法制也。从又,庶省聲。"林按:"又"象手形,則本義當為量度,"庶"本从"石"得聲,則"度"亦"石"聲。

今按:林說是。甲骨文"度"字作"�"(《合集》31009),从"又""石"聲。

(88) 巠,《說文》:"巠,水脈也。从巛在一下,一,地也,壬省聲。"林按:古作"巠"(虢季子白盤"經"字偏旁)、作"巠"(毛公鼎),皆从"壬"。"壬"古作"𡈼",亦無由省為"工"。"巠"即"經"之古文,織縱絲也。"巛"象縷,壬持之。"壬"即"滕"字,機中持經者也,上从"一","一"亦滕之略形。

今按:《漢語大字典》引用了林說。郭沫若先生也認為"巠"為"經"之初文①。林義光認為"巠"不从"壬",更不是"壬"省聲,而是从"壬"。"壬"即"滕"字,機中持經者也。甚確。

(89) 𥥍,《說文》:"𥥍,過也。一曰'洞屋'。从宀,碩省聲。"林按:古作"𥥍"(不嬰簋),"石"為"碩"省不顯。洞屋,石洞如屋者,从"石""宀",洞屋前後通,故引申為過。

今按:"𥥍"字甲骨文作"𥥍"(《合集》18629),从"宀"、从"石",可證林說可信。"𥥍"的本義為"洞屋","過"乃引申義。《漢語大字典》引用了林說。

(90) 監,《說文》:"監,臨下也。从臥,䘓省聲。"林按:"血"為"䘓"省不顯。"監"即"鑒"本字。上世無制銅時,以水為鑒,故《酒誥》曰:"人無於水監,當於民監。""𥁕"象皿中有水,人臨其上之形。从"臣"轉注,"臣",伏也。古作"𥅆"(頌敦)、作"𥄝"(登孟壺)

今按:林說是。甲骨文"監"作"𥄝"(《合集》27742)"𦣻"(屯南0779),金文作"𦣻"(應監甗),或作"𥄝"(頌壺),皆象皿中有水,人臨其上之形。"監"確為"鑒"之本字。不過,林義光對字形的解釋有誤。"監"所从之"𦣻"和"𠂋"是割裂"𦣻"而成的,非从"臣"轉注。

(91) 皮,《說文》:"皮,剝取獸革者謂之皮。从又、為省聲。"林

---

① 《郭沫若全集·考古篇·金文叢考》第五卷,科學出版社 2002 年版。

按：“皮”“為”不同音。古作“”（叔皮父敦），從“”象獸頭角尾之形，“”象其皮，“”象手剝取之。

今按：“皮”字甲骨文作“”（花東550）。西周金文作“”（九年衛鼎），戰國文字作“”（石鼓文·汧殹）“”（郭店·緇衣18），皆承襲甲骨文之形。《說文》小篆作“”，訛變較大。《說文》所謂“從又、為省聲”不可信。林義光分析字形有一定道理。《戰國古文字典》：“從又，從革省，會剝取獸革之意。”

（五）轉注

　　“五曰轉注，轉注者，建類一首，同意相受，‘考’‘老’是也。”意有同類，建一以為首，後出之字受形焉，謂之轉注。猶“考”“老”同意，而受形於老也。轉注不能無所兼，而兼形聲者獨多，“考”從“老”省，“江”“河”從“水”之類是也；“蜀”從“虫”，“肩”“脊”從“肉”，此以轉注兼象形；“菩”從“日”，“筋”從“竹”，此以轉注兼會意。戴氏震以《說文》“老，考也；考，老也”，故謂互訓為轉注。夫六書皆造字之本，若數字同訓，此訓詁之事，非字例之條也，且互訓除“考”“老”而外，雖同意相受，而無建類一首，其說實不可通。許氏瀚、江氏聲以《說文》凡某之屬皆某謂之轉注，雖近是而亦未核。許書據形系聯，故其分部有類轉注之建首，然“才”“久”“甲”“亥”諸部，唯列一文，則無由為轉注；而屮部之“屯”、牛部之“牽”為象形；上部之“下”、正部之“乏”為指事；八部之“必”、言部之“信”為會意，一部之中亦不皆轉注也。蓋轉注者，不外取同類之意附注其形，如謂分立部首以制轉注之字則惑矣。

　　　　　　　　　　　　　　　　　　　　　——《六書通義》

　　林義光之研究轉注有兩個前提，一是轉注是造字法而非用字法；二是轉注是文字為了適應語言的豐富和發展而採取的必要措施。明確了轉注是造字法，就能合理地解釋了漢字結構為什麼只有象形、指事、會意、形聲四種類型，“四體二用”說的迷霧也就消散了；確立了轉注在文字孳乳繁衍中的地位和作用，文字的源與流也就一目了然。林義光以此為前提來闡述他的轉注觀。他認為"建類一首，同意相受"意謂"意有同類，建一以為首，後出之字受形焉"，即取同類之意附注其形。"建一以為首"的"首"指的是類首，"同意相受"是指同一類首意義相同。這與江聲等人以為"首"即《說文》540 部首有質的區別。林義光對此作了分辨。他認為許書的分部與轉注之建首有相類之處，540 部首中的絕大部分部首可以作為類首，這些部首所統領的字都具有同一類首，然而，它們又有本質的不同。許書的分部只是為了系聯字形，因此，有的部首"唯列一文"，也就談不上轉注；有的"一部之中亦不皆轉注也"，同一部首下的字並非都是轉注字。轉注之建首是就造字過程而言的。轉注的造字原理就是在象形、指事和會意的初文上加上表示意類的類首，即林義光所說的"後出之字受形焉"，也因此，"轉注不能無所兼"。林義光把轉注分為轉注兼形聲、轉注兼象形、轉注兼指事和轉注兼會意四種類型。關於"轉注兼形聲"，我們在"形聲"部分已作了說明，也就不再贅述。"轉注兼象形"是指在象形初文上加注表示意類的類首，如"𧝓"，從"示"（轉注），"𧘂"象人形，"口"哆於上，以表"祝"之義；"𥛔"，從"示"（轉注），以手持肉；"�周"，從"口"轉注，"𠙹"象物形，"𢆶""𡆥"象周匝之形。"轉注兼指事"是指在指事初文上加注表示意類的類首，如"𦥑"，"𢆶"古玄字，系也，"行"省（轉注），"𣥂"象足形。足有所系，故後不得前；"𧮫"，從"言"轉注，辛在人前。"辛"，罪人也。"竹"聲。同樣地，"轉注兼會意"是指在會意的初文上加注意類的類首，如"𤰔"，或作"𦫵"，從"口"轉注，"𣏟"，即"苟"之或體，從"攴"轉注；"𧮫"，從"口"轉注，從"人""舛"（甲骨文"咎"從"人""夊"）；"尚"，從"口"轉注，從"八""宀"，與"曾"同意。"宀"為宅，所以分人也。轉注兼象形、轉注兼指事和轉注兼會意所造的後起字有的替代了初文，初文不再使用，如"祝""祭""周""蜀"等；有的因為初文被假借或用於表引申義，所以後起字與初文分化為兩個字，如"從"與"從"、"苟"與"敬"、"尚"與"賞"等；轉注兼形聲所造的"形聲兼會意"字與初文的關係參見"轉注兼形聲"部分。

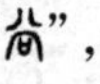

　　林義光還批駁了戴震以互訓為轉注的錯誤觀點。他認為六書乃造字之本，而互訓說涉及的是詞義，此乃訓詁之事，"雖同意相受，而無建類一

首”，“非字例之條也”。林義光此言可謂切中要害。的確，戴震互訓說之
謬就在於撇開字形談轉注。究其根源，這緣於他的“四體二用”說，而
“四體二用”說的根本錯誤在於他忽視了漢字產生孳乳的歷史過程，單就
靜態的漢字結構類型來談造字法。

（六）假借

“六曰假借，假借者，本無其字，依聲托事，‘令’‘長’是
也。”文字之出，後於音聲。凡事物未制字者，先有聲矣，皆同音之
字以彰之，使讀者如聞其語，雖不制字，其效則同，故假借單純形聲
也。假借之義或與本義相關，漢制縣有令長，不別制字，借“號令”
之“令”、“生長”之“長”為之；又如，“來”，瑞麥也。瑞麥如天
所來，故以為“行來”之“來”；“韋”，相背也。皮革柔軟，因謂
“皮”為“韋”，其借義即本義所引申。然“壹壺”之“壹”借為
“專壹”，“蜥易”之“易”借為“難易”，不關本義者，其例尤多。
蓋文字孳乳，轉注兼形聲大抵後出。至於干支，四方之名，六、七、
八、九、百、千、萬之數，朕、我、爾、汝之稱，國邑之號，語助之
詞，用象形、指事、會意終不得成文，其他亦有艱於造字者，此所以
無本字而每用假借也；又有方音訛變，不能複用本字，則假借以興。
如，“凶”為“胸”之本字，音轉如“鷹”，則“雁”借“隹”字為
之（“膺受”之“膺”，金文皆作“雁”，形聲之“膺”乃後出字）。
“久”音轉如“舊”，則借“舊鶹”字為之（“久”古音“杞”，與
“舊”雙聲）；或先用假借而本字後出。諸彝器多以“佳”為“唯”、
以“才”為“在”、以“白”為“伯”、以“中”為“仲”、以
“且”為“祖”者，其始必未有字，及舊貫既成，則雖有後出本字，
或尚以借字並行，或改用本字，而古書不可複變，學者每以假借者有
本字而輒借用他字，或以經典通假與六書假借判為二事，其謬由此生
也。夫《說文》一書，多取後世文字，古書傳寫各有沿襲，故不能
盡合《說文》，而朱氏駿聲著書，凡經典所用假借，悉於《說文》求
其本字。苟有本字，何須假借？斯其蔽矣。至於既有本字而偶用假借
者，則流俗之陋，不盡根柢六書。雖重器高文，時亦不免此弊。如郑
公華鐘以“媚壽”為“眉壽”、陳侯因𪧀敦以“龏嘗”為“龔嘗”，

其本字之先出固甚明也，然經傳所用有本字之假借充塞簡編者，亦別有故。借義或為常語，則本義反為所奪，而借他字為本義，如以“又”為“再”，而“左右”之“又”，借“右助”字為之；以“己”為“我”，而“紀識”之“己”借“綱紀”字為之是也。古文尚簡，而隸體貴密，故形簡不便隸書者，或借用繁重之字，如借“左”為“𠂇”、借“氣”為“气”、借“仁”為“人”、借“前”為“歬”是也。字體謬訛，世人莫知其由，或誤為假借，如“無”本訓為“繁蕪”，古文作“𣟴”（叔家父匡）、或作“𣞤”（靜敦）、作“𣞤”（伊𤔲彝），則形與“廡”近。《洪範》“庶草蕃廡”遂訛為“廡”，此世俗所謂假借而實非假借也（又有舍常用之借字而借他字者，世俗或誤為有本字，如以“又”為“再”，乃借字非本字也，而或以“有”為“又”者，特所借之字不同耳。又“烝民乃粒”，似乎借“粒”為“立”，然“乃立”之“立”與“坐立”之“立”異義，實亦無本字也）。要之有本字不得借用他字，其理易明，不寤乎此，則言假借者類於譸張而使學者滋惑，宋儒病之，悉依所借之字傅會立說，則古經多失其解矣。

——《六書通義》

林義光明確指出：其一假借乃造字法，並闡述了假借的造字原理。他認為事物在為其造字之前就先有聲音（即語言中已有表達這一事物的語詞），人們常常借同音之字來表示，說者和聽者都明白它所表達的語詞意義。這樣雖然沒有專門為其造字，但效果是一樣的。假借造字法與其他造字法相比有其獨特之處，象形、指事、會意、形聲和轉注都是以形表義，而假借則“單純形聲也”。請注意，“形聲”是個動賓結構，即描摹語詞的聲音用以表義；其二，假借是文字為了適應語言的孳乳而採用的重要手段。林義光認為語言中有很多詞難以用象形、指事或會意來造字，而轉注兼形聲大抵後出於前三者，為了適應文字孳乳的需要，人們想到假借的方法。在林義光之前，只有孫詒讓有過類似的提法，孫詒讓在《與王子莊論假借書》中說：“蓋天下之事無窮，造字之初，苟無假借一例，則將逐事而為之字，而字有不可勝造之數，此必窮之勢也，故依聲而托以事焉。視之不必是其本字也，而言之則其聲也，聞之足以相喻，用之可以不盡，是假借者,所以營造字之窮而通其變,即以為造字之本亦奚不可乎?"①
跟孫詒讓相比,林義光更強調從語言與文字的關係上來探討假借造字產生
的必然性。在林義光之後,陳夢家先生在他的"三書說"中也提出:"假
借字(指本無其字的假借)必須是文字的基本類型之一,它是文字與語
言的重要環節","假借字把象形字或形聲字當作一個音符,讀出來的音
相當於我們語言中的某個詞""假借是由音得義"②。裘錫圭先生的"三
書說"肯定了陳夢家的假借說,而且把"本有其字"的通假也應包括在
內③。總之,假借是不造字的造字已成為目前學界的共識,而早在二十世
紀初,孫詒讓、林義光就已提出,只可惜他們的遠見卓識未引起後世學者
的重視。

　　由於林義光認為假借為造字法,所以他所說的假借是指六書假借,即
本無其字的假借和本字後出的假借,而有本字的通假乃"流俗之陋,不
盡根柢六書"。六書假借包括無本字的假借和本字後出的假借兩種,無本
字的假借如干支四方之名、六七八九百千萬億之數、朕我爾汝之稱、國邑
之號、語助之詞等;先用假借而本字後出,如"隹"與"唯"、"才"與
"在"、"白"與"伯"、"中"與"仲"、"且"與"祖"等。這種本字後
起的假借常被誤以為有本字的假借即經典裏的通假。他認為《說文》所
收的字多為後世文字,這些字包括假借字和後起本字,而古書傳寫各有沿
襲,所以不可能都與《說文》相合。朱駿聲以為經典中的假借在《說文》
中必有本字是錯誤的。如,古書中表"娶"的"取",朱駿聲就認為《說
文》中的"娶"是它的本字,"取"則為假借字。

　　關於假借義和本義的關係,林義光認為多數情況下假借義與本義無
關,但他又認為有的借義即本義所引申,如"令""長""來""韋"。目
前學界一般都主張引申和假借應當分開,同時也承認存在被借字跟借它來
表示的詞在意義上有聯繫的現象。詹鄞鑫先生認為同源假借義和源流假借
義就是指假借義跟本義、引申義或語源義有聯繫的情況。關於假借與引申

　　① 張斌、許威漢:《語言學資料匯纂·文字學分冊》,福建人民出版社1993年版,第316
頁。
　　② 陳夢家:《殷墟卜辭綜述》,中華書局1988年版。
　　③ 裘錫圭:《文字學概要》,商務印書館1988年版。

的關係，他認為：“某一個字所表示的意義，即使跟造字本義有直接的引申關係（包括本義的源與流兩方面），也有可能是該字的假借義，關鍵在於是否另有本字。”引申是詞義轉變問題，而假借是用字問題。字義與字義之間有可能具有詞義引申關係，但從用字的角度說各有所司，如果借用就屬於假借現象①。

二　《六書通義》學術價值

《六書通義》是林義光通過研究《說文》及大量古文字的形音義而總結出來的成果，是理論與實踐相結合的結晶。正因為它來源於古文字實際，並經過實踐的檢驗，所以即使在今天看來，《六書通義》仍然極有價值。它不僅在變體字、雙聲字研究方面有開創之功，而且對我們理解六書之旨、研究形聲字的來源以及形聲、轉注、假借的關係等問題都有很大的幫助。

（一）《六書通義》所倡六書之旨與今人的六書研究

林義光“六書理論”的根本點在於：六書乃造字之本。因此，他十分重視語言孳乳與文字產生發展的關係。他研究文字，既把一個個文字置身於文字產生、發展和演變的歷史長河中加以動態的考察，同時又能注意靜態的文字結構的分析。通過對一千多個文字歷時的動態的考察和共時的靜態的分析，他對先民的造字本旨的認識應該說是深刻的。他認為“象形”之旨在於“形”；“指事”“會意”之要在於“意”，“指事”與“會意”的區別在於指事字中往往有象形的成分，而組成“會意”字的各個構件均表抽象義；“形聲”“轉注”“假借”都與文字的孳乳分化密切相關。他認為“假借”造字法很早就出現了，它的主要特點是描摹語詞的聲音，是不造字的造字。“轉注”之要在於取同類之義附注其形，其主要功能在於分化文字。“形聲”造字法就是以表示同類事物的文字為意符並加上聲符。他認為形聲造字法最簡易，所以後出之字多為形聲字。所以說，假借、轉注、形聲都是文字為了適應語言的發展而採取的必要手段。林義光的這些見解在今天看來都還相當精彩。目前學界研究六書都是從語言與文字的關係出發，研究古人的造字思維，摸索文字產生發展演變的規

---

① 詹鄞鑫：《漢字說略》，遼寧教育出版社1991年版，第258頁。

律，詮釋六書造字之旨的。如彭志雄的《"六書"新解》① 把"六書"置於語言中去考察，從而認為"六書"在本質上不是對造字法的歸納，而是對記詞法的概括。"象形"通過表形記詞，"指事"和"會意"通過表意而記錄詞，"形聲"通過音義而記錄詞，"假借"通過表音而記錄詞，"轉注"通過同義灌注而記錄詞。我們認為造字就是為了記詞，談造字法也是結合語言進行的，所以"六書"無論稱為造字法還是記詞法都是一回事。彭志雄先生對"六書"之旨的解釋跟林義光的說法也相差無幾。關於會意，楚永安《關於"指事""會意"的再認識》② 也認為只有概念的組合才是會意字。其他如彭裕商從人類思維發展規律的角度探討"六書"作為造字法的產生次第及其特點。他認為由於人類思維是從低級向高級發展的，所以最初的文字是象形字，其後是指事、形聲，形聲是由假借發展而來的，會意字最後產生，會意字是純粹的用概念進行抽象思維③。他對會意之旨的理解以及他認為象形、指事不必一定是獨體、形聲從假借發展而來等觀點均與林義光相合。

　　當代學者對假借的研究也證明林義光關於假借的認識是相當了不起的，上文已有詳述，也就不再贅述。現在我們再談談"轉注"，近一二十年來，主張"轉注"是漢字孳乳分化大法的人越來越多，大多數人也已認同"轉注"為造字法。其中影響較大的有孫雍長的《轉注論》。他認為"建類一首，同意相受"的"類"即謂事類，"首"即謂"類首"。"同意"即謂"轉注原體"與"類首"的旨趣相同，也就是"轉注原體字"所包含的某一語詞或意義與"類首"所代表的事類範疇相符合。"相受"即謂"轉注原體字"與"類首"的兩相結合。所以，所謂"轉注"，就是將"轉注原體字"轉移附注到"類首"上的一種造字法。如"骨"，以"冎"為轉注原體字，後加類首，轉注而成"骨"字；"社"，甲骨文作"⊥"，象徵受祭祀的封土之形，後加類首"示"成為轉注字；其他如"墟"為"虛"的轉注字、"懸"為"縣"的轉注字，等等。瞭解了孫雍長的"轉注"說，再看林義光的"轉注兼象形""轉注兼指事""轉注兼

---

① 彭志雄：《"六書"新解》，《貴州教育學院學報》，1995 年第 3 期。

② 楚永安：《關於"指事""會意"的再認識》，《中國人民大學學報》，1992 年第 6 期。

③ 彭裕商：《指事說》，《中國古文字研究》第一輯，吉林大學出版社 1999 年版。

會意"（詳見上文"轉注"部分）。這裏再舉幾個例子，如"脊""㐭"，象脊肋之形，從"肉"（兼轉注）；"周"，從"圖"象周帀形，從"口"轉注；"祭"從"示"轉注以手持肉。比較一下林、孫二人所舉的例字，我們發現他們所說的轉注原理幾乎沒有什麼不同。當然，孫雍長先生在理論的闡釋上應當說是更完善、更進一步了。

（二）林義光對形聲字來源問題的探索

《文源》是一部探討文字本形、本義的字書，因此林義光也是從文字的源流的角度來研究形聲字的。他把形聲字置於漢字產生、發展和孳乳分化的歷史背景中來進行考察，結果發現很多形聲字都是後起的，它們原有更古的初文。他把這些有初文的形聲字分為"象形兼形聲""指事兼形聲""會意兼形聲"三類。在"轉注兼形聲"部分，他還指出另一類形聲字即形聲兼會意。這種形聲兼會意字都是以初文為聲符再加注意符而形成的，有的是為本義而造的，有的是為了分化引申義（包括假借義，因為林義光認為假借義包含引申義）而造的。換句話說，他已經認識到形聲字有著不同的形成途徑，有的是以象形、指事或會意的初文為聲符，再加上意符構成的，如"旁""社""電"等；有的是在表意的初文上加上聲符，如"齒""雞""壘""頌""耀"等；有的會意字中含有表音的成分，如"寺""旬"等；有的是因為假借的緣故，不得不為本義、引申義或假借義另造一個新字，分化本義的如"饗"古作"㗊"，卿士之"卿"，古蓋借"鄉"為之，無本字，後來就為"鄉"的本義造"饗"；分化引申義如，為"劦"的引申義"劦心"造"協"，又為"劦"的另一引申義"劦思"造"勰"；為假借義而造的形聲字如"伍""什"等。以今人對形聲字來源途徑的研究來比照林義光的研究成果，我們將不得不為之驚歎！今人關於這方面的文章很多，如陳雙新《形聲起源初探》、馬育良《關於漢字早期形聲化現象的再認識》、江學旺《〈說文解字〉形聲字甲骨文源字考——論形聲字的形成途徑》、李海霞《形聲字造字類型的消長——從甲骨文到〈說文〉小篆》等，一些文字學專著也都探討了這個問題，如裘錫圭的《文字學概要》、詹鄞鑫的《漢字說略》、楊五銘《文字學》、業師林志強的《漢字的闡釋》等。目前學界一般認為早期形聲字主要來源於兩個途徑，即在假借字上加注意符或在表意字上加注音符而產生。具體地來說，有這樣一些手段：（1）象形、指事或會意字附加表音符號形成形聲字；（2）會意字意符聲化形成形聲字；（3）在已有的文字上加注意符形成形聲字，加注意符的現象可以分為三類：A. 為明確假借義而加意符；B. 為明確引申義而加意符；C. 為明確本義而加意符。（4）改換形聲字偏旁形成新的形聲字（這種情況屬後起的）。裘錫圭、詹鄞鑫兩位先生指出的"會意字聲化"與林義光的"會意兼聲"是兩回事，"會意字聲化"是指有些形聲字是由會意字部分意符改造或替換成聲符而形成的；"會意兼聲"字是指有些會意字的部分意符同時又是聲符。我們認為他們說的都對，只是林義光所說的"會意兼聲"出現的時間較"會意字聲化"早。

（三）林義光的形變指事與裘錫圭、詹鄞鑫兩位先生的變體字

上文我們已經介紹了林義光的形變指事。從造字的角度來說，形變指事字是由已有的文字改變字形方向或增減筆劃後形成的，它是對原字的改造；從文字形體上說，形變指事字具有獨立的形音義，已分化為一個新字。這跟古文字中常見的正反、正側、正倒無別的一字異體有質的區別。許慎就是因為沒有認識到這一質的差別，所以他常把一些字的正反異體別為二字，如"屮"和"屮"、"少"與"屮"，本無別，許慎卻把它們析為二字。清代學者王筠、孫詒讓及近現代古文字學家羅振玉、王國維、唐蘭等人雖已認識到古文字形體往往正反、正側、正到無別這一規律，但他們都沒有注意到兩類"反文"的區別，也不能在理論上給這些無法用傳統六書來分析的字予歸屬。林義光首創"形變指事"這一條例，從造字法的角度明確了"片""叵""𣎆""𣎆""𡆥""個""旡"等字的字形來源，從理論上解釋了這一文字發生、發展過程中的客觀存在的事實，所以說，林義光在這方面有開創之功。可惜，在林義光之後的半個多世紀，沒有人重視他在六書理論的這一突破。直至二十世紀八十年代，裘錫圭先生再一次注意到這個問題，並提出了"變體字"這一概念，"變體字"屬裘氏"三書"說的表意字。他認為這類字是用改變某一個字的字形的方法來表意的，改變字形的方法主要有兩種，即增減筆劃（一般是減筆劃）和改變方向①。減少筆劃而形成的變體字有："片""𡰪""恵""世""丬"（畎）"巜"（澮）"𡿧"（子）"𡿩"（了）"豕"（𡨄之俗體），改變字形方

①　裘錫圭:《文字學概要》，商務印書館1988年版，第139頁。

向的變體字有："𡴭"（旡）"𠂢"（"派"之初文，反"永"，"派"和"永"本無別，後來才分為二字）"𠓸"（今）"𠁥"。詹鄞鑫先生擴大了裘氏"變體字"的範圍，把裘氏認為"不能納入三書"的"變體表音字"和"半記號字"也界定為"變體字"，並分成三類：（1）取形變體字，這類變體字的字形與原字的字形有某種聯繫，它們是："片""孓""孒""了"；（2）取義變體字，這類變體字的字義與原字的字義有某種聯繫，但與原字或變體字的形體形象，似乎並沒有聯繫，如"𢒫""叵"；（3）取音變體字，這類變體字的讀音與原字讀音相近，字義是新賦予的（有的可能是原字的假借義），與原字本義和字形都沒有聯繫。如"乓""乒""毋""耶""義"①。裘、詹二氏所說的"變體字"，較之林義光的"形變指事"，我們不難看出二者如出一轍。我們不敢斷言二者有繼承關係，但裘、詹二氏的研究至少可以證明林義光"形變指事"的正確性。

（四）二重形聲與當代雙聲符字研究

"二重形聲"是林義光探索聲音在古文字構形及演變中的作用而得出的重要成果。"二重形聲"與許慎所說的"皆聲"有所不同。許慎所謂"皆聲"是指一個形聲字含有一形二聲。《說文》僅收"竊"和"鼇"兩個"皆聲"字。"竊"下說："从穴、米，禼、廿皆聲。廿，古文疾"；"鼇"下說："从韭，从歺、次皆聲"。漢字中確實存在許慎所說的一形二聲的皆聲字，但《說文》所說的這兩個字，今人均已證其誤。劉釗先生根據馬王堆帛書《老子》乙本卷前古佚書和《縱橫家書》中"竊"均从"穴"、从"糕"，證明"竊"並非雙聲符字②；"鼇"可能本是从"韭""歺"聲或从"韭""次"聲的一般形聲字，後來又加注了一個聲符才成為二聲的形聲字。因石鼓文裏有"𦬣"字，王國維先生認為"鼇"當為从"韭""𦬣"聲的一形一聲的形聲字③。目前學界一般認為這種一形二聲的皆聲字是在原有的形聲字上再加注一個聲符所致。林義光所說的"二重形聲"字（為了表述之便，下面均稱雙聲符字）在甲骨文、金文、

---

① 詹鄞鑫：《漢字說略》，遼寧教育出版社 1991 年版，第 215—216 頁。

② 劉釗：《談考古資料在〈說文〉研究中的重要性》，《中國古文字研究》第一輯，長春：吉林大學出版社 1999 年版，第 228 頁。

③ 裘錫圭：《文字學概要》，商務印書館 1988 年版，第 157 頁。

戰國文字中也都是客觀存在的。甲骨文如"翊""㥯"，金文如"靜""㚈""䁈"，戰國文字如"雽""㿹""㿽"等。"字从音造，義从音生"，雙聲符字的出現符合文字記錄語言的規律。宋代鄭樵所謂的"母子同聲"說的就是雙聲符字，可惜無人回應，以至一些構形特殊、無法納入六書的漢字長期都被視為形聲字。林義光通過研究金文，再一次揭示了古文字發展的這一重要規律，鑿破千古之鴻蒙，功不可沒。

在《文源》中，林義光指出了二十四個"二重形聲"字："㥯""鼇""䃂""㚈""肆""戴""差""畿""毖""欼""哿""㘩""䁈""𡕾""舒""穀""譽""骱""靜""閔""賑""戁""牆""𡩋"。其中只有"㥯""䃂""㚈""畿""骱""欼""䁈""穀""譽""靜""賑""閔""牆""𡕾"等十四個是純雙聲符字，其餘的又可分為三類：（1）兩個部件都是聲符，但其中一個兼形符。這類雙聲符字原有初文，這個初文兼表音義，後又迭加一個聲符，如"鼇""戴"；（2）兩個部件都是聲符，但其中一個兼意符，如"戁""毖""哿"；（3）兩個構件音義均相同或相近，如"舒""㘩"。如：

（92）𤯐，《說文》："靜，宷也。从青，爭聲。"林按：从"青"非義。"青""爭"皆聲也。古作"𤯐"（毛公鼎）、作"𤯐"（靜敦）。

今按：西周金文"靜"字作"𤯐"（毛公鼎）。史牆盤銘"青（靜）幽高祖"，"青"讀為"靜"。戰國楚簡中"爭"常假借"靜"為之，如《內豊》："君子曰：'佛，民之經也。在小不靜（爭），在大不亂。（10）'"郭店楚簡《老子》甲本："以其不靜（爭）也，故天下莫能與之靜（爭）。（5）"可證"靜"確為雙聲符字，即"青""爭"皆聲。又"青""爭"皆與"靜"義無關，因此"靜"是個純雙聲符字。

（93）戴，《說文》："戴，分物得增益曰戴。从異，𢦍聲。"林按：此義經傳無用者。"戴"相承訓為頭戴物，當即本義，"異""𢦍"皆聲也。"異"聲轉為"戴"，猶"弋"轉為"代"，"台"轉為"殆"矣。

今按："戴"字初文作"𢦍"（《合集》02274）"𢦍"（《合集》11921），這個初文兼表音義，後又疊加聲符"𢦍"而成雙聲符字。下節有詳細考證。

（94）哿，《說文》:哿，可也。从可，加聲。"林按：《詩·正月》"哿矣富人"，傳云："可也。"此"可"之聲借，"哿""可"同音。既非同字，則當別有本義。"加""可"皆聲也（"加"古音亦如"可"）。

今按：林義光以為"可"非"哿"之本義，然"哿"有"可"義當不誤，故"哿"為兼義的雙聲符字。

（95）舒，《說文》："舒，伸也。从舍，予聲。"林按："舍""予"皆聲。

今按：陳偉武先生也認為"舒"乃純雙聲符字，並進一步指出構成"舒"的兩個偏旁"舍""予"音義皆同。"①"舒"當為兩個構件音義均相同或相近的雙聲符字。

通過研究《文源》中的二重形聲字，首先，我們可以肯定在漢字發展演變過程中雙聲符字的存在是不可否認的，應當作為漢字構形的一種特殊形式納入漢字結構體系。然而，雙聲符字長期為傳統漢字結構理論所遺棄。林義光提出的"二重形聲"說為這一用傳統六書理論無法解釋的文字現象找到了理論上的歸宿；其次，對雙聲符字的概念也有了清晰的認識，這對我們研究雙聲符字是至關重要的。林義光提出"二重形聲"這一條例確有開創之功。陳偉武先生對此作了高度的讚譽："林義光能夠揭示漢字中雙聲符字的許多事實，正因為他打破了許慎的六書條例，糾正許慎誤聲為形的種種錯誤，還雙聲符字以本來面目。"②

雙聲符字這一課題於 20 世紀八、九十年代經裘錫圭先生宣導重新引起學界的重視。裘先生肯定了林義光的"二重形聲"說，並稱這種由都是音符（聲符）的兩個偏旁組成的字為"兩聲字"，如"牾""夐""訽""挌""耶"等③。顯然，裘先生同意林義光的意見，可謂名異實同。劉釗先生稱之為"雙聲字"，認為這種雙聲字是指一個形體的兩個構形因素對於所記錄的詞來說都是表音的聲符，而沒有形符、意符或其他別的成分④。何琳儀先生稱這種組成一個字的兩個偏旁都是音符的現象為"雙重標音"。他認為"雙重標音"字中的兩個音符可能有一個音符兼有形符的功能，另一個則純粹起表音作用⑤。陳偉武先生對雙聲符字作了專題研

---

① 陳偉武：《雙聲符字綜論》，《中國古文字研究》第一輯，吉林大學出版社 1999 年版。
② 同上書，第 334 頁。
③ 裘錫圭：《文字學概要》，商務印書館 1988 年版，第 108 頁。
④ 劉釗：《古文字構形研究》，吉林大學博士論文，1991 年，第 142 頁。
⑤ 何琳儀：《戰國文字通論》，江蘇教育出版社 2003 年版，第 225 頁。

究，對一批雙聲符字進行了考證（陳先生認為一形二聲的形聲字也是雙聲符字）①。拙著《古文字構形與上古音研究》中也有專門一章對雙聲符字進行研究，指出了75個字例，並討論了關於雙聲符字的理論問題。

三　《六書通義》之不足

任何事物都不可能是十全十美的，這是宇宙的客觀規律。《六書通義》當然也不是完美的。我們說林義光的六書理論基本上是正確的，但有時他也難免自亂其例，這表現在五個方面：

（一）部分"殽列指事"字歸併有問題

林義光所謂"殽列指事"還包含一部分由兩個或兩個以上相同的形符或義符構成的字，如"韓""䴏""鞋""蠱""麤""林""玨""歰""昌""晶""圭""明""炎"等。其中由幾個相同形符構成的字如"歰""昌""晶""圭""䴏"等依其六書說當為殽列象形字，而"韓""麤""林""鞋""蠱""明""炎"等由幾個相同的意符構成的字依其例當為會意字，這也是林義光六書理論自亂其例之處。

1. 林義光的"殽列象形"也包括一些由幾個相同的形符構成的字，如：

（96）多，《說文》："多，緟夕，夕相繹也，故為多，緟夕為多，緟日為疊。"林按：重"夕"非"多"義。"ᗡ"象物形，裹之為"夕"，與"夕"形同意別。"多"象物之多。與"品"同意。古作"多"（虢叔鐘）

（97）从，《說文》："从，相聽也。从二人。"林按：即"从"字，象二人相從形。古作"从"（宰椃尊彝丁）

今按："多""从"所從之"ᗡ""?"都表形象義，二"ᗡ"、二"?"相迭表示的也是物象，二物相迭以示物多之貌（"ᗡ"王國維釋為"肉"，謂从二肉會意，其說與林義光意同），兩人一前一後表示二人相從之狀。再看看他所說的一些殽列指事字，如：

（98）歰，《說文》："歰，不滑也，从四止。"

---

① 陳偉武：《雙聲符字綜論》，《中國古文字研究》第一輯，吉林大學出版社1999年版，第328頁。

（99）🔣，《說文》："晶，精光也，从三日。"

（100）🔣，《說文》："㲸，進也，从二先。贊从此，闕。"林按：以"㲸"為"進"無考。古作"🔣"（㲸字父己器），當即"贊"之古文，象二人相對形（與"巫"同意），从二"屮"，前進也。

（101）🔣，《說文》："贊，見也。从貝、从㲸。"林按：即"🔣"字之或體，从"貝"（轉注），"貝"者，賮也。

今按："㬎""晶""㲸"之例較之毅列象形，並無二致。

2. 林義光認為會意之要在於"取其詞義連屬，非複對構其形"，他所說的一些由幾個相同的意符構成的毅列指事字其實也是詞義的比合，如：

（102）🔣，《說文》："䇂，罪人相與訟也。"林按："辛"，罪也。

（103）🔣，《說文》："競，彊語也。从誩、二人。"林按：二人首上有言，象言語相競意。古作"🔣"（宗周鐘），或作"🔣""🔣"（取彝），"大"象人形，與从"人"同。

今按：兩個"辛"都表罪人之義（抽象義），兩個罪人面對面爭訟。"競"字上的"言"表"言語"，也是抽象義，兩人用言語相競。此與會意的"詞義連屬"並無不同。

（二）兼類問題

在《傳統六書研究中的相關問題概述》中，我們介紹了清代以前兼類說的情況。一方面，兼類說作為一種在清代相當盛行的學說，其影響也是久遠的；另一方面，兼類說有其產生的根源，當時的古文字學家宥於許說，局限於靜態的文字結構，未能從動態的文字發展歷史去研究六書。由於林義光的古文字研究處於新舊文字學交替的時期，所以他也不免還受舊觀念的影響。林義光的兼類有兩種情況，一是從文字發展演變的軌跡而言的，如：他認為"屋"字的"尸"即為屋形，後加"至"，所以"屋"為象形兼毅列指事；"臺"，"冖"象臺形，从"至"在其下（兼指事）、"屮"聲。這是對的；另一類則與清人兼類說無異。如"𡾹"（履），他說："象形，'ꞓ''多'，'ꞓ'猶人也，'多'即"辵"之變體，人辵為履，會意（象形兼會意）"（今按：依林義光的六書理論，"履"當為會意字，但不知為什麼他又把它放在"全體象形"裏）；對於他無法自圓其說的字，他也只好以"兼類"處之。如卷一·六"龍"字條，他否定了許慎"童省聲"的說法，但又仍宥於許書"象龍飛形"，所以他一方面認為

"象"為全體象形字，但另一方面為了說明"逆上龍飛之象"，他只好將表示龍頭的部分割裂為"屮二"（"屮"為"逆"省），於是，他特意注明"此象形兼會意"。《文源》中這類錯誤只是個別，因此，我們仍然認為林義光已經超越了前人的"兼類"說。

（三）部分字的歸類與他的六書理論有出入，如：

（104）央，《說文》："央，中也。从大在冂之内，大，人也。"林按：古作"央"（虢季子白盤），"冂"象旁有兩界，"丶"示其非中處，"大"象人居其中。

今按：林義光認爲"央"是殷列象形字，但從他的説解"丶示其非中處"一句來看，似乎又該爲表象指事字。

（105）臽，《說文》："臽，小阱也。从人在臼上。"林按：古者掘地為臼。臼，坎也。古作"臽"（洛匋畬罍"滔"字偏旁），作"臽"（宗周鐘）。"臽"即"臽"（猶"夋"字作"夋"），从"人"，下象其足。

今按：依林義光的六書理論，"臽"當為殷列象形字，而不是殷列指事。

（106）面，《說文》："面，从百，象人面形。"林按：古作"面"（師遽尊彝"珃"字偏旁），象形。

今按：以林義光的六書理論，"面"當為表象指事，而不是全體象形。

（107）夫，《說文》："夫，丈夫也。从大一。一以象先（簪）。"林按：古作"夫"（邾公华鐘），或以"大"為之（大鼎"善大"即"膳夫"）。秦刻石"大夫"作"夫＝"，蓋"夫"與"大"初皆作"大"，象人正立形，其後分為兩音兩義，乃加"一"為"夫"，以別於"大"。古"女"或作"女"（父乙器"婦"字偏旁），"母"或作"母"（母父丁器），則"一"非象丈夫之簪也。

今按：林義光認為"夫"是從"大"字分化出來的，即在"大"字上加"一"，而這"一"不是丈夫之簪的象形，而是一個區別符號。如此，依其六書理論，"夫"當為表象指事，而不是全體象形。

（108）升，《說文》："升（升），十合也。从斗，象形。"林按：古作"升"（友敦），漢臨菑鼎作"升"，皆象形。"升""斗"所象形同，因加一畫為別耳。

今按：林義光認為"升""斗"所象形同，故"升"加一劃作為區別符號。既然如此，則"升"當為表象指事，而不是全體象形。

《文源》中此類錯誤不少，我們將另文指出，在此只是略舉數例。

（四）宥於成見而產生的六書上的誤解，如：

（109）𧥀，《說文》："言，直言曰言，論難曰語。從口，辛聲。"林按："辛"與"辛"同字，"辛"非聲。"言"本義當為獄辭，引伸為凡言之稱，與"辭"字同意。從"辛"，"辛"，罪人也，從"口"。古作"𧥀"（偏旁），同。

今按：雖然林義光不贊成許慎以"辛"為聲的說法，但仍沿襲許慎以"辛"為"辛"，割裂了"言"字，把"言"說成"從辛，罪人也，從口"，這與他給表象指事所下的定義不符。不過，"言"確為表象指事字。甲骨文"言"作"𠂤""𠂤"，從"舌"，上加一橫表示言語生於舌。

（110）王，《說文》："王，天下所歸往也。董仲舒曰：'古之造文者，三畫而連其中謂之王。三者，天地人也，而參通之者，王也。'孔子曰：'一貫三為王。'"林按："通三畫"未可云"通天地人"。天地人者，王亦非能參通之也。所引孔子語亦無考。"王"，大也（《廣雅·釋詁一》）。古作"王"（太保彝）、作"王"（盂鼎）、作"王"（者汈鐘），象火在地下形。"二"象層疊，謂地之極下（與"生""㞢"從"二"同意）。地中之火，盛大之象。變作"王"（王子申盞盂）。

今按：林義光批評了《說文》的說解，認為"王"有"大"義，這些都是對的，但解釋字形時仍未完全擺脫《說文》的影響，把"二"跟"地"扯在一起，因而顯得迂曲難通。甲骨文"王"作"大"，象斧鉞形，象徵王權。或作"天""王"，上加橫為飾。依照林義光的六書條例，"王"當為全體象形，而不是段列象形。

（五）因所見的古文字材料（特別是甲骨文）不足，林義光在一些字的歸類上的錯誤也就在所難免。例如：

（111）𢅏，《說文》："巫，巫祝也。女能事無形，以舞降神者。象人兩褒舞形，與工同意。"林按：字形與兩袖不類，從"工"（轉注），"〉〈"象兩人相向形。巫祝常以二人對列也。《說文》以"𤫊"為古文"巫"，從"𠫔"，與"祝"從"𠂤"同意。

今按：甲骨文作"𢁒"（《合集》30595），象兩玉交錯形。林義光因未見甲骨文"巫"而誤釋，把"巫"歸入段列象形。實際上，"巫"當為全體象形。

（112）**冊**，《說文》："用，可施行也。从卜、中。"林按："**冊**"非"中"字。古"宁"字作"**冉**"（頌敦"**貯**"字偏旁）。"宁"，藏也。"用"古作"**冊**"（孷頁駒尊彝乙）、作"**冊**"（虢陀尊彝丁）、作"**冊**"（郳公華鐘），"**一**"象引出之形。有所用自宁中引出之也。

今按：甲骨文"用"作"**冊**"（《合集》19856）"**冊**"（《合集》34403）"**冊**"（《合集》38762）。于省吾先生認為字象有柄之甬，左象甬體，右象其把手。其演化軌跡是：由**冊**—**冊**—**冊**—**冊**—**冊**[1]。林義光因未見甲骨文而誤釋，把"用"歸入表象指事。實際上，"用"當為全體象形。

（113）**巳**，《說文》："巴，蟲也，或曰食象蛇。象形。"林按：《山海經·海內南經》："巴蛇食象，三歲而出其骨。"

今按：甲骨文"巴"字作"**巴**"（《合集》00032 正）"**巴**"（《合集》06469）"**巴**"（《合集》06480）"**巴**"（《合集》08415）。"巴"字的造字本義尚不清楚，但其字形明顯不象蛇，而是一個跪坐的人形。

（114）**脊**，《說文》："脊，背呂（膂）也。从㠭、从肉。"林按："**㠭**"象脊肋之形，从"肉"（兼轉注）。

今按：睡虎地"脊"字作"**脊**"（法律答問 75）。長沙子彈庫帛書丙篇曰："壯，不可以築室，不可以□，□**脴**不復，其邦又大亂。娶女，凶。"朱德熙認為"**脴**"字應隸作"脴"，釋為"瘠"[2]。劉釗先生認為字當直接釋為"脊"。"脊"本从"肉""束"聲[3]。"脊"所从之"束"因隸變訛作"**㐄**"，"**㐄**"在《說文》小篆中變成"**㠭**"。林義光以為"**㠭**"象脊肋形，甚謬。

（115）**眔**，《說文》："眾，多也。从㐺、目，眾意。"林按：古作"**眾**"（師寰敦），从三"人"、从"目"。人多其目可畏，取眾著之意。又作"**眾**""匂鼎"，"**⊙**"亦"目"字。

今按：甲骨文"眾"字作"**眾**"（《合集》00001）"**眾**"（《合集》00087），皆从"日"。金文从"目"者乃"日"之訛。林氏未能正確

① 于省吾：《甲骨文字釋林》，中華書局 1979 年版，第 359 頁。

② 朱德熙：《長沙帛書考釋（五篇）》，《朱德熙古文字論集》，中華書局 1995 年版。

③ 劉釗：《古文字構形學》，福建人民出版社 2006 年版。

審辨。

（116）🐟，《說文》："臨，監也。从臥，品聲。"林按：从"臣"（轉注），"臣"，屈伏也，臨下必屈其體；"品"，眾物也。象人俯視眾物形。古作"🐟"（毛公鼎），作"🐟"（孟鼎），"🐟""🐟"即"品"之變體。

（117）🐟，《說文》："監，臨下也。从臥，衉省聲。"林按："血"為"衉"省不顯。"監"即"鑑"之本字。上世無制銅時，以水為鑑，故《酒誥》曰："人無于水監，當於民監。""🐟"象皿中有水、人臨其上之形。从"臣"（轉注），"臣"，伏也。古作"🐟"（頌敦）、作"🐟"（登孟壺）。

今按：林義光分析"臨"的字形為"象人俯視眾物形"，"監"的字形為"象皿中有水、人臨其上之形"，甚確。然將二字所从之"臣"視為轉注，視"臣"為後加的形體，則誤。西周金文"臨"字又作"🐟"（頌鼎），甲骨文"監"字作"🐟"（屯南 0779），可知"臨""監"所从之"臣"和"人"本是連成一體作"🐟"，後來才割裂成兩個形體。

上述這些問題只是林義光在把《六書通義》貫徹到實踐的過程中出現的疏忽，但瑕不掩瑜，這並不影響我們對《六書通義》及《文源》作出應有的評價。《六書通義》是林義光從古文字實際出發總結出來的六書理論，《文源》使他的理論在古文字實踐中得到了檢驗。實踐證明，他的六書理論具有可操作性。可以這樣說，繼許慎之後，他是第一個能對傳統六書理論進行較大突破的古文字學家。

四　結論

林義光的六書觀是建立在動態的文字發展觀的基礎之上的。他說："夫智者創物，巧者述之。倉頡知以書契更結繩，而宇宙事物必倉頡書契所得賅。有不備者，隨事遞增。新字之作，至今猶未絕也。"意謂文字是記錄語言的書寫符號系統。由於事物是不斷地發展變化的，所以新字也"隨事遞增"，源源不斷。林義光的這種語言文字觀在今天看來似不足為奇，但在當時的學術環境下卻堪稱遠見卓識。正是在這一正確的語言文字觀的指導下，他在六書研究上才能有所發明，主要有：（1）他為一些用傳統六書理論無法解釋的文字現象找到了理論上的歸宿，如"形變指事"

"二重形聲"等；（2）從文字產生、發展、孳乳分化的歷史出發，探索了
形聲字的來源，並取得豐碩的成果；（3）視轉注為漢字孳乳大法，從而
較為合理地闡明了轉注造字之旨；（4）從語言與文字的關係的角度宣導
假借是一種"不造字"的造字法，頗具遠見卓識。《六書通義》在許多方
面都具有科學性和預見性，對我們研究六書理論有著很好的指導意義。其
學術價值不可低估，世人應當給予公允的評價。

第三節　《文源·二重形聲》箋證
——兼論雙聲符字研究

　　《文源》是第一部利用古文字材料系統地印證《說文》的古文字學
著作，寫定於 1920 年。作者林義光在科學的語言文字觀和動態的文字發
展觀的指導下提出了一套新的六書理論。他注意到古文字中有些字是由音
同或音近的兩個偏旁組成的，即兩個部件都表音而不表義，這是傳統六書
理論無法解釋的文字現象，故而提出"二重形聲"這一概念指稱之。林
義光所謂的"二重形聲"與許慎所說的"皆聲"有所不同。許慎所謂
"皆聲"是指一個形聲字含有一形二聲。《說文》僅收"竊"和"鰲"兩
個"皆聲"字。"竊"下說："从穴米、禼、廿皆聲。廿，古文疾"；"鰲"
下說："从韭，从兂、次皆聲"。漢字中確實存在許慎所說的一形二聲的
皆聲字，但《說文》所說的這兩個字，今人均已證其誤。目前學界一般
認為這種一形二聲的皆聲字是在原有的形聲字上再加注一個聲符所致。林
義光所說的"二重形聲"字（為了表述之便，下面均稱雙聲符字）在甲
骨文、金文、戰國文字中也都是客觀存在的。甲骨文如"匐""䰞""蚣"
"弜"①"爐""䵼"等，金文如"猷""楛""薖""配""碬""兌"等，
戰國文字如"季""䌛""翠""䢅""虖""坣""飼"等。"字從音造，
義從音生"，雙聲符字的出現符合文字記錄語言的規律。宋代鄭樵所謂的
"母子同聲"說的就是雙聲符字，可惜無人回應，以至一些構形特殊、無
法納入六書的漢字長期都被視為形聲字。林義光通過研究金文，再一次揭

---

　　① 前四字為黃天樹先生所考。參看黃天樹：《殷墟甲骨文"有聲字"的構造》，《中研院歷
史語言研究所集刊》第七十六本·第二分，2005 年。

示了古文字發展的這一重要規律，鑿破千古之鴻蒙，功不可沒。

一　雙聲符字概念的界定

"二重形聲"是林義光探索聲音在古文字構形及演變中的作用而得出的重要成果。然而，自林義光提出雙聲符字這一課題後長達半個多世紀都無人回應，直到 20 世紀八九十年代經裘錫圭先生宣導才重新引起學界的重視。首先引起討論的是雙聲符字概念的界定問題。林義光雖然沒有對他所謂的"二重形聲"作出明確的界定，但從他的具體說解（參見本書第二部分）中我們很容易就能理解其中的内涵，即兩個偏旁都只表音而不表義且兩個偏旁（字）音同或音近。裘先生肯定了林義光的"二重形聲"說，並稱這種由都是音符（聲符）的兩個偏旁組成的字為"兩聲字"，如"悟""䫈""詞""幹""恥"①"𢼱"② 等。顯然，裘先生同意林義光的意見，可謂名異實同。劉釗先生稱之為"雙聲字"，認為這種雙聲字是指一個形體的兩個構形因素對於所記錄的詞來說都是表音的聲符，而沒有形符、意符或其他別的成分③。至此，雙聲符字的概念被界定在兩個構件都必須只表音而不表義，我們稱之為"純雙聲符字"。何琳儀先生對此持有異議，他稱這種組成一個字的兩個偏旁都是音符的現象為"雙重標音"。"雙重標音"字中的兩個音符可能有一個音符兼有形符的功能，另一個則純粹起表音作用④。這就是說，何先生認為只要兩個構件都表音的都可納入雙聲符字的範疇。還有一種意見認為所有含有兩個表示音讀的構件的字都是雙聲符字，這就包括一形二聲的形聲字⑤。我們認為任何概念都有狹義和廣義之分，雙聲符字亦然。從狹義上說，只有那些兩個部件都表音而不表義的字才能稱之為雙聲符字；由廣義而言，只要兩個部件都表音，就是雙聲符字，也就是說除了純雙聲符字，那些其中一個部件兼表義或兩個部件都兼表義的也可稱之為雙聲符字，但一形二聲的形聲字則不宜作為雙

---

① 裘錫圭：《文字學概要》，商務印書館 1988 年版，第 108 頁。

② 裘錫圭：《古文字論集》，中華書局 1992 年版，第 417 頁。

③ 劉釗：《古文字構形學》，福建人民出版社 2006 年版，第 89 頁。

④ 何琳儀：《戰國文字通論》，江蘇教育出版社 2003 年版，第 225 頁。

⑤ 陳偉武：《雙聲符字綜論》，《中國古文字研究》第一輯，吉林大學出版社 1999 年版，第 328 頁。

聲符字來研究。本書所論雙聲符字就涵蓋純雙聲符字（不兼義的）和兼義的雙聲符字兩類。

二　《文源·二重形聲》箋證

在《文源》中，林義光指出了二十四個"二重形聲"字，其中大部分已被證明是正確的。本節將盡可能吸納現當代古文字研究成果並利用出土的古文字資料為這些雙聲符字作疏證：

（1）𦣱，《說文》："長踞也。从己、其聲。"林按：从"己"非義，"己""其"皆聲。古作"𦣹"（子𦣱鬲）、作"𦣰"（公貿彝）。

今按："𦣱"是公認的純雙聲符字。甲骨文中常用，作"𦣹"（《合集》36524），金文加飾筆作"𦣰"（𦣱伯匜），戰國文字或省作"𦣰"（郭店·緇衣11）。

（2）釐，《說文》："釐，家福也。从里、𠩺聲。"林按："家福"不得"里"，"里"訓為"福""家福"之義亦未聞，"里""𠩺"皆聲也。

今按：段注云："'釐'字从'里'。里者，家居也。故許釋為'家福'。"李孝定先生以為"𠩺"乃獲麥之象形字，獲麥所以足食，引申有"福"義，故許訓"釐"為"家福"（《甲骨文字集釋》）。若依段注，則"釐"當為从"里""𠩺"聲；如依李孝定之說，則當从"𠩺""里"聲。其實，他們都拘於許說。朱駿聲《說文通訓定聲》："許以字从'里'，故曰'家福'。愚按：福者，'禧'字之訓。古多借'釐'為'禧'。"可見"釐"之"家福"義為假借義。林義光認為："'𠩺'本義當為'飭'、為'治'，經傳以'釐'為之。"古音"𠩺"在定紐之部，"里"在來紐之部，兩字韻部相同[1]，聲皆為舌音，可證"釐"為雙聲符字。金文"釐"或省"攵"旁作"𠩺"（芮伯壺）。戰國文字作"釐"（郭店·太一生水8）。"釐""𠩺"均為純雙聲符字。黃麗娟先生亦證其是[2]。

（3）䘞，《說文》："䘞，有彣彰也。从有，戜聲。"林按：有彣彰不可从"有"，"有""戜"皆聲也。"有"與"戜"古同音。

---

① 本文所採用古音均據唐作藩《上古音手冊》，江蘇人民出版社1982年版。

② 黃麗娟：《戰國多聲字研究》，《新出土文獻與古代文明研究》，上海大學出版社2004年版，第181頁。

今按：林說是，古音"有"在匣紐之部，"惑"在匣紐職部，十分相近。"餀"確為純雙聲符字。

（4）𦣞，《說文》："𦣞，廣頤也。从臣、巳聲。𦣞，古文𦣞从戶。"林按：《爾雅·釋宮》"樞達北方謂之落時，落時謂之㢨"，"㢨"从"戶"，則本義當為"落時"。"𦣞""㢨"同字，不當有異義，"臣""巳"皆聲。古作"𦣞"（齊侯敦）、作"𦣞"（沇兒鐘"趣"字偏旁）。

今按："臣""巳"皆聲當無可疑，古音"臣"在喻紐之部，"巳"在邪紐之部，兩字韻部相同，上古喻、邪二母關係密切。金文有"趣"作"𧾷"（王孫鐘），从"走""臣"聲，又加"巳"聲作"𧾷"（沇兒鐘），可證"臣"確可爲"𦣞"字的聲符。林義光認為"㢨"與"𦣞"同字，不確。商承祚先生指出"𦣞"字从"戶"乃寫訛[1]。張富海先生證成商說，並指出石經古文"姬"作"姬"，亦訛从"戶"。包山楚簡176號簡"姬"作"姬"，所从"臣"旁似"戶"非"戶"，可能是寫脫筆劃，也可能就是"臣"的簡寫。古文"𦣞"从"戶"，即由這樣的"臣"旁訛變[2]。"臣"字甲骨文作"𦣞"（《合集》34217"姬"字所从），象梳比之形。與"𦣞"之"廣頤"義無關。故"𦣞"當為純雙聲符字。

戴，《說文》："戴，分物得增益曰戴。从異，𢦏聲。"林按：此義經傳無用者。"戴"相承訓為頭戴物，當即本義，"異""𢦏"皆聲也。"異"聲轉為"戴"，猶"弋"轉為"代"，"台"轉為"殆"矣。

今按：甲骨文有字作"𦣞"（《合集》02274）"𦣞"（《合集》11921），象人首戴物之形，李宗焜先生《甲骨文字編》釋為"戴"[3]。此字與"奇異"的"異"作"𦣞"（《合集》28360）有別。春秋早期銅器戴叔慶鬲"戴"字作"𦣞"，戴叔朕鼎"戴"字作"𦣞"，皆假借"𢦏"為之。"𢦏"為國族名，即《說文·邑部》之"戠"。戰國出土簡牘中有用作本義的"戴"字。一作"𦣞"，上博二《容成氏》："是以視賢，履地𦣞天，篤義與信。9"李零先生認為"𦣞"即"戴"，从"首"从"𢦏"，"𢦏"疑同

① 商承祚：《說文中之古文考》，上海古籍出版社1993年版。
② 張富海：《漢人所謂古文研究》，線裝書局2007年版。
③ 李宗焜：《甲骨文字編》，中華書局2012年版，第78—79頁。

"弋"①。蘇建州先生云字當析為从"首""弋"聲②。"戴"字又作"𤕦"，如上博四《東大王泊旱》："君王毋敢𤕦蓋 13 𤕦，相徙、中舍與五連小子及寵臣皆逗，毋敢執鑾籥。15"白於藍先生指出"𤕦"似當讀為"戴"③。"𤕦"所从之"〓"當是簡省符號，表示偏旁"首"的簡省。郭店楚簡《尊德義》："非禮而民悅 24 𢗓（戴），此小人矣。25""𢗓"字可隸作"忎"。陳偉先生認為字當讀為"戴"④。凡此皆可證"戴"从"弋"聲。

"𢦏"是"戴"的象形初文，後加"弋"聲作"𢧵"（十鐘山房印舉）"𢧵"（馬王堆帛書·老子乙卷前古佚書《道原》簡 170）。"戴"屬原有初文，這個初文兼表音義，後又疊加聲符造成的雙聲符字。

（6）𩏶，《說文》："𩏶，訖事之樂也。从豈、幾聲。"林按：《爾雅·釋詁》"𩏶，汔也。""𩏶""訖"同音，可訓為"訖"，而實非"樂"。"豈""幾"皆聲。

今按：許慎以"𩏶"从"豈"，故訓"𩏶"為"訖事之樂"。王筠《說文句讀》："（𩏶）訓訖事之樂於經典無徵。"林義光認為"𩏶"與樂無關，故而"豈""幾"皆聲。古音"豈"在溪紐微部，"幾"在見紐微部，兩字韻部相同，聲皆為牙音，"𩏶"為純雙聲符字。

（7）𢘻，《說文》："𢘻，慎也。从比、必聲。"林按：《廣雅·釋詁》"𢘻，比也。"此"比"字假借之義，非謂"比"與"慎"同義也。"比""必"皆聲。

今按：《說文》："比，密也。"清徐灝《說文解字注箋》云："'比'有'縝密'義，故'𢘻'从'比'而訓為'慎'。""比"古音在幫紐脂部，"必"古音在幫紐質部，兩字雙聲，韻為陰入對轉。郭店楚簡有字作"𢘻"，隸作"北"，正讀作"必"，可證"𢘻"所从之"比"為聲。"𢘻"為兼義的雙聲符字。

（8）𥏻，《說文》無"秋"字，"鰲"下曰：从"韭"从"秋"，"宋""次"皆聲。林按：石鼓文："莽秋真口。"是古有"秋"字，其義未聞。

---

① 馬承源主編：《上海博物館藏戰國楚竹書》（二），上海古籍出版社 2001 年版，第 257 頁。

② 季旭昇：《上海博物館藏戰國楚竹書（二）讀本》，萬卷樓圖書股份有限公司 2003 年版。

③ 白於藍：《簡牘帛書通假字典》，福建人民出版社 2008 年版，第 14 頁。

④ 陳偉：《郭店竹書別釋》，湖北教育出版社 2002 年版，第 163 頁。

字作"糳","宋""次"皆聲。

今按："秌"最早出現在春秋戰國間秦石鼓文《鑾車》上。王國維指出"秌"即《周禮·春官·巾車》之"軓",指車飾①。陳偉武先生也認為"秌"當為純雙聲符字②。

(9) 哿,《說文》:"哿,可也。从可,加聲。"林按:《詩·正月》"哿矣富人",傳云:"可也。"此"可"之聲借,"哿""可"同音。既非同字,則當別有本義。"加""可"皆聲也("加"古音亦如"可")。

今按:林義光以為"可"非"哿"之本義,然"哿"有"可"義當不誤。《詩·小雅·正月》:"哿矣富人,哀此惸獨。"毛传:"哿,可。"王引之《經義述聞·毛詩中》"哿矣富人":"哿與哀相對爲文,哀者,憂悲;哿者,歡樂也……哿之爲言猶嘉耳。故昭八年《左傳》引'哿矣能言'杜注曰:'哿,嘉也。'毛傳訓'哿'爲'可','可'亦快意愜心之稱。"以聲言之,古音"加"在見紐歌部,"可"在溪紐歌部,兩字韻部相同,聲皆為牙音。"哿"為兼義的雙聲符字。

(10) 𩖐,《說文》:"𩖐,鷙鳥食已吐其皮毛如丸,从丸、咼聲。讀若驪。"林按:此字經傳未見,《廣雅·釋詁一》"骫,曲也。""𩖐""骫"音同形近,本義當為"委曲"。"咼"(歌韻)"丸"(寒韻)雙聲對轉。《說文》:"骫,骨端骫奊也。从骨、丸聲。"林按:"骫"訓"骫奊",言骨端者以从骨而增之,恐非本義,"骨"即"咼"之形訛,與"𩖐"同字。

今按:林義光認為"𩖐"與"骫"同字有一定的道理,"咼"即"骨"之初文。"咼"有"歪斜"義。《說文》"丸,圓也,傾斜而轉者",故"𩖐"之本義當為"委曲";以聲言之,"咼"為溪紐歌部字,"丸"為匣紐元部字,兩字古音極近。"𩖐"的兩個偏旁都既表義又表音,爲兼義的雙聲符字。

(11) 𠖥,《說文》:"𠖥,大遠也。从古、叚聲。"林按:"𠖥"訓為"福"、為"大","遠古"之義,經傳無作"𠖥"者,"古""叚"皆聲。

---

① 王國維:《觀堂集林》第一冊,中華書局1959年版,第285頁。

② 以下所引陳偉武先生之說均出自其《雙聲符字綜論》,《中國古文字研究》第一輯,吉林大學出版社1999年版,第328—339頁。

（"叚"古音與"古"同。）

今按：袁鼎銘文："袁拜稽首，敢對揚天子丕顯叚（嘏）休命。""嘏"假借"叚"為之，在文中用作"大遠"義；克鐘銘文："用勾純叚（嘏）永命。""嘏"亦假借"叚"為之。"嘏"在文中當訓為"福"。陳偉武先生亦從林義光之說。"嘏"為純雙聲符字，"古""叚""嘏"均為見紐魚部字。

（12）悟，《說文》："悟，𠬝也。从午，吾聲。"林按："午"，古文"杵"字，从"午"非義，"午""吾"皆聲。

今按："悟"字見於馬王堆帛書，作"𢪋"（十問 037）。簡文"夜半之息也，覺悟（寤）毋變寢形。""悟"用作"寤"。宋代鄭樵就已指出"悟"為雙聲符字（即他所謂的"母子同聲"）。裘錫圭先生也認為"午"的"悟逆"義是假借來的，"悟"就是在假借字"午"上加注音符"吾"而成的。"午""吾"都只表音，故"悟"為純雙聲符字。

（13）舒，《說文》："舒，伸也。从舍、予聲。"林按："舍""予"皆聲。

今按：陳偉武先生也認為"舒"乃純雙聲符字，並進一步指出構成"舒"的兩個偏旁"舍""予"音義皆同。"[1]"舒""舍""予"都有"發出"之義。戰國文字有"舒"字，作"𤕫"（十一年咎苓戈）"𧱜"（包山76）"𧴩"（古璽匯編 5634）。我們認為"舍""舒""予"三字在字形上也有分化關係，其分化路線為：𧴩→𣂾→𠃌→𠃌→⺈→予→予，即在"舍"下加"○"變成"舒"，再由"舒"字化出"予"[2]。"𠃌"變成"⺈"也有可能是因為形近訛混。馬王堆帛書相馬經"野"字作"𤰏"，所從的"予"作"𠃌"，"邑"和从"邑"之字每作"𠂤""𠄌"（璽彙 3237"邸"字所從）或"𠃌"（貨系 886"邪"字所從），而"𠄌""𠃌"與"呂"作"𠫔"（郭店·窮達 4"邵"所從）形體非常接近，故而"予""邑"和"呂"常混用不別。這種訛混還可能是由於"予"和"呂"古音非常接近，"呂"為來紐魚部字，"予"古音在喻紐魚部，兩字韻同聲近。

①　陳偉武：《雙聲符字綜論》，《中國古文字研究》第一輯，吉林大學出版社 1999 年版。
②　葉玉英：《論第一人稱代詞"予"出現的時代及其與"余"、"舍"的關係》，《中山大學學報》2010 年第 3 期。

配兒鉤鑃銘文："余執戕於戎功且武，余㘞恭威㾾□，不敢諆舍，擇氒吉金鉉鏐鏽鋁。自作鉤鑃，以宴賓客，以樂我諸父，子孫用之，先人是諿。"沙孟海先生指出此器銘文"武、舍、鋁、父、諮（諝）"五字叶韻，同屬魚部。"諆"即"訶"字，"舍"是"舒"的省寫。"不敢諆舍"猶言"屏息""屏氣"①。董楚平先生同意"諆"即"訶"、"舍"即"舒"。"舍"的本義應為仝聲從口發出，猶舒氣。"舍"是"舒"的初文。他認為"諆（訶）"當讀"歌"。"訶舍"者，"舒歌"也，猶今亨調兒、吹口哨、不嚴肅之義②。故"舒"當為兩個構件音義均相同或相近的雙聲符字。

（14）𧤖，《說文》："𧤖，盛觵卮也，一曰射具，從角、㱿聲。讀若斛。"林按：《考工記·陶人》"鬲實五觳。""觳"為量名，非以角為之，"角""㱿"皆聲也。

今按：段注曰："'盛'字當是衍文。'觵卮'謂'大卮'。……按：篹、庾、鬲、甒、盆、醽，量皆以觳計。小者曰'卮'，可以飲。大卮曰'觳'，可宁酒漿以待酌也。觵之大極於觳。……按此篆當廁'觛'篆之下，而廁此者此器屬陶瓶之事，非角爲之，亦非角飾。""觳"為古量器名，"角"為古代量穀物時刮平斛的用具，兩不相干，所以林義光認為"觳"從"角"非形符。古音"角"在見紐屋部，"㱿"在溪紐屋部，兩字韻部相同，聲皆為牙音，"觳"為純雙聲符字。

（15）嚳，《說文》："嚳，急告之甚也。從告、學省聲。"林按："急"或謂之"酷"，"嚳"字以聲類推之可訓為"急"，以字從"告"，故增為"急告"耳。《白虎通》云："極（之韻）、急（緝韻）、嚳（幽韻）皆雙聲旁轉，然無告義，告、學皆聲也。告、學古同音。"（"帝嚳"《史記》作"帝俈"，其為"告"聲益信。）

今按：林義光認為"嚳"無"告"義是對的，但他信從《白虎通》所謂"何以謂之帝嚳也，嚳者，極也。言其能施行窮極之道也"，則嫌迂曲。帝嚳之"嚳"當為"夒"的假借字。王國維指出："夒必為殷先祖之

---

①　沙孟海：《配兒鉤鑃考釋》，《考古》1983年第4期。

②　董楚平：《吳越徐舒金文集釋》，浙江古籍出版社1992年版，第68頁。

最顯赫者。以聲類求之，蓋即帝嚳。"① 陳偉武先生從林義光之說。古音
"告"在見紐覺部，"學"在匣紐覺部，兩字韻部相同，聲皆為牙音。
"嚳"為純雙聲符字無疑。

（16）𦩍，《說文》："艁，造古文，从舟。"林按：古作"𦩍"（羊子
戈），"舟""告"皆聲也。"舟""告"古同音。

今按：陳偉武先生亦從林義光之說。張富海先生認為"舟"是加注
的聲符②。古文字中"造"異體很多，其中確有作"艁"或從"艁"者，
作"𦩍"（郳大司馬戟）"𦩍"（郘𦩍鼎）"𦩍"（頌簋）。"艁"字很可能
是造舟的專用字。如此，"艁"字就是兼義的雙聲符字。

（17）𩇨，《說文》："靜，宷也。从青，爭聲。"林按：从"青"非
義。"青""爭"皆聲也。古作"𩇨"（毛公鼎）、作"𩇨"（靜敦）。

今按：西周金文"靜"字作"𩇨"（靜卣）"𩇨"（毛公鼎）"𩇨"（多
友鼎）等形。史牆盤銘"青（靜）幽高祖"，"青"讀為"靜"。《老子》
甲本《道經》"靜"既假"情"為之，又借"清"為之；楚簡中"爭"
常假借"靜"為之，如上博簡《從政》甲篇："行在己而名在人，名難靜
（爭）也。18"《紂衣》："上好仁，則下之為仁也靜（爭）先。6"可證
"靜"確為雙聲符字，即"青""爭"皆聲。又"青""爭"皆與"靜"
義無關，因此"靜"是個純雙聲符字。

（18）閔，《說文》："閔，弔者在門也。从門，文聲。"林按："閔"，
痛惜也，从"門"非義。"門""文"皆聲也。"門""文"古同音。

今按："閔"字見於西周金文，作"𨵏"（師閔鼎），用作人名。中山
王𡉚兆域圖"閔"指"門"。古璽有"下西閔"（璽彙 3077），當讀為
"下西門"。可證"門"亦可為聲符。許慎沒有雙聲符字的概念，為了解
釋"閔"為什麼从"門"，故而說"閔，弔者在門也"，實為主觀臆斷。
段玉裁遵從許說，將"痛惜"說成"閔"的引申義，又指出"俗作
'憫'"。事實上，如林義光所言，"閔"的本義當為"痛惜"。"憫"是
"閔"的後起形聲字，加"心"為意符。"門""文"均為明紐文部字，

---

①　參見王國維：《殷卜辭中所見先公先王考》，《觀堂集林》，中華書局 1959 年版，第
411—413 頁。

②　張富海：《漢人所謂古文研究》，線裝書局 2007 年版。

故“閔”為純雙聲符字。

（19）𧴦《說文》：“𧴦，物數紛𧴦亂也。从員，云聲。”林按：“員”為“物數”未可據。“員”“云”皆聲。“員”，古音“云”。

今按：“員”是“圓”之初文，最初的形體為“○”（○鼎），後加“鼎”作“𪔂”（員鼎）“𪔂”（員壺）“𪔂”（員父尊）“𪔂”（戜方鼎）。戰國秦文字始見从貝作的“員”，字作“𪔂”（睡虎地·秦律十八種123）。《石鼓文·車工》：“君子員邋，員邋員斿。”“員”當讀作“云”；郭店楚簡《緇衣》“詩員”皆當讀作“詩云”；王弼本《老子》：“為學日益，為道日損”，郭店楚簡《老子》乙本作“［為］學者日益，為道者日員（3）”，馬王堆帛書《老子》乙本作“為學者日益，聞道者日云（184上）”；王弼本《老子》：“損之又損，以至於無為”，郭店楚簡《老子》乙本作“員之或員，以至無為（3）”，馬王堆帛書《老子》乙本作“云之有云，以至於無……（184上）”；王弼本《老子》：“夫物芸芸”，郭店楚簡《老子》甲本作“天道員員（24）”，馬王堆帛書《老子》甲本作“天物云云（122）”，乙本作“天物（231下）𦯉𦯉。（232上）”陳偉武先生以曾侯乙墓竹簡“圓軒”與“圓軒”異文證“𧴦”為雙聲符字。“云”為“雲”之初文，有“眾多”義，故“𧴦”當為部分表義的雙聲符字。

（20）𡺀，《說文》：“𩂣，鮮明黃也。从黃，圭聲。”林按：諸書皆以“𩂣”為之，从“圭”實不可據。古作“𡺀”（叔家父匡），“圭”當為“坒”之誤字。“𩂣”變為“𩂣”，猶“徨”為“往”也。叔家父匡“孫子是𩂣”，文義與《詩》“先祖是皇”（楚茨）、“繼序其皇之”（烈文），本義當為“美”（“繼序其皇之”，傳云：“皇，美也。”），“黃”“坒”皆聲也。《漢書·東方朔傳》“𩂣纊充耳”注“以𩂣纊為黃色縣”，曲說不可從。朱氏駿聲訂“纊”為“統”之誤字（“纊”或作“絖”，與“統”形近），然“統”以繫瑱，非以塞耳。“𩂣”“纊”疊韻字，當即“瑱”之異名。《爾雅》“桃，充也。”《左傳》“宋司徒皇父字充石。”“𩂣纊”與“皇桃”同音，亦並有“充”義。《大戴禮》“䵼絖塞耳”（子張問入宮），字作“䵼”，从“充”“黃”聲。“瑱”或謂之“充耳”（《詩》“褎如充耳”，“充耳琇瑩”，“充耳以素乎而”），因謂之“𩂣纊”矣。《長笛賦》“若然六器者，猶以二皇聖哲𩂣益。”“𩂣益”亦“擴充增益”之義也。

今按：林義光以"圭"當為"坒"之誤字，認為"黇"變為"黊"，猶"徍"為"往"也，頗有道理。甲骨文"黄"字作"🕴"（《合集》00563）"🕴"（《合集》03475），姚孝遂先生認為"黄"與"矢""寅"屬同源分化，用為"黄色"義乃假借①。由於"黄"的本義早已不明，"黄色"義成了"黄"字的基本義，所以後來人們造"黇"字之時，很可能把"黄"字既當作義符又當作聲符，也就是説，"黇"字既是形聲字又是雙聲符字。古音"黄"在匣紐陽部，"坒"群紐陽部，兩字韵部相同，聲皆為牙音。林氏以為"黄""坒"皆聲，音當如"皇"，其説可從。"黇"為部分表義的雙聲符字。

（21）牄，《説文》："牄，鳥獸來食聲也。从倉，爿聲。《虞書》曰：'鳥獸牄牄。'"林按：从"倉"訓"來食"，義已迂曲。"倉""爿"皆聲也。

今按：陳漢平、陳偉武兩位先生也都以"牄"為純雙聲符字②。

在林義光所收的二十四個雙聲符字中，只有"冣""觚""朏""畿""骱""欿""䝹""毃""罄""静""牄""悟"等十三個是純雙聲符字，其餘的又可分為三類：（1）兩個部件都是聲符，但其中一個兼形符。這類雙聲符字原有初文，這個初文兼表音義，後又迭加一個聲符，如"鼇""戴"；（2）兩個部件都是聲符，但其中一個兼意符，如"黇""慫""哿""賝""骱"；（3）兩個構件音義均相同或相近，如"舒""嫗"。

對以上字例進行箋證後，首先我們可以肯定在漢字發展演變過程中雙聲符字的存在是不可否認的，應當作為漢字構形的一種特殊形式納入漢字結構體系。然而，雙聲符字長期為傳統漢字結構理論所遺棄。林義光提出的"二重形聲"説為這一用傳統六書理論無法解釋的文字現象找到了理論上的歸宿。其次，我們對雙聲符字的概念也有了清晰的認識，這對我們研究雙聲符字是至關重要的。以此為出發點，我們將討論雙聲符字產生的原因和必然性、雙聲符字的來源以及雙聲符字的考辨等問題。

---

① 于省吾：《甲骨文字詁林》，中華書局1996年版，第2528頁。

② 陳漢平先生之説參見陳偉武《雙聲符字綜論》，《中國古文字研究》第一輯，吉林大學出版社1999年版，第330頁。

三 雙聲符字產生的原因和必然性

文字是記錄語言的書寫符號系統，這決定了雙聲符字的出現有其必然性，主要表現在兩個方面：其一，雙聲符字的出現是由文字與語言之間的關係所決定的。我們知道，語言先於文字，語言先有義然後有音而後才有文字，而文字記錄語言的過程正好相反，即文字是用"形"來記錄語音從而表達語詞的意義，因此人們造字時必然非常重視文字的標音作用。在甲骨文中形聲字就已經超過 20%，假借字被大量使用，也出現部分雙聲符字，一些象形或會意字實際上也含有表音成分，凡此種種都表明古人在造字之初就已經非常重視使用表音的造字方法。這也可以從文字起源的角度得到證明。有關文字起源有"八卦說""結繩和契刻""倉頡造字說"和"圖畫說"。無論文字起源於什麼，在它還無法跟語言中語詞相對應並按照語序逐詞逐句地寫話記言之前，我們不能稱之為文字。象形、指事等表意造字法所能記錄的語詞相當有限，顯然光靠象形、指事難以完成記錄語言任務。在象聲寫詞法出現之前，由象形、指事描摹出來的還只能稱為圖畫文字中的寫詞因素。只有形象寫詞法和象聲寫詞法相輔相成，才能共同完成文字寫詞記言的任務。象聲寫詞法使原始圖畫記事中的寫詞因素產生質的飛躍，成為真正的文字。孫常敘先生曾指出："象聲寫詞法在創建先秦文字體系上是有開山之功的。"[1] 注重表音自始至終是漢字記錄語言的一個突出的特點，雙聲符字的出現就是由於人們在使用漢字的實踐中過分強調字音的標注作用造成的；其二，雙聲符字的逐漸增多是漢字音化趨勢的必然結果。漢字音化趨勢異常明顯，這表現在三個方面：（1）形聲字後來居上，據統計，到《說文》小篆時代，漢字中形聲字的比例已上升到近 88%[2]；（2）假借字自始至終都大量出現，在假借字上累加意符是形聲字的重要來源；（3）在表意字上添加聲符或把原字部分形體改成聲符的現象也很普遍。與漢字音化趨勢相一致的是，雙聲符字也逐漸增多，以戰國文字特別突出。

---

① 孫常敘：《假借形聲和先秦文字的性質》，《古文字研究》第十輯，中華書局 1983 年版，第 347 頁。

② 李國英：《小篆形聲字研究》，北京師範大學出版社 1996 年版，第 2 頁。

四　雙聲符字的來源

文字永遠處於動態的發展演變之中，因此我們研究文字必須以動態的、歷史的文字發展觀為指導。從這一文字發展觀出發去研究雙聲符字的來源，就必然要以漢字音化的歷史為線索。從文字和語音縱向的歷史變遷來研究聲音在古文字構形演變中的重要作用，就會發現一些過去一直以為是形聲或會意的字實際上是雙聲符字，如"匋"①"虞"②等。雙聲符字的形成途徑主要有（一）造字之初就是雙聲符字，如"員""靜"等；（二）在只表讀音的假借字上累加聲符而成，如"期""雩""虘""虜"等③；（三）在表意初文上再添加聲符，原來的表意初文也表音，如"𦥑""𠂤"（中山王𧨾壺）"𠂤"（中山王𧨾鼎）等；（四）在造字時有意選用一個構件即充當意符又作聲符，如"難""𦣝""怸""㖡"等；（五）兩個音義均相同或相近的構件組成一個雙聲符字，如"舒""胖""鑾"等④；（六）訛變、飾筆、類化等也都有可能形成雙聲符字。如《說文》："喬，高而曲也。""喬"本作"𠐿"（邵鐘），又加飾筆作"𠐾"（邵鐘）。古文字中，"屮"與"又"常訛混，如"寺"本從"又"，邾公牼鐘作"𡳿"，從"屮"；"啟"作"𠷎"（師望鼎）"𠷍"（虢叔鐘），"又"也訛混為"屮"。侯馬盟書既有從"屮"的寫法作"𦱤"（盟書一五六·二一），也有從"又"的寫法作"𦱣"（盟書一五六·二○）。"又"字上添加一短橫飾筆作"𠂇"（𤼌忈鼎），變為從"尤"。中山王𧨾鼎上的"喬"字作"𠐾"，"又"字變作"九"。"喬"字作"𠐾""𠐾""𠐾"等形中"又""尤""九"都是聲符，與"高"字構成雙聲符字。古音"高"在見紐宵部，"又"和"尤"在匣紐之部，"九"在見紐幽部，之宵、宵幽均為旁轉，聲皆為牙音。這是添加飾筆造成的變形音化從而構成一個雙聲符字的例子；又如，"荊"初文作"𠂆"（貞簋），因與"刀"形近易混，遂加"井"聲作"𠚩"（史牆盤），而作"𠚩"（師虎簋）"𠚩"（過伯簋）形則

---

① 劉釗：《古文字構形學》，福建人民出版社 2006 年版。

② 此例承劉釗先生面告。

③ 裘錫圭：《文字學概要》，商務印書館 1988 年版，第 142 頁。

④ 陳偉武：《雙聲符字綜論》，《中國古文字研究》第一輯，吉林大學出版社 1999 年，第 335 頁。

是從 "✦" 到 "✦" 所从之 "刀" 形的過渡形體。"✦" "✦" 就成了雙聲符字。這是由訛混造成雙聲符字的例子。

綜上所述可見，林義光提出 "二重形聲" 這一條例有開創之功。陳偉武先生對此作了高度的讚譽："林義光能夠揭示漢字中雙聲符字（雙聲符字）的許多事實，正因為他打破了許慎的六書條例，糾正許慎誤聲為形的種種錯誤，還雙聲符字以本來面目。"① 當前雙聲符字研究已經取得長足進展，不少學者致力於雙聲符字的考辨，成績顯著，但還沒有人對雙聲符字作系統的研究。"音隨字轉" "字隨音變" 是語言與文字辨證關係的體現，雙聲符字的出現與語音的演變關係密切，值得我們作深入的探討。

第四節　"形變指事" 說之推闡

"形變指事" 說是近代古文字學家林義光在《文源·六書通義》中提出的一個有關六書理論的概念。六書是漢代學者根據當時的文字（小篆）形體總結出來的關於漢字結構規律的理論。然而，小篆距甲骨文甚遠，小篆中許多字形已發生各種變化，漢代學者就小篆而總結出的六書理論必有其局限性：其一，文字是發展變化的，僅就小篆字形只能作靜態的結構分析，這樣的結構理論必然無法反映文字的動態發展狀況；其二，用這樣的六書理論去分析文字結構，許多文字現象都無法得到合理的解釋。劉釗先生在《古文字構形學》中指出了許多古文字發展演變過程中的現象，如 "甲骨文中的倒書" "飾筆" "形體的訛混" "聲符的訛變" "變形音化" "類化" "雙聲字" "簡省分化"，等等②。諸如此類的文字現象都是傳統六書理論無法回答的問題。林義光早在近百年前就開始了古文字演變規律的探求，他以科學的文字符號觀為指導，歷史地動態地分析文字的發展演變過程，並在此基礎上提出了自己六書理論。他提出的 "形變指事" "二重形聲" 是對傳統六書理論的重大突破。本文將就他指出的 "形變指事"

---

① 陳偉武：《雙聲符字綜論》，《中國古文字研究》第一輯，吉林大學出版社 1999 年版，第334頁。

② 劉釗：《古文字構形學》，福建人民出版社 2006 年版。

字例進行分析，並指出"形變指事"說的科學性及其對新六書理論研究的積極意義。

一　《文源》形變指事字疏證

林義光在《六書通義·指事》中創造性地提出"形變指事"這一概念，他說："'刁'（乏）'㐱'（云）'巾'（个）'片'（片），取反文或半體為形者，謂之'形變指事'。""形變指事"字是指採用改變字形的方法造字，由於它們表達的是抽象的意義，但又不同于會意，所以林義光創立了"形變指事"這一條例。《文源》收錄形變指事字十個，下面我們將詳細地加以討論：

（1）叵，《說文》無"叵"字，《三蒼》："叵，不可也。"《說文·敘》云"雖叵複見遠流"，是當有"叵"字。徐鉉《新附》作"叵，從反可。"

今按：詹鄞鑫先生在《漢字說略·變體字》一節中談了取義變體字，他認為這類變體字的字義與原字的字義有某種聯繫，但與原字或變體字的形體似乎沒有聯繫。詹先生把"叵"字歸入"取義變體字"一類。

（2）旡，《說文》："旡，歙食屰（逆）气不得息曰旡。從反欠。"林按：古作"旡"（曾伯霥匜"既"字偏旁）、作"旡"（召伯虎敦"既"字偏旁）。

今按：甲骨文"欠"字作"欠"（《合集》32344），又作"欠"（《合集》18007）。"旡"字作"旡"（《合集》13587）"旡"（《合集》18006）。金文"既"所從之"旡"既可作跪坐的人形，又可作站立的人形。李宗焜先生《甲骨文字編》將"欠"（英2262）釋為"欠"。從文例來看，此字用作人名，釋"欠"證據不足。由甲骨文、金文從"欠"之字和從"旡"之字來看，"欠"與"旡"的區別在口部朝前還是向後，與身體直立與否沒有關係。因此林義光將"旡"作為改變部分形體的形變指事字是正確的。裘錫圭先生認為"旡"為改變字形方向的變體字①。

（3）㐆，《說文》："㐆，歸也。從反身。"林按：古作"㐆"（虢叔殷匜）、作"㐆"（盂鼎）、作"㐆"（禽彝），並"殷"字偏旁。今字以"依"

---

① 裘錫圭：《文字學概要》，商務印書館1988年版，第140頁。

為之。

今按："身""㑗"本為一字，後分化為二字。林義光所引金文"殷"字偏旁與金文"身"無異，實為一字。《說文》小篆"㑗"作"𦣻"，與"身"作"𦣻"確為正反關係。徐鍇《說文解字系傳》："人之身所有為常外向、趣外事，故反身為歸也，古人多反身修道。"《廣韻·隱韻》："㑗，歸依也。"《六書故·人一》："㑗，轉身也。"據此，"㑗"為取義變形字。

（4）𠫓，《說文》："𠫓，不順忽出也。从到'子'。《易》曰：'突忽其來如。'不孝子突出，不容於內。'㐬'即《易》'突'字也。𠫇，或从到古文'子'。"林按："倒子"謂子生倒出，非"不孝子不容於內"之義。"𠫓"，"育"字从此。

今按：林義光所言極是。《說文》說解此字陷於義理，十分牽強。嬰兒出生時頭先出乃自然規律，並非不孝，"不容於內"。《說文》以為'突'之本字，這是錯把假借當本字，段玉裁已經指出這一點。"突"自有本字，甲骨文"突"作"𡦝"（《合集》21224），从'穴'、从'犬'，本義指犬從穴中突然而出。林義光認為"𠫓"是由倒寫的"子"變來的。因此將"𠫓"認定為形變指事字。

（5）𥄉，《說文》："𥄉，倒首也。賈侍中說，此斷首倒縣梟字。"林按：今字以"梟"為之。

今按：段注："此亦以形為義之例"。此與林義光之謂"形變指事"當無二致。

《玉篇》："𥄉，野王謂縣首於木上竿頭，以肆大辠也，秦刑也。"《廣韻·蕭韻》引《漢書》曰："三族令：先黥，劓，斬左右趾，𥄉首，菹其骨，謂之具五刑。"《四庫全書》所收宋版《前漢書》中"𥄉"已寫作"梟"。《說文》："梟，不孝鳥也。日至捕梟磔之。从鳥頭在木上。"西周中期縣改篆"縣"字作"𢏚"，正是縣首於木上竿頭之形，可見這種刑罰周王朝已有，秦刑大概是沿襲了周王朝這種刑罰。楚簡"梟"字作"𣟉"（包山258），非从鳥頭，而是個倒首。《墨子·號令》："犯令者父母妻子皆斷，身梟城上。"岑仲勉注："梟，梟首示眾也。"楚簡"𣟉"當為"斬首懸示眾"之"梟"的本字，从"木"从"𥄉"，"𥄉"亦聲。"𥄉"與"梟"古音均為見紐宵部字。如此看來，楚國也有縣首於木上竿頭的刑罰。"𥄉"和"梟"是一個詞在不同地域的不同用字，後來"𥄉"字廢棄不用，以"鼻"代之。

(6) 个，《說文》："个，箇或作个，半竹也。"林按："竹"字象林立之形，其一竿則一个也。《史記·貨殖傳》："木千章，竹竿萬个。"凡物一枚亦謂之"竿"，謂之"个"。《禮記·投壺》"某賢於某若干純。""干"即"竿"，"若干"猶言"如此箇"也。《儀禮·有司徹》："俎釋三个。"注云："枚也。"《書》"一介臣"，《左傳》"一介行李"，以"介"為之。"介"（泰韻）"个"（歌韻）雙聲旁轉，亦"干"（寒韻）之雙聲對轉也。

今按："竹"甲骨文字作"个"　（《合集》32933），戰國文字作"竹"（睡虎地·日書甲5反）"竹"（貨系316）。《說文》："支，去竹之枝也。从手持半竹。"《說文》小篆"支"作"支"可證林義光之說，"个"字的確是取"竹"字的一半。

(7) 片，《說文》："片，判木也。从半'木'。"

今按：裘錫圭先生認為"片"字是通過增減筆劃而造的變體字[1]。詹鄞鑫先生進而將其歸入"取形變體字"之例[2]。

(8) 卂，《說文》："卂，疾飛也。从飛而羽不見。"林按：石鼓作"卂"（"䓘"字偏旁）。

今按：西周早期"卂"字作"卂"（卂伯簋），今字作"迅"。高鴻晉《中國字例》："飛而羽不見，其卂可知也，故後世加意符'辵'作'迅'。"林義光蓋以為"卂"是由"飛"字減省筆劃而成，故稱之為形變指事字。

林義光所謂"形變指事"可分為兩類：一是改變字形方向（包括改變部分形體的方向）以表達一種與原字意義有關的意義，如"匚""爿""厷""県""旡"等；二是通過增減筆劃取原字的一部分，但與原字無意義上的聯繫，如"片""个""卂"等。兩者都與文字的分化有關。在古文字階段，文字異體現象非常嚴重，這表現在字形上的正反無別、正側無別、正倒無別。林義光已經掌握了這一規律，並在此基礎上提出了"形變指事"說。他認為"反文""倒文"有兩種情況，一是正反無別、正倒

---

① 裘錫圭：《文字學概要》，商務印書館1988年版，第141頁。

② 詹鄞鑫：《漢字說略》，遼寧教育出版社1991年版，第215頁。

無別、正側無別，另一種情況則是在造字過程中為了表達與某字有一定聯繫的字義而有意改變原字方向，並因為承擔了新的意義而成為與原字有別的新字。對此，他在《文源·凡例》中特別作了說明："諸彝器多有反文，形雖反而聲義無異；然反'正'為'乏'、反'龤'為'龤'、反'欠'為'旡'、反'身'為'月'，雖近反文，故當別為一字。至於'己'、'㐱'、'曰'、'丂'、'氒'、'爪'等字，則聲義多不足據，似皆同字之反文也。以不可臆斷，亦並存之。"許慎由於對古文字的"反文""倒文"現象缺乏正確的認識，所以《說文》中往往把意義無別的正反字形釋為兩個不同的字、或把兩個字形並無聯繫的字硬說成"從反某"。林義光對《說文》的此類錯誤也進行了校正。例如：

(9) 少，《說文》："少，不多也。從小，丿聲。"林按：古作"少"（《攮古錄》卷三之七嚮侯敦）。"小"象物少形。"丿"，抽去之，則猶少也。

(10) 小，《說文》："小，少也。從小，乀聲。讀如輟。"林按：即"少"之反文。"少""小"亦雙聲旁轉，當與"少"同字。

今按：許慎不懂古文字正反往往無別的規律，所以把"少""小"說成兩個字。正如林義光所言"少""小"實同字。

(11) 己，《說文》："己，用也，從反'巳'。賈侍中說：'己，意（薏）己（苢）實也。'象形。"林按：反"巳"無"用"義。"己"古作"己"（子璋鐘）"己"（伐郏鼎），亦不象薏苢實。"己"即"始"之本字，象物上端之形。"始"從"台"得聲，故"始"與"己"同音。"始"，《說文》："女之初也。"女實無所謂初。頌鼎"皇母龔始"，"始"即"姒"之本字（長婦為姒婦。姒，始也。穉婦為娣婦。娣，次第也）。古今相承訓為初，乃假為"己"字也。

今按：林義光認為"己"和"巳"在字形上無正反關係，在字義上也沒有任何聯繫，甚確。裘錫圭先生也作了分辨：甲骨文"己"字作"己"或"㠯"（後來演變為"以"。"以""己"本是一字。或以為"以"與"似"之古體"佀"是一字，不確。）"巳"古作"己"，二者字形並沒有關係[1]。

(12) 帀，《說文》："帀，匝也。從反'屮'而帀也。"林按：反

---

① 裘錫圭：《文字學概要》，商務印書館 1988 年版，第 140 頁。

"之"無"周匝"之義。古作"不"（仲師父鼎，"師"字偏旁）"不"（善尊彝"師"字偏旁）。匝者，集也。象群集之形。"小"，三面各集於一也。

今按：裘錫圭先生也認為"帀"與"之"在字形上沒有關係，甲骨文"之"字作作"业"，"帀"作"不"①。

（13）棄，《說文》："棄，捐也。从廾推草，从㐬。㐬，逆子也。"林按："太"即"子"字倒文（"子"，《說文》或作"业"），象子在箕上推棄之形。古作"棄"（散氏器）。

今按："太"為"子"之倒文，與"子"同意，林義光所言極是。甲骨文"棄"字作"肖"（《合集》21430）"棄"（《合集》8451）。在"棄"字構形當中，"子"正倒無別。

（14）含，《說文》："今，是時也。从亼、乀、乁，古文及。"林按："亼乁"義不可曉。古作"含"（師嫠敦）、作"A"（師兌敦），即"含"之古文。"A"為"口"之倒文，亦"口"字，"A"象口含物形。"含"从"今"得聲，音本如"今"；"含"，不吐不茹，有稽留不進之象。與"今"同音之字，如雲而不雨為"黔"（今用"陰"字），止為"禁"，不言為"噤"，詠歎為"吟"，常思為"念"，漸漬為"浸"，並有稽留象。"今"為是時，亦從稽留不進之義引伸。亦作"今"（孟鼎）。

今按：林義光認為"A"乃"口"之倒文，"A"即"含"之古文。裘錫圭先生認為林義光將"A"釋為"口"之倒文確為高見。但裘先生認為"含"的古文應該是"甘"，"A"即"曰"之倒文，"今"大概是"吟"（噤）的初文，本義是閉口不作聲②。"閉口不作聲"與林義光所謂"稽留不進"之義類似。

林義光還在認出"ⳁ"是"人"的反文的基礎上，糾正了許慎釋"ⳁ"為匕的錯誤，並進而正確地考釋一些从"ⳁ"的字，如：

（15）尼，《說文》："尼，从後近之。从尸，匕聲。"林按："匕""尼"不同音。"ⳁ"，"人"之反文，"尸"亦人形，象二人相昵形，實

---

① 裘錫圭：《文字學概要》，商務印書館1988年版，第140頁。

② 裘錫圭：《古文字論集·說字小記·說"去""今"》，中華書局1992年版，第646—649頁。

"昵"之本字。

今按：甲骨文"尼"字作"🔣"（"怩"字所從，《合集》00071）"🔣"（"秜"字所從，《合集》13505 正）。《古文字譜系疏證》編者認為"尼"字從"尸"、從"人"，"尸"亦聲。"尸"為踞坐，一人踞坐於另一人背上嬉戲，會狎昵之義，即"昵"之初文[1]。

（16）🔣，《說文》："匘，頭髓也。從匕，匕相匕（比）箸（著）也。巛以象髮，囟象匘（腦）形。"林按：相比於腦義不切。"𡿮"即"🔣"之反文，猶"🔣"（艮）"🔣"（印）"🔣"（頃）皆以"匕"為"人"字，當作"🔣"，如人戴腦，于象形方合。

今按：不知《文源》"🔣"字字形出自何處。不過林義光認為"匘"從"人"應該是對的。

（17）🔣，《說文》："艮，很也。從匕、目。匕目猶目相比不相下也。"林按："𡿮"即"🔣"（人）之反文。人上有目，象很怒之形。古作"🔣"（曶鼎"限"字偏旁）。

今按："艮"字又見於伯限爵"限"字偏旁，作"🔣"。還見於齘從盨"限"字偏旁，作"🔣"。字皆從"目"從"人"。睡虎地秦簡《封診式》第 53 號簡"艮"字作"🔣"，已變從"匕"，當為《說文》所本。

（18）🔣，《說文》："頃，頭不正也。從匕、頁。"林按：從"頁"（轉注），"𡿮"象人頭傾形。《說文》"攲"下云："從匕，支聲。匕，頭傾也。"

今按：戰國文字齊兵器鑄頃戈"頃"字作"🔣"，從"人"、從"頁"，可證林之光之說。秦文字作"🔣"（陶彙 5.136）"🔣"（睡虎地·法律答問 64），變從"匕"，蓋為《說文》所本。

從上舉諸例可見，林義光之"反文""倒文"與許慎之"反文"，在概念上是不同的。許慎往往把一個字的反文與這個字視為兩個不同的字，而林義光則認為它們是同一個字。另一方面，如果"反文"或"倒文"分化為表達另一意義的新字，如"叵"與"可"、"首"與"🔣"、"身"與"🔣"等，即形變指事字。當然，由於林義光所見古文字有限，有時他

也無法超越《說文》。例如：

（19）⿱，《說文》："乏，《春秋傳》曰：'反正為乏'。"林按：此伯宗論郤犨之言，乃設辭取譬，非造字本意。"正"古或作"⿱"（尤敦），與"足"相混。"乏"，不足也。蓋當作"⿱"，反足為乏。變"○"為"●"，亦書作"⿱"耳。

今按：林說不足信。中子化盤"⿱"讀作"征"，說明反"正"還是"正"字。中山王譽壺"乏"字作"⿱"，中山王譽兆域圖作"⿱"，燕璽"乏"字作"⿱"（璽彙 3177）。裘錫圭先生指出《說文》所引《春秋傳》"反正為乏"不可信①。林義光雖沒有信從說文，但他只是據尤敦"正"字作"⿱"推測"乏"當作"⿱"，說"反足為乏"，只是臆測，有失嚴謹。

（20）⿰，《說文》："⿰，繼或作⿰。反⿰（絕）為繼。"

今按："繼"字甲骨文作"⿰"（英 0126）"⿰"（《合集》17166 正），春秋金文作"⿰"（拍敦）。"⿰"從二絲（右下二疑省略符號），中間橫筆表示接續②。"絕"字甲骨文作"⿰"（《合集》152 正）"⿰"（《合集》17464），金文作"⿰"（倗生簋）"⿰"（中山王譽壺）。"繼"字與"絕"字並無正反關係。林說不可信。

二 林義光"形變指事"說有開創之功

通過以上分析，我們已經瞭解了林義光的形變指事。從造字的角度來說，形變指事字是由已有的文字改變字形方向或增減筆畫後形成的，它是對原字的改造；從文字形體上說，形變指事字具有獨立的形音義，已分化爲一個新字。這跟古文字中常見的正反、正側、正倒無別的一字異體有質的區別。許慎就是因爲沒有認識到這一質的差別，所以他常把一些字的正反異體別爲二字，如"⿱"與"⿱"、"少"與"⿱"本無別，許慎却把它們析爲二字。清代學者王筠、孫詒讓及近現代古文字學家羅振玉、王國維、唐蘭等人雖已認識到古文字形體往往正反、正側、正倒無別這一規律，但他們都没有注意到兩類"反文"的區別，也不

---

① 裘錫圭：《文字學概要》，商務印書館 1988 年版，第 140 頁。
② 何琳儀：《戰國文字聲系》，中華書局 1998 年版，第 195 頁。

能在理論上給這些無法用傳統六書來分析的字予歸屬。林義光首創"形變指事"這一條例，從造字法的角度明確了"片""叵""月""云""鼎""卂""个""旡"等字的字形來源，從理論上解釋了這一文字發生、發展過程中的客觀存在的事實，所以說林義光在這方面有開創之功。可惜在林義光之後的半個多世紀，沒有人重視他在六書理論的這一突破。直至20世紀80年代，裘錫圭先生再一次注意到這個問題，並提出了"變體字"這一概念，"變體字"屬裘氏"三書"說的表意字。他認爲這類字是用改變某一個字的字形的方法來表意的，改變字形的方法主要有兩種，即增減筆畫（一般是減筆畫）和改變方向。減少筆畫而形成的變體字有"片""寽""恵""世""ㄥ"（畎）"ㄣㄣ"（澮）"ㄗ"（子）"ㄥ"（了）"宀"（寂之俗體），改變字形方向的變體字有："ㄓ"（旡）"ㄏ"（"派"之初文，从反"永"。"派"和"永"本無別，後分化爲二字）"ᗧ"（今）"ㄐ"①。詹鄞鑫先生擴大了裘氏"變體字"的範圍，把裘氏認爲"不能納入三書"的"變體表音字"和"半記號字"也界定爲"變體字"，並分成三類：A. 取形變體字，這類變體字的字形與原字的字形有某種聯繫，它們是："片""子""了""了"；B. 取義變體字，這類變體字的字義與原字的字義有某種聯繫，但與原字或變體字的形體形象，似乎並沒有聯繫，如"寽""叵"；C. 取音變體字，這類變體字的讀音與原字讀音相近，字義是新賦予的（有的可能是原字的假借義），與原字本義和字形都沒有聯繫。如"乒""乓""毋""耶""義"②。裘、詹二氏所說的"變體字"，較之林義光的"形變指事"，我們不難看出二者如出一轍。我們不敢斷言二者有繼承關係，但裘、詹二氏的研究至少可以證明林義光"形變指事"有其科學性和開創之功。

---

① 裘錫圭：《文字學概要》，商務印書館1988年版，第139—142頁。
② 詹鄞鑫：《漢字説略》，遼寧教育出版社1991年版，第215—216頁。

第四章　林義光與古文字研究

第一節　金文與《說文》研究史略

一　漢代金石學的萌芽與《說文解字》的編寫

許慎在《說文·敘》中說："（西漢時）郡國亦往往於山川得鼎彝，其銘即前代之古文。"據此可知，西漢時已發現有金文。史書記載中最早對金文進行釋讀的是西漢宣帝時的張敞。《漢書·郊祀志下》云："是時美陽得鼎獻之，下有司議多以為宜薦見宗廟，如元鼎時故事，張敞好古文字，按鼎銘勒……"張敞讀出鼎上銘文乃周朝一個名叫"尸"的大臣受到周王的賞賜，尸的子孫刻銘其先功，認為不宜薦見於宗廟。由於漢代出土的銅器數量不多，也就沒有人去彙集、著錄，所以許慎沒有機會見到這些鐘鼎銘文。《說文》所錄古文來自孔子壁中書以及張蒼所獻《春秋左氏傳》等。《說文》籀文則來源於《史籀篇》①。限於客觀條件，即無法利用西周的金文材料，許慎只好以小篆立說。與之相對立的是，當時的今文學家認為文字是神聖的，是父子相傳、不得改易的，當時的隸書就是倉頡造字時的字體。他們根據隸書說解文字，自然扞格難通，不免鬧出"馬頭人為長""人持十為斗"之類的笑話。許慎作《說文解字》的目的是批判今文學"俗儒鄙夫"的謬說，但藉以立說的小篆的形體結構較之初文已有不同程度的變化，所以許慎就秦篆探討文字的本形本義，也難免要重

---

① 王國維提出的"戰國時秦用籀文，六國用古文"說已得到學界普遍認可。王氏還指出古文是齊魯文字。這一說法也得到當代學者張政烺、何琳儀、馮勝君等先生的支持。參看張富海：《漢人所謂古文之研究》，線裝書局 2007 年版。林素清：《說文古籀文重探》，《中研院歷史語言研究所集刊》第五十八本第一分，上海印刷廠 1987 年，第 209—252 頁。

蹈今文學家的覆轍，只是程度上要輕些。

二 宋元時期金石學與《說文解字》

金石學興起於北宋。現存著作有三類：第一類屬於圖錄性的著作，即繪有器物圖形並附摹刻銘文，現存的有北宋呂大臨的《考古圖》十卷、王黼奉敕編纂《宣和博古圖錄》三十卷、南宋趙九成《續考古圖》五卷；第二類是專門考釋銘文的著作，如薛尚功《歷代鐘鼎彝器款識法帖》二十卷、王俅《嘯堂集古錄》二卷、王厚之《鐘鼎款識》等；第三類是專論和跋語，如歐陽修《集古錄跋語》十卷，收集金石拓本一千件，其中四百餘件寫了跋尾。還有趙明誠的《金石錄》收金石拓本二千件，所作跋尾五百二十篇，編成目錄十卷，跋尾二十卷，共三十卷①。董蓮池先生《宋人在金文文獻整理上的創獲》② 一文指出了宋代學者在金文研究上的兩大創獲：一是為銅器斷代，張掄的《紹興府古器評》是最早的銅器斷代專著。他為銅器斷代的方法有二，一是以標準器為其他銅器斷代；一是據器主斷代。另一方面，宋人不僅在銘文考釋上取得十分驚人的成績，而且在考釋方法的探索方面也頗有創獲，這表現在：第一，以小篆及古文、籀文等形體參求之，如他們根據小篆"原野"之"原"而釋出銘文中的"原野"之原；第二，利用先秦典籍中的成語釋字；第三，發明義近形旁通用例。宋人用《說文》小篆和古籀來釋讀金文雖然用的不多，但此舉意義卻不小。首先，這些考釋家已經意識到小篆不是最古的文字，銅器的時代和銘文都說明了這一點；其次，小篆的形體較之金文已發生一定程度的變化。

在宋人研究的基礎上，宋末元初的著名學者戴侗開始反過來用金文校補《說文》。他的《六書故》直接以金文作字頭，但由於當時所見金文不多，所以很多字形都是他杜撰的。《四庫全書提要》引元吾邱衍《學古編》對戴侗的批評："侗以鐘鼎文編此書，不知者多以為好，以其字皆有不若《說文》，與今不同者多也。形古字今，雜亂無法。鐘鼎偏旁不能全有卻只以小篆足之，或一字兩法……許氏解字引經，漢時猶用篆隸，乃得

---

① 參見高明《中國古文字學通論》，北京大學出版社 1996 年版，第 13—14 頁。

② 董蓮池：《宋人在金文文獻整理上的創獲》，《古籍整理研究學刊》1992 年第 6 期。

其宜。今侗亦引經而不能精究經典古字，及以近世差誤等字引作證據，鎈、鍾、銴、鋸、屎、屎等字，以世俗字作鐘鼎文，夗字解猶為不典，到此書一厄矣。"戴侗寫《六書故》的初衷是推求文字六書初誼，所以他以鐘鼎文為正字。這本是極有意義的創舉，但由於他自亂其例而遭到被全盤否定的命運，不為後人所用。唐蘭先生在《中國文字學》中曾談及這一點，他說："他（戴侗）用金文作證，用新意來說解文字，如'鼓'象擊鼓，'壴'字才象鼓形之類，清代學者就不敢採用，一直到清末，象徐灝的《說文段注箋》等書才稱引。"① 實際上，首先戴侗的思想方法是非常正確的，他在《六書通釋》中說："六書始於象形、指事，古鐘鼎文可見其一二焉。許氏書祖李氏小篆，徒取形勢之整齊，不免增損點畫移易位置，使人不知制字之本。"他敢於質疑小篆非制字之本，並以鐘鼎文證之，在當時是相當可貴的。其次，他在文字考釋上，很多見解也很精當。党懷興先生《〈六書故〉用鐘鼎文考釋古文字評議》結合現有甲骨文金文及其他材料重新論證了戴侗考釋過的一些字，發現《六書故》大部分考釋是可靠的②。戴侗之後，楊桓作《六書統》，嘗試著用古文大篆來代替小篆。他在序言中說："凡序一文一字，必先置古文、大篆於首，以見文字之正；次序鐘鼎文於下，以見文字之省；次序小篆於下，以見文字之變。文簡而意足者，莫過於小篆，而其間訛謬於後人之傳寫者，亦所不免。今以古文證之，悉複其故，以古文、大篆更相比究。"③《六書統》收有鐘鼎文 2504 個。雖然有些未標明出處，令人質疑。但有出處的字形還是值得後人作進一步研究的。我們也可以從另一個側面瞭解當時金文研究的水準。毋庸置疑，楊桓對文字發展過程中的繁簡、省變、訛變等現象有著充分的認識，他和戴侗都有著科學的文字發展歷史觀，但由於當時的條件有限，他們的嘗試都以失敗告終。

三　清人的金文研究與《說文解字》研究

到了清代，雖然小學異常發達，見於著錄的銅器銘文也非常豐富，但

---

① 唐蘭：《中國文字學》，上海古籍出版社 2001 年版，第 21 頁。
② 黨懷興：《〈六書故〉用鐘鼎文考釋古文字評議》，《中央民族學院學報》2001 年第 4 期。
③ 《四庫全書》第 227 冊小學類，第 7 頁。

由於宗許之風盛行，許多學者恪守《說文》的一點一畫，不敢越雷池半步，所以金文在乾嘉之前還沒有被用來校補《說文》小篆。乾嘉之後的學者開始利用金文研究《說文》之例，他們的研究主要對《說文》所收的古籀文進行疏證、補充，即羽翼《說文》，並試圖探究造字之源。這類著作中影響較大的有楊大堉的《說文重文考》、莊述祖的《說文古籀疏證》、嚴可均的《說文翼》等。他們的研究使越來越多學者意識到小篆之前另有文字系統，如莊述祖著述的本意就是想利用彝器文字來建立一個古籀系統。他在自序中說："今即許氏偏旁條例，正以古籀，自甲至亥，分為二十二部，條理件系，觸類引申，至賾而不可惡，至動而不可亂。翼以通古今之變，窮天工之奧，辨萬類之情，成一家之學。"吳大澂在《說文古籀補序》中明確提出"古器習見之字即成周通用之文"。這一時期學界在觀念上的另一重大變革是：明確指出《說文》絕非無誤之書。王筠在《說文句讀》中第一個勇敢地宣稱"毋視《說文》為完書也"，他也是以金文證《說文》並非完書之第一人。他的《說文釋例》《說文句讀》《文字蒙求》都能利用金文來說解文字，僅《說文釋例》所引金文就一百多條。如在《說文釋例》中，王筠據《博古圖》所錄周義母匜、孟皇父匜等銘文，推斷"也"為"匜"，證明《說文》的說解"也，女陰也"是錯誤的。他還總結出金文的一些構形規律，如金文字形往往不分左右、不分反正，亦可不分順倒。觀念上的重大進步無疑推動了學術研究，其後，學界不僅重視並應用出土的金文材料，還在一定程度上改變或修正了傳統上對《說文》的迷信。陳介祺說："今世無鐘鼎字，無通許書字、正許書字、補許書字者矣。"（《說文古籀補序》）

談到利用古文字材料研究《說文》，我們不得不特別強調的清代學者是吳大澂。吳大澂的《說文古籀補》（以下簡稱《古籀補》）在中國文字學發展史上是具有劃時代意義的著作，其最重要的貢獻在於理論上的突破，認識上的飛躍。在他之前，雖然王筠等人已指出"《說文》非完書"，並懷疑小篆之前另有文字系統，但由於他們在觀念上仍奉《說文》為圭臬，所以，雖然也已經開始利用金文研究《說文》，但他們的《說文》研究主要還是對《說文》的校、注、疏、證以及釋例、句讀之類，即便是指出《說文》的錯誤，也只是細枝末節。《古籀補》雖然仍依《說文》體例編排文字，但他已經認識到"古器所見之字即成周通用之文"，並指

出《說文》所收古文乃周末七國文字（今按，實為六國文字，由於吳大
澂還沒有明確認識到六國文字跟戰國時代的秦國文字應分為兩系，故稱
"七國"），《古籀補》實際上已經初步建立了一個新的文字系統——成周
文字。這一理論與認識上的飛躍，從根本上動搖了當時學界對《說文》
的迷信，超越了傳統《說文》學的研究；在研究思路和方法上，他認為
"古器所見之字，有與許書字體小異者……可正小篆傳寫之訛"，書中屢
次根據金文指出《說文》篆形和解說的問題，或者直接提出跟《說文》
不同的說法。俞紹宏先生的博士論文《說文古籀補研究》對吳大澂在金
石研究上的貢獻作了總結，主要有：（1）注重銘文句讀；（2）把文字考
釋、銘文內容和傳世史籍文獻資料結合起來，給青銅器等古器物進行斷
代。吳氏的斷代標準還有標準器、字形及書寫風格；（3）吳氏的金文研
究涉及古器物分域問題；（4）吳氏還正確指出石鼓文為史籀文字之孑遺，
《說文》古文為周末七國之文字，鐘鼎之文為成周通用之文字。特別是他
認識到《說文》"古文"與六國文字的相似性①。吳氏利用金石古文字糾
正《說文》的主張和實踐，為傳統《說文》學開闢了一條新的道路②。
其後有丁佛言《說文古籀補補》、強運開《說文古籀三補》就是這一研究
的延續。

　　甲骨文被發現之後，學者們利用《說文》考釋甲骨文，同時也利用
甲骨文、金文糾正《說文》，形成一代之風，開始了科學意義上的文字學
研究。孫詒讓、羅振玉、王國維是這一行列的先驅。孫詒讓的金石學，以
考釋古文字為主，他一改以往金石家隨意推測的習氣，創造性地運用偏旁
分析法來考證古文字，因而被稱為用科學意義的手段來研究古文字的第一
人。他的《古籀拾遺》《古籀餘論》《名原》均有許多精彩論斷，糾正了
《說文》中的不少錯誤。如他認為"止"本象足跡，為"趾"的本字，
批駁了《說文》："止，下基也，象草木出有趾，故以止為足"的說法。
在孫詒讓等人的影響和帶動下，近代《說文》學重新獲得生命力，並蓬

---

① 俞紹宏：《說文古籀補研究》，安徽大學博士論文，2006 年。
② 吳氏對古文字學的發展所作出的貢獻已為世人公認，裘錫圭、陳煒湛兩位先生都著有專
文。參見裘錫圭：《文史叢稿——上古思想、民俗與古文字學史》，上海遠東出版社 1996 年版，
第 167—176 頁；陳煒湛：《清代傑出的古文字學家吳大澂》，《古文字研究》第二十輯，中華書
局 2000 年版。

勃發展，迄今不衰。

林義光《文源》就是在這樣的學術背景下誕生的。通過對《文源》的研究，我們看到當時的金文研究水準已經相當高。金文研究已經從《說文》學中徹底分離出來，成為古文字研究的一個重要分支。

第二節　林義光在金文研究上的成就

林義光的金文研究主要有三個方面：一是考定金文；二是利用金文印證《說文》；三是從金文材料中摸索古文字形音義演變的規律。從古文字材料出發是林義光之所以能超越傳統《說文》學的根本原因。李學勤先生在《失落的文明·〈說文解字〉》一節中指出："現代的古文字學之所以超過傳統的'說文'學，主要在於根據出土的古文字材料。"文中引用林義光《文源》對許慎的批評：①

> 顧許氏敍篆文，合古籀，而所取古文由壁中書及郡國所得鼎彝。時未有槧書之業、拓墨之術，壁經彝器傳習蓋寡。即許君睹記，亦不能無失其真，故於古籀造字之原，多闕不論。但就秦篆立說而遂不可通。既譏俗儒鄙夫以秦之隸書為倉頡時書，乃猥曰"馬頭人為長""人持十為斗"，而自為書，亦適以周官之六書說省改之小篆，庸詎愈乎？
>
> ——《文源·序》

林義光對許慎的批評相當中肯，李學勤先生的斷言也切中要害。甲骨文未出之前，由於未見"真古文"或佔有的古文字材料不足，所以包括許慎在內的歷代學者，在探索漢字源流及其發展演變規律的過程中，難免受到局限。

本節我們主要談談林義光考釋正確的字、《文源》在糾正《說文》之誤方面的成就，最後總結林義光在金文考釋中所運用的方法。

---

① 李學勤：《失落的文明·〈說文解字〉》，上海文藝出版社 1997 年版，第 78—80 頁。

一　林義光考釋金文已爲當代學者認定是正確的字

（一）釋 "⿰" "⿱" "⿰" "⿰" "⿰" "⿰"

（1）⿰，《說文》："昆，同也。从日、从比。"林按：从 "比"（转注），"⊖" 象渾沌之形，非 "日" 字。今字以 "混" 爲之。古有 "⿰"（昆疕鐘），疑即 "昆" 字。"⊕" 象相混合形。

今按：昆疕鐘 "⿰" 字確爲 "昆" 字，《金文編》《新金文編》皆收錄於 "昆" 字條下。據《金文詁林》，林義光是第一個釋此字爲 "昆" 的學者。不過林氏謂 "昆" 从 "比" 轉注則誤。"⿰" 字中 "⊕" 和 "⿰" 是連成一體的，"⿰" 不是後加的。"昆" 字戰國文字作 "⿰"（璽彙 5311）"⿰"（《睡虎地·爲吏之道》25），乃 "⿰" 割裂後的字形。

（2）⿰，《說文》："息，喘也。从心、自。"林按：噓气也。从 "自"（象鼻），"⿰" 象氣出鼻形，非 "心" 字。古有 "⿰"（遹尊彝）"⿰"（勎尊彝乙）字，疑即 "息" 之變體。

今按：林義光認出 "⿰" 爲 "息" 字，並指出小篆 "息" 所从之 "⿰" 非 "心" 字，可謂卓識。《新金文編》"息" 字下收 "⿰"（徵父乙簋）"⿰"（息伯卣）與 "⿰"（遹尊彝）"⿰"（勎尊彝乙）顯爲一字。不過林氏以 "⿰" 爲 "息" 之變體則正好說倒了。"息" 當爲 "⿰" 的訛變。中山王響壺 "息" 字作 "⿰"，變从 "心"。

（3）⿰，《說文》："叚，借也。闕。"林按：古作 "⿰"（師寰敦），从 "⿰" "⿰"，象兩手相付形，从 "石" 省（轉注）。"石" 或作 "⿰"（魯大司徒匜 "礦" 字偏旁），即古 "藉" 字。叚（假）者，藉人所有，爲己之用，故謂之 "借"（"借" 即 "藉" 之俗字），亦作 "⿰"（曾伯霖臣）、作 "⿰"（克鐘），从 "⿰"，猶 "石" 之作 "⿰"（邾公華鐘 "庶" 字偏旁）。

今按：林義光是最先認出金文 "⿰" "⿰" 所从之 "⿰" 是 "石" 的學者。《古文字譜系疏證》編者認爲 "叚" 从 "⿰" "石" 聲[1]。我們認爲 "石" 非聲。"叚" 的造字原理應該跟 "受" 相似，即 "石" 表示相付與的物件。林氏認爲 "叚" 从 "石" 省轉注則誤。"石" 當爲初文中

---

① 黃德寬等編：《古文字譜系疏證》，商務印書館 2007 年版，第 1524—1525 頁。

就有的構件。

（4）𡨄，《說文》："宿，止也。从宀，㐌聲。㐌，古文夙。"林按："㐌"為古文"夙"，不可考。"宿"古作"𡨄"（寋叔敦），象人在屋下，旁有茵，宿象也。或作"𡧛"（叔宿尊彝乙），"𠂔"亦"因"之變。或作"𡨄"（宿妊鬲），从"人""茵"在"宀"下，从"夕"（轉注），"月"即"夕"也。

今按：林義光是最先考定寋叔敦"𡨄"為"宿"字的學者。《金文編》《新金文編》皆已收錄。林氏分析"宿"的字形結構也頗為精當。在《文源》"因"字條下引《廣雅》："茵，席也。"不過他釋"𠂔"為"因"則誤。甲骨文"宿"作"𠈊"（《合集》27814），象人躺在席上之形。或作"𡧑"（《合集》33567），象屋裏有人躺在席子上。"𠂔"即"因"字，象席上有紋理。甲骨文"因"字作"𡘸"（《合集》18360）"𡗶"（《合集》5651），象人（"大"象人形）在衣中①。另外，林氏還正確指出《說文》以"㐌"字為"夙"之古文不可考。

（5）𠧪，《說文》："克，肩也。象屋下刻木之形。"林按：屋下刻木，形意俱非是。"克"，能也。古作"𠧪"（克彝），象以肩任物形。"尸"象肩，猶"肩"字从"尸"，象形；"𠧪"即"由"字，重物也。以肩任重物，能事之意。

今按：林義光是最先準確釋出"克"字的學者。羅振玉雖也釋大保敦"𡴨"為"克"，但他解析字形為"象人戴胄形"則誤②。林氏的說解"象以肩任物形。'尸'象肩，'𠧪'即'由'字，重物也。以肩任重物，能事之意"是可信的。甲骨文"克"字作"𡴨"（《合集》01869正）"𡴨"（《合集》35362）"𡴨"（《合集》00114）。有學者釋"克"所从之"𡳿"為"由"。不過林氏釋"𠧪"為"由"亦可備一說。"克"的造字本義很可能是指用肩扛土塊。

（6）𡟭（夋），《說文》："𡟭，古文鞭。"林按：古作"𡟭"（諆田鼎）、作"𡟭"（馭方鼎，並"馭"字偏旁），象持鞭著馬尻形，"𠂊"象尻，與

---

① 裘錫圭：《古文字論集·釋南方名》，中華書局1992年版，第50—52頁。
② 羅振玉說參看于省吾主編《甲骨文字詁林》，中華書局1996年版，第0739條，第728頁。

"⿱" 同意（"⿱"，尾也。上亦象尻。）或作 "⿰"（趞尊彝以為 "馭"
字），"⊠" 亦象尻，與 "獸" 作 "⿰"（交彝）、"爲" 作 "⿰"（周客
敦）同意。一車兩馬，故 "⿰" 从二闪。"闪" "丙" 形近，故或作 "⿰"
（師㝅敦以為 "馭" 字），謂从 "丙"。

　　今按：林義光是最先釋 "⿰" 的學者。他根據諆田鼎和馭方鼎 "馭"
字偏旁分別作 "⿰" "⿰"，釋為 "鞭"，可謂卓識。《金文詁林補》"鞭"
字條下收唐蘭說[1]。唐先生釋九年衛鼎 "⿰" 字為 "鞭"，釋儵匜 "⿰"
为 "便"[2]。不過林氏釋趞尊 "⿰" 字為 "鞭" 則誤。此字当釋為 "更"。

　　（二）釋 "夋" "畟" "畟" "夋" 諸字

　　（7）⿰，《說文》："允，信也。从儿，㠯聲。"林按："㠯" 非聲。
"允" 當與 "靴" 同字，進也。古作 "⿰"（兮田盤 "靴" 字偏旁）。"⿰"
象人，上象其頭，"丨"，進而益上之形。

　　（8）⿰，《說文》："夋，行夋夋也。从夊，允聲。"林按：古作 "⿰"
（不期敦），"中" 即 "夊" 之變，象人足，當亦與 "允" "靴" 同字。獫
狁之 "狁"，虢季子白盤作 "⿰"，不期敦作 "⿰" 是也。"夋" 本訓
"進"，引伸為 "進之速"，故《說文》："趚，行速趚也。"《廣雅·釋
室》："趚，奔也。"《爾雅·釋詁》："駿，速也。"《詩》"駿奔走在廟"
（清廟），"駿發爾私"（噫嘻），箋云："駿，疾也。"亦引伸為 "進之
緩"，由 "緩進" 之義引伸為 "止"、為 "退"。故《說文》云："悛，止
也。"《廣雅·釋詁三》："竣，伏也。"《齊語》"有司已於事而竣"，注：
"退伏也。"《爾雅·釋言》："逡，退也。"《方言》："逡，循也。"（"逡
循" 漢鄭固碑作 "逡遁"，"遁" 亦 "退" 義）又《說文》："逡，復
也。""復" 謂 "進而復退"。

　　（9）⿰，《說文》："畟，治稼畟畟進也。从田、儿，从夊。"林按：
治稼之進與凡進無異，因字从 "田"，故強加治稼為說耳。古作 "⿰"（子
和子釜 "稷" 字偏旁），"⿰" 象人形（"田" 象首，非 "田" 字），"夊"
象其足，謂从 "女"。

　　①　周法高編：《金文詁林補》，福元印刷事業有限公司 1982 年版，第 874 頁。
　　②　唐蘭：《陝西省岐山縣董家村新出西周重要銅器銘辭的譯文和注釋》，《文物》1976 年第
5 期。

（10）**𠒩**，《說文》："兒，襃恐也。从人在凶下。"林按：古"**𡗜**"（陳獸釜"陵"字偏旁）與"**𡗥**"（夋），"**𠒩**"（允）與"**𡙡**"（夋），"**𡗥**"（丮）與"**𡙡**"（王孫鐘"期"字偏旁），皆同字。"寒"字篆作"**𡫚**"，古作"**𡫶**"（克鼎彝），"㠯"字篆作"**𡋊**"，古作"**𡋌**"（宗周鐘），是"兒"亦當與"夋"同字。《左傳》僖公十八年"曹人兒懼"，"兒懼"猶"悚懼"，乃"兒"之借義。《爾雅·釋鳥》："其飛也夋。"注："竦翅上下。"是"夋"與"竦"古同音。

（11）**𡙡**，《說文》："夋，斂足也。从夂，兒聲。"林按：石鼓作"**𡙡**"（"櫟"字偏旁）。"夋"與古"**𡗥**"（夋）"**𡗜**"（夋）"**𠼗**"（訊）"**𡙡**"（夋）等字皆从"**𡗥**"，不當析"**𡗥**"上形屬"**凶**"為"兒"字也。《爾雅·釋詁》："艐，至也。"此當為"夋"之本義，亦與"趨""湊"雙聲對轉。"趨""湊"亦"至"之引伸義，象人進趨形（从"人"，"**凶**"象首，"**夂**"象足。"禽""离"皆以"**凶**"為頭，此象人頭）。

（12）**𡗜**，《說文》："夋，越也。从夂、先。先，高大也。"林按："先"即"陸"之古文，象足形越其上。古作"**𡗜**"（小臣夋尊彝），"**𡙡**"，"**𡗥**"之變，"**𡗥**"，从人，下象其足。或作"**𡗜**"（陳獸釜"陵"字偏旁）。

今按：林義光敏銳地察覺到金文人形下部呈現出一種規律的變化，即人腿部加"**夂**"作"**𡗥**"，後訛成"**𡗥**"形，與"**𡗥**"（女）形近。如"丮"字作"**𠬝**"（師袁敦"執"字偏旁），又作"**𡙡**"（王孫鐘"期"字偏旁）；"聞"字作"**𤔲**"（大盂鼎）、又作"**𤔲**"（毛公鼎）；"允"字作"**𠒩**"（班簋），又作"**𡙡**"（不期敦"狁"字偏旁）；"訊"字作"**𠼗**"（五祀衛鼎），又作"**𠼗**"（不期敦）；"㠯"字篆作"**𡋊**"，古作"**𡋌**"（宗周鐘）；"寒"字篆作"**𡫚**"，古作"**𡫶**"（克鼎彝）；"夋"字作"**𡗜**"（陳獸釜"陵"字偏旁），又作"**𡗜**"（小臣夋尊彝）；"兒"字作"**𠒩**"，"夋"字作"**𡙡**"（石鼓"櫟"字偏旁）。由此他推斷："允"與"夋"同字分化，"夋"是從"**𡙡**"這類字形變來的；"夋"是在"**𠒩**"字人形下部加"夂"，"夂"象其足，訛从"女"作"**𡙡**"；"兒"和"夋"同字分化，"夋"是由"**𡙡**"變來的；"夋"是從"**𡗜**"變來的。林氏的這些論斷十分正確。"夋"字最早見於楚帛書，作"**𡝹**"。"**𡝹**"就是在"允"字作"**𠒩**"

形之上加"土"而成的。《說文》"夋"作"雟"，即"羍"形進一步演變而成的。楚帛書"帝羍"即典籍中的"帝俊"，可證"羍"即"夋"字。

從"夋"聲的"晙"字，甲骨文、金文"晙"作"昁"（《合集》5608）"昁"（合3019）"昁"（盂鼎）"昁"（頌壺）"昁"（牆盤），從"田""允"聲，可隸作"畃"。"畃"變成《說文》小篆之"暖"形，是在"晙"作"昁""昁"等形的基礎上在人形或女形的腿部加"夂"作"暖"（秦公鎛）形之後，進一步演變而成的。

"禝"字最早見於馬王堆木簡《雜禁方》，作"禝"（簡189），從"鬼"聲，與《說文》古文"禝"作"禓"可相合；又作"禝"（老子甲90），變從"畟"聲。"禝"所從之"畟"實際上是由"罗"形加動符"止"變來的，其演變規律與"夋""兇"同，即在人形腿部加"土"或"卩"，最後變從"夂"。

戰國文字有字作"禐"（陳矦簋蓋）"隶"（上博·柬大王泊旱6），可隸作"禔"。陳矦簋蓋銘曰："恭寅禔（鬼）神"；上博簡《柬大王泊旱》簡文："為楚邦之禔（鬼）神主，不敢以君王之身，變亂禔（鬼）神之常，故夫上帝禔（鬼）神高明。""禔"皆當讀為"鬼"。

上博簡《柬大王泊旱簡》又有字作"禔"（簡18），在簡文中用作"社稷"之"稷"。"禔"即"禝"。戰國文字"禝"字又作"禵"（子禾子釜）"禪"（中山王嚳鼎）"禵"（馬王堆·戰國縱橫家書235）。

我們認為"禔"乃"禝"之初文。"禝"的字形演變軌跡為：禐、隶—禔、禵、禪—禵，即在"禔"所從之"昁""史"形上加動符"止"訛變成從"罗""罗""止"，再進一步演變成從"畟"。上博簡《柬大王泊旱簡》"隶"用為"鬼"，"禔"用為"社稷"之"稷"，說明二字在形體上已分化。

"禝""禔"皆從"鬼"聲，它們的字形演變過程可以證明林氏之說，即"畟"是在"昁"上加"土"，或訛作"罗"，後變作"畟"。

"夋"的字形當是由"兇"演變而來。"夋"字小篆作"夋"形，就是在"兇"字人形腿部加動符而成的。《說文》所收"稷"字古文作"稯"，小篆也變作"稷"可證。

甲骨文"夋"字作"夋"（《合集》8243），西周金文或在人形下部加上了"止"形，作"夋"（子夋作母辛尊）"夋"（夋伯簠）。"夋"是從小臣夌尊彝"𦥯"這類形體演變而成的。

(13) "𨛜"、"𧮫"（�）

《說文》："啬，啬商，小塊也。从自，从夬。夬，古文蕢字。"林按："啬"為"小塊"無考。古作"𨛜"（守鼎"趞"字偏旁）、作"𨛜"（太保彝"譴"字偏旁），即"遣"之古文，从"自"。"自"者，"師"省（諸彝器多以"自"為"師"），所遣者也；"𨛜"象兩手遣之。

《說文》："譴，謫問也。从言，遣聲。"林按：古作"𧮫"（太保彝）、作"𧮫"（守鼎"趞"字偏旁）、作"𧮫"（小臣夌尊彝"遣"字偏旁），从"口""啬"聲。

今按：據《金文詁林》，在林義光之前，清人劉心源、孫詒讓已釋"𨛜""𧮫"為"啬"字。劉氏對"啬"的造字本義沒有提出意見。孫氏則拘泥於許說，謂"'自'，小𨸏也。'啬'為小塊則於義當从'自'"。董蓮池先生於《新金文編》"啬"引林義光說："（啬），'遣'之古文，从'自'。'自'者，'師'省，所遣者也。象兩手遣之。"小臣𧮫簋銘曰："以殷八𨸏（師）征東夷。惟十又一月，𨛜（遣）自𪉣𨸏（師）……"，"𨛜"（啬）即用作本義"派遣軍隊"，可證林說確實高妙。大保簋"𧮫"讀作"譴"。從"趞"字偏旁"啬"作"𧮫"來看，"𧮫"當為"啬"的繁體。不過古文字中"口""言"用作形符時常常通用，因此，"譴"字也有可能如林氏所言，本从"口"，後替換意符，變从"言"。

二 《文源》糾正《說文》之誤

（一）《說文》分為兩字、實為一字之例

1. "人"與"儿"

(14) "𠂆"，《說文》："人，象臂脛之形。"林按：古作"𠂉"（師酉敦簋）、作"𠂉"（夌尊彝），象人側立形，有頭、背、臂、脛也。

《說文》："儿，古文奇字也。象形。孔子曰：人在下，故詰詘。"林按：此非孔子語。古與"人"同作"𠂉"（宗周鐘"見"字、曾伯黎簠"元"字偏旁），不詰詘。

今按：林義光正是從金文"見"字作"𥃦"（史見卣）、"元"字作"𠀒"（曾伯黎簠）看出"儿"也是从"𠂉"變來的。《說文》"儿"部下收"兀""兒""允""兌""充"，林氏對"兀""兒""允""充"四字作

了疏證：

（15）《說文》："兀，高而上平也。从一在人上，一者平也。讀若夐。"林按：从"人"而上平，非"高"之義。"兀"蓋與"元"同字，首也。从"人"，""記其首處，與"天"同意。

（16），《說文》："，孺子也。从儿，象小兒頭囟未合。"林按：古作""（儀兒鐘）。

（17），《說文》："允，信也。从儿，㠯聲。"林按："㠯"非聲。"允"當與"𩊚"同字，進也。古作""（兮田盤"𩊚"字偏旁）。""象人，上象其頭，""，進而益上之形。

（18），《說文》："充，長也，高也。从儿，育省聲。"林按："育"非聲。从"人"，"育"省。

從林氏的按語可知他很清楚地認識到《說文》所謂从"儿"的字其實从"人"。不過林氏說"允"从""、从""則非是。甲骨文"允"字作""（《合集》19907），字由兩筆寫成。金文或變形音化从"㠯"聲，作""（秦公鐘）。

2. "大"與""

（19），《說文》："大，天大、地大、人亦大，象人形。"林按：""象側立，""象正立，古作""（太保鑄器）、作""（番生敦），亦象軀體碩大形，古今相承以為大小之"大"，惟為偏旁或與人同義。《說文》云：""，籀文大，改古文，亦象人形。"林按：《說文》从""字，與从""不容相混，而古無別。如"奚"字《說文》从""，古作""（南亞彝癸），从""。

今按："大"字甲骨文作""（《合集》01404）""（《合集》37848），象人正面而立之形，後世相承。""""皆取象於正面而立之人，《說文》分而為二，林氏認為二者古無別。甚確。《說文》""部下收"奕""奘""臭""奚""耎""䙴""奰"，林氏對"奚""耎""奰""臭"四字作了疏證：

（20），《說文》："奚，大腹也。从大，𦃃省聲。𦃃，籀文系。"林按："大"象"人"形。此象系縶人頸，爪持之，即係纍之"係"本字。《周禮・天官・序官》："奚三百人。"注："古者從坐男女，沒入縣官為奴，其少才智以爲奚。"《淮南子》："傒人之子女。"以"傒"爲之。

（21）奰，《說文》："奰，稍前大也。从大，而聲。讀若畏偄。"林按："而"非聲。"奰"爲"前大"，亦無他證。本義當爲"畏偄"。从"大"猶从"人"。"而"者下垂，畏偄之象。

（22）𡘜，《說文》："奰，壯大也。从三大、三目。二目爲𠌶，三目爲奰，益大也。"林按："三目"無壯大義。古作"𡘜"（艾伯𣌭），象三人壯大形，从"大"（象人形），"ᗉ"大其頭，壯大之象。

（23）臭，《說文》："臭，大白澤也。从大、白。古文以爲澤字。"林按："大白澤"之訓不可曉。"臭"爲古文"澤"，是與"奰"同字。

林義光認爲"奚""奰""奰"所从之"大"皆象人形，并指出"大"字"古今相承以爲大小之大，惟爲偏旁或與人同義"。甚確。甲骨文"奚"多从"人"作"𠂤"（《合集》00734 正）"𠂤"（《合集》32905），又从"大"作"𠂤"（《合集》33573）。

林氏指出"臭"與"奰"同字，其演變途徑爲奰—奰—奰—臭。他還認爲"臭"也與"罩"同字。可謂卓識。劉釗先生對"罩""臭"的分化關係作了詳細的分析論證。他指出，"罩"在甲骨文作"𠂤"、"𠂤"，字从"目"、从"矢"，可隸作"冥"。金文"罩"字作"𠂤"，字从"目"、从"矢"，仍沿承甲骨文"罩"字的構形，所从"ᗧ"乃"目"字之省，在銘文中用作"亡斁"之"斁"；字又作"𠂤"，从"日"、从"矢"，"日"爲"目"字之訛混；字又作"𠂤"，从"大"，乃"矢"字之訛；字又作"𠂤""𠂤"，从"日"、从"大"，即由从"目"訛爲从"日"，从"矢"訛爲从"大"。"𠂤"形上部且多出一斜筆；字又作"𠂤"，从"日"、从"矢"，日形上部也出現飾筆，使形體變得與"白"字接近。金文"罩"字作"𠂤""𠂤"形者，後來分化出了"臭"字。樂書缶"斁"字作"𠂤"，所从之"罩"下部既象从"𡴋"，卻又象从"大"，也像从"矢"，又三者都不是。這一形態可能是罩字由"冥"變化到"罩"的一個過渡階段①。

3. "恕"與"夔"

（24）恕，《說文》："恕，惠也。从心，先聲。""夔，行皃。从夊，

兂聲。"林按："愛"為行貌無考。古"炁"作"🔣"（愛器壬）、作"🔣"（愛尊彝壬），"🔣"即"心"之省變，與"憂"作"🔣"（毛公鼎）同意。"㥑"與"炁"同字。"夊"，人足形。蓋古从"人"之字或變从"🔣"（"夋"作"🔣"、作"🔣"，"允"作"🔣"、作"🔣"，"丮"作"🔣"、作"🔣"，皆此類），"🔣"下亦从"人"，故得變為"🔣"。

今按："炁"即"愛"的古字，《說文》分成兩個字，今當正之。"炁"見於戰國文字，作"🔣"（中山王䜌壺）"🔣"（䜌壺），从"心""旡"聲。睡虎地秦簡作"🔣"（日甲 83），加"夊"，即為"愛"（愛）。中山王䜌壺銘曰："博炁深則賢人親"，䜌壺銘文："慈炁百媚"，"炁"皆"親愛"義，即"愛"字。"愛"是在"炁"上加"夊"演變而來。其演變規律與"夋"作"🔣"、又作"🔣"，"允"作"🔣"、又作"🔣"，"丮"作"🔣"、有作"🔣"相類。"愛"後作"愛"。林義光所言甚是。不過，他釋"🔣"為"炁"則誤。"🔣"當釋為"何"。

4. "慐"與"憂"

(25) 🔣，《說文》："慐，愁也。从心，从頁。慐，心形於顏面，故从頁。""憂，和之行也。从夊，慐聲。"林按："憂"義為"行"無他證。"慐愁"之"慐"，經傳皆作"憂"。古作"🔣"（無憂彝丁），象憂慼見於顏面之形。"🔣""🔣"象手足。或作"🔣"（毛公鼎），省"夊"，即篆之"慐"字。或作"🔣"（番生敦）、作"🔣"（克鼒彝），从"憂"（"憂"或省），"卣"聲。

今按：林義光釋"🔣""🔣"為"憂"，甚確。《金文編》《新金文編》皆收錄於"憂"字下。《金文編》"憂"字下還收中山王䜌鼎"🔣"字。《新金文編》"憂"字下收玙䜌壺"🔣"字。"🔣""🔣"皆从"心"、从"頁"。在銘文中用作"憂"。"憂"當如林氏所言，是在"慐"所从人形的腿部加"止"形，後"止"變作"夊"，就成了"憂"字。即"慐"為"憂"之古文。不過林氏認為番生敦"🔣"字、克鼒彝"🔣"字是"憂"的或體則未必是。"🔣""🔣"在銘文中讀作"柔"。

5. "荆"與"刑"

(26) 🔣，《說文》："荆，罰辠也。从刀、井。《易》曰：井者，法也。"林按：諸彝器以"帥井"為"帥刑"，"刑""井"古同音。从

"刀""井"聲。

（27）㓝，《說文》："刑，剄也。从刀，开聲。"林按："开"非聲。"刑"訓為"剄"，即"荆"之引伸義，蓋本同字。"井"譌為"开"，復譌為"开"耳（"井"篆亦作"丼"，譌作"开"）。"邢""邢"兩地同名，不當分為兩字。"形"從"开"聲，實亦作"形"也。

今按：林義光所言極是。"荆"與"刑"本為一字，不當分成兩字。"罰辠"義與"剄"義有引申關係。不過從詞義引申規律來看，"刑"的本義當為"剄也"，"罰辠"義當為"剄"的引申義。《古文字譜系疏證》就將《說文》的"荆"字條和"刑"字條並在一起，置於古文字字形"丼"之下①。金文"邢"假借"井"字為之，作"丼"（燮作周公簋）。古璽有"邢"字，作"邢"（璽彙 1901），用作姓氏"邢"。"邢"與"邢"亦本為一字。"形"字未見於古文字。

6. "宀丂"與"賓"

（28）宀丂，《說文》："宀丂，冥合也。从宀，丂聲。讀若《周書》'若藥不瞑眩。'"林按：古作"宀丂"（盧鐘），以為"賓"字。"宀丂"當為賓客本字，从"宀"與"客"同意，"丂"聲。或作"宀平"（叔編鐘），"平"聲。"賓""平"雙聲旁轉。

今按：林說是。"宀丂"為"賓"之古文。甲骨文"賓"字作"賓"（《合集》1248 正）"賓"（《合集》3168）"賓"（《合集》2203），从"宀"、从"女"、从"止"，或从"宀"、从"人"、从"止"，會賓客至之意。或从"丂"聲作"宀丂"（《合集》15179）。西周金文或承襲甲骨文作"宀丂"之形者，作"宀丂"（盧鐘），但多累加"貝"，作"賓"（盂爵）"賓"（保卣）"賓"（史頌簋）"賓"（盂鼎）。《金文編》《新金文編》仍分"宀丂""賓"爲兩個字頭，但在"賓"字下亦收盧鐘"宀丂"字。二祀邲其卣"宀丂"（銘文"宀丂貝五朋"），邾公鈁鐘"賓"（銘文"用樂我嘉賓"），字在銘文中皆用作"賓客"之"賓"，但《金文編》《新金文編》均置於"宀丂"字条下，未在"賓"字下重見，顯然不妥。我們認為"宀丂"字條和"賓"字條當合二為一。"宀丂"字條下收的其他幾個字"宀丂"（亡宀丂父癸鼎）"宀丂"

---

① 黃德寬等編：《古文字譜系疏證》，商務印書館 2007 年版，第 2189 頁。

（冗宀卣）"▨"（卿方鼎），其中冗宀卣"▨"字陳劍先生就釋為"賓"①。
卿方鼎"▨"亦從"宀"、從"女"，故亦當釋為"賓"。從甲骨文"賓"
字異體來看，匸宀父癸鼎"▨"也當釋為"賓"。

7. "尋"與"得"

（29）▨，《說文》："尋，取也。從見、寸。寸，度之，亦手也。"林
按："見寸"非義。古作"▨"（虢叔鐘），從"手"持"貝"。或作"▨"
（井人鐘），"▨"象覆手。

▨，《說文》："得，行有所得也。從彳，尋聲。▨，古文省彳。"林按：
與"尋"同字，從"行"省（轉注）。古作"▨"（曶鼎），"▨"亦"▨"
之或體。

今按：林義光認為"見寸"非義，甚是。甲骨文作"▨"（《合集》
08881）"▨"（《合集》08890），以手持貝會"得到"之義。或加形符
"彳"作"▨"（《合集》30000）"▨"（《合集》00439），可見"尋"與
"得"本同字。林說可信。

（二）糾正《說文》在字形分析上的錯誤

1. 糾正《說文》對形符的分析

（30）▨，《說文》："夫，丈夫也。從大、一。一以象先（簪）。"林
按：古作"▨"（邿公華鐘），或以"▨"為之（大鼎"善大"即"膳
夫"）。秦刻石"大夫"作"夫="，蓋"夫"與"大"初皆作"▨"，象
人正立形，其後分為兩音兩義，乃加"一"為"▨"，以別於"大"。古
"女"或作"▨"（▨父乙器"婦"字偏旁），"母"或作"▨"（母父丁
器），則"一"非象丈夫之簪也。

今按："夫"字《說文》謂"從大、一。一以象簪"。林義光據大鼎
"夫"作"大"，推測"夫"和"大"最初都作"▨"，後分化為二字，
即在"▨"上加"一"以區別於"大"。"一"只是一個區別符號。"女"
作"▨"、又作"▨"，"母"作"▨"、又作"▨"，可證"一"非象丈夫之
簪。林氏對"夫"字比"大"字多出的"一"所作的分析顯然優於《說
文》。

（31）▨，《說文》："鬼，從儿，象鬼頭，從厶（私）。鬼，陰氣賊

---

① 陳劍：《甲骨金文考釋論集·說"安"》，線裝書局 2007 年版。

害，故从厶。"林按：古作"🐂"（郑同媿鼎"媿"字偏旁），象形。"⊕"象其頭大，不从"厶"。鬼害人不得云"私"。篆从"厶"者，以"厶"為聲。"厶"古與"口"同字，音"圍"。"鬼"諧聲為"巍"，則音亦與"圍"近。

今按：《說文》將"鬼"字析為"儿""⊕""厶"三個部分，還說"鬼，陰氣賊害，故从厶"，這顯然是將"鬼"看作會意字，且是比義會意。《說文》的解析有三錯：一是"鬼"不从"儿"；二是"鬼"本不从"厶"；三是《說文》所謂"鬼，陰氣賊害，故从厶"，有臆解之嫌。林氏據金文認定"鬼"是全體形象字，"⊕"象其頭大，不从"厶"。甚確。不過他認為"厶"即"口"，"鬼"从"厶"聲，則不確。睡虎地秦簡"鬼"字作"🐂"（日書乙種90），可見"鬼"所从之"厶"來自"〉"。"〉"當為飾筆。

（32）朋（朋、倗）

《說文》："🐦，古文鳳。象形。"林按：古作"朋"（杜伯盨）、作"朋"（朋尊彝），不象鳳鳥形。从"人""𡵨"聲，即"倗"之古文。凡倗友字，經傳皆以"朋"為之。

《說文》："倗，輔也。从人，朋聲。"林按：與"朋"同字。"朋"，古作"朋"，从"人"。

今按：《說文》"鳳"字古文"🐦"實乃金文"朋"字作"朋""朋"等形的訛變形體，非"鳳"字。林說是。"朋"是"朋友"之"朋"，與"朋貝"之"朋"有別。于省吾先生認為"朋"所从之"𠆢"乃"伏"字，用作聲符[①]。古音"伏"在並母職部，"倗"在滂母蒸部，音極近。

（33）戒，《說文》："成，就也。从戊、丁聲。"林按：从"戊"非義。古作"戒"（孟尊彝）、作"戒"（克彝）、作"戒"（格伯敦），从"戊""丁"聲。即"打"之古文，撞也。《廣雅》："樘，刺也。"（釋詁一）"打擊也。"（釋詁三）本皆"成"字，从"戊"猶从"戈"也（"式"字古或从"戈"或从"戊"）。變作"成"（師害敦）、作"成"（沇兒鐘），謁从"十"。

---

①　于省吾：《甲骨文字釋林・釋勹、𦥑、匍》，中華書局1979年版。

　　今按：林氏據金文指出"成"字本从"戌"，非从"戊"，甚確。甲
骨文"成"字作"🔲"（《合集》07803），从"🔲"、从"🔲"。"🔲"即
"釘"字初文，用作聲符。"🔲"或線條化作"🔲"（《合集》19619）。金
文就是承襲這種線條化後的"成"字。《說文》析形為"从戌、丁聲"
乃根據訛變的形體，即"戌"字中的"一"與"丨"組合訛成"丁"。不
過古文字中"戊""戌"在用作形旁時常可通用。故林說"从'戊'非
義"則不甚妥當。林氏謂"成"為"杅"之古文，可備一說。

　　（34）🔲，《說文》："省，視也。从眉省、从屮。"林按：从"眉"非
義。从"屮"即"生"省，與"眚"同字。古"眚"或作"🔲"（豆閉
敦），"生"亦省。"靜"或作"🔲"（尤盂），是"生"亦省作"屮"也。

　　今按：林說近是。"省"與"眚"本同字。甲骨文"省"字作"🔲"
（《合集》05980），从"目"、从"木"，會"省視"之意。或作"🔲"
（《合集》05116），上从"屮"。古文字"木""屮"在用作形符時常可通
用。或曰从"目""生"聲，"目"與"生"共用一橫筆。金文作"🔲"
是加了一點飾筆，後來這一點變成一橫，作"🔲"（九年衛鼎）。林氏謂
"屮"即"生"省則正好說反了。《說文》將"省"字解析為从"眉"省、
从"屮"，不確。

　　（35）🔲，《說文》："史，記事者也。从又持中，中，正也。"林按：
古作"🔲"（揚敦）、作"🔲"（師酉敦）、作"🔲"（錫奚尊彝乙），从
"中"，不从"中"（"中"，古作"🔲"）。"中"象簡形，執簡所以記事。

　　今按：甲骨文"史"字作"🔲"（《合集》19909），金文承襲甲骨文字
形。正如林義光所言，"史"不从"中"。林氏認為"中"象簡形，可備一說。

　　（36）🔲，《說文》："隆，豐大也。从生，降聲。"林按：高也。古作
"🔲"（罕隆矛），从"土""降"聲。王莽量"長壽隆崇"，"隆"作
"🔲"，則篆亦不从"生"。

　　今按：林說是。"隆"本當从"土""降"聲。本義為"高也"，"豐
大"當為引申義。林志強先生指出"隆"字變从"生"，是因為"牛"的
豎筆與"土"的豎筆連接，如漢碑刻文字作"隆"（石門頌）"隆"（範
式碑）。小篆"隆"从"生"，應是訛變並意化（"生"與"豐大"相

關）所致①。

（37）𣇤，《說文》："𣇤，際見之白也。从白，上下小見。"林按：古作"𣇤"（毛公鼎"虢"字偏旁），象日光自隙中射入形，即"隙"之古文。

今按：林說實屬高見。"𣇤"的確不从"白"，而从"日"。甲骨文"𣇤"字作"𣇤"（《合集》33871），辭曰："乙亥卜：今日其至不𣇤雨。""𣇤雨"指間歇之雨，猶今言"陣雨"②，用的是引申義。"𣇤"的造字本義當然林氏所言，象日光自隙中射入之形，即"隙"之古文。

（38）甫，《說文》："甫，男子之美稱也。从用、父，父亦聲。"林按："用父"非義。古作"甫"（王孫鐘"專"字偏旁），从"田""父"聲，即"圃"之本字。或作"甫"（穌甫人匜）、作"甫"（伐徐鼎）。

（39）圃，《說文》："圃，種菜曰圃。从囗，甫聲。"林按：古作"圃"（御尊彝癸）、作"圃"（辛子彝乙），與"甫"同字。

今按：林說是。"甫"不从"用"，而从"田"，"父"不表義，只是聲符。"甫"即"圃"的本字。甲骨文"甫"字作"甫"（《合集》10349），从"田"、从"中"，會苗圃之意。金文作"甫"，"田"的部分訛成"用"形，"中"的部分變形音化从"父"聲③。金文"甫"字皆用作男子的美稱，乃假借義。許慎不知，以為"男子之美稱"是本義，且不知"甫"的下部變得象"用"，是已經訛變的字形，故將"甫"字分析為"从用、父，父亦聲"。

（40）壬，《說文》："壬，善也。从人、士。士，事也。一曰象物出地挺生也。"林按：古作"壬"（師酉敦）、作"壬"（利鼎，並"廷"字偏旁）、作"壬"（井人鐘"聖"字偏旁）、作"壬"（谷呈戈"呈"字偏旁），从"人"、从"土"，象人挺立地上形。

今按：林說是。甲骨文"壬"字作"壬"（《合集》17975），从"人"、从"土"，象人挺立於土堆之上。金文作"壬""壬"，"人""土"分離。《說文》謂"从人、士"，"士"乃"土"之訛。大徐本《說文》："臣鉉

---

① 參看林志強《〈文源〉評注》"隆"字條。
② 黃德寬等編：《古文字譜系疏證》，商務印書館 2007 年版，第 1401 頁。
③ 劉釗：《古文字構形學》，福建人民出版社 2006 年版。

等曰，人在土上，壬然而立。"林氏以金文證其是。

（41）䠶《說文》："射，弓矢發於身而中於遠也。从矢，从身。䠶，篆文躲从寸。寸，法度也，亦手也。"林按：古作"䠶"（靜敦）、作"䠶"（趙曹鼎），象張弓矢手持之形，"身"形近身，故變為"射"，又變為"躲"。

今按：林說是。甲骨文"射"字作"䠶"（《合集》05777），象箭在弓弦上待射形。或加"又"作"䠶"（《合集》05779）。花園東地甲骨皆加兩手作"䠶"（002）。西周金文皆作从又持弓射箭形，作"䠶"。正如林氏所言，"身"形近"身"，故訛變為"射"。鄂君啟節"射"字作"䠶"，从"弓""矢"，變作"躲"。

（42）乘，《說文》："乘，覆也。从入、桀。"林按：古作"乘"（格伯敦）、作"乘"（虢季子白盤），从"大"，象人形，象人在木上，"⊃⊂"，其兩足。

今按：林說甚是。甲骨文"乘"字作"乘"（《合集》00171）"乘"（《合集》06486），象人在木上，本義為"登"。金文皆在人形腿部加兩止作"乘"（公臣簋）"乘"（匿公匜）等形。虢季子白盤"乘"所从兩止變形得比較厲害。

（43）至，《說文》："至，鳥飛從高下至地也。从一，一猶地。象形。'不'上去而'至'下來也。"林按：與鳥形不類。古"矢"或作"矢"（鵘侯尊彝乙"厌"字偏旁），則"矢"者，"矢"之倒文。从矢射一，一象正鵠。矢著於鵠，有至之象。古作"至"（克鐘）、作"至"（故溺句鑼）。

今按：林說是。"至"與鳥形無關。甲骨文"至"字作"至"（《合集》06834正），又可倒書作"至"（《合集》28163），又作"至"（《合集》00600）。羅振玉認為"一象地，矢象矢遠來降至地之形，非象鳥形也。"[1]姚孝遂先生曰："謂矢為矢之倒文是對的。'一'不必象正鵠。一者矢之所止，乃指事，是為至意。"[2] 從"至"字來看，"至"所从之"一"是"⊽"

---

① 羅振玉：《雪堂金石文字跋尾》，轉引自《甲骨文字詁林》，中華書局1996年版，第2550—2551頁。

② 參見于省吾主編《甲骨文字詁林》，中華書局1996年版，第2555頁。

形線條化的結果。"▽"象正鵠。"至"字乃矢著於鵠，有至之象。

（44）束，《說文》："束，分別簡之也。从束、八。八，分別也。"林按：古作"束"（孟鼎"諫"字偏旁），从二點，不从"八"。"束"，束也。與"束"義同音異。"束"本義為"束"，故與"束"同音之如簡編之"簡"、諫諍之"諫"，欄楯之"欄"、弩盛之"簫"，並有"約束"義。"束"从"束"，注二點，以別於"束"。亦省作"束"，孟鼎"諫"或作"糕"。

今按：林說是。"束"不从"八"。金文"束"字作"束"是在"束"字加兩點而分化出來的一個字。"束"與"束"，都有"約束"義，既是同源詞，又是同源字。季旭昇先生《說文新證》支持林說。季先生認為"束"與"束"的區別是："束"唯有約束義，"束"則有柬擇然後約束義，故从"束"之字亦有"柬擇"義①。

（45）ⅰ，《說文》："兀，高而上平也。从一在人上，一者平也。讀若夐。"林按：从"人"而上平，非"高"之義。"兀"蓋與"元"同字，首也。从"人"，"●"記其首處，與"天"同意。

今按：林說是。"兀"與"元"本同字，最原始的字形作"ⅰ"（兀作父戊卣），"●"表人頭部。甲骨文皆線條化作"ⅰ"（《合集》19642正），或加一橫飾筆作"ⅰ"（《合集》04855）"ⅰ"（《合集》14822）。"兀"字來自"ⅰ"形，"元"則來自加了一橫飾筆的"ⅰ"形。

（46）佩，《說文》："侃，剛直也。从伈。伈，古文信也。从川，取其不舍晝夜也。"林按："伈"為古文"信"無考。"侃"古作"佩"（敔狄鐘）、作"ⅰ"（弪仲鐘），从"彡"（"ⅰ"亦"彡"字），不从"川"。侃者，"衎"之古文，和樂也（弪仲鐘"用衎喜前文人"，太保彝"王衎太保"，"衎"皆作"侃"）。和樂之言有文飾，故从"人""口""彡"。《論語》"冉有、子貢侃侃如也"，"與下大夫言，侃侃如也"，皇、孔並云："和樂貌。"冉有、子貢之於孔子，孔子之于下大夫，皆無所用其剛直。剛直者，謇謇之訓（"侃""謇"古同音）。漢以後相承以侃侃為剛直者，誤也。太保彝"王衎太保"，"衎"作"ⅰ""ⅰ"，即"佩"省，从"彳"與篆"衎"字从"行"同意。石鼓"維舟以衎""笱車載衎"，

① 季旭昇：《說文新證》，福建人民出版社2010年版，第528頁。

則又變 "⿰彳⿱人川" 爲 "⿰辶川"。舊釋 "⿰辶川" 爲 "道"，文義未合；"道" 字諸彝器亦不作 "衍"。

今按：據《金文詁林》，林義光是最早對 "侃" 字形義作詳細分析，並基本正確的學者。他指出《説文》將 "侃" 分析爲 "从伲、从川" 皆不可信，"侃" 當从 "人"、从 "口"、从 "彡"。裘錫圭先生認爲林説最有啓發意義的是將 "侃" 和 "⿰彳⿱人川" 聯繫起來。裘先生指出甲骨文有 "⿰彳⿱人川" 字，作 "⿰彳⿱人川"（《合集》32297）"⿰彳⿱人川"（《合集》33190），當釋爲 "衍"。又有字作 "⿱侃口"（《合集》37439）"⿱侃口"（《合集》27828）"⿱侃口"（《合集》29185）"⿱侃口"（《合集》27878），此爲表 "衍" 的假借義的分化字。到西周時代省變成 "侃" 字①。

（47）⿸户攴，《説文》："寇，暴也。从攴、完。" 林按：古作 "⿸户攴"（曶鼎），象人在宀下或攴擊之之形。變作 "⿸户攴"（虞司寇壺）。

今按：《説文》謂 "从攴、完" 不確。"攴" 與 "完"（《説文》 "完，全也"）如何會出 "暴" 義？甲骨文 "寇" 字作 "⿸户攴"（《合集》00580 正）"⿸户攴"（《合集》13572）"⿸户攴"（《合集》26992）"⿸户攴"（《合集》00611）。"⿸户攴" 象在室内以杖擊人。"⿸户攴" "⿸户攴" 為省體。金文將人形變作 "元"，作 "⿸户攴"（揚鼎）"⿸户攴"（司寇良父簋）"⿸户攴"（虞司寇壺）。"攴" 或換从 "戈"，作 "⿸户戈"（大樑鼎）。林義光指出 "元" 亦象人，"寇" 象人在宀下或攴擊之之形，甚確。

（48）⿰孚又，《説文》："爰，引也。从爪，从于。" 林按：即 "援" 之古文，猶取也。古作 "⿰孚又"（曶鼎）、作 "⿰孚又"（毛公鼎），象兩手有所引取形。或作 "⿰孚又"（虢季子白盤），"于" 象所引之端。或作 "⿰孚又"（散氏器），下从 "攴"。或作 "⿰孚又"（揚敦），與 "取" 相混。

今按：林説是。"爰" 不从 "于"。甲骨文 "爰" 字作 "⿰孚又"（《合集》06473 正）"⿰孚又"（《合集》13555），象兩手有所引取形，即 "援" 之古文。虢季子白盤 "爰" 字作 "⿰孚又"，大概是《説文》 "爰" 字小篆的來源。

（49）⿱宋糸，《説文》："索，艸有莖葉，可作繩索。从宋、糸。杜林説，

①　裘錫圭：《釋 "衍" "侃"》，《裘錫圭學術文集·甲骨文卷》，復旦大學出版社 2012 年版，第 378—386 頁。

宋亦朱宋字。"林按：古作"㫃"（索删彝辛"索"字偏旁），象兩手繒索形，不从"宋"。

今按：林說是。甲骨文"索"字作"⚟"（《合集》21306），象繩索形。或作"⚟"（花東125），象用兩手搓索形。金文"㫃"就是從這類字形演變而來的。甲骨文"索"字作部首時又可作"⚟"（《合集》32919"縎"字偏旁），加飾筆"⊣⊢"。《說文》小篆"㿩"就是這種形體的訛變。

2. 糾正《說文》對聲符的分析

（50）鯀，《說文》："鯀，鯀魚也。从魚、系聲。"林按："系"非聲。《列子·楊朱》"鮌治水土"，《離騷》"鮌婞直以亡身兮"，皆作"鮌"，當以"鮌"為正，从"魚""玄"聲。"玄"古作"8"（伯晨鼎），與"系"形近（"孫"字篆从"系"，叚敦、師坒父鼎、邾公釗鐘亦皆从"玄"），因譌从"系"也。

今按：林說近是。甲骨文"鯀"字作"⚟"（《合集》00048）"⚟"（《合集》33162）。金文作"⚟"（史牆盤）"⚟"（鯀還鼎）。裘錫圭先生指出史牆盤"⚟"字當釋為"鯀"，字在鯀還鼎"⚟"字上又加"又"，象以手用"糸"釣魚。《詩·小雅·采綠》"之子於釣，言綸之繩"，鄭箋："綸，釣繳也"，即釣竿上用來釣魚的生絲繩。"鯀"應即訓"釣繳"的"綸"的初文。甲骨文用作地名，指少康所居的綸（《左傳·哀西元年》），在今河南虞城縣東南①。"鯀"的初文為複體象形字，即主體是"⟨"，"8"指生絲繩，為了表明這是釣魚用的生絲繩，特意加"魚""又"以突出其用。鯀還鼎"⚟"从"魚"、从"糸"，"糸"下部"⟨"可能是"又"形的訛變。"鯀"可變形音化从"玄"聲。《廣韻·混韻》："鯀，亦作鮌。""鮌"為"鯀"字異體。總之，《說文》謂"鯀"从"系"聲，不確。

（51）嵒，《說文》："嵒，山巖也。从山，品聲。"林按："品"非聲。"品"者，"嚴"省。"嚴"古作"⚟"（𣪊狄鐘），从三"口"。"嵒"即"巖"之或體。从"山""嚴"省聲。

（52）碞，《說文》："碞，磛碞也。从石，品聲。讀與巖同。"林按：亦"嚴"省聲。

---

① 裘錫圭：《史牆盤銘解釋》，《考古》1978 年第 5 期。

（53）🔱，《說文》："嵒，多言也。从品相連。讀與聶同。"林按：从三"口"相連。

今按：林義光認為《說文》訓為"多言也"之"嵒"非"从品相連"，而是从三口相連，極高。林氏並指出《說文》訓為"山巖也"之"嵒"非从"品"聲。所謂"品"，是"嚴"省。"嚴"即"巖"之或體。"嵒"，从"山""嚴"省聲。林說雖不全對，但已切中要害，即他認識到"嵒"與"嚴"有關。關於"嵒"與"嚴"的關係，裘錫圭先生指出：甲骨文"🔱"（《合集》05574）"🔱"（《合集》09432）"🔱"（《合集》15515 反）當釋為《說文》訓為"多言也"的"嵒"字，而非《說文》訓為"山巖也"的"嵒"字。"嚴"字所从"𠙹"即"多言也"之"嵒"，"嚴"之形體結構當分析為从"嵒""敢"聲。"嚴"很可能是由"嵒"孳乳的一個詞。在漢字發展的過程裏，人們有時在表意字上加上聲符，造成形聲字，來表示從這個表意字所代表的詞孳生出來的一個新詞。裘先生疑古代本無从"山"的"嵒"字，但有時假借"从品相連"的"嵒"字為"巖"。"巖"从"山"，而"嵒"字下部恰好與"山"相似。因此有的人就誤以為用如"巖"字的"嵒"是从"山"的。見於《說文》的篆文"🔱"大概是在這種誤會產生後造出來的。不過也有可能从"山"的"嵒"是由甲骨文中"嵒"字作"🔱"的一體訛變而成的①。

林氏認為"嵒"亦"嚴"省聲，甚確。裘錫圭先生認為"嵒"是从"山"的"嵒"字的後起異體②。

（54）🕸，《說文》："歲，木星也。越歷二十八宿，宣徧陰陽，十二月一次。从步，戌聲。"林按：古作"🕸"（毛公鼎），从二"止"，"戌"聲。"歲"聲之字，如"噦""翽"等，皆與"戌"雙聲。曶鼎"來歲弗償"，借"跋"為"歲"。毛公鼎"用鉞用征"，復借"歲"為"鉞"。"歲""越"同音，即"越"之古文。二止（足跡）象形。變作"🕸"（曶鼎），或作"🕸"（大敦），从"走"、从"辵"，"月"聲。

今按：甲骨文"歲"字作"🕴"（《合集》20795），此假借"戌"為

---

① 裘錫圭：《古文字論集·說"嵒""嚴"》，中華書局 1992 年版，第 99—102 頁。
② 同上書，第 102 頁

"歲"；或作"🐾"(《合集》07410)，从"月""戉"聲。或作"🐾"(《合集》13475)，从二"止" "戉"聲。兩"止"或省成兩點，作"🐾"(《合集》20014)，亦从"戉"聲。可證"歲"確从"戉"聲。林義光認為"歲"作"🐾"形者乃"踰越"之"越"的古文，可備一說。

(55) 🐾，《說文》："剛，彊斷也。从刀，岡聲。🐾，山脊也。从山，网聲。"林按："网""岡"不同音。古"犅"字作"🐾"(靜敦)，从"牛""剛"聲。"剛"即"剛"之古文，从刀斷网(網)。"岡"字古作"🐾"(《散氏器》："陟剛三封")，从"山""剛"聲。

今按：林說是。甲骨文"剛"字作"🐾"(《合集》34682)，象以刀斷網形。甲骨文"犅"字作"🐾"(《合集》22947)，从"牛""剛"聲。金文"剛"字作"🐾"(散氏盤)"🐾"(史牆盤)"🐾"(剛爵)，皆从"山""剛"。"剛""岡"和"網"的上古韻部雖都是陽部字，但聲紐差得很遠。故《說文》謂"岡，从山、网聲"不可信。鄭張尚芳先生和白一平先生的構擬皆不據《說文》①。"岡"當从"山""剛"省聲。

(56) 🐾，《說文》："并，相从也。从从，开聲。一曰🐾持二干為🐾。"林按："开"非聲。二人各持一干，亦非"并"義。秦權量"皇帝盡并兼天下"，"并"皆作"🐾"，从二人並立，"二"，并之之象。

今按：林說是。"并"字不从"开"聲。《說文》乃割裂形體說字。甲骨文"并"字作"🐾"(《合集》32833)"🐾"(《合集》00738)，是個指事字，从二人相从，"一"表并之。金文从兩橫作"🐾"(中山王🐾鼎)"🐾"(並伯瓶)。《說文》小篆作"🐾"就是來自金文字形。

3.《說文》以為會意，林義光據金文形體改成形聲

(57) 🐾，《說文》："青，東方色也。木生火。从生、丹。"林按：木生火為青生丹，義已紆曲。古作"🐾"(靜敦)、作"🐾"(靜彝，並"靜"字偏旁)，从"生"，草木之生，其色青也，"井"聲。或作"🐾"(克鼎彝)、作"🐾"(毛公鼎，並"靜"字偏旁)，从"生"省。變作"🐾"(吳尊彝)。

---

① 鄭張尚芳先生擬"剛""岡"的上古音為 * klaaŋ。白一平先生擬為 * kˤaŋ。參看鄭張尚芳：《上古音系·古音字表》，上海教育出版社 2003 年版；William H. Baxter, Laurent Sagart. 2014. *Old Chinese*, Oxford University Press, p. 338.

今按：林義光在"丹"字條下說："'月'形近'丼'字，故从'井'之字，古或譌从'丹'（'畵'字从'井'，吳尊彝作'畵'）。然'丹'字無作'丼'者。"因此他認為"青"本當从"生""井"聲，作"畵"，後作"畵"或"畵"，最後變作"畵"。甚確。匍簠"邢"假借"青"為之，邢姜大宰已簠"邢"則作"井"，可證"井"確可為"青"之聲符。"畵"还是個雙聲符字，即"生""井"皆聲。"旌"字在曾侯乙墓竹簡中作"旌"，望山二號墓竹簡和馬王堆漢墓帛書作"旌"，皆从"青"聲。《説文》："旌，游車載旌析羽注旄首，所以精進士卒。从㫃、生聲。"

（58）弜，《說文》："弦，弓弦也。从弓，象絲軫之形。"林按：从"弓"，"玄"聲（"玄"古作"𤣥"）。

今按：林說近是，《說文》以為"弦"為會意字。林氏則認為"弦"當从"玄"聲。"玄"確可為聲符，不過"弦"字似當為會意兼聲字，即从"弓"、从"玄"，"玄"亦聲。

（59）順，《說文》："順，理也。从頁、川。"林按：從也。从"頁"者，順從見於顏面，與"顙""項"為"謹"同意。"川"聲。

今按：林說是。"順"字當从"頁""川"聲。出土文獻中常見"川"假借為"順"的例子。如郭店楚簡《緇衣》第 12 號簡、上博簡《緇衣》7 號簡："四方川（順）之"；上博簡《三德》1 號簡："是謂川（順）天之常"；郭店楚簡《成之聞之》"君子治人倫以川（順）（32）天德。(33)""而可以至川（順）天常矣。（38）"中山王𧫰鼎、中山王𧫰壺"𢖶"字多見，可隸作"愮"，銘文曰："克愮克卑""敬愮天德""無不愮道""不顧逆愮""以栽不愮""惟愮生福"，"愮"皆當讀為"順"。《古文字譜系疏證》認為"愮"可能是"順"字異體①。

（60）俞，《說文》："俞，空中木為舟。从亼，从舟，从巜。巜，水也。"林按：古作"俞"（小臣俞器）、作"俞"（師俞敦），从"舟""余"省聲。"余""俞"雙聲旁轉（召鼎"余"作"余"，與"亼"形近）。

今按：林說近是。《說文》謂"俞"从"亼"、从"舟"、从"巜"殊誤。"俞"當从"舟""余"聲。林氏不知"余"字作"余"形體更

---

① 黃德寬等編：《古文字譜系疏證》，商務印書館 2007 年版，第 3691 頁。

古，遂云"余"省聲。"余"字的演變過程或如劉釗先生所指出的：后—
合—仝—个—仐—朵①，從"个"到"朵"的過程也可能是：个—仐—仐—朵。

(61) 鮴，《說文》："穌，杷取禾若也。从禾，魚聲。"林按：古作
"鮴"（史頌卌彝）、作"蘇"（穌公敦），从"木""魚"聲。凡樵穌字相
承以"蘇"為之。

今按：林說是。《金文編》"穌"字下加按語："从'木'，孳乳為
'蘇'。"《新金文編》加按語："从'木'，'蘇'之初文。从'禾'乃
'木'之訛"。

(62) 封，《說文》："封，爵諸侯之土也。从之、土，从寸，寸守其
制度也。"林按："寸"非"制度"之意。"寸"即"又"字。古作"封"
（召伯虎敦），本義當為聚土。"工"，"土"之省。从"又"持"土"，
"丰"聲（《周禮·封人》注："聚土曰封"）。

今按：林說近是。《說文》謂"封，从之、土、从寸"，只有"从
土"說對了。甲骨文"丰"字作"𡴁"（《合集》20576 正）"𡴁"（《合集》
18426）"𡴁"（《合集》05814），象種樹於封土之上形。金文"封"字作
"𡴁"（六年琱生簋），加"又"表示手拿樹苗種在封土上。"封"是個會
意兼聲字，即从"又"、从"土"、从"丰"，"丰"亦聲。

(63) 伊，《說文》："伊，殷聖人阿衡，尹治天下者。从人、尹。"
林按：一人之名無專制字之理。伊尹生於伊川空桑，本以伊水為姓。
"伊"為姓，故从"人"，猶"姬""姜"之从"女"也，"尹"聲。"尹"
"伊"雙聲對轉。古作"伊"（史懋壺）。"伊尹"二字即"伊音"之反
切，伊尹名摯，相承舉姓不舉名耳。

今按：林說是。《古文字譜系疏證》引用林說，並將"伊"納入
"尹"聲系②。鄭張尚芳先生《古音字表》"伊"也屬"尹"聲系，擬
"伊"的上古音為＊qlil，"尹"＊Gʷlin③。

(64) 甸，《説文》："甸，天子五百里內田。从勹、田。"林按：《說
文》从"勹"之字，古作从"人"（如"匋"，舀父盤作"匋"）。"甸"

---

① 劉釗：《古文字構形學》，福建人民出版社 2006 年版。

② 黄德寬等編：《古文字譜系疏證》，商務印書館 2007 年版，第 3696—3697 頁。

③ 鄭張尚芳：《上古音系·古音字表》，上海教育出版社 2003 年版，第 357 頁。

當與"佃"同字。古作"田亻"（克鐘），從"人""田"，"田"亦聲。

今按：林說是。金文"甸"皆從"人"，作"甸"（格伯簋）"田亻"（揚簋）"田亻"（柞鐘）"田亻"（柳鼎）。"甸"與"佃"本一字。古文字人形常常變成"勹"。《金文編》在"佃"字下注："與'甸'為一字。""甸"字當如林氏所言，分析為從"人""田"，"田"亦聲。

（65）道，《說文》："道，所行道也。從辵、首。"林按："首"，所向也，"首"亦聲。古作"道"（貉子尊彝癸），從"行""首"。或作"道"（散氏器）。

今按：林說是。金文"道"字除了從"行""首"外，再加"又"作"道"（曾伯霖匜），或再加"止"作"道"（散盤）。散盤還有從"舀"聲作"道"的異體。"道"當是個會意兼聲字，即"首"亦聲。鄭張尚芳先生《古音字表》就將"道"列在"首"聲系下，擬"道"的上古音為 * l'uuʔ，"首" * hljuʔ[①]。

（66）庶，《說文》："庶，屋下眾也，從广、炗。炗，古文光字。"林按："光"字諸彝器皆不作"炗"。"庶"，眾也。古作"庶"（毛公鼎），從"火""石"聲（"石""庶"古同音）。從"火"，取眾盛之意。或作"庶"（伯庶父敦），譌作"庶"（魯大司徒匜）。

今按：林說是。甲骨文"庶"字作"庶"（《合集》04292）"庶"（《合集》16270）"庶"（《合集》22045），于省吾先生肯定了林說，並指出"庶"是"煮"的初文。"庶"字從"火""石"，"石"亦聲，是個會意兼聲字[②]。

4.《說文》以為形聲的字，林義光據金文改成會意

（67）奔，《說文》："奔，走也。從夭，卉聲。與走同意，俱從夭。"林按："卉"非聲。古作"奔"（盂鼎），從"夭"，與"走"同意。"止止止"象足跡，疾走故跡多。變作"奔"（克鬲彝）。

今按：林義光所言甚是。"奔"本從"夭"、從"止止止"。"止止止"從三"止"，象足跡。後變作"奔"，即"卉"乃"止止止"之訛變。"奔"為會意字，非形聲。

---

① 鄭張尚芳：《上古音系·古音字表》，上海教育出版社 2003 年版，第 312 頁。
② 于省吾：《甲骨文字釋林》，中華書局 1979 年版，第 431—435 頁。

（68）鼏，《說文》："員，物數也。从貝，口聲。"林按：古作"鼏"
（員父尊彝），从"口"、从"鼎"，實"圓"之本字。"〇"，鼎口也，
鼎口圓象。省作"鼏"（員父敦）。

今按：林說近是。"員"不从"貝"，亦非"口"聲。"〇"象鼎
口。"〇"即"圓"之初文。"員"字當分析為从"鼎"、从"〇"，
"〇"亦聲，是個會意兼聲字。"員""圓"古今字。

（69）卽，《說文》："即，即食也。从皀，卩聲。"林按："卩"即
"人"字。"即"，就也。"皀"，薦熟物器。象人就食之形。古作"卽"（盂
鼎），或作"卽"（弭仲匜）。

今按：林說是。"即"不从"卩"聲。甲骨文"即"字作"卽"（《合
集》20174）"卽"（《合集》04676），象人靠近食器就食之形。

（70）羞，《說文》："羞，進獻也。从羊、丑。羊，所進也，丑亦
聲。"林按："羊丑"非義。古作"羞"（武生鼎）、作"羞"（仲姞鬲）、
作"羞"（魯伯愈父鬲），象手持羊形。變作"羞"（穌公敦）、作"羞"
（佁伯達器）。

今按：林說是。甲骨文"羞"字作"羞"（《合集》32768）"羞"
（《合集》00111）"羞"（《合集》20908）"羞"（花東286），象以手持羊
或牛進獻犧牲之形。从"羊"的"羞""羞"等形是以羊作為犧牲進獻的
專字，从"牛"的"羞"當為以牛為犧牲進獻的專字。金文承襲从"羊"
之字，作"羞""羞"等形。

（71）魯，《說文》："魯，鈍詞也。从白，魚聲。"林按："魯"非詞。
古作"魯"（克刪彝），从"口"不从"白"。彝器每言"魯休""純魯"。
阮氏元云："魯即嘏字。"《史記·周本紀》："魯天子之命。"《魯世家》
作"嘉天子命。""魯""嘏""嘉"並同音通用。"魯"本義蓋為"嘉"，
从魚入口，嘉美也。"魯""嘉"雙聲旁轉。

今按：林說是。甲骨文"魯"字作"魯"（《合集》10133反），从
"魚"、从"口"，會口味嘉美之義。

（72）鑄，《說文》："鑄，銷金也。从金，壽聲。"林按：古作"鑄"
（太保鑄器）、作"鑄"（鄭饔遵父鼎）、作"鑄"（邾公華鐘）、作"鑄"
（伯孝尊盨），象鎔金在皿中有蓋覆之之形。从"火"者，鎔金之光色如
火也。或作"鑄"（洹子器），从"金"。或作"鑄"（叔皮父敦）、作"鑄"

（鑄公匜），从“金”（轉注），“匋”聲。省作“□”（熊凶匜）、作“□”（余卑盤）、作“□”（耶膚匜）、作“□”（寅簋）、作“□”（師遽鼎）、作“□”（儀兒鐘）。

今按：林說是。甲骨文“鑄”字作“□”（《合集》29687），象人兩手持皿把溶液倒入範中之形。或省人形，作“□”（英2567）。西周金文“鑄”字異體很多。有的省兩手形作“□”（大保鼎），有的變从“火”作“□”（芮公鼎），有的添加聲符“匋”作“□”（周乎卣）“□”（仲爯盨），有的將“火”替換成“金”作“□”（哀成弔鼎），有的在此基礎上再加聲符“匋”字作“□”（取膚盤），有的將下邊的“皿”替換成“火”作“□”（奢虎匜），有的从“皿”“匋”聲作“□”。《說文》小篆作“□”當是替換聲符的結果。

（73）“□”，《說文》：“冟，飯剛柔不調相著。从皀，冖聲。”林按：古作“□”（吳尊彝）、作“□”（師兌敦）、作“□”（伯晨鼎），皆用為車覆笭之“幦”（諸彝器“虎幦熏裏”，“幦”皆作“冟”）。“冟”本義當為“覆”，从“冖”在“皀”上。“皀”，薦熟物器。《禮》經“扃鼏”皆謁“冟”為“鼏”。“鼏”實“扃”之本字也。飯剛柔不調乃“糪”字之義。《爾雅·釋器》：“食饐謂之餲，摶者謂之糷，米者謂之糪。”

（74）“□”，《說文》：“鼏，以木橫貫鼎耳舉之。从鼎，冖聲。《周禮》廟門容大扃（鼏）七箇，即《易》玉鉉大吉也。”林按：“冖”古與“冖”同字，此非“冖”聲。“冂”象木貫鼎耳形，經傳皆以“扃”為之。又《儀禮》多云“設扃鼏”，此“鼏”字古文為“密”，當作“□”，覆羃也。“□”與“鼏”易混，故謁為“鼏”，遂與“扃”義相亂矣。

今按：上舉兩條，林義光正確指出了三點：第一，“冟”字从“皀”、从“冖”，本義為“覆也”；第二，金文中“冟”皆用作“幦”，可證“冟”與“幦”同音；第三，“鼏”有兩個來源：一個从“冖”，从“冖”的“鼏”是“冟”的異體，也表“覆蓋”義；另一個从“冂”。《說文》“木橫貫鼎耳舉之”之“鼏”从“冂”聲。這個“鼏”是“扃”的本字。關於這三點，郭沫若有詳細的考證。他指出：“冂”實古“冖”字。《說文》以“冂”為“冂”字，古文所未見。“冟”从“冖”聲。“冟”音當讀明紐，許云讀若“適”者，不知何所本。從古文字形推考其義，乃於

盛食之器物上加"冖"以覆之。"宜""鼏"古殆一字。鼏者，蓋也。字通作
"密"，又通作"冪"。"冪"亦或作"幎"。"虎宜"當即"虎冪""虎
幎"，亦即《詩》之"淺幭"①。"冪""幎"與"幦"當為同源詞。故郭
說與林義光之說基本一致。古文字中"鼏"字凡三見，作"𩰫"（叔鼏鬲）
"𩰱"（秦公簋）"𩰟"（國差罎）。叔鼏鬲"鼏"字用作人名。秦公簋銘曰
"受天命，鼏宅禹蹟"，"鼏"讀作"覓"。國差罎銘曰"齊邦鼏靜安寧"，
"鼏"讀作"密"，"靜也"之義。可見此"鼏"字當從"冖"聲，非從
"冂"聲。郭沫若說當可信，"鼏"與"宜"古本一字。林氏認為"宜"
訛變成"鼏"恐非是。"鼎"和"皀"都指食器，故"宜"與"鼏"當
為替換形旁的異體字。從"鼎"變得從"貝"確屬訛變。

(75) 袞，《說文》："袞，天子享先王，卷龍繡於大常，龍蟠阿上鄉。
從衣，公聲。"林按："公"非聲。從"公""衣"。古作"𧞦"（伯晨
鼎）、作"𧝝"（吳尊彝）。

今按：林說近是。"袞"本來確是不從"公"聲。金文"袞"字本
當從"衣"、從"口"，作"𧝝"（師酉簋），後加飾筆"𠆢"作"𧞦"（吳
方彝），或再加飾筆"𠆢"作"𧞦"（曶鼎）。伯晨鼎作"𧞦"乃訛變後的
形體。《古文字譜系》"袞"在"公"聲系，而是獨立出"袞"聲系，並
謂"袞"從"分"聲②。"袞"作"𧞦"可視為變形音化後的結果。

(76) 臬，《說文》："臬，射準的也。從木，自聲。"林按："自"非
聲。古作"𣎵"（辛器"剌"字偏旁）。"自"者，"鼻"也，立木如鼻形
也。"闑"為門橛，亦鼻形之木，疑古亦只作"臬"。

今按：林說頗有道理。"臬"所從之"自"當不是聲符，而是意符。
上古音"臬"在疑母月部，"自"在從母質部。聲韻都差得很遠。"自"
用作意符，"立木如鼻"意謂"立木如鼻正"。王筠有類似的說法。《說文
釋例》："臬以木為之，故從木；射者之鼻，與臬相直，則可以命中，故
從自。""臬"在林義光的六書系統中屬會意字。《古文字譜系疏證》將
"臬"獨立成聲系，並引林義光之說，認為"臬"為"闑"之古文③。

---

① 轉引自張世超《金文形義通解》，中文出版社 1996 年版，第 0920 條，1283—1284 頁。

② 黃德寬等編：《古文字譜系疏證》，商務印書館 2007 年版，第 3653—3654 頁。

③ 同上書，第 2415 頁。

（77）🔲，《說文》：“僕，給事者也。从人、業，業亦聲。”“業，瀆業也。从丵，从廾，廾亦聲。”林按：“業”字經傳無考。“僕”古作“🔲”（史僕壺），从“辛”“人”。辛人者，皋人也。从“𠬞”。“𠬞”，舉也。舉畚缶，僕役之事，與“卑”同意。省作“🔲”（靜敦）、作“🔲”（太僕敦）。或作“🔲”（伐郱鼎）、作“🔲”（魯太僕敦）、作“🔲”（謀田鼎）、作“🔲”（歸父盤）。

今按：林說是。“僕”字甲骨文作“🔲”（《合集》17961），象人持箕灑掃之形，人頭上有“辛”字，表示負罪之人。金文作“🔲”，“箕”替換成“畚”。《說文》小篆作“🔲”，所从之的“業”字，當是“辛”訛變為“丵”再加上雙手之“𠬞”而形成的。

（78）🔲，《說文》：“季，少稱也。从子、稚省，稚亦聲。”林按：“禾”為“稚”省不顯。《說文》云“稚亦聲”，是“季”與“稚”同音，當為“稺”之古文，幼禾也。从“子”“禾”。古作“🔲”（趩尊彝），引伸為叔季之“季”，亦與“稺”通用。《詩》“有齊季女”（采蘋），“季女斯飢”（候人），“季”猶“稺”也。

今按：甲骨文“季”即从“禾”“子”作“🔲”（花東249），皆用作先公之名。《甲骨文字詁林》“季”字條下姚孝遂先生按語引林義光之說，認為“季”“稚”“稺”同源[1]。《古文字譜系疏證》亦引林說，認為“季”从“子”“禾”，會幼禾之意[2]。

（79）🔲，《說文》：“斯，析也。从斤，其聲。”林按：“其”非聲。其，箕也。析竹為之，从斤治箕。古作“🔲”（儔兒鐘）。

今按：林說是。“斯”當不从“其”聲。“斯”的上古音在心紐支部，“其”在見紐之部，聲韻都差得很遠。“其”是“箕”的初文。林義光以為“斯”的造字本義乃析竹為箕，可備一說。

（80）🔲，《說文》：“到，至也。从至，刀聲。”林按：古作“🔲”（刍鼎、歸夆敦），从“人”“至”。

今按：林說是。“到”本為會意字，从“人”“至”。《說文》所謂“刀聲”，“刀”乃“人”之訛。古文字“人”“刀”為形符時常常訛混。

---

[1]　于省吾主編：《甲骨文字詁林》，中華書局1996年版。

[2]　黃德寬等編：《古文字譜系疏證》，商務印書館2007年版，第2896頁。

不過"到"字小篆訛从"刀"應該跟聲音有關。

5.《說文》以為省聲的字，林義光非之

（81）𨒌，《說文》："進，登也。从辵，閵省聲。"林按："隹"為"閵"省不顯，當从"隹"聲。"隹""進"雙聲對轉。古作"𨒌"（兮田盤）。

今按：林說是。"進"字甲骨文作"𨒌"（《合集》32535），从"隹"、从"止"。金文改"止"為"辵"。馬王堆《老子》甲本卷後古佚書《五行》："大成至矣，神耳矣，人以為弗可為□（305）□由至焉耳，而不然。能誰（進）之為君子，弗能進，各止於其裹。（306）""誰"用為"進"，可證"進"从"隹"聲。

（82）宮，《說文》："宮，室也。从宀，躬省聲。"林按：古作"宮"（舍父鼎），疑从"呂"省聲。"饔"古作"𧈫"（鄭饔遼父鼎），"呂"亦省作"呂"。

今按：林說近是。甲骨文"宮"字作"宮"（《合集》36542）"宮"（《合集》30375）"宮"（《合集》28216），象房屋宮室之形。象宮室的兩"口"，或相連，或相離。于省吾先生指出"宮"字金文作"宮"所从之"呂"是甲骨文"邕"變來的。"邕"即"邕"字。"邕"在卜辭中均讀為"雍"。故"宮"本从"邕"聲[1]。"呂"即"邕"字籀文。"雝"字金文作"雍"（雍母乙鼎）"雝"（獻簋），"呂"即"邕"。林氏不知"呂"方為本形，謂"宮"所从之"呂"為"呂"省，可謂離真理僅一步之遙。

（83）皮，《說文》："皮，剝取獸革者謂之皮。从又，為省聲。"林按："皮""為"不同音。古作"皮"（叔皮父敦），从"尸"，象獸頭角尾之形，"冂"象其皮，"又"象手剝取之。

今按：上古音"皮""為"雖都是歌部字，但聲母差很遠。故《說文》謂"'為'省聲"不可信。林氏認為"皮"是殷列象形字，即通常我們所說的比形會意。"皮"从"尸"，象獸頭角尾之形，"冂"象其皮，"又"象手剝取之，可備一說。《古文字譜系疏證》認為"皮"从"又"、从"革"省，剝去獸皮之意[2]。

---

① 于省吾：《釋邕、呂兼論古韻部東冬的分合》，《甲骨文字釋林》，中華書局 1979 年版。

② 黃德寬等編：《古文字譜系疏證》，商務印書館 2007 年版，第 2344 頁。

（84）命，《說文》："宕，過也。一曰洞屋。从宀，碭省聲。"林按："石"為"碭"省不顯。洞屋，石洞如屋者，从石、宀。洞屋前後通，故引伸為"過"。古作"命"（不期敦）。

今按：林說甚是。甲骨文"宕"字作"命"（《合集》18629 正）"命"（《合集》27904）"命"（《合集》23432），从"宀"、从"石"會"洞屋"之意。引申而有"過"義。《說文》謂"碭省聲"不可信。

（85）度，《說文》："度，法制也。从又，庶省聲。"林按："又"象手形，則本義當為量度。"庶"本从"石"得聲，則"度"亦"石"聲。

今按：林說可謂卓識。甲骨文"度"字作"度"（《合集》31009）"度"（《合集》21289 反），正从"又""石"。"石"當為聲符。古音"度"為定母鐸部字，"石"為禪母鐸部字。鄭張尚芳先生沒有將"度"納入"石"聲系。不過他在"度"字下加注曰："實亦石聲"，擬"度"的上古音為＊dag，"石"為＊djag①。劉釗先生也認為"度"當从"又""石"聲②。

6.《説文》對形符和聲符的分析都有問題，林義光據金文正之

（86）敄，《說文》："敄，坺也。从攴，从厂。厂之性坺，果孰有味亦坺，故謂之敄，从未聲。"林按：古作"敄"（克彝"釐"字偏旁），本義當為"飾"、為"治"。从"攴"、从"人"（"卜"即"人"之反文），與"攸"（修）同意，"來"聲。經傳以"釐"為之。

今按：林說近是。甲骨文"敄"字作"敄"（《合集》28173）"敄"（《合集》26899），象撲打麥穗之形。或加人形作"敄"（《合補》10290）"敄"（《合集》27132）。"敄"就是從加了人形的"敄"演變而來。《說文》所謂从"厂"，實則"人"之變形。所謂"未"聲，實為"來"聲。"敄"本从"人"、从"攴"、从"來"，"來"亦聲，乃會意兼聲字。本義當如林氏所言，乃治、飾義。

（87）朝，《說文》："朝，旦也。从倝，舟聲。"林按：古作"朝"（盂鼎）、作"朝"（歸夆敦）、作"朝"（陳侯因資敦），不从"倝"，亦不从"舟"。象日在艸中，旁有水形，與"淖"形合。淖汐之"淖"，古

---

① 鄭張尚芳：《上古音系·古音字表》，上海教育出版社 2003 年版，第 313、302 頁。
② 劉釗：《古文字構形學》，福建人民出版社 2006 年版。

當與朝夕之"朝"同字。變作"𣎟"（使族敦）、作"𣏟"（仲殷父敦）。

今按：林義光指出"朝"本既不從"倝"，也不從"舟"，甚確。甲骨文"朝"字作"𣎟"（《合集》33130）"𣎟"（《合集》23148），象日出於草叢而月亮還沒下去的景象，即"旦"之義。金文"朝"作"𣎟"（利簋）"𣎟"（矢方彝）"𣎟"（孟鼎）"𣎟"（𢑾伯簋）"𣎟"（陳侯因𦥑敦），皆從"川"或從"水"。春秋中期的子範編鐘作"𣎟"、朝歌右庫戈作"𣎟"。《説文》小篆作"𣎟"，從"倝"、從"舟"。劉釗先生指出此乃變形音化從"舟"聲。"倝"字是在"𣎟"形的基礎上類化出的一個字。金文"㫃"字作"𣎟""𣎟"，因"𣎟"字上部作"丫"，與"㫃"字上部形近，於是受"㫃"字的影響，在"𣎟"形上類化加上一筆寫成從"㫃"，戰國文字寫作"𣎟""𣎟"，下部有所變化。而"朝"字反過來也受"倝"字的影響，也類化為從"倝"作①。

三 林義光在金文考釋方法上的進步

從《文源》中林義光的按語來看，他考釋古文字的方法已經相當成熟。唐蘭在《古文字學導論》裏總結的幾種考釋古文字的方法，如對照法、推勘法、偏旁分析法、歷史的考證、字形演變規律、字義的解釋、字音的探索，林義光都已經熟練掌握並運用自如。他常常用偏旁分析法考釋一系列同偏旁的字，根據字形演變規律如倒文、反文、繁化、簡化、同字分化、飾筆、訛混、類化、飾筆、互體、聲借、義近形旁通用、形近字別、變體等分析文字的演變過程以及字與字之間的關係，考察字與字之間的語音關係從而判斷是否同字，等等。特別值得肯定的是，他始終堅持以形爲主，形、音、義相結合的原則。這在古文字考釋工作代表着質的飛躍，十分重要。字形演變規律和古音的運用我們將另文詳細討論。這裏我們主要談談林義光如何綜合運用偏旁分析法、歷史考證法、對照法、推勘法等分析考釋文字。

（一）"爿"及從"爿"之字

（88）𤕦、爿，《説文》："爿，反片為爿。讀若牆。"林按："疒"（疾）古作"𤕦"，從"𠄌"（"人"之反文）倚牀，"癆""痳""瘑"

---

① 劉釗：《古文字構形學》，福建人民出版社 2006 年版。

"癙"亦皆从"疒"在屋下，考"爿"並有牀象，實即"牀"之古文。古彝器多作"𣪘"之文，舊皆釋為"析子孫"，"𣪘"象人形，伸手上抱子，非"孫"字甚明。"析"古作"𣓤"（格伯敦），"爿"亦非"析"字。又鬲文作"𣪘"（《愙齋集古錄》卷十七父丁鬲），鼎文作"𣪘"（《攈古錄》卷一之二析子鼎），實皆為牀上抱子形。古以為銘器吉語，與《詩》"乃生男子，載寢之牀"同意。"爿"、"爿"皆象牀形，自上視之為"爿"，旁四注象其四足（猶"羊"字四足亦以"丰"為之），旁視之為"爿"，見牀半之兩足也。"𡱀"（臀）字从"尸"、从"几"、从"𠘧"，"𠘧"亦即"爿"字，與此互證。"爿"亦變作"爿"（向尊彝）。

（89）"𤕫"，《說文》："寱，寐而覺也。从宀，从疒，夢聲。"林按："𤕫"象屋下人在牀上形，"夢"聲。从"宀"之字如"寐""寢""寱""癙"等，《說文》皆云"从寱省"，實非"寱"之轉注，皆象形兼形聲。

（90）"疒"，《說文》："疒，倚也。人有疾痛，象人倚著之形。"林按："𠂉"，"人"之反文，"𠂉"，"爿"省，即"牀"字。象人在牀上形。古作"疒"（毘疕鐘"疕"字偏旁），"厂"即"𠂉"之省，猶"雍"字本作"雍"，从"𠂉"，大鼎作"雍"，从"厂"。

今按：林義光正確指出"爿"是"床"字古文，由此推斷"疒"字作"疒"即"疾"，"𣪘"所从也是"床"，"𤕫"象屋下人在牀上形，"夢"聲。這裡用了偏旁分析法；林氏又指出"疒"所从之"𠂉"是"人"的反文。毘疕鐘"疕"字偏旁作"疒"，所从人形變作"厂"，林義光根據"雍"字本作"雍"，从"𠂉"，大鼎作"雍"，从"厂"，推斷"厂"即"𠂉"之省，十分正確。這是兼用偏旁分析法、對照法、歷史考證法；在認定"爿"是"床"的象形的基礎上，林氏用對照法，將"𣪘""𣪘""𣪘"所从之"爿"與格伯簋"析"字作"𣓤"進行對比，認為"爿"非"析"字。再進一步用推勘法，根據《詩》"乃生男子，載寢之牀"，認為"𣪘"字表達的是一種古吉語。

（二）从"亼"之字

（91）"亼"《說文》："亼，三合也。从人、一，象三合之形。"林按：經傳無此字。从"亼"之字，如"食""龠""今"等字，以三合說之，皆不可通。考其義並有口象。古作"亼"（召伯虎敦"今"字偏旁）、作

"Ａ"（盂鼎"今"字偏旁），蓋即"口"字。"Ｕ"與"Ａ"，文有順逆，皆象口形，惟獨體只作"Ｕ"，偏旁閒用"Ａ"耳。

（92）侖，《說文》："侖，思也。从亼、冊。"林按：即"論"之古文。"Ａ"為倒"口"，从"口"在"冊"上。

（93）龠，《說文》："龠，樂之竹管，三孔以和眾聲也。从品、侖。侖，理也。"林按："品侖"非義。古"龢"作"龢"（番生敦），象手按龠，則"卌"象管籥相並形，"Ａ"（倒"口"）在上，所以吹之。古作"龠"（井人鐘）、作"龠"（虢叔鐘，並"龢"字偏旁）。

（94）食，《說文》："食，亼米也。从皀，亼聲。或說亼皀也。"林按：古作"食"（吳王姬鼎），从"Ａ"（倒"口"）在皀上。"皀"，薦熟物器也。象食之形。變作"食"（仲義君鬲），或作"食"（食夙戈），"Ａ"即"頁"字，象人面。

（95）令，《說文》："令，發號也。从亼、卪。"林按："卪"即"人"字。从口在人上。古作"令"（盂鼎）、作"令"（太保彝），象口發號，人跽伏以聽也。

（96）命，《說文》："命，使也。从口、令。"林按：諸彝器"令""命"通用，蓋本同字。古作"命"（毛公鼎），"Ａ"下復有口，應命者也。

（97）今，《說文》："今，是時也。从亼、乀乁，古文及。"林按："亼乁"義不可曉。古作"今"（師㝬敦），作"Ａ"（師兌敦），即"含"之古文。"Ａ"為"口"之倒文，亦"口"字，"Ａ"象口含物形。"含"从"今"得聲，音本如"今"；"含"，不吐不茹，有稽留不進之象。與"今"同音之字，如雲而不雨為"霒"（今用"陰"字），止為"禁"，不言為"噤"，詠歎為"吟"，常思為"念"，漸漬為"浸"，並有稽留象。"今"為是時，亦從稽留不進之義引伸。亦作"今"（盂鼎）。

（98）僉，《說文》："僉，皆也。从亼，从叩，从从。"林按："Ａ"即"口"字，"兄"象人言。二"兄"合一"口"，與"皆"同意。古作"僉"（故鄩句鑵"鐱"字偏旁），从"兜"（兼指事），猶"并"（并）字之从"二"。

今按：林義光敏銳地認識到"Ａ"是倒口形，從而準確地釋出"侖""龠""令""命""今""僉""食"等字的形義。他說"侖"从"口"

在"冊"上。分析"龠"的字形，說"㸚"象管籥相並形，"△"（倒"口"）在上，所以吹之。"食"從"△"（倒"口"）在皀上。"皀"，薦熟物器也。象食之形。"令"從"口"在人上，象口發號，人跽伏以聽也。"令""命"本同字。"僉"所從之"△"即"口"字，"𠂤"象人言。二"𠂤"合一"口"，與"皆"同意。"今"作"△"亦倒"口"形。這些都是正確的。林義光成功地運用了偏旁分析法。考釋"龠"字時，他還用了對照法，參照番生敦"龢"作"龠"、虢叔鐘"龢"字偏旁"龠"。考釋"僉"字時，也用了對照法。他根據"并"（并）字所從之"二"，指出"𠂤"所從之"𠃌"亦當為指事符號。在考釋"今"時他指出："含"從"今"得聲，音本如"今"；"含"，不吐不茹，有稽留不進之象。與"今"同音之字，如雲而不雨為"霒"（今用"陰"字），止為"禁"，不言為"噤"，詠歎為"吟"，常思為"念"，漸漬為"浸"，並有稽留象。"今"為是時，亦從稽留不進之義引伸。這裡用的推勘法。利用同源詞的語義關係作為推斷的依據。在推定"龠"是"論"的古文、"命""令"古同字、"今"為"含"之古文時用的則是歷史考證法。他指出"食"字由"𩚀"變作"𠊊"，也是歷史考證法。

（99）兵，《說文》："兵，械也。從廾、從斤，并力之皃。𢍏，古文從人、廾、干。"林按："兵"，漢孔宙碑作"兵"，"仟"與"斤"形近而變。"𢍏"實隸書，非古文。古作"兵"（故鄩句鑃）。

今按：林義光考證"兵"字的演變過程時採用了歷史考證法。故鄩句鑃"兵"是戰國文字。從"兵"到漢孔宙碑"兵"，林氏指出這是因為"仟"與"斤"形近而變。形近是漢字發生訛變的一個重要原因，是漢字演變的重要規律之一。

（100）戹，《說文》："戹，隘也。從戶，乙聲。"林按：古作"戹"（毛公鼎），以為"軶"字，實即"軶"之古文。《詩·韓奕》篇"鞗革金戹"，象軸"一"、轅"丨"、軥"𠃌"、軶"𣥵"之形。"軶"一名"衡"，本有二軥，狀如𩨊𩨊，以挓兩馬之頸。"𣥵"但象一軥，乃略形也。若象全形，當變為"𢆉"，倒轉為"𠦑"，即"戹"字。篆作"戹"，乃"戹"之形譌。

今按：林義光為了證明"戹"是"軶"的古文，用了解析法，將每一個筆劃與車軶的每一個部位對應，指出"戹"象軸"一"、轅"丨"、軥

"⊃"、軛（∩）之形。又用圖形對照法，畫出軛的全圖 ，指出 "Ꞧ"
從 "∩" 是略形，如果全形當為 "ꝏ" 或 "ꞏ"。又用了歷史考證法，指
出小篆 "Ꞧ" 是 "Ꞧ" 的訛形。"Ꞧ" 是 "軛" 之古文。在考證過程中，
他指出了古文字演變規律如古文、略形、全形、正倒無別、形訛等。

第三節　林義光對古文字形體演變規律的探索

　　林義光直接繼承了吳大澂、孫詒讓等人的研究路子，利用古文字材料
印證《說文》。與前人相比，應該說他在許多方面顯得更為成熟了，如，
在思想上，比較徹底地擺脫了《說文》的束縛；在考釋方法上更具科學
性、更成熟、更豐富了；在理論上，對語言與文字的關係、漢字形音義的
結合、古文字形體演變規律等方面的認識更臻於完備了。林義光利用古文
字印證並糾正《說文》所以取得的成績，前面我們已多有論述，這裡重
點談談他在探求古文字形體演變規律方面所作的努力。前面我們已經說
過，林義光有著動態的文字發展觀，因此他研究古文字時，一方面能從靜
態的橫向的對比中找出文字演變的一些規律，如一些偏旁的形近義通現
象，《文源》總結了不少此類條例，如："從攴與從又同意""從又與從寸
同意""從殳之字與又、攴同意""古從言與從音""從戌猶從戈""從尸
與從人同意"等；另一方面，他特別重視文字縱向的歷史的變遷，從而
注意到一些文字現象，如古今字、同字分化、訛變、異體字、同形字等。

一　古今字

　　古今字是漢字發展中所產生的古今異字的現象。文字為了適應語言的
孳乳分化，以原字形體為基礎，或增加偏旁、或改變偏旁，另造新字，從
而形成古今字。據洪成玉先生《古今字》介紹，早在西漢，當時的經學
大師就已注意到古今字的問題，但一直到清代，古今字才得以深入的研究
並取得實質性的進展，如王筠提出了"分別文""累增字"的概念，徐灝
明確指出"古今字具有造字相承的關係"。自古今字這一術語提出以來的
近兩千年的時間裡，歷代文字訓詁家對它的理解卻不盡相同，有的理解，
古今字包括通假字；有的理解包括異體字；有的理解包括同源字。現代研
究表明，古今字不同於通假字、異體字，也不完全等同于同源字，是一種

客觀存在的文字現象。洪氏還概括了古今字的三個特點：（1）古字和今字有著造字相承的關係（少數古今字形體迥異），兩者是歷時的關係；（2）在語音上都是相同或相近；（3）在意義上都有這樣那樣的聯繫，主要有四種情況：今字分擔古字中的一義、今字取代古字本義、今字取代古字的假借義、今字因類化而義同古字①。簡而言之，古今字是指同一個詞在古今有著不同的寫法。明確了古今字的概念，我們再來看看林義光對古今字的理解是什麽？《文源》中論及古今字所用的術語主要有“某之古文”“即（當為）某之古文”“古作某”、“今字以某為之”“後出字”“經傳以某為之”“某之本字”“同字”，如：

（1）𤰝，《說文》：“疇，耕治之田也。从田，𤰝，象耕田溝詰詘也。𤰝，疇或省。”林按：古作“𤰝”，或作“𤰝”（豆閉敦“壽”字偏旁）。

今按：甲骨文“𤰝”字作“𤰝”（《合集》14912）“𤰝”（《合集》15290），金文相承，如林氏所引，象耕田溝渠詰詘之形。“疇”為“𤰝”之後起字。

（2）爾，《說文》：“爾，麗爾，猶靡麗也。从冂、爻，其孔爻，从厼聲。”林按：古作“爾”（洹子器）、作“爾”（王子申盞盍“嬭”字偏旁），實“欄”之古文，絲絡架也。象形，下象絲之糾繞。《易》“繫于金柅”，以“柅”為之。

今按：《戰國古文字典》亦主此說②。

（3）𠬝，《說文》：“𠬝，治也。从又、从卪。”林按：“卪”即“人”字，从“又”持“人”。凡“降服”經傳皆以“服”為之。

今按：林說是。甲骨文“𠬝”字作“𠬝”（《合集》00763）“𠬝”（《合集》20533），象以手抑人使之跪跽之形，會“降服”之意，乃“服”之初文。“𠬝”“服”，古今字。

（4）疌，《說文》：“疌，疾也。从又，又，手也。从止，屮聲。”林按：“屮”非聲。古“疌”或作“疌”，“屮”即“又”，亦象手形。兩手及足並作，故為疾，今字以“捷”為之。

今按：“疌”字最早見於戰國秦文字，作“疌”（十鐘山房印舉3·

① 洪成玉：《古今字》，語文出版社1995年版。
② 何琳儀：《戰國古文字典》，中華書局1998年版，第1253頁。

28)，與《說文》小篆同構，用作人名。林義光對"疌"的形義分析可備一說。不過，他認為"疌"與"捷"是古今字，則是沒有問題的。

(5) 𣅀，《說文》："位，列中庭之左右謂之位，从人、立。"林按：古只作"立"，"位"蓋後出字。

今按：正如林義光所言，金文中"位"皆作"立"，僅中山王嚳方壺有一例作"𣅀"。"位"字最早見於楚簡，作"𥩾"（包山 224）。"立""位"古今字。

(6) 宀，《說文》："宀，冥合也。从宀、丏聲。讀若《周書》'若藥不瞑眩。'"林按：古作"宀"，以為"賓"字，"宀"當為"賓客"本字，从"宀"與"客"同意，"丏"聲。

今按：此處林氏用"本字"指代古字，即"宀"為古字，"賓"為今字。甚確。

(7) 復，《說文》："復，往來也。从彳，复聲。""复，行故道也，从夂、畐省聲。"林按："复""復"義無別，當同字。古作"復"，从"𠂤"象人形，下象其足，从"彳""畐"省聲。

今按：林義光認為"复""復"義無別，當同字，《說文》分成兩字不妥，甚確。從古文字資料來看，"复"為古字，"復"為後出字。甲骨文有"复"字，作"𠂤"（《合集》05409）。"復"字最早見於西周早期的復鼎，作"𠂤"。從古文字發展演變規律來看，"复"已有"夂"表示行走往來，金文再加動符"彳""辵"都是後來累加的。

《文源》論及古今字一百四十餘條，主要是初文與後起字的關係。從字形上看，大部分是在初文上添加偏旁形成後起字，字形上有相承關係，如包—胞、凶—胸、午—杵、乍—作、爰—援、孚—俘、雁—鷹等；有的今字則是借用它字，所以字形多不相干，如縣—梟、羈—昆、勾—抱、毉—庆、聑—帖等。從字義上看，今字多是為了取代古字本義（《文源》一書詣在探求文字本形本義，所以並不是說林義光認為古今字僅僅是為了分化本義）。從音上說，古字與今字同音，林義光證明某字是某字的古文或本字時很重視它們的同音關係，如他認為"季"為"稺"（稚）的古文，他分析道："禾為稚省不顯。《說文》云'稚亦聲'，是季與稚同音，當為稺之古文，幼禾也。从子、禾。古作'季'，引申為叔季之'季'，亦與'稺'通用。《詩·采蘋》'有齊季女'，'季女斯飢'（侯人）季猶稺也。"

在今天看來，林義光對古今字的看法基本上是正確的。

二　同字分化

同字分化是指由同一個字分化出兩個以上不同的字，這是文字發展演變過程中的又一個重要規律。同字分化現象與古今字可謂同中有異。它們都是文字為了適應語言的孳乳發展而採取的必要手段，目的都是為了更加精確地記錄語言，也因此，它們都是以詞的分化為前提。它們的不同之處在於：同字分化所分化出來的幾個不同的字記錄著語言中不同的詞，而古今字則是針對語言中同一個詞在不同的時代用字上的不同而言的。如果分化出來的字中有一個仍採用原來的字形，則同時兼有古今字的特點，如一些施受同詞的字象"受"與"授"、"買"與"賣"之類，由於分化出來的兩個字實際上分別記錄著語言中的兩個不同的詞，所以從這一角度來說不能稱之為古今字，但"受"在古代兼有"授"義，"買"兼有"賣"義，那麼從這一點看來，"受"與"授"、"買"與"賣"又構成了古今字。《文源》中"同字"這一術語實際上涉及三種情況，其中多指同字分化，如夫一大、母一毋、小一少、爾一希、八一分、受一授、聲一聖一聽、史一事一吏、命一令、東一束、元一兀、教一學、氏一氐、不一丕、月一夕、苟一敬、舍一余、甸一佃、鼬一鼬等，約六十餘個條目；其二是指一些本為一字的反文（如"止"與"屮"）、省變（如"辛"與"辛"）或異體（如"荊"一刑）而許慎分而為二字的現象；其三則是為了強調《說文》中的一些字實際上是古今字，如萬一蠆、祘一筭、或一國、釆一番、复一復等，從這一點看來，似乎林義光對古今字和同字分化的界限混而不分，相反，我們認為這正是他在歷史的動態的語言文字發展觀指導下考察文字的結果。林義光對文字演變過程中同字分化現象及古今字的認識已相當成熟，因此他已經認識到音在文字分化中起關鍵的決定性的作用。如：

（8）萬，《說文》："蠆，毒蟲也。从虫，象形。""萬，萬蟲也，蠆屬。从蠆省，从内，象形，蠆亦聲。"林按："萬蟲"他書無考。"萬"古作"萬"（虢叔鐘）、作"萬"（鄭大内史匜），象蠆尾形。或作"萬"（仲尊彝），不从"内"，則"蠆""萬"本同字。"萬"音轉如"曼"（寒韻與泰韻對轉），始分為兩字矣。

今按：林義光認為"蘆""萬"本同字，当然也同音、同義，後發生音轉，即"萬"音轉如"曼"，才分化為兩個字。

(9) 夫，《說文》："夫，丈夫也。从大一。一以象先（簪）。"林按：古作"夫"（邾公華鐘），或以"大"為之（大鼎"善大"即"膳夫"）。秦刻石"大夫"作"夫="，蓋"夫"與"大"初皆作"大"，象人正立形，其後分為兩音兩義，乃加"一"為"夫"，以別於"大"。古"女"或作"大"（父乙器"婦"字偏旁），"母"或作"大"（母父丁器），則"一"非象丈夫之簪也。

今按：林義光認為"夫"和"大"本同字，象人正立形，後來分為兩音兩義才導致字形的分化。

(10) 事，《說文》："事，職也。从史，屮省聲。"林按：古作"事"（趞尊彝）、作"事"（多父盤）、作"事"（克訓彝）、作"事"（師寰敦），从"又"持"中"，與"史"同意，"屮"省聲。或作"事"（伯矩歆彝）、作"事"（追敦），"屮"聲。或作"事"（子和子釜），變从"一"。亦作"事"（師寰敦）、作"事"（師害敦），从"攴"，執簡執旂，皆治事之意。"事""史"同音，疑本同字而有兩義。

(11) 吏，《說文》："吏，治人者也。从一，从史。"林按："一史"非義。"事"字古或作"事"，形與"吏"合。"吏""事"古同音，蓋本同字。"吏"本音如"使"（"使"从"吏"得聲），復轉如"理"，"使"音亦轉如"理"。《離騷》："吾令蹇修以為理兮。"《左傳》僖公三十："行李之往來。""理""李"皆借為"使"。"吏"訓治人者，亦由職事之義引伸。

今按："事""史""吏"一字分化，已為當代學界公認。林義光之見堪稱卓識。林氏不僅指出三字本同字，還分析了三者在形音義上的關係。他認為，"事""史"本同音，疑本同字而又兩義。"事"指"職事"，"史"指記事者。"事"與"吏"古亦同音，蓋本同字。"吏"指治人者，是由職事義引申而來。"吏"本音如"使"，復轉如"理"，正是音的變化導致"事""史""吏"在文字的徹底分化。

(12) 氏，《說文》："氏，巴蜀名山岸脅之旁（堆）旁箸（著）欲落墙（墮）者曰氏，氏崩（崩）聞數百里，象形，乁聲。"林按：古作"氏"（不期敦）、作"氏"（公貿彝），不象山岸脅之形。本義當為根柢。"氏"

（蟹韻）"柢"（微韻）雙聲旁轉。"𐰹"象根，"●"其種也。姓氏之"氏"，亦由根柢之義引申。

（13）𐰹，《說文》："氐，至也，本也。从氏下著一，一，地也。"林按："氐"古作"𐰹"，當與"氏"同字。"氏""氐"音稍變，故加"一"以別之。一，實非地。氏象根，根在地下，非根之下復有地也。石鼓作"𐰹"。

今按："氏""氐"既是同源詞，也是同源字。二字乃同字分化，林說甚是。林氏指出"氏""氐"音稍變，故加"一"以別之，可謂切中要害。

（14）粵，《說文》："粵，于也。宷（審）慎之詞也。从宷、亏。"林按："粵"音本如"于"。毛公鼎"粵之庶出入事"，散氏器"粵戱邊陝以西"，靜敦"粵八月初吉"，皆以"雩"為之，字作"𐰹"（毛公鼎），音轉如"越"，故小篆別為一字，其形由"雩"而變，非从"宷"也。或作"𐰹"（毛公鼎），"𐰹"亦"于"字，象紆曲形。

今按：林義光認為"粵"本皆以"雩"為之，後音轉如"越"，故小篆別為一字，其形亦由"雩"而變，非从"宷"。其說可從。

三 訛變與訛混

（一）《文源》中關於"訛變"的討論

訛變是指某些漢字在演變過程中，由於各種原因，使用者把本來是有理據的結構或構件偏旁誤寫成與之相似而意義不相干的結構或構件偏旁，從而使得文字的形體結構喪失或脫離原來的形義關係的錯誤現象①。它反映了漢字發展演變過程中的一個突出現象——積非成是。訛變是漢字符號化進程中不可避免的產物，是漢字變異與規範矛盾運動的結果。從殷商時期的甲骨文一直到今天的楷書，訛變現象從來就沒有消失過，只是不同時期的文字的訛變程度和特點各不相同而已。因此林志強先生認為對訛變現象的研究應把眼光擴大到整個漢字演變過程，而不應只局限於古文字階段，並強調應結合漢字符號學來研究訛變現象②。古文字學界把訛變現象

---

① 林志強：《漢字的闡釋》，海峽文藝出版社 2000 年版，第 67 頁。
② 林志強：《關於漢字的訛變現象》，《福建師範大學學報》1999 年 4 期。

作為一個重要的文字學理論來探討始於 80 年代中期。其中，張桂光先生
《古文字中的形體訛變》是關於古文字形體訛變的重要文章。文中對殷商
時期到秦初小篆期間，古文字形體訛變的歷史情況作了縱向的剖析，並按
支配其變化的不同因素把訛變分為八種類型：因簡省造成的訛變、因偏旁
同化造成的訛變、因漢字表音化趨勢影響造成的訛變、因割裂圖畫式結構
造成的訛變、因一個字内相鄰部件的筆劃相交形成與别的偏旁相似的形象
造成的訛變、因裝飾性筆劃造成的訛變、以文字形體附會變化了的字義造
成的訛變以及因時代寫刻條件、習慣的影響造成的訛變等①。金國泰先生
在《訛變三題》中討論了訛變與簡化的區别，訛變前後正訛兩字的共存、
競爭和淘汰以及由於人們的誤解而導致的訛變等問題②。

　　"訛混" 是指一個文字構形因素與另一個與其形體接近的構形因素之
間產生的混用現象。發生訛混的構形因素既可以是單獨存在的字，也可以
是構成字的偏旁。劉釗先生還對訛變與訛混的聯繫和區别作了理論上的總
結。他指出："從廣義上看，'訛混' 與 '訛變' 有相同之處，'訛混'
可以列為 '訛變' 的一個小類。從狹義上看，'訛混' 與 '訛變' 又有
區别。'訛混' 與 '訛變' 的區别主要表現在：（1）'訛變' 所指的構形
因素可大可小，既包括獨立的字和偏旁的訛變，也包括筆劃的訛變，而發
生 '訛混' 的構形因素基本是指可以獨立的字和構形偏旁；（2）'訛變'
一般是指構形由一種形態向另一種形態的轉變，大都是不能逆轉的單向發
展，而 '訛混' 則不光有單向的發展，還有兩種形態之間的混用，有時
是可以互換的雙向互動。"③

　　從今天的研究水平回看林義光關於訛變和訛混的研究，仍禁不住為他
的敏鋭和卓識叫好。林義光是他同時代的學者中較早重視這一問題的人。
在《文源》中談及訛變問題的條目有近百條，其中直接稱之為 "譌變"
者有六十餘條，其他術語有 "某之變" "某之變體" "某之變形" "變作
某" 等。他認為訛變主要是由於一些構字部件形近而造成人們的誤

　　①　張桂光：《古文字中的形體訛變》，《古文字研究》第十五輯，中華書局1986年版，又收
錄於張桂光《古文字論集》，中華書局 2004 年版。
　　②　金國泰：《訛變三題》，《吉林師範學院學報》1989 年第 3 期。
　　③　該文於 2004 年古文字年會上宣讀，後經修改收錄於《古文字構形學》第十章 "古文字
中的 '訛混'"。劉釗：《古文字構形學》，福建人民出版社 2006 年版。

用，如

（15）🐦，《說文》：“巂，巂周，燕也。从隹，山象其冠也，冏聲。”林按：“冏”非聲。“⚇”蓋象枝尾形。古“内”“冏”同字，“⚇”形近“内”，因亦訛从“冏”。猶“巤”或體作“🐦”（交彝），“🔲”象獸尻，亦或譌作“🐦”（王母鬲）；“為”或體作“🐒”（周客敦），“🔲”象尻，而亦譌作“🐒”（師袁敦“譌”字偏旁）也。

今按：林義光謂“巂”所从之“⚇”蓋象枝尾形，可從。“⚇”形近“内”，故亦譌从“冏”。這是訛混。他還舉“巤”“為”為例，證明由“⚇”到“冏”非孤立現象。只是他沒有指出這是文字的類化現象。

（16）🐦，《說文》：“邕，邑四方有水自邕（雝）成池者是也。从川、邑。讀若雝。”林按：川邑無自雝成池之義。古作“🐦”（彔尊彝“雝”字偏旁）、作“🐦”（毛公鼎“雝”字偏旁），“口”“🐦”皆象池形。“邑”字古或作“🐦”（格伯敦“壐”字偏旁），形與“🐦”近，故篆譌从“邑”。

今按：林義光指出“邕”本从“🐦”，因“🐦”形近“🐦”而訛變為从“邑”，可謂卓識。

（17）𢨋，《說文》：“荊，罰辠也。从刀、井。《易》曰：井者，法也。”林按：諸彝器以“帥井”為“帥荊”，“荊”“井”古同音。从“刀”“井”聲。

𢨋，《說文》：“刑，剄也。从刀，开聲。”林按：“开”非聲。“刑”訓為“剄”，即“荊”之引伸義，蓋本同字。“井”譌為“开”，復譌為“开”耳（“井”篆亦作“𠱷”，譌作“𠱷”）。荊、邢兩地同名，不當分為兩字。“形”從“开”聲，實亦作“彬”也。

今按：林義光謂“荊”“刑”本同字，“荊”从“井”聲，“井”訛為“开”，又訛為“开”，甚確。古文字資料顯示，從西周金文到秦文字，“刑罰”之“刑”皆从“井”聲，作“🔳”（散氏盤，西周晚期）“🔳”（刑公孫鐔，春秋）“🔳”（盠壺，戰國晚期）“🔳”（睡虎地·法律答問3）。從“开”的“刑”字見於漢武梁祠畫像題字，作“开刂”，小篆訛从“开”，作“𠛬”。

（18）🐦，《說文》：“周，密也。从用、口。”林按：“用口”非義。古作“🐦”（克鐘）、作“🐦”（尤敦），从“凵”轉注，“凵”象物形，“🔲”“🔲”象周匝形。省作“🔲”（周公尊彝），亦作“🐦”（周季姜彝），譌从"用"。

今按：林說是。甲骨文"周"字作"畕"（《合集》08457）"甹"（《合集》06657 正），金文加"口"當是裝飾性構件，不表義。所从"畕"形訛作"甹"，是與"用"訛混了。

（19）𢀜，《說文》："巨，規巨也。从工，象手持之。"林按：古作"𢀜"（伯矩尊彝）、作"𢀜"（伯矩𣪘彝），象人手持工（"大"與"求"皆象人形），"工"，事也。變作"矩"（毛公鼎"𥈏"字偏旁）、作"𢀜"（吳尊彝"𥈏"字偏旁）。

（20）榘，《說文》："榘，巨或从木、矢。矢者其中，正也。"林按：从"矢"非義。"矩"即"𢀜"之譌變，或又加"木"耳。

今按：林說是。"榘"所从之"矢"有一個訛變的過程，即本从"大"，再加一橫飾筆變从"夫"，再由"夫"訛變成从"矢"。

（21）眔，《說文》："眔，目相及也。从目，隶省。"林按："水"者"尾"省。目見尾將及之也。古作"眔"（毛公鼎）。

（22）暨，《說文》："暨，眾詞與也。从㑥，自聲。《虞書》曰：'暨咎繇。'𣊫，古文暨。"林按：古言"及"多用"眔"。諸彝器言"小子眔服""眔小臣""眔厥僕"（静敦）"小輔眔鼓鐘"（師𠭰敦）"僕令眔奮"（諆田鼎）是也。《虞書》"暨咎繇"，"暨"必"眔"字。"眔"从"目"，與"自"形近。或作"𣊫"（叔鐘），亦與作"𣊫"者相類。蓋隸譌為"𣊫"，"暨"則依隸制篆也。

今按：林說是。"眔"字象目下有淚之形，是"泣"和"淚"共同的表意初文。《說文》篆文"目"訛作"自"，表淚水的部分訛作"眾"。張富海引石經古文"暨"字作"𣊫"為證①。

（二）《文源》中關於訛混的討論

林義光在《文源》中談訛變現象時其實已經涉及因訛而混的問題。除此之外，他還用"相混""易混"來指兩個字或兩個部首之間的混用。如：

（23）申，《說文》："母，从女，象褢（懷）子形。一曰象乳子也。"林按：中兩點象人乳。古作"申"（頌敦）、作"𡥀"（母甲尊彝）、作"𡥀"

---

① 張富海：《漢人所謂古文之研究》，線裝書局 2007 年版。

（母父丁器）。或省作"🔣"（盂鼎"敏"字偏旁），與"女"字混。

（24）🔣，《說文》："正，是也。从一，一以止。"林按："一止"無
"正"意。古作"🔣"（毛公鼎），本義當為正鵠。"●"象正鵠形，从
"止"轉注，矢所止也。或作"🔣"（邵鐘），變"●"為"一"。或作
"🔣"（郘公華鐘）、作"🔣"（陳侯因資敦），即"🔣"之變。或作"🔣"
（尤敦），與"足"相混。

（25）🔣，《說文》："皿，飯食之用器也。象形，與豆同意。"林按：
古作"🔣"（辛孟父鬲"孟"字偏旁）、作"🔣"洹子器"孟"字偏旁。
亦作"🔣"（魯大司徒匜"孟"字偏旁），象皿所盛形，與"血"字相混。

林義光還指出語音相同也是導致訛混的原因，如：

（26）🔣，《說文》："望，月滿也，與日相望，似朝君。从月，从臣，
从壬。壬，朝廷也。"林按：以"月望"比"臣在朝庭"，義已迂曲。
"望"當以"遠視"為本義。从"壬"，人挺立也。从"臣"，伏也。物
在遠，故視高則挺立，視卑則屈伏。"🔣"即"🔣"之變，"🔣"與"🔣"
同象物形。古作"🔣"（庚嬴尊彝），或作"🔣"（師望鼎），涉"聖"字
从"耳"而訛。

（27）🔣，《說文》："望，出亡在外，望其還也。从亡，望省聲。"林
按：即"望"之或體。从"月"、从"壬"，"亡"聲。"望""亡"同
音，"臣""亡"又形近，故致訛。古作"🔣"（無更鼎）。

今按：林義光認為"望"乃"望"之或體，《說文》分而為二不妥。
"望"本从"臣"，因與"亡"形近且同音，故訛从"亡"聲。其說
可從。

（28）🔣，《說文》："稟，賜穀也。从亩、禾。"林按：古作"🔣"（稟
帑器），从"米"出"亩"。或作"🔣"（兮仲鐘"鑣"字偏旁），从
"禾"。亦作"🔣"（師寰敦"牆"字偏旁），从二"禾"。或作"🔣"（叔
氏鐘），訛从"林"，"林"亦聲（叔氏鐘"替鐘"即"林鐘"）。

今按：甲骨文"稟"字作"🔣"（《合集》00583反）"🔣"（《合集》
09642），又作"🔣"（《合集》03521正）。金文或承襲甲骨文作"🔣"，或
从"米"作"🔣"。叔氏鐘作"🔣"，訛从"林"聲。林說可從。

（三）部首的混同

林義光是在文字演變的歷史長河中觀察字形的訛變的，金文、小篆和

隸書都存在訛變現象。在具體的字形分析中，他揭示了一些因訛變而造成的部首混同的現象，如：

1. "ʃ"（人形）"ʎ"（枂形）"ɕ"（鳥足形）均訛從"匕"

（29）ᴗ，《說文》："此，止也。從止、匕。匕，相比次也。"林按：古作"ᴗ"（此字器），"ʃ"即"人"之反文，從"人""止"。此者，近處之稱，近處即其人所止之處也。

（30）ɕ，《說文》："旨，美也。從甘，匕聲。"林按："旨""匕"不同音。古作"ɕ"（匜侯見事尊彝）、作"ɕ"（侯氏鐀），象以匕入口形。

（31）鳥，《說文》："鳥，長尾禽總名也。象形。鳥之足似匕，從匕。"林按：象鳥足形，非匕箸字。古作"鳥"（鵎侯尊彝"鵎"字偏旁）、作"鳥"（雍娶尊彝"雍"字偏旁）。

2、"ᴧ"（动物的角）訛爲"ᴧ"

（32）莧，《說文》："莧，山羊細角者。從兔足，從苜聲。"林按："苜"非聲。此象形字，"ᴧ"象角，"ᴏ"象首，"ʓ"象尾、足之形。

（33）萑，《說文》："萑，鴟屬。從隹，從ᴛ，有毛角。"林按："ᴧ"象角形。《爾雅》"萑，老鵵"注："木兔也，似鴟鵂而小，兔頭，有角，毛腳，夜飛，好食雞。"

3. 從"寸"之字古多從"又"

（34）ᴗ，《說文》："寽，五指寽也。從爪，一聲。"林按："一"非聲。"寽"，"捋"之古文，取也。從"ᴧ"，從"ʒ"，"ʒ"亦"又"也（篆從"寸"之字古多從"又"）。蓋與"爰"同形而聲義異，故變"又"為"寸"以別之耳。

今按：林義光謂"寽"本從"又"，甚確。不過他認為"寽"與"爰"同形的聲義異，故變"又"為"寸"以別之，則不確。金文"寽"字作"ᴗ"，中間一圓點或變成一橫，作"ᴗ"（毛公鼎）。"寽"變從"寸"，當是因為中間一橫移至"又"下，訛變成"寸"。

（35）封，《說文》："封，爵諸侯之土也。從之、土，從寸，寸守其制度也。"林按："寸"非"制度"之意。"寸"即"又"字。古作"封"（召伯虎敦），本義當為聚土。"ʆ"，"土"之省。從"又"持"土"，"半"聲（《周禮·封人》注："聚土曰封"）。

4. 從"口"之字古多變從"甘"

（36）𣥍，《說文》：“皆，俱詞也。从比，从白。”林按：从“白”非義。从“白”之字古多从“口”。“𣥍”，二人合一口，僉同之象（从“口”之字古多變从“曰”。秦權量“皆”亦作“𣥍”。）

5. 篆从“曰”之字，古多从“口”

（37）𧪄，《說文》：“䜀，兩虎爭聲。从虤，从曰。”林按：篆从“曰”之字，古多从“口”（“曹”古作“𣍘”，“晉”古作“𣎵”，从“甘”猶从“口”也）。“虤”象二虎對爭形，从“口”（轉注），讀若“愁”。

6. 从“白”之字多从“口”

（38）魯，《說文》：“魯，鈍詞也。从白，魚聲。”林按：“魯”非詞。古作“魯”（克删彝），从“口”不从“白”。

今按：張桂光先生從于省吾先生說，以為“魯”字象魚在器皿之上，本不从“白”，並進一步指出，在傳寫過程中，魚尾“人”與器皿“口”每相交成“厶”，如“魯”（頌鼎）。春秋時已有“魯”（魯侯壺）的寫法了，小篆沿訛作“魯”①。

7. 由“止”訛為“屮”

（39）奔，《說文》：“奔，走也。从夭，卉聲。與走同意，俱从夭。”林按：“卉”非聲。古作“奔”（盂鼎），从“止”，與“走”同意。“止”象足跡，疾走故跡多。變作“奔”（克删彝）。

8、變“凵”為“口”

（40）《說文》：“谷，泉出通川為谷。从水半見，出於口。”林按：古作“谷”（格伯敦），“凵”象窪處，“八”象川所通形。或作“谷”（伯俗父鼎“俗”字偏旁），變从“口”。

9、“廿”即“口”之變

（41）共，《說文》：“共，同也。从廿、𠬞。”林按：以“廿”取象，無義理。《爾雅·釋詁》“共，具也。”此為“共”之本義，“廿”即“口”之變，象物形。兩手奉之。古作“共”（祖乙父己器）。

10、从“女”之字與从“攵”之字

（42）𢩠，《說文》：“𢩠，持也。象手有所𢩠據也。讀若戟。”林按：

---

① 張桂光：《古文字中的形體訛變》，《古文字研究》第 15 輯，中華書局 1986 年版，第 168 頁。

古作"𡙕"（奉彝庚"奉"字偏旁）、作"𢌞"（仲㠱良父器）、作"𢍀"（師寰敦"執"字偏旁），象人伸兩手持物形。或作"𢪒"（王孫鐘"𦰩"字偏旁），下從"𡴭"，蓋"𢒬"之誤，象人足。"攴"與"女"形易混，故不𦰩敦"玁狁"字"狁"作"𡗾"，實假"夋"為"狁"。"狁""夋"古同音，而譌從"女"。古"婚"作"𡜦"，而《說文》以"𡢁"為籀文"婚"字，復譌從"攴"。

今按：林說是。張桂光指出："在西周金文中，表現人體的部件不僅有跪跽狀逐漸消失的趨勢，而且有加寫腳趾的習慣……𡴭訛為'屮'的現象，西周中期以後（延續到春秋戰國）十分常見。"[1]

11. 古從"辛"之字或譌從言

(43) 𤏡，《說文》："𤏡，大孰（熟）也。從又，從炎、辛。辛者物孰味也。"林按：古作"𤎦"（曾伯黍匡），象手持火熟物，"T"，熟物器底。"𩰿"字古作"𤎩"（妣戊器"𩰿"字偏旁），象熟飪五味形，亦與"𣶒"形近。

𤎝，《說文》："𤎝，和也。從言、又，炎聲。"林按：古從"辛"之字，或譌從"言"。"𤎝"訓為"和"，亦熟飪五味之義。"𤏡""𤎝"當同字。

今按：林說是。"𤏡""𤎝"當同字。《新金文編》"𤏡"字下云："與'𤎝'為一字。"甲骨文"𤏡"字作"𤎱"（《合補》06455）"𤎳"（《合集》18793）"𤎴"（《合集》18178）。所從之"𡴭"或譌作"T"，如曾伯黍匡"𤏡"字作"𤏢"，晉公盆作"𤏣"。秦公鎛作"𤎝"，已從"言"。

12. 從"貝"之字與從"鼎"之字古多相混

(44) 𪔛，《說文》："員，物數也。從貝，𪔂聲。"林按：古作"𪔛"（員父尊彝），從"○"、從"鼎"，實"圓"之本字。"○"，鼎口也，鼎口圓象。省作"𪔄"（員父敦）。

(45) 𩌁，《說文》："𩌁，分別也。從虤對爭貝。讀若回。"林按：從"虤"謂二人分貝對爭如兩虎。古作"𩌂"（王刪彝），從"鼎"即"貝"

---

① 張桂光：《古文字中的形體訛變》，《古文字研究》第 15 輯，中華書局 1986 年版，第 158 頁。

之譌（"貝"與"鼎"古多相混，"寶"字、"則"字或從"鼎"，"鼑"字、"鼏"字或從"貝"）。

今按：林義光指出從"貝"之字與從"鼎"之字古多相混，甚確。不過在"贊"字條，他認為"贊"字金文作"👤"，所從之"鼎"即"貝"之譌，則說反了。事實上是，小篆"贊"字從"貝"是由金文從"鼎"之字譌變來的。

13. "音"與"言"古多相混

（46）👤，《說文》："意，志也。從心、音。察言而知意也。"林按："心音"非"意"之義。"音"與"言"古多相混（"歆"字豆閉敦作"👤"，趞尊彝作"👤"），從"言""心"。

14. "👤"（禺）"👤"（离）"👤"（禹）"👤"（萬）等從"內"之字均由虫的尾部譌變而成。

今按：張桂光先生認為"內"是由於添加裝飾性筆劃造成的譌變。以"萬"為例，甲骨文"萬"作"👤"，後加飾畫作"👤"，後更加飾畫作"👤"，進一步勻稱化作"👤"。"禹""禺"等字理同①。劉釗先生還指出"虫""禽"等字有一樣的演變軌跡②。

林義光的譌變研究相當重要，這表現在：首先，他第一次提出了"譌變"這個術語，並把它作為文字發展演變過程中的一個重要現象加以研究；第二，他指出了"形近而譌"是譌變產生的主要原因；第三，他總結了一些關於古文字譌變的條例並揭示了大量的古文字譌變的事實；第四，為他正確地考釋文字掃清了一些障礙。由於他關於譌變的觀點散見於一些具體的文字說解中，所以，還談不上構築系統的理論。但在他所處的時代來說，這些工作已經很了不起了。

（四）義近形旁通用

唐蘭先生《古文字學導論》總結了一些義近形旁通用例，如從人形的字常有通轉，"欠""丮""卩""尾""企"等字，本是有區別的，在偏旁裡卻常可通用；從水形的字常不拘於"👤""👤""👤""👤""👤"等形

---

① 張桂光：《古文字中的形體譌變》，《古文字研究》第 15 輯，中華書局 1986 年版，第 170 頁。

② 劉釗：《古文字構形學》，福建人民出版社 2006 年版。

式；从手形的字，常可以不拘於"⿻""⿻""⿻""⿻""⿻"等形式；"⿻"形與"⿻"通，"⿻"形和"⿻"通，"⿻"形和"⿻"通等①。《古文字學導論》成書於 1935 年，《文源》的出版比之早 15 年。《文源》中，林義光已經總結了很多義近形旁通用例，如：

（一）"人""儿""卩"同意

（47）⿻，《說文》："人，象臂脛之形。"林按：古作"⿻"（師酉敦簋）、作"⿻"（憲尊彝），象人側立形，有頭、背、臂、脛也。

（48）⿻，《說文》："儿，古文奇字也。象形。孔子曰：人在下，故詰詘。"林按：此非孔子語。古與"人"同作"⿻"（宗周鐘"見"字、曾伯霥匿"元"字偏旁），不詰詘。

（49）⿻，《說文》："卩，瑞信也謂符節之節本字，象相合之形。"林按：古作"⿻"（番生敦"令"字偏旁）、作"⿻"（太保彝"令"字偏旁）、作"⿻"（洹子器"命"字偏旁），皆於節形不類，與"⿻"形近，凡從"⿻"之字，皆以人為義，實即"人"字，屈下體象踞伏形。

（二）"大""人""夫"同意

（50）⿻，《說文》："大，天大、地大、人亦大，象人形。"林按："⿻"象側立，"⿻"象正立，古作"⿻"（太保鑄器）、作"⿻"（番生敦），亦象軀體碩大形，古今相承以為大小之"大"，惟為偏旁或與人同義。

（51）⿻，《說文》："闚，閃也。從門，規聲。"林按：從"夫"與"大"同意，象人形，從"⿻"猶從"頁"，象在門中闚人形。

（52）⿻，《說文》："尸，陳也。象臥之形。"林按：古作"⿻"（罍尊彝癸）、作"⿻"（豐兮尸敦）、作"⿻"（曾伯霥匿），象人箕踞形。"尸"古與"夷"同音（師寰敦、兮田盤、曾伯霥匿皆以"淮尸"為"淮夷"），疑即夷居之"夷"本字。"⿻"形與"⿻"（人）近，故從"尸"之字與"人"同意。

（三）從"殳"之字與"又""攴"同意。

（53）⿻，《說文》："殳，以杖殊人也。從又，几聲。"林按：古作"⿻"（格伯敦）、作"⿻"（毀敦，並"敗"字偏旁），象手持殳形，亦象手有所持以治物，故從"殳"之字與"又""攴"同意。

---

① 唐蘭：《古文字學導論》（增訂本），齊魯書社 1981 年版。

（54）𢁫，《說文》："𢁫，敏疾也。从人、口、又、二。二，天地也。"林按：以"二"為天地，義已廣漠。"𢁫"，急也（《廣雅·釋詁一》），象人在隘中，被追驚呼。"二"象隘，从"𠬠"持人，與"及"字同意，从"口"，驚呼之象。古作"𢁫"（毛鼎）、作"𢁫"（盂鼎"遽"字偏旁），从"攴"與从"又"同意。

（四）从"彳"與从"行"同義

（55）侃，《說文》："侃，剛直也。从伹。伹，古文信。从川，取其不舍晝夜也。"林按："伹"為古文"信"無考。"侃"古作"侃"（𩵋狄鐘）、作"侃"（兮仲鐘），从"彡"，不从"川"。侃者，"衎"之古文，和樂也。和樂之言有文飾，故从"人""口""彡"。《論語》"冉有、子貢侃侃如也"，"與下大夫言，侃侃如也"，皇、孔並云："和樂貌。"冉有、子貢之於孔子，孔子之于下大夫，皆無所用其剛直。剛直者，謇謇之訓。漢以後相承以侃侃為剛直者，誤也。太保彝"王衎太保"，"衎"作"侃""侃"，即"侃"省，从"彳"與篆"衎"字从"行"同義。石鼓"維舟以衎""笰車載衎"，則又變"侃"為"衚"。

五 飾筆

清代學者王筠最早注意到文字中有些筆劃並不表意，而是起著文飾的作用。他在指出："古人造字，取其百官以治，萬民以察而已。沿襲既久，取其悅目，或欲整齊，或欲茂美，變而離其衷矣。此其理在六書之外，吾無以名之，強名曰文飾焉爾。"[1] 林義光在《文源》中雖然沒有用專門的術語指稱這種裝飾性筆劃，但從他的按語中可以看出他已經認識到有些筆劃是無意義的，如：

（56）曐，《說文》："曐，从晶，生聲。一曰象形，从○。○古後注中，故與日同。"林按：本从三"○"，象星形，"生"聲。作"⊙"者，即"○"而注點其中，與"日"形同文異。古文中空者，多注點其中，如"𦣻"（臣）或作"𦣻"，从"口"之字或从"曰"也。

今按：林義光指出"曐"字本从三"○"，象星形，生聲。作"⊙"者是在"○"中加無意義的點，這與"𦣻"（臣）或作"𦣻"，从"口"之

---

① 王筠：《說文釋例》，武漢市古籍書店 1983 年版，第 219 頁。

字或从"甘"，性質相同，可謂卓識。諸字中的點確為後加的飾筆。

(57) 井，《說文》："井，象構韓形。●，罋象也。"林按：古作"井"(師虎敦)，或作"丼"(井季㚔彝)、作"丼"(靜敦"靜"字偏旁)。凡古文中空者多注點其中，"●"非必象罋也。

今按：井季㚔彝"井"字作"丼"，字所从之"●"確為後來添加的無意義的飾筆。靜敦"靜"字偏旁"丼"則為"丹"字，非"井"字。

(58) 兩，《說文》："兩，二十四銖為兩。从一、㒳。㒳，平分也。㒳亦聲。"林按：即"㒳"字，上加"一"者，猶"不"作"不"，"辛"作"辛"，"百"作"百"，非字有異也。古作"兩"(洹子器)。

今按：林義光認爲"兩"與"㒳"同字，《說文》分而為二不妥。"兩"是"㒳"上再加"一"飾筆的異體，性質與"不"作"不"、"辛"作"辛"、"百"作"百"一致，十分正確。諸字上部一短横皆為飾筆。

第四節　林義光對古文字學的貢獻

林義光是新文字學誕生後能提出自己的六書理論且把它貫徹到具體的文字說解中且較爲成功的第一人。他敢于跳出《說文》的藩籬而通過出土古文字資料來研究文字的形音義，這在當時是相當了不起的。他在研究思路、古文字材料的運用、考釋方法以及六書研究等方面都爲傳統《說文》學開闢了新的道路。

一、林義光的學術思想

(一) 從古文字實際出發、不迷信的求實精神

林義光在《六書通義》中列舉了《說文》"不合文字嬗降之途，與六書相謬"的一些錯誤之後說："雖在前哲，不能曲爲之諱也"。在當時的學術背景下，敢于說出這樣的話，需要極大的勇氣。因爲在他所處的時代，宗許之風還長盛不衰，"今許說所未安，必准之于理，反之于心，以求其是，或可以委曲求通，雖別爲之解亦不能遽信者，則不復巧創異說以取紛呶。蓋許書歷世傳習，久爲學者所宗，非不得以，不敢奮其私意。"(《六書通義》) 林義光這樣說，也這樣做了。從《文源》和《六書通義》

來看，他基本上已擺脫《說文》的藩籬，做到從古文字實際出發來研究《說文》、考釋古文字。這一重大的思想飛躍爲傳統《說文》學開闢了新的道路，促進了古文字學的發展。林義光敢于堅持真理、實事求是的科學研究精神依然閃耀着光輝。

（二）科學的文字符號觀

首先他對語言與文字的關係有著正確的認識，在《六書通義》中他闡述了他的語言文字觀：“智者創物，巧者述之。倉頡知以書契更結繩，而宇宙事物必倉頡書契所得賅有不備，隨事遞增，新字之作，至今猶未絕也。蓋文字者以濟語言之窮，故作新字必使其意不待視而明，由是六書生焉。六書使字義傳于字形不待口舌辭說而行于異地異世者也。”可見他已經認識到文字是記錄語言的書寫符號系統，它使語言除了說和聽以外又增加了一種寫和看的形式，從而使語言能打破時空的限制。由于事物是不斷地發展變化的，所以新字也“隨事遞增”，源源不斷。人們創造文字是爲了增強了語言的交際能力，因此所造的字首先必須一看就明瞭。六書就是人們爲了使文字盡可能更好地表情達意而使用的造字之法。其次，對漢字形音義的關係、對音在文字產生、構成、演變中的重要性有著充分的認識。林義光古音學修養相當精深，著有《古音說略》。他特別重視音在文字產生和發展演變中的作用，把古音作爲古文字研究的鑰匙，因此在很多問題上都能有所突破。如同字分化是文字發展演變的一個重要現象。原字與從其分化出來的字之間不僅在字形上有某種聯繫，而且在字音上往往也關係密切，所以林義光在確定幾個字形具有同字分化關係時常常從音的聯繫上尋找線索，並取得成功；再如，林義光指出某些以往認爲是象形、指事或會意的字實際上是形聲字或含有音的成分，如“寺”，手之所爲持也，“之”亦聲；“甸”，從“人”“田”，“田”亦聲；“便”，從“人”“更”聲，等等。這都是林義光在科學的語言文字觀的指導下得出的重要研究成果。

（三）歷史的、動態的文字發展觀。

用歷史的眼光觀察每一個文字的演變軌跡，在今天的學者看來已經是常識了，但對于林義光所處的時代來說，能做到這一點就可謂有遠見卓識了。在古文字研究實踐中，林義光總是以歷史的、動態的文字發展觀爲指導。他十分注意分析同一字各字形之間的關係。古文字在形體上的一大特點就是缺乏規範，同一個字往往有很多寫法，繁簡不一，甚至形體中的某些成分有可能只是起文飾作用，與文字的音義無關。林義光非常重視分析這些文字現象，常常指出"某是某的繁文""某是某的省文""省⋯⋯""變作⋯⋯"，等等。文字在演變過程中出現的各種變化都不是孤立的，而是帶有一定的普遍性和規律性。林義光善于在不同文字的形體變化中找到一些同類現象。他還特別重視探究幾個不同的字之間的同源分化關係，如"聲""聽"和"聖"、"史""事"和"吏"等。他研究六書，也是以動態的歷史的文字發展觀爲指導的，所以能在六書理論如指事、形聲、轉注、假借等問題上取得突破性進展。

（四）科學的文字考釋方法

唐蘭在《古文字學導論》（1934 年出版，比《文源》晚十四年）中總結的幾種文字考釋方法如對照法、推勘法、偏旁分析法、歷史考證法，林義光早已運用自如。（1）對照法，即各種古文字互相比較，用得最多的是把所要考釋的古文字與小篆進行對比，有時還可用隸書來與之相比照。這種方法宋代金石家就已經開始用了，到了清末已相當成熟。林義光也承用了對照法，解釋了不少字。如，林義光根據"春"字篆作"䓄"，象兩手持杵形，釋出"𣂁""𣂁"即杵之古文，證明《說文》的解釋是錯誤的；（2）推勘法，即根據典籍中的成語或辭例來推演。推勘法和對照法都是最常用的考釋方法，但各有其局限。對照法是據形識字，但容易使人望形生義。推勘法是據義以求字，人們常常犯望文生訓的毛病。究其根源，就是沒有處理好文字與語言的關係。要正確地考釋文字，就必須同時兼顧形、音、義。林義光不僅嫻熟地利用《詩經》《尚書》《易》《爾雅》等古代典籍，還充分利用清代古音學的成就，實現了形、音、義的互相推求；（3）二重證據法。乾嘉之後，在王筠等人的帶動下，學術思潮和風氣發生了變化，金文研究逐步走向傳世典籍與出土文獻並重、經史與金文互證的道路。王國維等人就是在此基礎上加以發展，廣泛地應用於金文和甲骨文的研究之中，于 1925 年將其作爲一種考釋方法正式提出。林義光在《文源》中也經常採用這種方法；（4）偏旁分析法，林義光十分注意從同一偏旁的一組字中找出規律。如，他認爲《說文》釋"卩"爲符節是錯誤的，認爲"卩"與"人"同字，從而成功地解釋了"令""命""印""辟""卸""厄""邑""卻""卲""絕"等字；（5）歷史考證法，即從文字產生和演變的角度加以考證，這種方法在當時尚處于摸索階段。林義光非常重視考察文字的演變過程，他一一考證了六十余組原來"同字"而後來分化的字各自的演變過程及原因，其中很大一部分是正確的，如"夫"與"大"、"教"與"學"、"事""史"與"吏"、"玄"與"幺"、"少"與"小"、"氏"與"氐"、"月"與"夕"、"舍"與"余"、"佃"與"旬"，等等；（6）利用異文辨文字源流、訓釋本義。如卷六·九"聖"字條，林義光根據《左傳·文公十七年》"小君聲姜"《公羊傳》作"聖姜"以及井人鐘"宪聖爽惠"、曾伯霥"慭聖元武"、師趛鬶"聖姬"、齊侯鎛"叔聖姜"等文句中"聲""聽""聖"均作"聖"，推定"聲""聽""聖"古當爲一字。他說："出於口爲聲，入於耳爲聽，因而通於心者，聖也，相承互易其義，古但作聖。"卷六·二十二"魯"字條，《史記·周本紀》"魯天子之命"，《魯世家》作"嘉天子命"，林義光據此異文推斷"魯"的本義為"嘉"，从魚入口，會嘉美之義。甚確。

二、林義光的古文字研究

林義光的古文字研究主要有兩個方面：一是利用金文印證《說文》，一是從金文材料中摸索古文字形音義演變的規律。從古文字材料出發是林義光之所以能超越傳統《說文》學的根本原因。李學勤先生指出："現代的古文字學之所以超過傳統的'說文學'，主要在于根據出土的古文字材料。"① 甲骨文未出之前，由于未見"真古文"或佔有的古文字材料不足，包括許慎在內的歷代學者，在探索漢字源流及其發展演變規律的過程中，都難免受到局限。清代乾嘉時期以後，特別是清末甲骨文發現以來，不少學者根據《說文》釋讀古文字，同時也利用古文字印證《說文》，已經取得很大的成績。林義光直接繼承了吳大澂、孫詒讓等人的研究路子，利用古文字材料印證《說文》。與前人相比，應該說他在許多方面顯得更爲成熟了，如在思想上，比較徹底地擺脫了《說文》的束縛；在考釋方法上更具科學性、更成熟、更多樣了；在理論上，對語言與文字的關係、漢字形音義的結合、古文字形體演變規律等方面的認識更深入了。林義光利用

---

① 李學勤：《失落的文明·〈說文解字〉》，上海文藝出版社 1997 年版，第 78—80 頁。

古文字印證並糾正《說文》取得了豐碩的成果。《文源》在文字考釋方面
也頗多精當之處。

　　林義光有著動態的文字發展觀，他研究古文字時，一方面能從靜態的
橫向的對比中找出文字演變的一些規律，如對一些偏旁的形近義通現象，
《文源》總結不少此類的條例，如"人""儿""卩"同意、"大""人"
"夫"同意、從"殳"之字與"又""攴"同意、從"彳"與從"行"同
意、從"戍"猶從"戈"、從"尸"與從"人"同意等。另一方面，林
義光在《文源》中還特別重視文字縱向的歷史的變遷，從而注意到一些
文字現象，提出許多新的課題，如古今字、同字分化、訛變、異體字、同
形字、聲借、類化等。古今字、同字分化，訛變、聲借已于前文論及，故
此不贅述。這裏我們只討論異體字、同形字、類化三個問題。

　　（一）異體字

　　《文源》中提到異體兩處，或體四十一處。林義光論異體也是將其放
在動態的歷史演變過程中去考察。當時的學術背景下，林氏對異體字的認
識可謂卓見。他已經認識到異體字雖然是共時層面上提出來的概念，但它
與古今字、文字分化都有密切的關係。如"象"與"希"、"四"與
"呬"、"鼎"與"貞"、"百"與"白"、"羕"與"永"、"方"與
"旁"、"从"與"從"、"与"和"與"、"絲"與"茲"、"望"與
"朢"、"反"與"赧"、"制"與"折"、"兀"與"元"、"學"與
"教"、"白"與"皋"、"苟"與"敬"、"余"與"舍"、"智"與
"知"，等等。以下我們舉兩個例子來加以說明：

　　（1）苟，《說文》："苟，自急敕也。從羊省，從勹、口。勹口猶慎言；
從羊，與義、善、美同意。"林按：古作"苟"（盂鼎）、作"𠣩"（太保
彝），皆用為"敬"字。從"人""美"（"丫"，"美"省），或作"呬"
（師虎敦），從"口"（轉注）。"苟"為"急敕"，未有他證。"急敕"之
義由"勹口"而生，"苟"本不從"勹口"，實與"敬"同字。

　　敬，《說文》："敬，肅也。從攴、苟。"林按：即"苟"之或體，從
"攴"（轉注）。古作"敬"（師𡥏敦）、作"敬"（師酉敦）。

　　今按：林義光說"苟"與"敬"同字，又說"敬"是"苟"的異
體。這並不是因為他把兩個概念混淆了，而是因為他是從文字發展演變的
歷史來分析"苟"與"敬"之間的關係。他認為"敬"是在"苟"上加

"攴"轉注而成的。"苟"在金文中借用作"敬"，那麽在金文里"苟"就與"敬"構成異體關係。

（2）𩁼，《說文》："𩁼，濡革也。从雨、革。讀若膊。"林按：即"白"之或體，因"白"假借為色，復制此字。古作"𩁼"（𢽅敦以為"霸"字）、作"𩁼"（守敦"霸"字偏旁）。

今按：林義光認爲因"白"字假借去表顏色之義，故又造"𩁼"來表示"濡革"之義，如此看來"白"與"𩁼"是古今字。同時，他又指出"𩁼"是"白"之或體。

在《文源》中，林義光還指出一些本是一字異體，《說文》卻分而為二的例子。如"𦣹"與"白"，他認爲都是鼻子之形，只是中間用一橫或兩橫表示鼻上腠理；"𦣽"與"𦣻"同字，"𦣻"是在"𦣽"上加"彳"轉注而成；"坙"與"巠"為異體，只是繁簡不同。然而，《說文》都分爲兩個不同的字。如：

（3）𡇷，《說文》："至，鳥飛從高下至地也。从一，一猶地。象形。'不'上去而'至'下來也。"林按：與鳥形不類。古"矢"或作"𤓰"（鵑侯尊彝乙"厌"字偏旁），則"𤓰"者，"矢"之倒文。从矢射一，一象正鵠。矢著於鵠，有至之象。古作"𡇷"（克鐘）、作"𡇷"（故鄀句鑃）。

𡎚，《說文》："𡎚，到也。从二至。"林按：當作"至之或體"。古作"𡎚"（窒叔敦"窒"字偏旁）。

有些在《說文》中音義都相同的字，林義光也認爲是一字異體。如：

（4）𥳉，《說文》："𥳉，厚也。从竹，竹聲。讀若篤。"林按：从"𣅀"非義。"𣅀"實"畗"之誤體。"畗"，高厚也。"竹"聲。即"竺"之或體。

竺，《說文》："竺，厚也。从二，竹聲。"林按："二"象厚形。

今按：林義光認爲"𥳉"與"竺"都从"竹"聲，又都訓爲"厚也"，故"𥳉"與"竺"當爲異體。可備一說。不過他以爲"二"象厚形則不可信。

（5）嵒《說文》："嵒，山巖也。从山，品聲。"林按："品"非聲。"品"者，"嚴"省。"嚴"古作"𡆀"（戰狄鐘），从三"口"。"嵒"即

"嵒"之或體。从"山""嚴"省聲。

今按：林義光認爲"嵒"與"巖"是異體，从"山""嚴"省聲，可備一說。上文我們提到，裘錫圭先生疑古代本無从"山"的"嵒"字，但有時假借"从品相連"的"嵒"字爲"巖"。"巖"从"山"，而"嵒"字下部恰好與"山"相似。因此有的人就誤以爲用如"巖"字的"嵒"是从"山"的。見於《說文》的篆文"𭈻"大概是在這種誤會產生後造出來的。不過也有可能从"山"的"嵒"是由甲骨文中"嵒"字作"𭈻"的一體訛變而成的①。不管"嵒"字是怎麽造出來的，其音義皆與"巖"同，所以這兩個字當有關係。

（二）同形字

同形字現象，又稱"異字同形"，早爲人們所關注。漢代顏師古、宋代鄭樵、清代段玉裁和朱駿聲等學者皆有論及②。當代學者王力③、裘錫圭④、陳煒湛⑤、姚孝遂⑥、陳偉武⑦、張新俊⑧、禤健聰⑨、陳斯鵬⑩、詹今慧⑪、譚生力⑫等先生就同形字的概念、內涵、性質、來源等問題作了具體深入的研究。裘錫圭先生將"同形字"分爲廣義的同形字和狹義的同形字。狹義的同形字指：（1）分別爲不同的詞造的、字形偶然相同的字；（2）由於形借而產生的、用同樣的字形來表示不同的詞的現象；

---

① 裘錫圭：《古文字論集·說嵒、嚴》，中華書局 1992 年版，第 99—102 頁。

② 參看裘錫圭：《文字學概要》，商務印書館 1988 年版，第 210—211 頁。

③ 王了一（王力）：《字的形音義》，中國青年出版社 1953 年版。

④ 裘錫圭：《文字學概要》，商務印書館 1988 年版，第 208—219 頁。

⑤ 陳煒湛：《甲骨文異字同形例》，《甲骨文論集》，上海古籍出版社 2003 年版，第 20—34 頁。

⑥ 姚孝遂：《甲骨文形體結構分析》，《古文字研究》第 20 輯，中華書局 1999 年版，第 278—281 頁。

⑦ 陈偉武：《簡帛兵學文獻探論》，中山大學出版社 1999 年版，第 151—159 頁；陳偉武：《戰國秦漢同形字論綱》，《于省吾教授誕辰 100 年紀念文集》，吉林大學出版社 1996 年版，第 228—232 頁。

⑧ 張新俊：《上博楚簡文字研究》，吉林大學博士學位論文 2005 年。

⑨ 禤健聰：《戰國楚簡字詞研究》，中山大學博士學位論文 2006 年。

⑩ 陳斯鵬：《楚系簡帛中字形與音義關係研究》，中國社會科學出版社 2011 年，第 82—92 頁。

⑪ 詹今慧：《先秦同形字研究舉要》，花木蘭出版社 2013 年版。

⑫ 譚生力：《秦楚同形字對比研究》，吉林大學碩士學位論文 2011 年。

(3) 本來不同形的字，由於字體演變、簡化或訛變等原因，後來變得完全同形了。廣義的同形字還應該包括所有表示不同的詞的相同字形，這就包括被借字和假借字①。同形字中有的是共時平面的，如甲骨文中“月”和“夕”②、“命”和“令”③、“立”和“位”④。由於字體演變、字形訛混造成的同形字則是歷時的⑤。《文源》中論及同形字的有五條：

(6)《說文》：“鄉，國離邑，民所封鄉也。嗇夫別治。从，皀聲。”林按：古作“”（小子師敦），不从“”，本義當為向背之“向”，“”象薦熟物器，“”象二人相向就食形（一人就食為“”，二人對食為“鄉”），亦即“饗”之古文。饗必對食也，“皀”亦聲。或作“”（師虎敦），从“食”。

《說文》：“卿，章也。从卯，皀聲。”林按：古作“”（番生敦），與“鄉”同形。卿士之“卿”，古蓋借“鄉”為之，無本字。《說文》以“卿”从“皀”得聲，則亦與“鄉”同音也。

今按：林義光認爲卿士之“卿”本無字，古蓋借“鄉”為之，金文中“卿”“鄉”（饗）同形。卿士之“卿”與鄉邑之“鄉”也可能有詞義引申關係，因此“卿”與“鄉”在金文中算不算同形字，還需斟酌。

(7) ，《說文》：“寽，五指寽也。从𤔔，一聲。”林按：“一”非

---

① 裘錫圭：《文字學概要》，商務印書館 1988 年版，第 210—219 頁。

② “月”和“夕”一字分化。陳煒湛先生對一至五期甲骨文的“月”、“夕”進行全面的梳理，發現一、二期甲骨文中“月”基本上作“”、“”，“夕”作“”、“”，僅少數例外；三期“夕”可作“”，亦可作“”，而且作“”的現象逐漸普遍起來了。然而此期某月之“月”卻仍作“”。四期“月”、“夕”皆作“”，未見“”。也就是說三、四兩期甲骨文中“月”、“夕”多同形，作“”。到了五期，多數情況下以“”為“夕”，以“”為“月”。參看陳煒湛：《甲骨文論集》，上海古籍出版社 2003 年版，第 1—6 頁。

③ 甲骨文有“令”字，沒有“命”字，“命”皆假借“令”為之。這就是說，在甲骨文中，“命”和“令”完全同形。西周金文雖然已有“命”字，但“命”除了用作本字外，用為“令”的情況也很多。“令”除了用作本字外，用為“命”的情況也很多。這種情況一直持續到戰國中期。戰國晚期的睡虎地秦簡、漢初的馬王堆帛書中“命”和“令”已截然分開。

④ “立”和“位”在甲骨文、西周春秋金文中都是同形的，皆作“立”。在戰國早期的中山王譽方壺中“位”寫作“𨗍”。郭店楚簡和包山楚簡已有“位”字。參看李守奎編：《楚文字編》，華東師範大學出版社 2003 年版，第 491 頁。

⑤ 有一部分歷時演變造成的同形字是由於訛混造成的，只見於一個時期的古文字資料中，並未在後世文字中形成不同的諧聲系列。

聲。"寽"，"将"之古文，取也。从"爪"，从"∃"，"∃"亦"又"也（篆从"寸"之字古多从"又"）。蓋與"受"同形而聲義異，故變"又"為"寸"以別之耳。

今按：林義光謂"寽"與"受"同形的聲義異，故變"又"為"寸"以別之，可備一說。從中我們也可以推知林氏所謂"同形"的含義，即形同而聲義異。

(8) ∃，《說文》："叉，手足甲也。从又，象叉形。"林按：古作"爪"（叉彝），象手有指爪形。

∃，《說文》："丑，紐也。十二月萬物動，用事。象手之形。日加丑，亦舉手時也。"林按，古作"∃"（庚嬴尊彝），與"叉"同形，即"叉"字。"丑""叉"古同音。

今按：師克盨"叉"字作"爪"，在銘文中"叉牙"即"爪牙"。段注已指出"叉"與"爪"為古今字。金文中"丑"字作"∃"（作冊大鼎）"∃"（都公簋），與之同形。一般以爲金文"丑"假借"叉"爲之，林氏認爲"丑"與"叉"是同形字，這可以理解為廣義上的同形字。

(9) 盍，《說文》："盇，覆也。从血，大聲。"林按：即覆蓋之"蓋"本字。"盍"象物在皿中，與"血"同形，非"血"字；"大"象蓋形。

今按：字隸定為"盇"，乃據小篆，又作"盍"，更為近古。戰國文字"盍"字作"盍"（齊忎鼎蓋）"盍"（長子盉）"盍"（《睡虎地·日書乙》11），上象蓋形，下象皿中有物。或以為"皿"上之"合"即象器、蓋之形，下"皿"為贅加形符。林氏以為小篆之"大"象蓋形，"盍"象物在皿中，非"血"字，"盍"與"血"同形。甚確。"盇"字小篆所從之"一"即"口""凵"所變。

(10) 戉，《說文》："戉，大斧也。从戈，l聲。"林按：古作"戉"（虢季子白盤）、作"戉"（師寰敦"跋"字偏旁），象形。

戊，《說文》："戊，中宮也。象六甲五龍相拘絞也。戊承丁，象人脅。"林按：古作"戉"（虢陀尊彝丁），作"戊"（傅尊彝戊），與"戉"同形，即"戉"字聲轉為"戊"也。"戉"與"戊"亦雙聲。《左傳》"曹劌"，《史記》作"曹沫"。"劌""戉"同音，"歲"從"戉"得聲。"沫""戊"雙聲，是"戊"紐音可如"戉"也。

今按："戉"與"戊"皆指兵器，但形制不同。甲骨文"戉"字作

"𢆶"（花東 206），商代金文作 "𢆶"（戈備卣），長秘，下有鐏，刃巨且圓曲，為 "鉞" 之初文。商代金文 "戊" 字作 "𢆶"（司母戊方鼎）"𢆶"（父戊尊），亦象斧鉞類兵器，或有雙鈎。金文中 "戈" 與 "戊" 常混，可歸為因形近而混的同形字。

通過以上分析，我們可以看到，林義光所謂同形字的含義比較寬泛。有的是一開始同形，後來變得不同形了。如 "卿" 與 "鄉"；有的一開始不同形，後來因訛混而變得同形了，如 "戈" 與 "戊"；有的則是假借造成的同形字，如 "丑" 與 "叉"。這都體現了林義光所堅持的歷史的動態的文字發展觀，值得我們好好繼承。

（三）類化

劉釗先生在《古文字構形學》中指出："類化，又稱'同化'，是指文字在發展演變中，受所處的具體語言環境和受同一文字系統内部其他文字的影響，同時也受自身形體的影響，在構形和形體上相應地有所改變的現象。這種現象反映了文字'趨同性'的規律，是文字規範化的表現。"他把古文字中的類化現象分為兩類：一類是文字形體自身的 "類化"，另一類是受同一系統内其他文字影響而發生的類化。在文中劉釗先生考辨了 50 組古文字中的 "類化" 例[1]。《文源》中雖然沒有明確提出 "類化" 這個詞，但從林義光的說解中我們可以看出他對漢字發展演變過程中的類化現象有所關注。如：

（11）𢆶，《說文》："朢，月滿也，與日相望，似朝君。從月，從臣，從壬。壬，朝廷也。" 林按：以 "月望" 比 "臣在朝庭"，義已迂曲。"朢" 當以 "遠視" 為本義。從 "壬"，人挺立也。從 "臣"，伏也。物在遠，故視高則挺立，視卑則屈伏。"𐤃" 即 "𐤃" 之變，"𐤃" 與 "ᄇ" 同象物形。古作 "𢆶"（庚嬴尊彝），或作 "𢆶"（師望鼎），涉 "聖" 字從 "耳" 而譌。

今按：林氏認為 "望" 字左上本從 "臣"，作 "𢆶"，而師望鼎 "望" 字作 "𢆶"，"臣" 訛作 "耳"，這是受 "聖" 字從 "耳" 的影響而造成的訛變。這就是劉釗先生所說的受同一系統内其他文字影響而發生的類化現象。

---

[1]　劉釗：《古文字構形學》，福建人民出版社 2006 年版，第 95—108 頁。

（12）𩾌，《說文》：“𩾌，𩾌周，燕也。从隹，山象其冠也，囪聲。”林按：“囪”非聲。“𠁥”蓋象枝尾形。古“内”“囪”同字，“𠁥”形近“内”，因亦譌从“囪”。猶“曽”或體作“𦥑”（交彝），“�”象獸尻，亦或譌作“𩠘”（王母鬲）；“為”或體作“𧰼”（周客敦），“𠥹”象尻，而亦譌作“𦥑”（師寰敦“譌”字偏旁）也。

今按：此例中，林義光指出“𩾌”“𧰼”“𦥑”諸字下部都發生了同樣的變化，即“𠁥”下加“𠙴”變从“囪”。這其實也是同一系統內的一組字互相影響而發生的類化現象。

三 林義光對傳統六書理論的重大突破

林義光六書理論的根本點在于：六書乃造字之本。因此，他十分重視語言孳乳與文字產生發展的關係。他研究文字，既把一個個文字置身于文字產生、發展和演變的歷史長河中加以動態的考察，同時又能注意靜態的文字結構的分析。通過對一千多個文字歷時的動態的考察和共時的靜態的分析，他對先民的造字本旨的認識應該說是深刻的。他認爲“象形”之旨在于“形”；“指事”“會意”之要在于“意”，“指事”與“會意”的區別在于指事字中往往有象形的成分，而組成“會意”字的各個構件均表抽象義；“形聲”“轉注”“假借”都與文字的孳乳分化密切相關。他認爲“假借”造字法很早就出現了，它的主要特點是描摹語詞的聲音，是不造字的造字。“轉注”之要在于取同類之義附注其形，其主要功能在于分化文字。“形聲”造字法就是以表示同類事物的文字爲意符並加上聲符。他認爲形聲造字法最簡易，所以後出之字多爲形聲字。所以說，假借、轉注、形聲都是文字爲了適應語言的發展而採取的必要手段。林義光的這些見解在今天看來都還相當精彩。他在六書理論上最重要的突破是第一次提出形變指事和二重形聲的概念。

形變指事字是由已有的文字改變字形方向或增減筆劃後形成的，它是對原字的改造；從文字形體上說，形變指事字具有獨立的形音義，已分化爲一個新字。這跟古文字中常見的正反、正側、正倒無別的一字異體有質的區別。許慎就是因爲沒有認識到這一質的差別，所以他常把一些字的正反異體別爲二字，如“止”和“屮”、“少”與“𡴤”，本無別，許慎卻把它們析爲二字。清代學者王筠、孫詒讓及近現代古文字學家羅振玉、王國維、唐蘭等人雖已認識到古文字形體往往正反、正側、正倒無別這一規律，但他們都沒有注意到兩類"反文"的區別，也不能在理論上給這些無法用傳統六書來分析的字予歸屬。林義光首創"形變指事"這一條例，從造字法的角度明確了"片""叵""𦥑""𠂤""𠂇""个""旡"等字的字形來源，從理論上解釋了這一文字發生、發展過程中的客觀存在的事實，所以說，林義光在這方面有開創之功。可惜，在林義光之後的半個多世紀，沒有人重視他在六書理論的這一突破。直至 20 世紀 80 年代，裘錫圭先生再一次注意到這個問題，並提出了"變體字"這一概念，"變體字"屬裘氏"三書"說的表意字。他認爲這類字是用改變某一個字的字形的方法來表意的，改變字形的方法主要有兩種，即增減筆劃（一般是減筆劃）和改變方向①。詹鄞鑫先生擴大了裘氏"變體字"的範圍，把裘氏認爲"不能納入三書"的"變體表音字"和"半記號字"也界定爲"變體字"，並分成三類：（1）取形變體字，這類變體字的字形與原字的字形有某種聯繫，它們是："片""子""孒""了"；（2）取義變體字，這類變體字的字義與原字的字義有某種聯繫，但與原字或變體字的形體形象，似乎並沒有聯繫，如"㝵""叵"；（3）取音變體字，這類變體字的讀音與原字讀音相近，字義是新賦予的（有的可能是原字的假借義），與原字本義和字形都沒有聯繫。如"乒""乓""毋""耶""義"②。裘、詹二氏所說的"變體字"，較之林義光的"形變指事"，我們不難看出二者如出一轍。我們不敢斷言二者有繼承關係，但裘、詹二氏的研究至少可以證明林義光"形變指事"的正確性。

林義光所謂的"二重形聲"是指音同或音近的兩個偏旁組成的字。這種雙聲符字在甲骨文、金文和戰國文字中都是客觀存在的。宋代鄭樵就曾指出，並稱之爲"母子同聲"，可惜無人響應，以至于一些構形特殊而無法納入六書的漢字長期被視爲形聲字。林義光通過研究金文，再一次揭示了古文字發展的這一重要規律，道破了這千古之謬，功不可沒！陳偉武先生在《雙聲符字綜論》中說："林義光能夠揭示漢字中雙聲符字的許多事實，正因爲他打破了許慎的六書條例，糾正許慎誤聲爲形的種種錯誤，

①　裘錫圭：《文字學概要》，商務印書館 1988 年版，第 139 頁。
②　詹鄞鑫：《漢字說略》，遼寧教育出版社 1991 年版，第 215—216 頁。

還雙聲符字以本來面目。"① 在《文源》中，林義光指出了二十四個純雙聲符字，其中大部分已被證明是正確的。

綜上所述，可見林義光的《文源》（包括《六書通義》和《古音說略》）在許多方面都具有科學性和預見性，對我們研究古文字、六書理論都有著很好的指導意義。其學術價值不可低估，世人應當給予公允的評價。

---

① 陳偉武：《雙聲符字綜論》，《中國古文字研究》第一輯，吉林大學出版社 1999 年版，第 334 頁。

第五章 《文源》例字選評

閩籍學者林義光所著《文源》，運用有關古文字（商周金文、小篆和秦漢金石文字等）資料研究漢字本形本義，自 20 世紀 20 年代面世以來，頗得學者重視，徵引讚賞者亦多。21 世紀以來開始有學位論文以《文源》為研究對象，如葉玉英、田勝男分別完成《〈文源〉的文字學理論研究》和《〈文源〉疏證——以甲骨文為中心》，兩篇論文皆獲得福建師範大學優秀碩士學位論文一等獎。與《文源》研究有關的科研項目的申請也得到了學界的重視和肯定，如林志強申請的"《文源》的疏證與研究"獲得全國高校古籍整理委會直接資助，"從鄭樵到林義光：區域文字學研究案例考察"獲得國家社科基金的資助；同時，林義光作為閩籍學者，對其文字學著作的研究，自然也列入福建省高校服務海西建設重點項目"海峽西岸瀕危語言學文獻及資料的挖掘、整理與研究"的研究計畫①。這些項目的立項，都非常有力地推動了《文源》的研究工作。2012 年 3 月，中西書局影印出版了《文源》，上海古籍出版社也與林志強簽訂了出版《文源》標點本的合同②，說明《文源》的價值確實受到了學術界的肯定。為了項目研究的順利開展，由林志強擬定了具體的研究計畫，課題組成員的主要任務有二：一是對《文源》進行逐條評注，完成《〈文源〉評註》一書。評註的主要做法是，評其得失，注其未備，是其所當是，非其所當非；二是對《文源》涉及的有關理論問題進行專題研究，寫成文章。通過研究，我們發現《文源》確實有許多珍貴的地方值得挖掘，目前學界對《文源》的認識還不夠全面，甚至還有些誤解。本書主要是專

---

① 該項目由馬重奇教授主持負責，林志強為文字學方向的主持人。

② 標點本已完成，待版。

題論文的重新編排和改寫，但為了體現《文源》研究的整體概貌，我們
選擇《〈文源〉評註》的部分內容進行展示。下面我們突破《文源》分
卷的安排，以象形字、指事字、會意字和形聲字為序，選登若干例子，以
便讀者更好地瞭解林義光的"六書"理論和文字學研究情況。因林義光
的"二重形聲"字和"形變指事"字我們已有專節論述，此不贅。

第一節　《文源》象形字選評

《文源》象形字有六卷：卷一為"全體象形"，卷二"連延象形"，
卷三"分理象形"，卷四、卷五"表象象形"，卷六"殷列象形"。以下
我們各舉若干例加以評注：

一　全體象形

(1) 𝑌

《說文》云："子，十一月易（陽）① 气（氣）動、萬物滋，人以為
偁（稱），象形。𝑌，古文，從巛，象髮也。𝑌，籀文，從囟有髮，臂、脛
在几上也。"按，古作"𝑌"（叔家父匡）、作"𝑌"（且子鼎），象頭、
身、臂及足并之形。兒在襁褓中故足并。又作"𝑌"（召伯虎敦），"𝑌"
象腦上有髮，"𝑌"象身、脛，"𝑌"象兩手。

評注：甲骨文"子"字有兩系：一系作"𝑌""𝑌"，象正面"子"的
形象，另一系作"𝑌"，象側面"子"的形象。"𝑌""𝑌"用為地支第一
位，即子；"𝑌"則用為地支第六位，即巳。在金文系統裏，來源於甲骨
文"𝑌""𝑌"一系的，除上舉召伯簋之字外，還有利簋作"𝑌"等，仍用
作地支之"子"，與甲骨文同；來源於甲骨文"𝑌"一系的，金文多見，
除多用作子孫字外，還偶用作地支之"巳"，繼承了甲骨文的用法。與
甲、金文不同的是，在《說文》系統裏，取象於小孩的繁簡二體，即籀
文之"𝑌"與篆文之"𝑌"，則都是"子"字。林氏分析其形象，正確
可從。

---

① 《文源》原文豎排，對異體字、古文字、文句出處以及有關說明文字等，均以小字標註，
現改作橫排，注文以（）表示。下同。

(2) 𩁿

《說文》云："𩁿，雖（鵲）也。象形。𪇃，篆文𩁿，从隹、昔。"按，古作"𩁿"（師虎敦），象張兩翼形。變作"𩁿"（吳尊彝）、作"𩁿"（盂鼎）。

評注："𩁿"字未見於甲骨文。林氏所摹師虎簋之"𩁿"，《金文編》作"𩁿"[1]，張兩翼之形更為顯著。盂鼎之"𩁿"等，皆此之變，為小篆形體所由來，然變形甚劇，象形意味已失。"𩁿"也隸定為"舄"，除用為"鵲"外，經典還用為履舄字。段注云："古文作舄，小篆作雖……舄本雖字，自經典借為履舄字，而本義廢矣。"師虎簋"赤舄"，即用為鞋履義。

(3) 𤔡、雀

《說文》云："爵，禮器也。𤔡象雀之形，中有鬯，又，持之也。"按，古有"𤔡"（录伯戒敦），與"𤔡"形近（"𤔡"近於"𤔡"，"鬯"古作"𤔡"，近於"𤔡"，"彐"與"𤔡"同意），實即"爵"字。或作"𤔡"（毛公鼎），皆象手奉爵形。"𤔡"無足，象廢爵。"𤔡"口足間有橫文，象繶爵（《士虞禮》："主人洗廢爵，主婦洗足爵，賓長洗繶爵。"注云：爵無足曰廢，繶爵口足之間有篆）。"𤔡"象旁柱（爵有二柱，略象其一），"𤔡"象爵中酒溢，與"𤔡""𤔡"同意。或作"𤔡"（多父盤"𤔡（婚）"字偏旁），"𤔡"象足爵，"𤔡"，酒自爵中下流之形。亦作"𤔡"（魯侯作爵鬯用尊彝，借"爵"為"酌"字）。皆不从"𤔡"。《說文》云："雀，依人小鳥也。从小、隹。"按，"雀"經典通用"爵"字。"爵"，酒器，象雀形。"爵"古作"𤔡"（㠱季良父壺"𤔡"字偏旁）、作"雀"（盂鼎"𤔡（聞）"字偏旁），與小隹形近，則"雀"字當依"雀"而制。古鳥名只作"爵"，後乃因小隹之形義而制"雀"字耳（亦後世"𤔡字先人為老""𤔡字追來為歸"之類）。

評注："爵"字甲骨文作"𤔡"（《合集》18570）"𤔡"（《合集》18578）"𤔡"（《合集》30173）等，象爵之形，柱、流、腹、足畢現。又作"𤔡"（《合集》914反），金文亦有作"𤔡"（父癸卣）者，增"又"符，即後世"爵"字从"又"（寸）之由；金文又有作"𤔡"（伯公父勺）

者，腹、足部分近於"閏"形，為小篆所本。林氏所舉金文"爵"字，如"𤔲""𤔲"等，乃是早期表意之"聞"字的偏旁。按"聞"字甲骨文作"𦖫"（《合集》2422）等，象人跽而諦聽之形。金文作"𦖫"（利簋）"𦖫"（盂鼎）"𦖫"（王孫誥鐘），不斷變化，銘文中常借用為"婚""昏""問"，前人據辭例而釋，舊無確解。至于"爵""雀"之間，乃通假之關係，與形義無關，林氏誤"聞"之偏旁為"爵"，推出"雀字當依𤔲而制"，自然沒有根據；字頭合"爵""雀"為一，不可從。按"雀"字甲骨文多見，作"𥸤"（《合集》19852）"𥸤"（《合集》4139）等形，林氏以為小隹之"雀"為後制，與"先人為老""追來為歸"等後起俗字同類，亦非是。大徐本作"爵，禮器也。象爵之形，中有鬯酒，又持之也"。林氏從段注本而漏一"酒"字。

（4）𣥂

《說文》云："止，象艸木出有阯，故以止為足。"按，古作"𣥂"（虢季子伯盤"正"字偏旁）、作"𣥂"（太保彝"征"字偏旁），非艸木形，象人足，即"趾"之本字。《儀禮》"北止"（士昏禮）注："足也"。《禮記》"奉席請何止"（內則）、《漢書》"四之日舉止"（食貨志），"止"皆為"足"。《漢書·刑法志》"當斬左止"，則為足之指。"止"本為"足"，引伸為"止息"之義，足所至也。《說文》云："𣥂，蹈也。從反止。讀若撻。"經傳未見，疑即"止"之反文，不為字。

評注："止"字甲骨文作"𣥂"（《合集》20221）"𣥂"（《合集》33139）"𣥂"（《合集》13686），象足掌足趾之形。金文線條化後，為小篆所本。林氏以為"𣥂""非艸木形，象人足，即趾之本字"，又疑"𣥂"即"止之反文，不為字"，皆是。其"非艸木形"之說，亦有所本。鄭樵《六書略》即已指出其形"象足趾"，徐灝《說文解字注箋》云："凡從止之字，其義皆為足趾。許以為象艸木出有址，殆非也。……三趾者，與手之列多略不過三同例。"林氏所引《禮記·內則》"奉席請何止"，《十三經注疏》本作"奉席請何趾"，阮元《校勘記》云："各本同，石經同，《釋文》出'何止'，云'本又作趾'。按，《說文》有止字，無趾字。"

（5）𥝌、𥝌

《說文》云："釆，辨別也。象獸指爪分別也。讀若辨。"按，象獸足之形。"千"象其掌，"公"象其爪，當即"蹯"之本字。古作"釆"（魯侯啟"番"字偏旁）。《說文》云："番，獸足謂之番。从釆，田象其掌。"按，古作"番"（魯侯啟），"釆"已掌指爪，其下不當復象掌形。从"田"者，獸足所踐處也，與"疃"字从"田"同意（《說文》云："疃，禽獸所踐處也"）。"番"實與"釆"同字。

評注："釆"字甲骨文作"釆"（《合集》4211 反）"釆"（《合集》10061），金文承之，為"番"之本字，後又有益"足"作"蹯"者。《左傳·宣公二年》："宰夫胹熊蹯不孰。"林氏合"釆""番"為一字，其說甚是，諸家多有從之者。"釆已掌指爪"句，當作"釆已象掌指爪"，脫一"象"字。

(6) 帀帀

《說文》云："不，鳥飛上翔不下來也。从一，一猶天也。象形。"按，"帀"與鳥形不類。周伯琦云："鄂（萼）足也。"萼足謂之"柎"（《補亡詩》"白華絳柎"）。"不"（之韻）"柎"（遇韻）雙聲旁轉。《詩》"鄂不韡韡"（常棣），箋云："'不'當作'柎'。'柎'，萼足也。"《左傳》"三周華不注"（成二年），山名華不注，亦取義於華柎。古作"帀"（叔家父匜）、作"帀"（邿公華鐘），象形。《說文》云："丕，大也。从一，不聲。"按，从"一"無"大"義。"不"字古或作"帀"（不㱙矛），"丕"字隸亦作"丕"，當即"帀"字。變"●"為"一"，或移置"不"下，"丕""不"實同字也。凡"丕顯"字，經傳多作"不顯"，諸彝器亦皆以"不"為之。

評注："不"字殷墟甲骨文作"帀"（《合集》20572）"帀"（《合集》6834 正）"帀"（《合補》38 正），西周甲骨文作"帀"（《周原》H11：84）。本只作"帀"，下引三曲筆，象根鬚之形，後增形作"帀""帀"，為後世所承。諸家多以為"不"乃萼足即"柎"之初文，可從。《通志·六書略》："不，音跗。象華萼蒂之形。"王國維《觀堂集林》："不者，柎也。"高鴻縉《中國字例》云："不，原意為鄂足，象形字，名詞。後借用為否定副詞，日久而為借意所專，乃另造柎字以還其原。""不""丕"一字分化，林氏所論亦可從。

(7) 𣪠

《說文》云："亘，求亘也。回，古文回，象亘回之形，上下，所求物也。"按，"亘"訓輾轉求物，說無他證。古作"𡆰"（洹子器"洹"字偏旁）、作"𡆥"（尌仲敦"趄"字偏旁），當為"垣"之古文，象垣牆繚繞之形。亦作"𡆥""𡈁"（虢季子伯盤"宣"字及"趄"字偏旁）。

評注："亘"字甲骨文作"𠃌"（《合集》7076正）"𡿨"（《合集》12050），象回轉之形；或加橫筆為飾，作"𠃌"（《合集》6949正）"𡿨"（《合集》23431）"𡿨"（《合集》20985）等。結合金文字形筆勢來看，小篆作"亘"，當為有據，林氏改篆作"亘"，似不可從。其形所象，乃回轉之形，然是否象水中漩渦回轉之形，抑或如林氏所云"象垣牆繚繞之形"，實難以確定也。"亘"字小篆作"亘"，大小徐及段注本皆同。大徐本云："求亘也。從二從𡆥。𡆥，古文回，象亘回形。"小徐本"古文回"前少一"𡆥"字，餘同；段注本"求亘也"作"求回也"，"象亘回形"作"象亘回之形"，餘同。林氏改篆作"亘"，故說解中將"亘"隸作"亘"，"回，古文𡆥"亦承前句"亘"形而來，然以"回"為古、"𡆥"為今，實則本末倒置了。

（8）𩫖

《說文》云："𩫖，從回，象城𩫖（郭）之重，兩亭相對也。或但從口作𩫏。"按，古作"𩫖"（侯氏𠤳）、作"𩫖"（毛公鼎），經傳以"郭"為之。

評注："𩫖"字甲骨文作"𩫏"（《殷虛書契前編》七·十·一），象城牆四面各有城樓之形，省為"𩫏"（《合集》13523）"𩫏"（《合集》29795），象兩樓相對之形，金文相承如林氏所舉者。《說文》以為城郭之"郭"字，又為"墉"（本義為城垣）字古文。其實二字初本一字，後世分化，表外城者造"郭"字，表垣牆者造"墉"字，後起字行而本字廢矣。大徐本末句只作"或但從口"，段注云："音韋，謂篆作𩫏也。"林氏"作𩫏"二字據段注補。

（9）亩

《說文》云："亩，穀所振入也。從入，從回。象屋形，中有戶牖。廩，或從广、稟。"按，古作"亩"（叔氏鐘"稟"字偏旁）、作"亩"（兮仲鐘"稟"字偏旁）、作"亩"（陳猷釜"歈"字偏旁），上象屋形，"亩""亩""田"皆象中有列室。

評注："亩"字甲骨文作"亩"（《合集》14128正）"亩"（《合集》

584 甲反）"龠"（《合集》583）反），象倉廩之形，《合集》14128 尤為形象。"亩"為"稟""廩"之初文，與"倉"屬同象異字。《說文》拆分為從"入"從"回"，乃據小篆形體立說。又云"象屋形，中有戶牖"，林氏則以為"中有列室"，皆可從。

（10）宁

《說文》云："宁，辨（辦）積物也。象形。"按，與"貯"略同。古作"㡊"（宁形獸形父丁彝）、作"㡊"（宁中立戈父丁器）、作"宁"（宁未父己器）、作"宁"（頌敦"貯"字偏旁）。

評注："宁"字甲骨文作"宁"（《合集》4525）"㦸"（屯南 2522）"宁"（屯南 2567）等形，象櫥櫃之類的貯藏器之形，或橫置，或豎置，或中有橫畫以示所貯之物。"宁"乃"貯"之初文，"貯"字甲骨文作"㡊"（《合集》4696）"宫"（《合集》28089）（或釋"賈"），或宁中藏貝，或從"宁"從"貝"，皆會貯藏之義。《說文》"辨積物也"，段注云："辦，今俗字作辦，音蒲莧切，古無二字二音也。《周禮》'以辨民器'，辨，具也，分別而具之，故其字從刀。"按段氏之意，"辦"與"辨"古為一字一音，"辦"就是"辨"的俗字。但《字彙》云："從力與從刀者不同，刀取判別之義……力取致力之義。"根據這個看法，"辦"與"辨"不同字，則"今俗字作辦"之"辦"，當為從"刀"之"辨"的誤字。林氏在"辨積物也"之"辨"下注"辦"，所據為段注，其字誤從"力"，亦與段注同。

《文源》卷一"全體象形"共收 217 個字。我們在此只選取了 10 例。所謂"全體象形"即"畫成全物者"。所謂"物"，有人體、器物、植物、動物、宮室等，涵蓋天地萬物。"全體象形"就是描摹事物的整體。如"子"字作"㣽"象繦褓中的嬰兒，只露出頭部和兩手；"鳥"字作"㸓"，象張開兩翼的鵲；"爵"字作"㝉"，象爵形；"面"字作"㯳"，乃複體象形。金文作"㮫"，當為指事字；"釆"字作"采"，象足跡形，乃"蹯"之初文；"不"字作"㐀"，象根須形；"亘"字作"㔔"，象回轉形；"墉"字作"㿽"，象城郭形；"亩"字作"㿽"，是倉廩的象形；"宁"字作"宁"，象櫥櫃之類的貯藏器之形，乃"貯"之初文。諸字之古文字字形皆為"畫成全物者"，故為全體象形字。

二　連延象形

（11）身

《說文》云："身，从人，申省聲。"按，"申"古作"邑"（弐叔鼎），"身"古作"身"（通祿鐘）、作"身"（邾公牼鐘），不从"申"省。"ㄷ"象人腹，"身"即象身形，"一"，地也。或作"身"（楚公鐏），不兼象地。亦變作"身"（禹敦）、作"身"（櫨伯器乙）。

評注："身"字甲骨文作"身"（《合集》822正）"身"（《合集》13713正）"身"（《周原》H11：64），象人身而大其腹，乃懷孕之形。《詩·大雅·大明》："大任有身，生此文王。"毛傳："身，重也。"鄭箋："重謂懷孕也。"大徐本作"象人之身"，《正字通·身部》曰："身，女懷姙曰身。"說解皆確。此據段注本作"从人，申省聲"，林氏以為"身"字不从"申"省，是也。

（12）舌

《說文》云："舌，从干、口，干亦聲。"按，干口為舌，非義，"干"亦非聲。"函"為舌，象舌形，而中从"干"，則"舌"亦象口上舌形。古作"舌"（盂鼎"醶"字偏旁）。

評注：甲骨文"舌"字作"舌"（《合集》14949）"舌"（《合集》15154正）"舌"（《合集》2201）"舌"（《合集》9472反），象口吐舌形，旁點為唾液，所从之"干"乃增筆而成，可見本非从"干"。林氏以為"干口為舌，非義，干亦非聲"，字"象口上舌形"，皆是，然以"函"字為證，則非。"函"象納矢於箭袋之形，與"舌"無關。

（13）要

《說文》云："要，身中也，象人要（腰）自臼之形。从臼。要，古文要。"按，古作"要"（伯要敦）、作"要"（洹子器"宴"字偏旁），象女自約兩手於腰之形，"卥"聲。"卥"（幽韻）"要"（宵韻）雙聲旁轉（《詩·七月》篇以"蔓"與"蜩"為韻，則"要"音轉如"卥"。）

評注："要"字甲骨文作"要"（懷特1315）"要"（《合集》28236）（"稷"字偏旁），金文作"要"（《衛簋》"謱"字偏旁），楚簡作"要"

（上博簡《昭王與龏之脽》簡 7），象人以手叉腰之形①。大徐本小篆作
"⿰"，林氏所書略異。按段注本改篆作"⿱"，林氏未從之；"古文⿰"之
"⿰"，亦林氏所隸定，與大徐本、段注本皆不同。林氏所錄伯要簋等字
形，學界多以為"嫂"字，非"要"字。根據現有資料，《說文》標為
古文的"⿰"（林氏作"⿰"，略異），與睡虎地秦簡"⿰"（《日甲》73
反）之構形相同，亦見于馬王堆簡帛文字②，頗有蹤跡可尋。小篆作"⿰"
者，來源不明，故段注本改篆作"⿱"，並云："按各本篆作⿰……淺人所
妄改也。今依《玉篇》、《九經字樣》訂，顧氏、唐氏所據《說文》未誤
也……上象人首，下象人足，中象人腰而自臼持之，故從臼。必從臼者，
象形猶未顯人多護惜其腰故也。"如段說不誤，顧氏、唐氏所據《說文》
"要"作"⿱"形，則與漢碑《斥彰長田君斷碑》之"⿱"字的構形相
同，區別只在篆隸筆勢不同而已，移用段氏的形義分析，也完全適合。據
段注，《漢書·地理志》有這種寫法的"要"字，漢碑又見此字，說明
《說文》成書前後都有這樣的"要"字③。這種"⿱"字，從字形上看，
可能與上述甲金文字形有源流關係。

（14）⿱

《說文》云："盍，覆也。從血，大聲。"按，即覆蓋之"蓋"本字。
"⿱"象物在皿中，與"血"同形，非"血"字；"⿱"象蓋形。"盍"
（葉韻）"蓋"（泰韻）雙聲旁轉。"盍"轉為"蓋"，猶"葉"（葉韻）
轉為"世"（泰韻），"瀸"（葉韻）轉為"廢"（泰韻）也。

評注：林氏從段注本釋為"從血，大聲"。大徐本作"從血、大"，
注云："臣鉉等曰，'大'象蓋覆之形。"按，"盍"字戰國文字作"⿱"
（畲志鼎蓋）"⿱"（長子盉）"⿱"（《睡虎地·日書乙》11），上象蓋形，
下象皿中有物。或以為"皿"上之"⿱"即象器、蓋之形，下"皿"為
贅加形符。要之，林氏以為小篆之"⿱"象蓋形，"⿱"象物在皿中，非
"血"字，是也。字隸定為"盍"，乃據小篆，又作"盇"，更為近古。

---

① 參見郭永秉：《談古文字中的"要"字和從"要"之字》，《古文字研究》第二十八輯，
中華書局 2010 年版。

② 見陳松長編著：《馬王堆簡帛文字編》，文物出版社 2001 年版，第 108—109 頁。

③ 參見林志強：《漢碑俗字綴述》，《中國文字學報》第二輯，商務印書館 2008 年版。

"盇" 即 "蓋" 之本字，从 "艸" 之 "蓋" 見于秦公簋，作 ""。後則 "蓋" 行而 "盇" 廢矣。"瀘" 字所从之 "去"，或以為即此 "盇" 字之省，為聲符。

（15）業

《說文》云："業，大版也，所以飾縣鐘鼓（'飾' 謂 '飾於栒'。《詩·有瞽》篇 '設業設簴'，傳云：'大版也，所以飾栒為縣也'），捷業如鋸齒，以白畫之，象其鉏鋙相承也。从丵，从巾，巾象版。"按，晉公盦 "" 字，當即 "業" 之繁文。"業" 象全虡上有飾版之形。"" 字象鼓鼙在虡上形，亦以 "" 為簴足，則 "業" 下當非 "巾" 字。

評注：根據出土實物和文獻記載，"虡" 和 "業" 皆為古代鐘架的主要構件，用以懸鼓磬，其豎者曰虡，橫者曰栒，栒上加大版曰業，上有參差不齊的崇牙，以為懸掛鐘鼓之用。小篆之 "業"，上體是形如鋸齒的大版，下體是人形的省變，仍是虡上著版之象。《爾雅·釋詁》："大版謂之業。"《釋名·釋樂器》："筍上之版為業，刻為牙，捷業如鋸齒也。"因知 "業" 字的古訓與形義完全密合。林氏以為 "業" 象虡上有飾版，"業" 下非 "巾" 字，皆甚確[①]。

（16）巠

《說文》云："巠，水脈也。从巜在一下，一，地也，壬省聲。"按，古作 "巠"（虢季子白盤 "經" 字偏旁）、作 "巠"（毛公鼎），皆从 "壬"（"工" 亦 "壬" 字）。"壬" 古作 ""，亦無由省為 "工"。"巠" 即 "經" 之古文，織縱絲也。"巛" 象縷，壬持之。"壬" 即 "滕" 字，機中持經者也，上从 "一"，"一" 亦滕之略形。

評注："巠" 為 "經" 之初文，象織機縱線形。其下所从之 "工"，林氏以為即 "滕"（音 shèng）之古文。按 "滕" 為機之持經者，與機之持緯者 "杼" 相對，其說可從。"壬" 與 "壬"（音 tǐng）有別，然形近易混。戰國時 "巠" 字有加筆把 "工" 符變為 "壬" 者，如郭店楚簡作 "巠"（《唐虞之道》19）"巠"（《尊德義》13），《說文》古文同。可見 "巠" 字初从 "壬"，後則有訛為 "壬" 者，《說文》以為 "壬省聲"，亦

----

①　參見曾憲通：《從曾侯乙編鐘之鐘虡銅人說 "虡" 與 "業"》，《曾侯乙編鐘研究》，湖北人民出版社 1992 年版；又見《古文字與出土文獻研究叢考》，中山大學出版社 2005 年版。

可視為訛變聲化之一例。

(17)

《說文》云："鹵，西方鹹地也。从㢧省，象鹽形。安定有鹵縣，東方謂之斥，西方謂之鹵。"按，東為斥，西為鹵，此後世異名。制字之始，不能為西方鹹地獨制一字。西者言其地之方，非即地，注四點於西中，理亦不愜。"鹵"當訓為鹹味也。从""，""，果實也。中四點象鹽形。蓋果實中有含鹽者，其味鹹，名之曰"鹵"，此上世知有鹹味之始，其後得鹹地，亦以"鹵"名之，及知煮海為鹽，始制"鹽"字，故曰"天生為鹵，人生為鹽"。

評注：甲骨文"鹵"字作""（《合集》7022）""（《合集》20177），象盛鹽鹵之器。金文作""（兔盤），與甲骨文同。小篆外形有訛變。戴侗《六書故》云："鹵，內象鹽，外象盛鹵器，與卣同。"所論當是。林氏以外象果實之形，字象果實含鹽者，與甲骨文不合，非是。不過他論述鹽鹵之發現的過程以及文字演變的情況，也頗有理趣。字頭繫林氏推寫，未明出處。

(18)

《說文》云："州，水中可凥（居）者曰州，水匋（周）繞其旁。从重川。"按，重川非義，古作""（散氏器），象水中有地可居形。

評注："州"字甲骨文作""（《合集》849 正）""（《合集》17577 正），象水中有陸地之形。金文如林氏所引，與甲骨文一脈相承。小篆字形乃類化所致。林氏謂"重川非義"，是也。

(19)

《說文》云："泉，水原（源）也。象水流出成川形。"按，古作""""（散氏器"原"字偏旁），象水出穴之形。

評注："泉"字甲骨文作""（《合集》8370）""（合補 10642 甲）""（《合集》8371）""（《花東》484），象水流出山洞之形，表泉水之義。金文相承，小篆有所變化。林氏云："象水出穴之形。"可從。

(20)

《說文》云："血，祭所薦牲血也。从皿，一象血形。"按，古作""（追敦"衄"字偏旁）。

評注："血"字甲骨文作""（《合集》15338）""（《合集》

34430）“”（《合集》19495），象皿中有血之形。血形後變為一横，為小篆所本。

《文源》卷二“連延象形”共有八十個字，我們在此僅選十例作評注。林義光所謂“連延象形”即“兼象旁物”者，也就是我們通常所說的複體象形。從造字上說，即除了把需要造字的那個詞所指稱的物體用簡略的線條筆劃勾勒出來外，還把相關的物體也連帶描繪下來。如“身”字作“”，指人的身體部分，若僅畫“”，根本看不出是身體部分，加上人形，就清楚了；“舌”字作“”，若僅寫成“”，則難以判斷是何物，加上口形，就知道是“舌”的象形了；“要”是“腰”之初文，金文作“”，象人以手叉腰之形。若僅作“”，則“腰”義難顯，加上兩手和人的下身，意思就明瞭了；“蓋”字作“”，字的上部象器蓋，下部為器身。不畫出器身，就難顯其蓋形；“業”字作“”，上體是形如鋸齒的大版，若不寫出下部，則其意不明；“鹵”字作“”，“”象盛鹽的器物，裡面的點則指的是鹽鹵。若僅僅寫幾個點，難以說明這是指鹽鹵；“血”的造字方法與此類似。“血”字作“”“”，畫出“皿”形，是為了凸顯裡面的“”“”指的是“血”；“州”的本義指水中陸地，字作“”，其意顯然；若沒有川形，僅存“”形，則不知其為何物了；“泉”字作“”，象水流出山洞之形，即泉水。若沒有“”形，則“泉水”之義難顯。

三　分理象形

（21）

《説文》云：“而，須（鬚）也。《周禮》曰：作其鱗之而。”按，“需”“耎”从“而”，皆有下垂之義。菌屬之“芝栭”（《禮記·內則》：“芝栭蔆椇”），屋構櫨之“芝栭”（《魯靈光殿賦》：“芝栭攢羅以戢孴”），皆以仰者為“芝”，覆者為“栭”，則“而”者下垂也。古作“”（義楚鍴“耑”字偏旁），象下垂之形。鬚亦下垂，故引申為“鬚”。

評注：甲骨文有“”（《合集》412 正）“”（《合集》10201），或以為即“而”字，象頷下髯鬚之形，借用為連詞，本義罕用。大徐本《説文》釋為“頰毛也，象毛之形。”段注本改為“須也，象形。”林氏從之。然林氏又以“下垂”義為本義，“鬚”為引申義，則本末倒置矣。

（22）Ө

《說文》云："白，西方色也。会用事，物色白。从入合二，二，会數。"按，入二非義。古作"Ө"（虢季子白盤），秦刻"因明白矣"，"白"作"Ө"，皆不从"入""二"。《說文》："霉，雨濡革也。讀若膊。""白"實與"霉"同字，象物遇濕，魄然虛起之形。

評注："白"字甲骨文作"Ө"（《合集》20076）"Ө"（《合集》34103）"Ө"（《周原》H11：84），構形有多說。郭沫若《金文叢考》云："此實拇指之象形……拇為將指，在手足俱居首位，故白引伸為伯仲之伯，又引申為王伯之伯，其用為白色字者，乃叚借也。"[1]　其說可參。《說文》釋形不確，林氏謂"入二非義"，是；謂"白"與"霉"同字，按"霉"字段注云："雨濡革則虛起，今俗語若朴。"聯繫此說，林氏說"白"字"象物遇濕，魄然虛起之形"，亦有一定道理。此條用秦石刻文字，可見林氏取材，不限金文，值得注意。

（23）Ө

《說文》云："百，十十也。从一、白。數十十為一百。百，白也，十百為一貫，貫，章也。"按，从一非百之義。古作"Ө"（伊嗣彝），當為"白"之或體。"ᴧ""ᴧ"皆象薄膜虛起形。變作"Ө"（史頌嗣彝）、作"Ө"（多父盤）。

評注："百"字甲骨文作"Ө"（《合集》21247）"Ө"（《合集》1042）"Ө"（《合集》34674 正），乃是由"白"加筆而分化的一個字。于省吾先生曰："百字的造字本義，係于白字中部附加一個折角形的曲劃，作為指事字的標志，以別于白，而仍因白字以為聲。"[2]　其說可從。甲骨文亦有以"白"為"百"者，如"三白羌"即"三百羌"（《合集》293），亦可見"白""百"之關係。林氏以為"百"是"白"之或體，可從，謂字中筆畫"象薄膜虛起形"，聯繫其對"白"字的看法，亦是一解。

---

① 參見郭沫若：《金文叢考》，人民出版社 1954 年版，第 193—194 頁。
② 參見于省吾：《釋古文字中附劃因聲指事字的一例》，《甲骨文字釋林》，中華書局 1979 年版，第 450—451 頁。

（24）𢆶

《說文》云：“幻，相詐惑也。从反予。”按，反予非義。“𢆶”象變幻無窮如環相連之形，“𠃌”與“予”从“𠃌”同義。予者莫知其所終極，故“𠃌”在下；幻莫知其所自來，故“𠃌”在上。

評注：“幻”金文作“𢆶”“𢆶”（孟弨父簋），戰國文字作“𢆶”（璽彙3372），本从“幺”。“幺”“玄”本一字，由絲線之細小、色黑引申為悠遠、玄妙之義，與幻惑之義相關聯，故“幻”當為由“幺”（玄）分化出來的一個字，以加一曲筆為區別。小篆之从“𢆶”者，當為訛變之形。林氏以“予”之反文為說，謂“予者莫知其所終極，故“𠃌”在下；幻者莫知其所自來，故“𠃌”在上，過於玄虛，不可信。

（25）𢦠

《說文》云：“我，施（句），身自謂也。或說，我，頃頓也。从戈、手。手，古文垂也。一曰古文殺字。”按“手”為古文“垂”無考。“我”古作“𢦠”（師寰敦）、作“我”（毛公敦）、作“我”（毛公鼎）、作“𢦠”（禹敦），義當為“施”。《廣雅》：“義，施也”（釋詁三），以“義”為之（“義”从“我”得聲，與“我”同音）。“施”猶“加”也（《廣雅》：“箷謂之椸。”是“施”“加”同義）。象交加之形，“戈”聲。“加”與“戈”古亦同音。“加”為口語相加，“我”為凡物相交加，因“我”為借義所專，故通用“加”字耳。

評注：“我”字甲骨文作“𢦠”（《合集》21253）“𢦠”（《合集》6091）“𢦠”（《合集》26039）“𢦠”（《合集》36754），象刃部有齒之斧類武器，借為第一人稱代詞，本義廢而借義行。其字形金文以下一脈相承，本為整體象形，《說文》誤析為从“戈”、从“手”。林氏以為象交加之形，“戈”聲，義當為施，不確。

（26）𠂤

《說文》云：“乍，止亡詞也。从亡、一。一，有所礙也。”按，“乍”為“止亡”，其義未聞。古作“𠂤”（仲五父敦）、作“𠂤”（𥅀仲𪤚尊彝）、作“𠂤”（伯要敦）、作“𠂤”（頌敦），皆以為“作”字，即“作”之古文，象興構之形。

評注：“乍”乃“作”之初文。甲骨文作“𠂤”（《合集》20193）“𠂤”（《合集》32正）“𠂤”（《合集》13927），變作“𠂤”（《周原》H11：

14），後世相承。其字象以耒起土，其上所從之彎筆，象所起之土塊。
"作"字古義為耕作，如《周禮·地官·稻人》："掌稼下地，以瀦畜水，
以防止水，……以澮寫水，以涉揚其芟，作田。"鄭注"作田"為"治田
種稻"，正是"作"之本義，可與卜辭"作田"印證。又如，《易·益
卦》："利用為大作"，虞注："大作謂耕播耒耨之利。"《尚書·堯典》：
"寅賓出日，平秩東作"，注："東作之事，以務農也。"此外，今粵、閩
方言，仍把起土、犂地、種植等農活稱為"作田"，正是古語之殘留，亦
可資佐證①。林氏以為即"作"之古文，其說是，然謂"象興構之形"，
則不確。大徐本作"乍，止也，一曰亡也。"此據段注本。

(27) 𝖝

《說文》云："求，古文裘。"按，"裘"（之韻）"求"（幽韻）古不
同音。"求"古作"𝖞"（番生敦）、作"𝖝"（曶鼎）、作"𝖟"（縣妃
彝），與"裘"作"𝖠"形亦不近。《詩》："熊羆是裘。"（大東）箋云：
"裘當作求。"是不以"裘""求"為一字也。"求"當與"九"同字，屈
曲也，象揉曲之形。

評注：甲骨文"求"字作"𝖡"（《合集》14353）"𝖢"（《合集》
14350），象多足蟲之形，"蠢"之初文。《說文》"蠢，多足蟲也。"也作
"蛩"或"蛛"。甲骨文又作"𝖣"（《合集》28266）"𝖤"（《合集》6057
正），為後世所承。林氏以形、音之異及古籍箋注論"求""裘"不同字，
當是。按"裘"字甲骨文作"𝖥"（《合集》7922），象裘衣之形，金文加
"求"或"又"為聲。古文以"求"為"裘"，當為假借。《說文》以
"求"為"裘"之省，林氏以"求"與"九"同字，皆非是。

(28) 𝖦

《說文》云："只，語已詞也。从口，象氣下引之形。"按，"語止"
氣不下引。"只"為"歧"之本字。古作"𝖦"（耶膚盤"娸"字偏旁），
从"𝖧"（轉注），象物形，"𝖨"象分歧形。《爾雅》："中有枳首蛇
焉。"（釋地）《莊子》："駢拇枝指。"《說文》："跂，足多指也。""枝，
木別生條也。"《爾雅》："二達謂之歧。"（釋宮）"枳""枝""跂""歧"

---

① 參見曾憲通：《"作"字探源》，《古文字研究》第十九輯，中華書局 1992 年版；又見
《古文字與出土文獻叢考》，中山大學出版社 2005 年版。

並與"只"同音，而由"只"字孳乳。《詩》："跂彼織女。"（大東）傳云："跂，隅貌。"亦取"只"字之形。織女三星，其位恰如"∧"字也。

評注："只"字甲骨文未見。根據對戰國文字的研究，樂書缶的"也"字作"Ꝑ"，楚簡的"只"字作"Ꝑ"（郭店·尊德義14）"Ꝑ"（郭店·唐虞之道26"枳"字偏旁），"只"當是從"也"分化而來的一個字①。秦系文字作"Ꝑ"（睡虎地·法律答問"疻"字偏旁）"Ꝑ"（睡虎地·日書甲153背"枳"字偏旁），下部寫法更加對稱，後世承之。"也""只"均為語氣詞，"也"字作"Ꝑ"，从口加一曲筆，象語氣下引之形，《說文》釋"只"為"从口，象气下引之形"，故其釋形可從。林氏以為"只"乃"歧"之本字，上"口"象物形，下"∧"象分歧形。其說恐非，當不可從。

（29）麗

《說文》"麗"下云："ꝒꝒ，古文。ꝒꝒ，篆文麗字。"按，古作"ꝒꝒ"（耶膚匜"麗"字偏旁）、作"ꝒꝒ"（陳丽子戈），象兩兩相附之形。《方言》："丽，耦也。"（十二）此當為"丽"之本義，與"麗"不同字。

評注："麗"字西周甲骨文作"Ꝓ"（《周原》H11：123），金文作"Ꝓ"（元年師旋簋，《殷周金文集成》4279·1）"Ꝓ"（商周金文資料通鑒05966，《新見金文編》299頁），象鹿角上附有兩飾物，故有附麗、麗偶、華麗諸義。"丽"當是從"麗"分化出來的一個字，猶"虍"由"虎"分化之類。戰國文字"麗"字或作"Ꝓ"（陳麗子戈），當是此類形體的來源。林氏謂"麗""丽"不同字，不確，然以為字象兩兩相附之形，可從。林氏書"丽"字，上部作兩短橫，故《通檢》入八畫，今依通常寫法，歸入七畫。

（30）八

《說文》云："八，別也。象分別相背之形。"按，古作"ꝒꝒ"（旂尊

---

①　參見黃德寬：《說"也"》，香港中文大學中國文化研究所、中國語言及文學系編《第三屆國際中國古文字研討會論文集》，問學社有限公司1997年版；何琳儀、房振三：《"也"、"只"考辨》，北京師范大學民俗典籍文字中心編《民俗典籍文字研究》第三輯，商務印書館2006年版；趙平安：《對上古漢語語氣詞"只"的新認識》，2001年中國社會科學院語言研究所"海峽兩岸漢語史研討會"論文，收入《新出簡帛與古文字古文獻研究》，商務印書館2009年版。

彝乙）"ノし"（郘公敦）。《說文》"平"下、"糞"下、"乔"下並云："八，分也。""八"（微韻）"分"（文韻）雙聲對轉，實本同字。

評注："八"字甲骨文作")("（《合集》14206 正）"八"（《合集》27459）"八"（《合集》26508），後世相承。字形以兩筆相分以示分別之意，林氏以為與"分"同字，當可從。高鴻縉《中國字例》云："林說是也。八之本意為分，取假象分背之形，指事字，動詞。後世（殷代已然）借用為數目八九之八，久而不返，乃加刀為意符（言刀所以分也）作分，以還其原。殷以來兩字分行，鮮知其本為一字矣。"

(31) 屮

《說文》云："之，出也。象艸過中，枝莖漸益大，有所之也。一者，地也。"按，象上出形。古作"屮"（單伯鐘）、作"屮"（叔家父匡）、作"𣥂"（右伯囧匜）、作"屮"（簠鼎）。

評注："之"字甲骨文作"屮"（《合集》2498 正）"止"（《合集》12955）"止"（花東 7），羅振玉《增訂殷虛書契考釋》："卜辭从止，从一。人所之也。《爾雅·釋詁》：'之，往也。'當為'之'之初誼。"其說可從。林氏謂"之"象上出形，其實同《說文》，乃據後出字形釋之，非是。

(32) 示

《說文》云："示，天垂象，見吉凶，所以示人也。从二（上），三垂日月星也。觀乎天文，以察時變，示神事也。"按，古作"示"（拍彝"祀"字偏旁）、作"示"（齊侯鎛"祀"字偏旁），三垂，象垂示之多，非日月星。神垂象示人者，故神事从"示"。

評注："示"字甲骨文作"示"（《合集》22062 正）"示"（《合集》21405），象神主之形，省作"丅"（《合集》296），又贅加飾筆作"示"（《合集》32086）"示"（《合集》36482）"示"（《合集》27306）等。後世承襲作"示"者。《說文》日月星之義乃據後起字為說，林氏非之，然又謂象垂示之多，亦非是。

(33) 八

《說文》云："小，物之微也。从八，丨見而八分之。"按，古作"八"（靜敦）、作"小"（盂鼎），象物少之形。"小"與"少"古同字，故師螯敦以"小輔"為"少傅"。年稚謂之"少"，實亦"小"義也。亦作

"ㄓ"（使曾鼎）。

　　評注："小"字甲骨文作"ㄓ"（《合集》19025 正）"ㄢ"（《合集》23712），以小點表示微小之意，小點延長為線條，故《說文》有"丨見而八分之"之說。林氏以"小"象物少之形，亦未確。然以"小""少"古同字，則是。

　　（34）ㄓ

　　《說文》云："少，不多也。从小，丿聲。"按，"丿"非聲。古作"ㄓ"（《攈古錄》卷三之七鄦侯敦），"小"象物少形，"丿"抽去之，則猶少也。《說文》云："尐，少也。从小，乀聲。讀若輟。"按，即"少"之反文。"少"（宵韻）"尐"（泰韻）亦雙聲旁轉，當與"少"同字。

　　評注："少"從"小"字分化而來。甲骨文作"ㄢ"（《合集》21021）"ㄢ"（《合集》20948），以四個小點表示，與"小"字一樣，後來小點延長為線條。林氏以為"小象物少形，丿抽去之，則猶少也"，乃求之過深。以"少"之"丿"非聲，以"尐"即"少"之反文，則皆可從。"尐"音 jié，王筠《說文解字句讀》云："沙亦作沊。沊，水少沙見也。是尐與少同義。"章炳麟《新方言·釋言》："今惠、潮、嘉應之客籍謂少為尐，讀若屑。"

　　（35）竻

　　《說文》云："散，雜肉也。从肉，㪔聲。"按，"散"為"雜"，無"雜肉"之義。古作"竻"（散氏器）、作"竻"（散伯敦）、作"竻""竻"（陳散戈），从"月"（轉注），不从"肉"。"月"即"夕"字，象物形。从"攴"（亦轉注）。"朩朩"象分散形，本義當為分散之"散"。《說文》云："㪔，分離也。从林，从攴。林，分散之義也。"按，經傳皆用"散"字。"㪔"即"散"之偏旁，不為字。

　　評注：從漢字源流來看，"㪔"字先出，"散"為後起。林氏以"㪔"乃偏旁，不為字，非是。甲骨文有"㪔"字，作"竻"（《合集》31786）"竻"（《合集》29092）"竻"（《合集》8183）等，象以手持棍棒撲打樹木使分離散落之意，"竻"之小點正表示散落。金文作"竻"（散車父壺）"竻"（散伯車父鼎）等，樹木之形有所訛變，小篆更訛為"林"，故徐鍇《繫傳》解為"象麻之分散也"。金文從"肉"之"散"，上部所從之"朩朩"，亦當是樹木之省。林氏以為所從之肉乃"月"即"夕"字，象物形，恐非是。又林氏所摹陳散戈之"𢧜"，或有訛誤，又兼印刷不清，不易辨識。該字《金文編》作"𦥯"（283頁）。

（36）𠁁

《說文》云："丸，圜（圓）也。傾側而轉者。从反仄。"按，"丸"，反"仄"，非謂"仄"之反，不得作"仄"字反文。本象丸形。疑先作"◐"，形變乃作"𠁁"。"◐"象摶物為丸，中有凹痕未合形。

評注："丸"字未見於商周出土古文字。段注云："圜則不能平立，故从反仄以象之。仄而反復，是為丸也。"其說亦嫌迂曲。林氏"疑先作◐，形變乃作𠁁"，則於古無徵。或疑"丸"與"夗"為一字分化①。待考。大徐本作"圜傾側而轉者"，無"也"字，林氏據段注本。

（37）周

《說文》云："周，密也。从用、口。"按，"用口"非義。古作"𠅩"（克鐘）、作"𠅩"（尤敦），从"𠙵"（轉注），"𠙵"象物形，"田""囲"象周匝形。省作"田"（周公尊彝），亦作"𠅩"（周季姜彝），誤从"用"。

評注："周"字甲骨文作"用"（《合集》590正）"田"（《合集》1086正）"囲"（《合集》6822），象周匝之形。或謂象方格內有刻畫之形，乃"彫"之初文。西周時下部增"口"為飾，作"𠅩"（《周原》H11：82），上部或訛為"用"，為小篆所本。林氏以有"口"作者為古，以無"口"作者為省，並謂"口"象物形，皆不確。謂从"用"為訛變，可從。

（38）𠙻、𠕤

《說文》云："网，再也。从冂、从从、从丨。"按，古作"𠙻"（大敦）、作"𠕤"（欸敦），从二丙相合，象二物相合，各有邊際也。或作"𠕋"（小臣夌尊彝："錫鼎馬兩"），誤以"丙"為之。《說文》云："兩，二十四銖為兩。从一、网。网，平分也。网亦聲。"按，即"网"字，上加"一"者，猶"𡗗"作"𡗗"，"𡗗"作"𡚼"，"𠯑"作"𠯑"，非字有異也。古作"𠕤"（洹子器）。

評注：林氏以為"网"从二丙相合，非是。古代"車"作"𤞚"（弜車軹）形，"网"即取象於車衡縛雙軛之形，引申成雙之意。"网""兩"同字，"兩"上之"一"為飾筆，《說文》誤分為二①。林氏以"不""辛""百"等字證"兩"上之"一"為贅加，故合"网""兩"為一，是。朱芳圃《殷周文字釋叢》云："兩，即一网之合文，結構與一白為百相同。《廣雅·釋詁》：'兩，二也。'此本義也。""合文"之說，不若林氏說確切。

《文源》卷三為林氏"六書"之"分理象形"，共列八十二個字頭。以上選擇其中的十八個字頭進行評注。所謂"分理象形"即"詰詘成象"者，意謂詰詘筆劃而成，如"而"作"兩"、"周"字作"田"、"白"字作"日"、"求"字作"求"等。有些字可能只要其筆劃包含曲筆都算。如"丸"字作"𠂆"、"只"字作"只"、"少"字作"𡮣"、"之"字作"𡳿"、"乍"字作"𠧪"、"幻"字作"幻"。不過有的字並未包含曲筆，林義光也將其歸為分理象形字，似不妥。如"示"字作"示"，"圭"字作"圭"等。

從我們的評注還可以得出以下幾個方面的看法：第一，林氏選用古文字材料，不獨限於商周金文，亦有取資秦石刻文字者，如"白"字條所論即是。以往學界大多以為《文源》全面使用金文材料疏證《說文》，這種看法是不夠準確的。第二，林氏根據古文字材料推究漢字之形義關係、字際關係及演變過程，多有可信之說，如謂"麗"象兩兩相附之形，"小"與"少"、"八"與"分"、"网"與"兩"古為一字，"乍"為"作"之古文，"裘"與"求"非一字，又謂"周"從"用"為訛變，其說皆有理據，並可從。第三，林氏所論，亦有不少可商榷乃至錯誤者，如謂"之"象上出之形，"示"象垂示之多，"我"象交加之形，"乍"象興構之形，"只"乃"歧"之本字，上"口"象物形，下"沁"象分歧形，等等，皆不確。又謂"白"與"霏"同字，象物遇濕，魄然虛起之形，"百"象薄膜虛起形，"予者莫知其所終極，故'𣓤'在下；幻者莫知其所自來，故'林'在上"，皆過於玄虛，恐不可信。又如，從漢字源流來看，"𣙗"字先出，甲骨文有之，"散"為後起。林氏以"𣙗"乃偏

---

① 參見黃德寬主編：《古文字譜系疏證》，商務印書館 2007 年版，第 1885 頁。

旁，不為字，非是。又疑 "丸" 字 "先作乚，形變乃作⌐"，則于古無徵。
以 "而" 的本義為 "下垂"，引申義為 "須"，則本末倒置矣。當然，前
人的這些缺點，是時代的局限，我們不應苛求。

四 表象象形

(39) ⟨symbol⟩

《說文》云："孑，無又（右）臂也。从了、乚，象形。"

評注："孑"字似未見於出土商周文字資料，戰國文字作 "⟨symbol⟩"（璽彙
2999 "疒" 字偏旁），乃 "子" 之分化字。

(40) ⟨symbol⟩

《說文》云："孒，無ナ（左）臂也。从了、⌐，象形。"

評注："孒"字似未見於出土商周文字資料，戰國文字作 "⟨symbol⟩"（璽彙
2616 "疒" 字偏旁），亦 "子" 之分化字。

(41) ⟨symbol⟩

《說文》云："是，直也。从日、正。"按，"日正" 無 "是" 字義。
古作 "⟨symbol⟩"（毛公鼎）、作 "⟨symbol⟩"（陳公子甗）、作 "⟨symbol⟩"（喪□寊鉼），皆从
"⟨symbol⟩"，"是" 實 "尵" 之古文，跛不能行也。"⟨symbol⟩" 象人首（"兒" 字之
"臼"、"皃" 字之 "白"、"夒" 字之 "田"，皆象人首，此 "⟨symbol⟩" 亦
然），"⟨symbol⟩" 象手足跛倚弛緩不行之形。《荀子》"難進曰偍"（修身），注
謂 "弛緩也"；"行貌謂之偍偍"。（《說文》）；《詩》："好人提提"。（葛
屨），以 "提" 為之。並當作 "⟨symbol⟩"。跛人須提挈，故 "提" 字从 "是"
得聲。"⟨symbol⟩" 象行弛緩，其引伸義為 "安諦"。故《說文》："媞，諦也"、
《廣雅》："媞，安也"（釋詁一）、《說文》："禔，安福也"，皆以 "是"
為聲。是非之 "是" 亦由 "安諦" 之義引伸。省作 "⟨symbol⟩"（邾公華鐘）、
作 "⟨symbol⟩"（儀兒鐘）。

評注：甲骨文有 "⟨symbol⟩"（《合集》20093）"⟨symbol⟩"（《合補》7250），或釋
為 "是"，待考。金文材料除林氏所舉从 "早" 或 "昂" 者外，尚有从
"早" 作者，如 "⟨symbol⟩"（毛公旅鼎）"⟨symbol⟩"（虢季子白盤），或从 "日" 作者，
如 "⟨symbol⟩"（徽兒鐘）。按照古文字演變條例，"是" 字初形可能是从 "日"
"止" 聲，古音 "止" 在章紐之部，"是" 在禪紐之部，聲音很接近。後
在 "止" 的豎筆上加橫，又將上下割裂而作 "⟨symbol⟩"，變為从 "早"、从

"止"；又在橫筆上加飾筆形成"ヲ"，變成"ළ"或"ළ"形。後一種情況與"萬"字本作"ℑ"（殷虛書契前編三·三〇·五），在末筆上加橫作"ℑ"（仲卣），橫上又加短豎作"ℑ"（史宜父鼎），再演變為"ℑ"（頌鼎）屬同類現象①。若此說可信，即"是"之初文乃從"日""止"聲，很有可能就是"時"字古文的異寫。按"時"字古文見於《說文》，也見於中山王鼎，作"ℑ"，其結構為上"止"下"日"，與"是"之上"日"下"止"正好形成分化條件，加"ヲ"則進一步形成區別字。也就是說，"是"字是從"時"之古文分化而來，用作指示代詞或是非之"是"。林氏以"ℑ"為分析對象，認為乃"尵"之古文，義指"跛不能行"，謂字上之"日"象人首，"ℑ"象手足跛倚弛緩不行之形。其析形有誤，故結論不可從。

（42）ℑ

《說文》云："禿，無髮也。從儿，上象禾粟之形，取其聲。王育說：'倉頡出見禿人伏禾中，因以制字'，未知其審。"按，字從"禾"不從"粟"，非取"粟"聲。禿人伏禾中亦不得其說而強為之辭。"ℑ"象髮稀疏形，非"禾"字。古作"ℑ"（曼龔父盨"孝"字從"禿"），"禿""ℑ"古同音，當亦同字而有兩義。

評注："禿"字未見於商周出土古文字。"上象禾粟之形，取其聲"句，段注云："按粟當作秀，以避諱改之也。采下云：'禾也，秀也'。然則'秀''采'為轉注。象禾秀之形者謂禾秀之穎屈曲下垂，莖屈處圓轉光潤如折釵股。禿者全無髮，首光潤似之。故曰象禾秀之形。'秀'與'禿'古音皆在三部，故云禿取秀之聲為聲也……其實'秀'與'禿'古無二字，殆小篆始分之。今人禿頂亦曰秀頂，是古遺語。凡物老而椎鈍皆曰秀，如鐵生衣曰秀。"按段說從形音義三方面論"禿"字乃由"秀"字分化而來，頗有道理，其說可從。朱駿聲《說文通訓定聲·需部》亦云："禿，今蘇俗老而禿頂曰秀頂……秀、禿相近字也。"林氏以為"ℑ象髮稀疏形……'禿''ℑ'古同音，當亦同字而有兩義"，恐非是。

（43）ℑ

《說文》云："艮，很也。從匕、目。匕目猶目相比不相下也。"按，

"ᐟ" 即 "ᐠ"（人）之反文。人上有目，象很怒之形。古作 "ᐟᐟ"（曶鼎"限"字偏旁）。

評注："艮"字所從之 "ㄅ"，林氏以為是 "人" 之反文，是。徐灝《說文注箋》云："戴氏侗曰：艮，已去而顧也。行而反顧，必止，故艮為止。"唐蘭云："其實艮為見之變，見為前視，艮為回顧，見、艮一聲之轉也。艮為顧之義，艮、顧亦雙聲也。《易》曰：'艮其背，不獲其身；行其庭，不見其人，亡咎。'艮其背者，反顧其背，《象傳》引作'艮其止'，誤也。後世假借為'很'、為'限'，而本義湮晦矣。"[1] 皆可參。

（44）祝

《說文》云："祝，祭主贊詞者。從示，從儿、口。"按，從 "示"（轉注），"ᐟᐟ" 象人形，口哆於上，以表祝之義。古作 "ᐟᐟ"（太祝禽鼎）。

評注："祝"字甲骨文作 "ᐟᐟ"（《合集》27082），從 "卩"、從 "口"，象人跪踞禱告狀；或作 "ᐟᐟ"（《合集》32671）"ᐟᐟ"（《合集》25916）"ᐟᐟ"（《合集》15398），加從 "示"，象人在神主之前跪踞禱告。後從 "卩"、從 "口" 變為從 "儿"、從 "口"，與 "兄" 同形。林氏以為 "ᐟᐟ 象人形，口哆於上，以表祝之義"，其說近之，然與 "兄" 未加區別。

（45）哭

《說文》云："哭，哀聲也。從吅，獄省聲。"按，"犬" 為 "獄" 省不顯。古作 "ᐟᐟ"（洹子器 "喪" 字偏旁），從四 "口"，從 "ᐟ"。"ᐟ" 即 "求" 字，夭矯也。哭則體夭曲，與 "笑" 從 "夭" 同意。變作 "ᐟᐟ"（毛公鼎）"ᐟᐟ"（喪史實鉼）、作 "ᐟᐟ"（旂尊彝戊，並 "喪" 字偏旁）。

評注："哭"字未見於商周古文字。戰國楚系文字作 "ᐟᐟ"（郭店·性自命出29）、秦系文字作 "哭"（睡虎地·日書甲29背），皆從 "犬" 作，則 "哭" 之從 "犬"、從 "吅"，殆無疑也。然 "哭" 之從 "犬"，解釋則頗難。《說文》釋為 "獄省聲"，段玉裁亦不同意。段注云："許書言省聲多有可疑者，取一偏旁，不載全字，指為某字之省，若 '家' 之為 '豭' 省，'哭' 之從 '獄' 省，皆不可信。"又或以為 "哭" 乃 "器" 之省文[2]，形、音皆有理據，然亦無確證。林氏亦以為 "犬" 為

---

① 唐蘭：《殷虛文字記》，中華書局1981年版，第77—78頁。
② 參見黃德寬主編：《古文字譜系疏證》，商務印書館2007年版，第963頁。

"獄"省不顯。然以"喪"字偏旁論"哭則體夭曲",並以為與"笑"字从"夭"同意，則非是。按與"哭"同類的"笑"字，戰國楚帛書丙篇"取女，為邦笑"之"笑"作""，郭店楚簡《老子》乙"笑"字作""，為目前所見"笑"字最早之古文字形體，其字亦从"犬"，與"哭"同。曾憲通先生云："笑字本从犬，从艸得聲。何以从犬雖不易質言，後人不明艸為聲符，復因古文字偏旁从艸从竹義近每互作，卒至易艸為竹作義符，訛犬為夭作聲符。"① 可見"笑"字从"夭"，並非原形。"哭"之从"犬"，還是段氏所言為近情理。段注云："竊謂从'犬'之字，如狡、獪、狂、默、猝、猥、猵、狠、獷、狀、獳、狎、狃、犯、猜、猛、犺、狺、狟、戾、獨、狩、臭、獘、獻、類、猶卅字，皆从'犬'而移以言人，安見非哭本謂犬嗥而移以言人也。"近時禤健聰有文《釋"哭"》，謂"哭"本是一個从"犬""吅"聲的形聲字，結構與"笑"相類。"吅"是"噩"作為偏旁時的簡省②。其說有據，當可信。

（46）

《說文》云："扇，飛盛皃。从羽、冃。"按，"羽冃"非義。"冃"古作""（陳曼固"曼"字偏旁），象鳥頭；""，兩翅後揭，象飛形。

評注："扇"字似未見於商周古文字。从"羽""冃"者，徐鉉等注："犯冒而飛是盛也。"林氏以為"冃"象鳥頭，字象飛形，亦備一說。待考。

（47）

《說文》云："習，數飛也。从羽，聲。"按，""非聲。从""之字，如"曹""魯""者""智""斅"古皆从""。"習"即"扇"之倒文，象形，與"扇"同意（"扇""習"亦雙聲旁轉）。

評注："習"字甲骨文作""（《合集》31667）""（懷特 1393）""（《合集》31669），从"羽"、从"日"。其"日"形後訛為"自（白）"，為小篆所本。郭沫若《卜辭通纂考釋》以為字形表示"禽鳥在晴日學飛"。唐蘭《殷虛文字記》以為字从"日""羽"（彗）聲。按由

① 參見曾憲通：《楚帛書文字新訂》，《中國古文字研究》第一輯，吉林大學出版社 1999 年版。

② 參見禤健聰：《釋"哭"》，《中國文字學報》第 6 輯，商務印書館 2015 年版。

"習"構成的"溫習""復習""學習""習俗""習慣""惡習""陋習"以及由"習"派生之字如"摺""褶"等皆含有數、重、疊之義，則《說文》"數飛"之釋為可信。如依唐蘭之說，"數飛"的"數"，當與義符"日"有關，日復一日之義也。林氏以為即"昮"之倒文，與"昮"同意。按林說獨辟蹊徑，形、音、義俱有理據，不過"昮"字後起，而"習"字見於甲骨文，此其說之缺陷也。

（48）

《說文》云："㐱，新生羽而飛。从𠘧，从彡。"按，古作""（郘鐘"鏐"字偏旁）、作""（邾公華鐘"鏐"字偏旁），""象鳥形，""象新生羽。

評注：此即"㐱"字，隸定為"㐱"，易與訓"稠髮"之"㐱"相混。按"𠘧"與"㐱"的來源，當與"翏"字有關。《說文》："翏，高飛也。从羽，从㐱。"古作""（，翏生盨），從金文字形看，字為一個整體，象鳥張羽高飛之形。上既為羽，左下之點或斜筆短畫就不再是羽毛，當是表示鳥飛時的聲音，猶如"彭"之"彡"表示鼓聲。《六書故·動物三》云："翏，眾羽飛聲。引之則亦為風聲。"故"翏翏"即為象聲詞，表示風聲。《莊子·齊物論》："夫人塊噫氣，其名為風，是為無作，作則萬竅怒呺，而獨不聞之翏翏乎？"陸德明《釋文》："翏翏，長風聲也。""㐱"字當是截取"翏"字下部而成的一個字，就如"易"字是截取""（德鼎）的部分而成的一樣。如此看來，林氏以為""象鳥形，當可從；謂""象新生羽，則未必。"㐱"所从之"𠘧"，音"市朱切"，《說文》云："鳥之短羽飛𠘧𠘧也。""𠘧𠘧"為鳥飛聲，與短羽長羽無關。"𠘧𠘧"之為鳥飛聲，與"翏"之為"眾羽飛聲"或"翏翏"為"長風聲"，應該都是互有聯的。從"㐱"的形音義來考慮，似不當與訓"稠髮"之"㐱"同音，標"㐱"為"之忍切"者，殆因"㐱"亦隸定為"㐱"而誤讀。

（49）

《說文》云："雚，小爵也。从雈，吅聲。"按，"鸛"非鴟屬，不當从"雈"。當為"讙"之古文。鴟梟鳴聲讙也。从"雈"上二"口"。古作""（效尊彝）。

評注："雚"字甲骨文作""（《合集》32137）""（《合集》

26909)，从“萑”、从“吅”，“吅”亦聲。“小爵”即“水雀”，水鳥也。徐灝《注箋》云：“鈕（樹玉）云：‘小’當為‘水’之譌。《玉篇》：‘雚，水鳥也。’灝按：鄭箋亦云‘水鳥’。雚、鸛古今字。”段注云：“爵，當作雀。”按鳥類之“雚”依古形本當作“雚”，上部寫法有異，隸楷或混同。林氏書皆作“雚”，是，故《通檢》歸入十八畫，今依混同之體書作“雚”，歸入十七畫。林氏以“鸛”非鴟屬，不當从“萑”，疑為“讙”之古文。然又云“鴟梟鳴聲讙也”，“从‘萑’上二‘口’”，前後有矛盾。

(50) 

《說文》云：“永，水長也。象水巠（經）理之長永也。”按，古作“”（歬仲敦），象水長流相會形。亦作“”（曶鼎）。《說文》云：“羕，水長也。从永，羊聲。”按，古作“”（鄦子妝匿），以為“永”字。“永”古音如“羕”，“羕”實“永”之或體，“羊”聲。

評注：“永”字甲骨文作“”（《合集》18664）“”（《合集》33190）“”（《合集》32297）“”（《合集》4913）等，象水流長之形，經典相承用為永長義。字中象水流之形者，又似人形，故又或以為字象人在水中游泳之形，乃“泳”之本字。“羕”當為“永”之分化字，義同“水長”。《說文》引《詩》“江之羕矣”，今本“羕”作“永”。林氏合“永”“羕”為一，有一定道理。所引金文，《金文編》作“”，略異。金文又作“”（羕史尊）。

(51) 

《說文》云：“𠂢，水之衺流別也。从反永。”按，象眾派合流形。與“永”形近義別。古作“”（若公敦以為“永”字）。

評注：“𠂢”為“永”之分化字，始見於金文，早期用同“永”，後別為“派”之初文。段注云：“‘𠂢’與水部‘派’音義皆同，‘派’蓋後出耳。”

(52) 

《說文》云：“高，崇也。象臺觀高之形。从冂，口與倉、舍同意。”按，古作“”（不嬰敦），“”象臺觀高形，“”象物在其下（象物形）。

評注：“高”字甲骨文作“”（《合集》33310）“”（《合集》376

反）"**舀**"（《合集》27499），象樓臺高聳之形。字當由"京"下加"口"而分化。"京"亦"高"義。林氏以為"口"象物在其下，失之。

（53）**丂**

《說文》云："丏，不見也。象雍蔽之形。"按，古作"**丂**"（叔鐘"宁"字偏旁），象人頭上有物蔽之之形。"丏"雙聲旁轉為"萬"，故隸或以"万"為"萬"字（建平郫縣碑："賈二万五千"）。篆作"**丏**"者，從"**卩**"即"人"之變，"**一**""**乚**"象有物在其上及前擁蔽之。

評注："丏"字甲骨文作"**彳**"（《合集》28686）"**丮**"（《合集》28007），金文同。林氏以為象人頭上有物蔽之之形，與《說文》訓"不見"之義相合，可從。其字當隸定為"万"，林氏認為雙聲旁轉為"萬"，其說至確。裘錫圭指出，"甲骨文的'宁'字，金文的'宁'字和'賓'字，以至戰國文字的'賓'字，其所從之'丏'大都寫作'**丮**'，可見林說是有根據的。以'万'為千萬之'萬'，早在戰國文字裏就已如此。千萬之'萬'是微母元部字，'万'（丏）是明母元部字。古代微母讀如明母，二字古音極近，所以可以借'万'為'萬'。"[1]按，"万""萬"用於表十千之數，皆假借用法，亦皆古有其字。林氏以為隸書或以"万"為"萬"字，時代偏晚。"**丂**"後作"**丏**"者，當為訛體，林氏以為"**卩**"即"人"之變，可從，然以"**乚**"象有物在其前擁蔽之，則恐非是。

（54）**益**

《說文》云："益，饒也。从水、皿。水皿，益之意也。"按，古作"**益**"（歸夆敦），"**益**"，皿中盛物，"八"象上溢形。或作"**益**"（畢鮮敦）。

評注："益"字甲骨文作"**益**"（《合集》2050）"**益**"（《合集》15842）"**益**"（合補6291）"**益**"（《合集》31990），从"水"、从"皿"，會水溢出器皿之形，小篆承之。金文"皿"中加點，或以為"血"字，上從"八"，林氏解為"**益**，皿中盛物，八象上溢形"，亦通。

（55）**皒**，

《說文》云："皒，際見之白也。从白，上下小見。"按，古作"**皒**"

---

①　參見裘錫圭：《釋"万"》，《裘錫圭學術文集·甲骨文卷》，復旦大學出版社2012年版，第50頁。

（毛公鼎"虢"字偏旁），象日光自隙中射入形，即"隙"之古文。

評注：甲骨文作"❈"（《合集》33871）。从"日"，不从"白"。林氏據金文以為象日光自隙中射入形，即"隙"之古文，其說是也。

（56）❀

《說文》云："息，喘也。从心、自。"按，噓气也。从"自"（象鼻），"ひ"象氣出鼻形，非"心"字。古有"❀"（遄尊彝）"❀"（勤尊彝乙）字，疑即"息"之變體。

評注："息"字甲骨文作"❀"（《合集》2354臼）"❀"（《合集》3449），从"自"（"鼻"本字），下小點象氣息出入。後作从"心"者，殆譌變意化所致。段注云："自者鼻也。心气必從鼻出，故从心、自，如心思上凝於囟，故从心、囟，皆會意也。"林氏謂"ひ象氣出鼻形，非'心'字"，疑古之"❀""❀"即"息"字，可謂卓見。字頭作"❀"，大其"自"而小其"ひ"，或有意為之也。大徐本作"从心，从自，自亦聲"。此從段注本。

《文源》卷四和卷五共收一百二十個表象象形字，我們在此選取十八例作評注。所謂表象象形即"全體象形惟標物象"者。這類字既是全體象形，又包含標識物象的部件。如"子"字作"❀"，是"無右臂之人"的象形，"乚"表左臂，又是標識物象的部件；"孑"字作"❀"，是"無左臂之人"的象形，"丿"表右臂，又是標識物象的部件；"艮"字作"❀"，象人怒目錚錚的樣子，"⊘"突出人生氣的時候眼睛睜得大大的樣子；"祝"字作"祝"，從"示"轉注，其初文作"❀"，象人跪地祝禱之形，"口"為標識物象的部件。有一部分表象象形字跟我們現在所說的會意字近似，如"益"字作"❀"，我們現在歸為會意字，但在林義光看來則是表象象形字，")("是標識物象的部件，強調"溢出"之義；"息"字，林氏指出字所从之"ひ"象氣出鼻形，非"心"之形，確為高見。"ひ"也是"標議物象者"；"❀"字作"❀"，字所从之"⺊"表示從縫隙裡透出的日光，突顯其細；"雚"字作"❀"，字從"萑"、從"吅"，"吅"亦聲。林氏認為"雚"為"讙"之古文，鴟鴞鳴聲讙也。故"吅"也是標識物象的部件。

五 殺列象形

(57) 𠨍、⿰頁頁

《說文》云："𠨍，二卩也。巺（巽）从此。闕。"按，"二卩"望形生訓，非本義。《廣雅》："巽，順也。"（釋詁一）巽順之義當以"𠨍"為本字，即"遜"（文韻，經典通用"遜"，《說文》作"愻"）之雙聲旁轉也。象二人俯伏相謙遜形。《說文》云："⿰頁頁，選具也。从二頁。"按，"二頁"無選具之義（選具本字當為"巺""顨"），"⿰頁頁"即"弜"之或體，象二人謙遜見於顏面之形。

評注："𠨍"音 zhuàn，亦隸定為"卯""弜"。甲骨文作"𠨍"（《合集》5471 甲）"𠨍"（屯南 236），从二"卩"，象人跽跪順從之意。羅振玉《增訂殷虛書契考釋》云："《易·雜卦傳》：'巽，伏也。'又為順、為讓、為恭，故从二人跽而相从之狀。疑即古文'巽'字。"林氏謂《說文》"二卩"之訓非本義，巽順之義當以"𠨍"為本字，字象二人俯伏相謙遜形，皆可從。"⿰頁頁"字亦音 zhuàn。《玉篇·頁部》："⿰頁頁，古文作選。"章炳麟《新方言·釋詞》："《方言》云：'選，徧也。'是選具即徧具。今蘇松嘉興謂徧具為⿰頁頁，如皆有曰⿰頁頁有，皆好曰⿰頁頁好。"章說提供了語言的實證。林氏謂"⿰頁頁"即"弜"之或體，在形義方面證據不足。待考。

(58) 孨

《說文》云："孨，謹也。从三子。"（經傳未見）

評注："孨"字音 zhuǎn。甲骨文有"孨"（懷特 845）字，三"子"並列；戰國文字有"孨"（陶彙 3·226）字，與小篆同構。"孨"从三"子"，會孱弱之意。"孨""孱"乃一字之分化。徐灝《說文解字注箋》云："此當以弱小為本義，謹為引申義。三者皆孺子，是弱小矣。"林氏注"經傳未見"，殆經傳以"孱"為之。如《大戴禮》："君子博學而孱守之。"

(59) 㚘

《說文》云："㚘，並行也。从二夫。輦字从此。讀若伴侶之伴。"（經傳未見）

評注："㚘"字音 bàn，為"伴"之表意字。甲骨文有"㚘"（《合

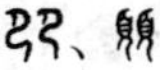

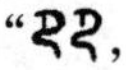

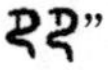

集》15821）字，又作“双双”（英 1784），象二人牽手相伴之形，或即“扶”之初文。《說文》小篆字形作“林”，林氏所摹略異。“經傳未見”者，以“伴”取之也。如《楚辭·九章·惜誦》：“眾駭遽以離心兮，又何以為此伴也？”

（60）畾

《說文》云：“聶，附耳私小語也。从三耳。”按，象眾耳有所附之形。

評注：“聶”字未見於商周古文字材料，戰國文字作“聶”（睡虎地·為吏之道2），从三“耳”，與小篆結構相同。《說文》釋為“附耳私小語”，章炳麟《新方言·釋言》云：“蘄州謂附耳私語為聶。”徐灝《說文解字注箋》云：“愚謂聶从三耳者，審聽之意耳。”林氏以為“象眾耳有所附之形”。綜合以上諸說，“附耳私語”需要“耳”來審聽，故用三耳以示強調也。

（61）夾

《說文》云：“夾，持也。从大，夾二人。”按，“大”象人正立。古作“夾”（盂鼎），象二人相向夾一人之形。

評注：“夾”字甲骨文作“夾”（《合集》24241）“夾”（《合集》20187）等形，“大”旁有二人或一人之形，後世承襲从二人者。林氏以為“象二人相向夾一人之形”，驗之甲骨文之只从一人者，則“相向”二字無法落實，當以“象小人夾輔大人之形”更為準確。《說文》“从大夾二人”者，亦備一說。大徐本“夾二人”作“俠二人”。林從段注本。

（62）坐

《說文》云：“坐，止也。从留省，从土，土所止也。此與留同意。坐，古文坐。”按，經傳皆作“坐”，象二人對坐土上形。作“坐”者，“丣”古作“卯”，蓋“丷”變作“丷”，形近“卯”，遂譌从“丣”耳。

評注：甲骨文有字作“坐”（《合集》5357），象人席地而坐之形，或以為即“坐”字初文，當可信，然後世無傳。“坐”字戰國楚系文字作“坐”（包山243），从“卩”、从“土”，會人坐于土堆之意。秦系文字作“坐”（睡虎地·秦律十八種80），从二“卩”，小篆當據此訛變而以為从“留”省。按二“卩”即二“人”，故《說文》古文及經傳均作“坐”，林氏以為“象二人對坐土上形”，可從。小篆之“丣”乃二“卩”所變，林氏以為二“人”所變，“蓋‘丷’變作‘丷’，形近‘卯’，遂譌从

"夗"耳。"雖與"坐"之古文演變情況不盡符合，但字理可通。其字頭用古文而棄訛變之小篆，是。

(63) 𡝫

《說文》云："奰，壯大也。从三大、三目。二目為𥄉，三目為𥄢，益大也。"按，"三目"無壯大義。古作"𡝫"（艾伯鬲），象三人壯大形，从"大"（象人形），"⃝""大"其頭，壯大之象。

評注："奰"字音 bì，又作"𥄢"。徐灝《說文解字注箋》云："𥄢，隸省作奰。"甲骨文有"𦥓"（《合集》28012）"𦥑"（花東 290）字，或以為即"奰"字，待考。林氏指出"三目"無壯大義，引金文之"𡝫"，从三人而大其頭，以示壯大之象，形義關係上似更有道理。然所引金文似為人名（見殷周金文集成 632），其義未定，待考。段注本改"𥄉"為"奰"，當可信，林氏未從之。

(64) 𢪒

《說文》無"𢆶"字。媵送字偏旁皆作"𢆶"。古作"𢪒"（彔伯戎敦"朕"字偏旁）、作"𢪒"（大敦"朕"字偏旁），象贈物之形，"丨"象物，兩手奉之以送人也。變作"𢪒"（毛公鼎）、作"𢪒"（尌仲敦）、作"𢆶"（不𣄴敦，並"朕"字偏旁）。或作"𢆶"（叔朕匜"朕"字偏旁），从"八"（轉注），"八"，分也。凡贈送之義，字多从"八"。如"曾"（贈）"尚"（賞）"余"（予）皆是。

評注："𢆶"字甲骨文作"𢆶"（《合集》151 正）"𢆶"（《合集》6653 正），上从"八"，下象雙手持物之形。金文近之，或省"八"。林氏根據金文之形，認為"象贈物之形，'丨'象物，兩手奉之以送人也。"依媵送字義來推論，林氏所論當可從。又曰"从八，八，分也。凡贈送之義，字多从'八'"。其所據雖為金文，倒也符合甲骨文之从"八"情形。戰國文字承襲商周古文字，變作"𢆶"（信陽 2·015），上部與"火"形近似，故小篆訛為"𢆶"，隸定作"𢆶"[1]。此字與《玉篇·火部》訓"火種"之"𢆶"（士倦切，讀 zhuàn）當非一字。又或以為"𢆶"即"朕"之初文，字象从廾持物填補船縫之形[2]。

---

① 參見黃德寬主編：《古文字譜系疏證》，商務印書館 2007 年版，第 378 頁。
② 參見季旭昇：《說文新證》，福建人民出版社 2010 年版，第 709 頁。

（65）藝

《說文》云："埶，種也。从丮、坴。丮，持種之。"按，古作"藝"（毛公鼎"褻"字偏旁）、作"藝"（毛公鼎），不从"坴"，象人持木植土上形（"藝"亦"丮"字）。省作"坴"（克𣪯彝"坴"字偏旁），變作"坴"（師虎敦）、作"坴"（散氏器）。格伯敦"杜木遶谷"，散氏器"封於敝城杜木"，"杜木"皆"埶木"也。《說文》："杜，从木，土聲"。此後出字。古或以"土"為之，故《韓詩》"徹彼桑杜"（鴟鴞）毛本作"桑土"。"杜"訓"甘棠"，亦"棠"之雙聲對轉，非有本字。古文"杜"為"埶"。《虞書》"格于藝祖"，馬融讀"藝"為"禰"。故師虎敦"王在杜居，格於太室"，"杜"即"禰"之借字也。克黱彝、番生敦"𤙲（柔）遠能𫞩"（"𫞩"从"豕""杜"聲，《說文》所無），亦借"𫞩"為"邇"。"杜"又變作"坴"（克𣪯彝）。小臣夌尊彝"王造於禰"，"禰"作"坴"，"剢（卜）命小臣夌循禰居"，"禰"作"坴"，亦皆"坴""坴"之變，因"坴"變"坴"為"坴"，形類从"予"，遂誤為"予"聲，而以"埜""樊"為"野"之古文矣。

評注："埶"音 yì，繁化作"藝"，古書通常作"藝"。"埶"字甲骨文作"藝"（《合集》22721）"藝"（《合集》29373），象雙手持草木種植之意。或作"藝"（《合集》5908）"藝"（《合集》27823）"藝"（屯南2170），"木"下增"土"。"木""土"之形後訛為"坴"，"丮"訛為"丸"，故作"埶"。林氏以為"埶""不从'坴'"，其本義為"象人持木植土上形"，皆甚確。"埶"字甲骨文中或用為"邇"，訓"近"，金文相承。林氏指出古"埶"或省為"坴"（作偏旁）；克鼎和番生簋中的"柔遠能𫞩"，"𫞩"讀為"邇"；《虞書》中的"格于藝祖"，引馬融注讀"藝"為"禰"，都是對的。但"坴"與"杜"是否一字；訓"甘棠"之"杜"字是否一定後出，"非有本字"；又"埜"字是否就是"杜"字增繁而變，什麼情況下二者相同，都值得進一步研究。至于說"埜"字變从"予"聲是"因坴變坴為坴，形類从'予'，遂誤為'予'聲"，則比較牽強。"𫞩"字金文作"𫞩"（見《金文編》第178頁），从"犬"，不从"豕"，當隸定為"犾"，林氏誤。"坴"字《金文編》入"附錄"（見1212頁）。

(66) 鬥

《說文》云："鬥，兩士相對，兵杖在後。象鬥之形。"段氏玉裁云："此非許語也。許之分部次第，自云'據形系聯'。丮、斤在前，故受之以'鬥'，且文從兩手，非兩'士'也。此必他家異說，淺人取而竄改許書。當云'爭也，象兩人手持相對形。'"

評注："鬥"字甲骨文作"鬥"（《合集》152 正）"鬥"（《合集》21524），象兩人相對徒手搏鬥之形。林氏節引段注，謂字象兩人手持相對形，與甲骨文暗合。段注原文作："按此非許語也。許之分部次弟，自云'據形系聯'。丮、斤在前部，故受之以'鬥'，然則當云'爭也，兩丮相對，象形。'謂兩人手持相對也。乃云'兩士相對，兵杖在後'，與前部說自相戾。且文從兩手，非兩士也。此必他家異說，淺人取而竄改許書，雖《孝經音義》引之，未可信也。"字頭系林氏推寫。

(67) 登

《說文》云："登，上車也。從癶、豆，象登車形。"按，"豆"非登車形。古作"登"（散氏器）、作"登"（陳侯因𦉥敦）、作"登"（登器丁），從兩"止"，兩足形也，"𤼦"聲。《說文》云："癶，足剌癶也。從止、少，讀若撥。"按，即"登"之偏旁，不為字。

評注："登"字甲骨文作"登"（《合集》205），從"癶"、從"豆"、從"廾"，會雙手捧豆向前以敬神祇之意。或省作"登"（《合集》8564），從"癶"、從"豆"，為小篆所承。"豆"乃古代祭祀禮器，與"登車"無涉，故林氏以為"豆"非登車形。徐鍇《說文解字繫傳》謂"豆非俎豆字"，乃是"登車之物，王謂之乘石"。亦備一說。林氏又據本卷"𤼦"字條把"登"字分析為形聲字，也有一定道理；同時認為"癶"乃"登"之偏旁，不為字，亦可從。

(68) 農

《說文》云："農，耕也。從晨，囟聲。"按，"囟"非聲。古作"農"（散氏器），從"辳"，象持物入肙，與"晨"同意。"晨"為進食之時，"農"為謀食之事，故所象形同。"農"從"田"（轉注），以別於"晨"。或省作"農"（廩帑器）、又作"農"（諆田鼎）、作"農"（史農器）。

評注："農"字甲骨文作"農"（《合集》9498 反），從又（手）持辰（蜃）往除艸木；金文全形作"農"（農簋），從又（手）持辰（蜃）往除田中之艸，都表示農事之意。金文所從之"田"旁，戰國文字訛為"囟"，為小篆所本，《說文》以為聲符，林氏非之，是。然林氏基於"晨，象持物入脣"之說而對"農"字所作的其他分析，則並不可從。

(69) 辱

《說文》云："辱，恥也。從寸在辰下。失耕時，於封畺上戮之也。辰者農之時也，故房星為辰，田候也。"按，寸在辰下，非失耕時之義，失耕時亦不謂之"辱"。"辱"當與"農"同字。"辱"（遇韻）"農"（東韻）雙聲對轉，故"厚"謂之"蓐"（《方言》十二"蓐，厚也"），亦謂之"農"（《書·洪範》"農用八政"鄭注讀"農"為"醲"，"醲"，厚也）。因"農""辱"分為二音，故省"囟"以別於"農"耳。

評注："辱"字未見於商周古文字材料。戰國楚簡作"辱"（包山20）、秦簡作"辱"（睡虎地·日書甲60），從"又"、從"辰"。"辰"乃上古的一種鋤草農具。所從之"又"，後變為"寸"。從古文字的孳乳演變情況來看，"辱""蓐""耨""農"皆當一字分化（參見郭沫若《甲骨文字研究》、楊樹達《積微居小學述林》、裘錫圭《甲骨文中所見的商代農業》等）。林氏以為"'辱'當與'農'同字。'辱''農'雙聲對轉。"堪稱卓識。《說文》釋"辱"為"恥"，當是假借義。

(70) 寒

《說文》云："寒，凍也。從人在宀下，從茻，上下為覆，下有仌（冰）也。"按，古作"寒"（克鼎彝），"夂"，從人，下象其足（與"臽"從"夂"，"致"從"夂"同意），"仌"象冰形。

評注：甲骨文有字作"寒"（《合集》29300）"寒"（《合集》29313）等形，或以為"寒"字，《新甲骨文編》收入"寒"字下（見431頁），待考。金文除林氏所引克鼎"寒"字外，尚有一形作"寒"（寒姒鼎），下無"仌"符，故或以為克鼎之"仌"為飾筆，小篆義化為仌（冰）。林氏以為"仌"象冰形，亦無不可。"從茻，上下為覆"句，大徐本作"以茻薦覆之"。此從段注本。

(71) 屎

《說文》無"屎"字。《莊子》"在屎溺"（《知北遊》），以"屎"為"菡"。古作"屎"（陳侯因資敦），從"米"在"尸"下。"尸"即"人"字，"米"象菡形。

評注："屎"字甲骨文作"𡰪"（《合集》9571）"𡰪"（《合集》5624），象人遺屎形。人身後數點象糞便之形，後訛為"米"形。甲骨文或隸定為"屍"。卜辭有"屎田"之說，胡厚宣先生認為"屎田"就是在田地裏施糞肥①。"屎田"或讀為"徙田"，或讀為"選田"②。林氏所引金文，當作"𤲖"，林氏所摹略異。或隸定為"𡱁"字③。陳侯敦原文作"紹緟高祖黃帝，屎嗣桓文，朝聞諸侯，合揚厥德。"絕非"屎尿"之義，當用為別義。或讀為"纘"④，可備一說。林氏對其形體的分析，有字理依據。"菡"字見於睡虎地秦簡，《說文·艸部》云："菡，糞也。从艸，胃省。"錢坫《說文解字斠詮》以為方框內的形體近于矢（屎）。《玉篇·艸部》："菡，糞也。亦作'矢'，俗為'屎'。"按，如果上舉甲金文確是屎尿之"屎"，且《莊子》亦已用之，《玉篇》謂"屎"為俗字，則非是。不過因其義涉污穢，後人避之耳，故借"矢"為之。

（72）𢇛

《說文》云："幾，微也，殆也。从丝，从戍。戍，兵守也。丝而兵守者，危也。"按，从"丝"（轉注），"丝"者"幽"省。幽處多危，人持戈以備之，危象也。古作"𢇛"（歸夆敦）。

評注："幾"字未見於甲骨文，金文除林氏所引外，尚有作"𢆶"（幾父壺）者，从"大"，與从"人"同意。關於"幾"字的解釋，學界有新說：或以為其初文作"𢆶"（幾廙冊觚），从"母"，上有三道絲繩，右下之戈架在母字的下部，表示危殆之意。後來金文的"戈"則加在"絲""與"人的中間，仍表示危殆之意。《金文形義通解》以為"金文象束絲懸人，戈加於絲，絲斷在即，千鈞一髮之際也，因表危殆之義。'戍'字皆从'人'，而幾父壺字从'大'，知'幾'字不从'戍'"⑤。或以為其本字作"𢆶"，金文"𤔔"（𤔔卣，殷周金文集成5192）即

---

① 參見胡厚宣：《再論殷代農作施肥問題》，《社會科學戰線》1981年第1期。
② 參見裘錫圭：《甲骨文中所見的商代農業》，《裘錫圭學術文集·甲骨文卷》，復旦大學出版社2012年版，第158頁。
③ 參見張桂光主編：《商周金文摹釋總集》第三冊，中華書局2010年版，第773頁。"𡱁"字見於《說文·攴部》，乃是"敉"的或體。
④ 參見孫剛：《齊文字編》，福建人民出版社2010年版，第236頁。
⑤ 參見季旭昇：《說文新證》，福建人民出版社2010年版，第324頁。

"幾"字，象絲在機𦆳上，即織機之"機"的初文。增繁作"𢆶"（中幾父簋，殷周金文集成 3954），上舉之"𢆶"，即此字所從之"𢆶"，後訛變為"幾"。"幾"字從"大"或"人"，從"幾"，表示人操作織具①。按，後說之"𢆶""𢆶""幾"之間的演變證據似有不足，相較而言，當以前說為長。林氏之說與《說文》基本相同，亦以"戌"為偏旁，以危殆為義，於理可通。然以"丝"者"幽"省，則缺乏證據。

(73) 𡩙

《說文》云："寡，少也。從宀，頒省。頒，分賦也，故為少。"按，古作"𡩙"（父辛尊彝）、作"𡩙"（寡子器）、作"𡩙"（毛公鼎），本義為鰥寡之"寡"，象人在屋下。"𡩙"，顛沛見於顏面之形。

評注："寡"字未見於甲骨文。金文從"頁"、從"宀"，示屋里一人獨居。本義當為"獨居"，引申為"少"。又作"𡦦"（中山王鼎），省"宀"，"頁"旁有飾筆。小篆從"頒"者，當由飾筆訛變而成。按《說文》小篆作"𡩙"，段注本同，故大徐本析為"從宀，從頒"，段注本作"從宀，頒"；林氏改篆作"𡩙"，故解為"從宀，頒省"。對"頒"字的解釋，大徐本與段注本亦不同，段注本作"頒，分也。宀分故為少也。"並注云："依《韻會》所據小徐本訂。宀分者，合於上而分於下，故始多而終少。"林氏從大徐本。林氏以為"寡"之本義為鰥寡之"寡"，象人在屋下，可從。然以為所從之"頁"為"顛沛見於顏面之形"，則有主觀牽強之嫌。

(74) 對

《說文》云："對，應無方也。從丵、口，從寸。對，或從士。漢文帝以為責對而言，多非誠對，故去其口以從士也。"按，古作"對"（師酉敦）、作"對"（伯晨鼎），本不從"口"。"丵"者，"業"省。從又持業。"業"，版也。"業"本覆簨之版，引伸為書冊之版。《曲禮》"請業則起"，注謂"篇卷也。""版"亦即"笏"，對者執之，所以書思對命。或作"對"（虢叔鐘），從"土"。"土"者，"壬"省（刢鼎"望"作"𡉚"，洹子器"聖"作"𦔻"，皆省"壬"為"土"），挺立以對也（兼轉注）。亦或作"對"（趞尊彝），從"口"。

---

① 參見黃德寬主編：《古文字譜系疏證》，商務印書館 2007 年版，第 2922—2923 頁。

評注：“對”字甲骨文作“”（《合集》30600）“”（屯南4529）。或分析為从“又”、从“丵”（即虡業之“業”），表示以手配丵於虡上，會“配對”之意①。或分析為从“又”、从“丵”、从“土”，會“撲土”（開辟疆土）之意②。按“業”字取象於古代鐘架銅人擎舉大版之形，甲骨文右邊所从，恐非此象，故“配對”之說，雖有理據，殆非朔義。林氏所釋，亦以版業為說。“撲土”之說，以甲骨文“于夫西對”（《合集》30600）“于東對”（《合集》36419）等文例證之，似當可從。若從此說，則“對”之“應答”義，乃是假借，故小篆增“口”以足義。至于漢文帝去“口”从“士”，其實是恢復古體而已，只是古體所从乃是“土”而非“士”。林氏據金文指出“對”字本不从“口”，是對的，但又說金文所从之“土”為“壬”省，謂挺立以對，則非是。《文源》中之“簴”當為“簾”之筆誤。

《文源》卷六“殽列象形”共收四百六十字，我們在此僅選取十八例作評注。所謂“殽列象形”即“以諸形參兩布列成一物象者”，也就是由兩個或兩個以上的形體組合共同描繪一個物象。這類字就是我們今天所說的“比形會意”字。有的殽列象形字是同體的，如“扶”“孨”“㢀”等；多數是異體的，如“寒”“對”“寡”“幾”“登”“農”“鬥”“執”“夰”“鄉”“坐”“夾”等。不過有些林氏所謂的“殽列象形”字實際上是他所說的“會意”字，如“宦”；有的則應該是他所謂的“分理象形”，如“弔”作“”、“乇”字作“”、“弟”字作“”、“中”作“”、“朿”字作“”、“東”字作“”；有的則當是全體象形，如“光”字作“”、“克”字作“”、“亯”字作“”、“帚”字作“”、“戌”字作“”，等等。

第二節 《文源》指事字選評

《文源》指事字有表象指事、殽列指事和形變指事三類。形變指事字我們已在第三章作了專節論述，因此本節我們只選取表象指事字和殽列指

① 參見黃德寬主編：《古文字譜系疏證》，商務印書館2007年版，第3224—3225頁。

② 參見季旭昇：《說文新證》，福建人民出版社2010年版，第169頁。

事字作評注。

一　表象指事

（1）亢

《說文》云："亢，人頸也。从大省，象頸脈形。"按，古作"亢"（節墨之亢之鉢），"大"象人形，"一"以示其吭。

評注："亢"字音 gāng，又音 kàng。甲骨文作"亢"（《合集》20318）"亢"（屯南 312），从"大"，下加一斜筆，當表遏止之意。《廣雅·釋詁》："亢，遮也。"《說文·辵部》："遮，遏也。"遏止與抵抗義相通，因此"亢"或即"抗"之本字。《說文》釋為"人頸"，林氏承之，然與字形不合，恐非是。小篆作"亢"，林氏書異。

（2）尺

《說文》云："尺，十寸也。人手卻十分動脈為寸口，十寸為尺。尺所以指尺，規矩事也。从尸，从乙，乙所識也。周制：寸、尺、咫、尋、常、仞諸度量，皆以人之體為法。"按，从"尸"猶从"人"。尺以人體為法，故於脛下以乙識之。寸以手卻十分為法，然則尺以足上十寸為法也。

評注："尺"字商周古文字未見。戰國文字作"尺"（青川木牘）"尺"（睡虎地·法律答問 6），與小篆近同。林氏指出从"'尸'猶从'人'。尺以人體為法，故於脛下以乙識之。寸以手卻十分為法，然則尺以足上十寸為法也。"其說有理，可備一說。"規矩"，大徐本作"規榘"，段注本作"規榘"。

（3）隼

《說文》云："隼，雛或从隹、一。一曰鶉（鷻）字。"按，隼有爪芒，一名題肩。《御覽》引《春秋考異郵》云："陰陽貪，故題肩擊。"宋均注云："題肩有爪芒"是也。"隹"下於爪處加"一"，示其有芒，與"刃"字同意。

評注："隼"字見於戰國文字，作"隼"（鄂君啟節"膞"字偏旁），从"隹"分化，下部所加短橫為分化符號。"隼"為猛禽，腳爪鋒利。《廣韻·準韻》："隼，鷙鳥也。"林氏認為"隼"字乃于"隹"下爪處加一指事符號，以示其爪有芒，亦有道理。字頭係林氏推寫。

（4）卒

《說文》云："卒，隸人給事者為卒。古以染衣題識，故从衣、一。"

評注："卒"字甲骨文作"卒"（《合集》22659）"卒"（《合集》21055），象衣形而末筆彎曲上鉤；或作"卒"（《合集》6161），中有綫條交叉；或作"卒"（《合集》30093），从"衣""聿"聲。"聿""卒"上古同屬物部，"聿"是以紐，"卒"是精紐，以紐字和精紐字古亦相通，如"酉"是以紐，"酒"是精紐。故"卒"可以"聿"為聲符。後世的"卒"字，是在"衣"的基礎上加上一筆作為指示符號而形成的。"卒"的本義，裘錫圭先生以為是"終卒"，他說："'初'字从'衣'从'刀'會意，因為在縫製衣服的過程裏，剪裁是初始的工序。'卒'字也从'衣'，其本義似應與'初'相對。這就是說，士卒并非它的本義，終卒才是它的本義。甲骨文中在'衣'形上加交叉綫的'卒'，大概是通過加交叉綫來表示衣服已經縫製完畢的，交叉綫象徵所縫的綫。下部有上鉤的'尾巴'的'卒'，如果本來不是'衣'字異體的話，其字形可能表示衣服已經縫製完畢可以折疊起來的意思。"① 大徐本作"隸人給事者衣為卒，卒，衣有題識者。"此從段注本。

（5）尤

《說文》云："尤，異也。从乙，又聲。"按，"又"象手形，"乙"，抽也。尤異之物自手中抽出之也。

評注：甲骨文有字作"尤"（《合集》32782），舊釋為"尤"，陳劍先生認為當釋為"拇"，是在"又"的起筆之處加一筆表示大拇指之所在，其說頗有道理②。金文"尤"字作"尤"（鑄司寇鼎），季旭昇先生認為當從"尤"字分化。"尤"為匣紐之部，"尤"為見紐蒸部，聲韻俱近③，可備一說。《說文》據訛變之形重解。孔廣居《說文疑疑》曰："尤古肬字。从又、乙，象贅肬，借為異也，過也，既為借義所專，故別作肬。"朱芳圃《殷墟文字釋叢》云："蓋尤為初文，从又一，一指贅肬。字之結

_____

① 參見裘錫圭：《釋殷墟卜辭中的"卒"和"裈"》，《裘錫圭學術文集·甲骨文卷》，復旦大學出版社 2012 年版。

② 參見陳劍：《甲骨金文舊釋"尤"之字及相關諸字新釋》，《甲骨金文考釋論集》，線裝書局 2007 年版。

③ 參見季旭昇：《說文新證》，福建人民出版社 2010 年版，第 1000 頁。

構與寸相同。"皆據訛形解釋。林氏以"乙"為"抽"，以為"尤異之物自手中抽出之也"，頗為迂曲。

(6) 𦔻

《說文》云："耴，耳垂也。从耳，乀，下垂。象形。《春秋傳》秦公子耴，耴者取其耳垂也，故以為名。"

評注："耴"字音 zhé。侯馬盟書作"𦔻"（1：52），與小篆同構。王筠《說文句讀》云："从耳而引長之，以象其垂也。"大徐本作："耳垂也。从耳下垂。象形。《春秋傳》曰秦公子輒者，其耳下垂，故以為名。"段注本作："耳垂也。从耳，乀，下垂。象形。《春秋傳》曰秦公子耴者，其耳垂也，故以為名。"林氏所引，皆有所不同。

(7) 𬤪

《說文》云："啻，快也。从"言"、"中"。按，"言中"為"快"，非義。从"言"，"〇"以示言中之意。當與"意"同字。古作"𬤪"（啻敦）。

評注："啻"字甲骨文作"𬤪"（《合集》22202"剖"字偏旁）。金文如林氏所引，近同。"啻"是由"言"分化而來的一個字，"言"中的圓圈是指示符號，《說文》誤以為从"中"。林氏云："'言中'為'快'，非義。从言，〇以示言中之意。當與'意'同字。"其說可從。于省吾先生曰："啻字的造字本意，係於言字中部附加一個圓圈，作為指事字的標誌，以別於言，而仍因言字以為聲（"言""音"古同用，"音""億"雙聲）。"①

(8) 亦

《說文》云："亦，人之臂亦（腋）也。从大（象人形），象兩亦之形。"按，古作"亦"（毛公鼎）。

評注："亦"字甲骨文作"亦"（《合集》11947 正）"亦"（《合集》12724），金文小篆相承。其字从"大"，左右兩點為指示符號，標識人腋下之處，是為"腋"之本字。林氏證之以金文，無說。

---

① 參見于省吾：《釋古文字中附劃因聲指事字的一例》，《甲骨文字釋林》，中華書局 1979 年版，第 459—460 頁。

（9）大

《說文》云：“天，顛也。至高無上。从一、大。”按，“一大”非義。“天”本義為“顛”。古作“大”（盂鼎），从“大”，象人正立形，“●”以示人之顛。或作“天”（虢叔鐘），變“●”為“一”。穹蒼之“天”，類人頂之至高無上，故借“大”字為之。“天”既為借義所專，始復制“顛”字。“顛”“天”古同音。

評注：“天”字甲骨文作“大”（《合集》20975）“大”（《合集》17985），象人，頭上用圓圈或方框表示頭頂，或作“天”（《合集》22094），以一橫表示頭頂。又作“大”（周原 H11：96），直接突出其頭部，或作“大”（屯南 643），直接用一橫表示頭頂。最後一形成為後世“天”字的主要寫法。《說文》釋為“从一、大”，是就筆畫進行分析；林氏非之，以金文形象進行補正，可從。穹蒼之“天”，林氏以為假借。按舊時所謂“假借”，往往含有現在所謂的“引申”，似不宜以現在假借引申之涇渭律之。

（10）嗌

《說文》云：“嗌，籀文嗌，上象口，下象頸脈理也。”按，古作“嗌”（牧叔敦）、作“嗌”（啟鼎），“嗌”象頸脈理，“○”記其嗌處。

評注：“嗌”即“嗌”字初文，未見於甲骨文。金文如林氏所引，从“冄”（“髯”的初文），以小圈指示咽喉的部位①。林氏據金文指出“○記其嗌處”，甚是。然據《說文》以“嗌象頸脈理”，則不確。

（11）彭

《說文》云：“彭，鼓聲也。从壴，从彡。”按，“壴”，“鼓”省；“彡”象枹落鼓中形。古作“彭”（彭女彝）。

評注：“彭”字甲骨文作“彭”（《合集》7064）“彭”（合補 8834），从“壴”（“鼓”之初文），旁邊斜筆數量多寡不一，為指示符號，表示鼓聲。林氏以為“壴”為“鼓”省，“彡”象枹落鼓中形，不確。大徐本作“从壴，彡聲”。此從段注本。

《文源》卷七共有四十一個表象指事字，我們在此僅選取十一例作評注。林義光所謂表象指事即“由象形別加表飾者”，即這類字是在象形的

---

① 參見季旭昇：《說文新證》，福建人民出版社 2010 年版，第 94 頁。

基礎上別加抽象符號。如“亢”字作“”，字所从之“一”只起標識位置的作用；“尺”字作“”，乃於脛下以“”識之；“卒”字作“”，“”象衣形，“卒”是在象形字“”上加抽象符號“”表示完結；“音”字作“”，“○”以示言中之意，不表具體的物象；“亦”為“腋”之初文，字作“”，所从之“大”象人形，左右兩點標識腋下之意；“天”所从之“●”指示人的頭頂處；“彭”字作“”，“彭”指鼓聲，鼓聲無形可象，故用“彡”作標識。

不過林義光也有自亂其例的地方，如“兀”字作“”，所从之“●”是人的頭部的象形，不是抽象符號；“嗌”字作“”，字所从之“”，不僅僅是標識咽喉的位置，而是喉結的象形，故當為表象象形。

二　觳列指事

(12) 亖

《說文》云：“亖，籀文四。”按，古作“亖”（毛公鼎），即“四”之本字。

評注：“四”字甲骨文作“亖”（《合集》12549），以四畫表示，金文相承，並沿用至戰國。林氏以為即“四”之本字，甚是。春秋之後或作“”（郘王子鐘）“”（陶彙5·384），為後世所承。此“四”形，丁山以為乃“呬”之本字，曾憲通先生據吳王鐘之“”字，以為象“鼻息下引之形，構形最為形象”，“自氣息之‘四’被借為數名之‘亖’使用後，積畫之‘亖’遂廢而不用，又另造‘口’旁之‘呬’以代‘四’字，‘呬’字行而‘四’之本義遂亡。”① 其說可從。

(13) 、卌

《說文》據《廣韻》引有“卌”字。古作“”（曶鼎）。

評注：“卌”字音 xì。甲骨文作“”（屯南636），乃“四十”的合文。沈濤《說文古本考》云：“《芥隱筆記》曰：‘據《說文》，廿，而集反，二十并也；卅，速達反，三十并也；卌，四十并也。’是龔（頤正）氏所見《說文》有此字，其訓解正與廿、卅同例。”《廣韻·緝韻》“卌”

① 參見丁山：《數名古誼》，《歷史語言研究所集刊》第一本一分，1928年；曾憲通：《吳王鐘銘考釋》，《古文字與出土文獻叢考》，中山大學出版社2005年版，第138頁。

下引《說文》：“數名。”大徐本無“丗”字，脫。

（14）𨐅

《說文》云：“䇂，辠人相與訟也。从二辛。”按，“辛”，罪也。

評注：“䇂”字音 biàn，乃“辯”之本字。“䇂”字未見於商周古文字材料，“辨”“辦”等字从之。其字从二“辛”見義。饒炯《說文部首訂》云：“蓋䇂為辠人自䇂其非。”林氏以“辛”為罪，可從。“辛”“辛”同字，甲骨文作“𨐌”（《合集》20236），金文作“𨐌”（鳶且辛卣），象鑿狀工具，亦作刑具。苦、罪之義皆由刑具之義而引申。

（15）歰

《說文》云：“歰，不滑也。从四止。”

評注：“歰”字音 sè。同“澀”。王筠《說文釋例》曰：“四止者，兩人之足也。上二止倒之，而且反之者，兩人相對，則其足相向，故倒之；其左、右正相反，故反之。苟相順從，必二人從行矣。今兩足相牾，是憤爭之狀也，故得不滑之意。”按王氏謂“歰”字上下二足相倒，其說是；然謂左右二足相反，則與字形不合。殆其字只是以上下足相倒表示“不滑”之義。甲骨文有从三“止”之字，作“𣥿”（《合集》38717），唐蘭《殷虛文字記》曰：“‘𣥿’即《說文》之‘歰’字也。”“‘𣥿’象三足，‘歰’象四足，本有周帀之意。《說文》訓‘不滑’者，實後起之義也。”可參。林氏無說。

（16）晶

《說文》云：“晶，精光也。从三日。”

評注：“晶”字甲骨文作“晶”（《合集》11503 反）“晶”（《合集》11504），所从星體，或二，或三，或四，或五，後世以三為常，乃“星”之本字。甲骨文又作“曐”（《合集》11488）“曐”（《合集》11501），加“生”為聲。後世以加“生”聲者為“星”，與“晶”別而為二。林氏無說。

（17）𡚼、𡚼

《說文》云：“妃，匹也。从女，己聲。”按，“己”非聲。朱氏駿聲云：“从女儷己。”古作“𡚼”（穌甫人匜）、作“𡚼”（穌公敦）。《說文》云：“改，女字也。从女，己聲。”按，與“妃”同字，“己”非聲。

評注：甲骨文有字作“𡚼”（《合集》664），从“妾”、从“卪”，

《新甲骨文編》以為"妃"字（見660頁），後世無傳。甲骨文又有從"女""巳"聲之字作"🔲"（《合集》2864）"🔲"（《合集》22460），或以為即"妃"之異文。金文仍有從"巳"者，見《金文編》795頁。林氏所引者從"女""己"聲，為後世所承。"改"字與"妃"字只是偏旁左右互換，古文字屬常例，林氏以為與"妃"同字，當可從。二字所從之"己"，林氏據朱駿聲"從女儷己"之說而否認《說文》之聲符說，其實未確。按甲骨文"妃"字從"卩"，後來則從"己"，"己"或從"卩"字變來，猶如"配"字甲骨文作"🔲"（英1864）"🔲"（《合集》31840），亦從"卩"，其"己"亦從"卩"變來。

（18）🔲

《說文》云："官，吏事君也。從宀、𠂤。𠂤猶眾也，此與師同意。"按，古作"🔲"（師𠫑父鼎），同。

評注："官"字甲骨文作"🔲"（《合集》4576）"🔲"（《合集》28032），後世相承無異。"官"字從"𠂤"（"師"本字）從"宀"，會眾人在屋下之意，學者多以為乃"館"之初文。楊樹達曰："官字從宀，凡從宀之字皆以屋室為義。官字下從𠂤，蓋象周盧列舍之形，謂臣吏所居，後乃引申為官職之稱。《周禮》官府都鄙并稱，是其本義也。"[1] 其說可從。林氏證以金文字形，無說。

（19）🔲

《說文》云："葬，臧（藏）也。從死在茻中，一其中，所以薦之。"

評注："葬"字甲骨文作"🔲"（《合集》17181）"🔲"（《合集》17171）"🔲"（《合集》32831）等形，"廿"象棺槨之形，"廿"內之"人"或"歺"（殘骨）表示死人，"屮"薦之，亦為聲符。此形後世無傳。戰國秦系文字另構為從"死"在"茻"中，作"🔲"（睡虎地·日書乙17），"死"的上下各有一橫筆，當是表示棺柩之意。小篆省上一橫筆，後世楷書再省下一橫筆。林氏無說。"臧"，大徐本作"藏"；"薦"，段注本作"荐"。

---

① 參見楊樹達：《釋官》，《積微居小學金石論叢》（增訂本），中華書局1983年版，第19頁。

（20）辟

《說文》云："辟，法也。从卩、辛。節制其罪也。从口，用法者也。"按，古作"辟"（盂鼎）、作"辟"（洹子器"璧"字偏旁），从"〇"，不从"廿"。"〇"，束也。从"人"（轉注），从"辛"，以"〇"束之，與"章"同意。或作"辟"（櫃伯器乙），譌从"口"。作"辟"（師害敦），譌从"日"。

評注：《說文》訓為"法"的"辟"，甲骨文作"辟"（英 1767）"辟"（《合集》8695），从"辛"或"辛"、从"卩"，當隸定為"辟"，會對跪踞者施刑之意。甲骨文又作"辟"（《合集》8108），所加之"口"，即金文之"〇"，象璧之形。此形為金文所承，即今之"辟"字。關於"辟"的形義關係，可以有兩種解釋：一是以為"璧"之本字，从"〇""辟"聲，以"法"解之，乃屬假借（其本字是"辟"）；一是以為"辟"之孳乳，所加之"〇"為加注聲符，其本義仍是"法也"。《說文》以"从卩"為"節制"，非是；以象璧之圓形為表示用法者之"口"，亦誤。林氏據金文以為"辟"字从"〇"，不从"廿"，甚是；然以"〇"為束，則非。

（21）後

《說文》云："後，遲也。从彳、幺、夊。幺夊者，後也。"按，"8"，古"玄"字，繫也，从"行"省（轉注），"夊"象足形。足有所繫，故後不得前。古作"後"（師望鼎）。或作"後"（師寰敦），變"夊"為"8"。或作"後"（儀兒鐘），从"辵"。

評注："後"字甲骨文作"後"（《合集》25948）"後"（《合集》22283），可隸定為"夋"。又加"彳"作"後"（屯南 2358），為後世所承。故"後"為"夋"的孳乳字。關於"夋"的解釋，或以為从"夊""幺"聲，乃據《說文》"夊，從後至也"得義[1]；或以為契文"先"字从"止"在"人"上，"後"从"夊"（倒止）在繩下，即表世系在後之意[2]；林氏以為"足有所繫，故後不得前"。皆有一定理據，待考。林氏所引金文之"後"，乃"後"之繁形，當隸定為"遰"。今則"後"行而"遰"廢矣。

---

① 參見黃德寬主編：《古文字譜系疏證》，商務印書館 2007 年版，第 925 頁。
② 參見徐中舒主編：《甲骨文字典》，四川辭書出版社 1989 年版，第 164 頁。

（22）𣜩

《說文》云：“叡，深明也，通也。从叙，从目，从谷省。睿，古文
叡。𣿂，籀文叡，从土。”按，从“壑”省，从“目”。壑中極目所及，
故為“深明”、為“通”，與“睿”同意。

評注：“叡”音 ruì。未見於甲骨文材料，金文作“𣜩”（秦公鎛），
小篆結構同。中山王鼎有“𣡧”字，从“見”从“睿”，《金文編》以為
亦“叡”字。段氏在“从叙、从目”下注云：“故曰深明。”按，“叙”取
其穿，目取其明，故會“深明”之意。段氏在“从谷省”下注云“谷以
兒其深也。按‘叡’實从‘叡’省从‘叡’者兒其能容也，能容而後能
明。古文《尚書》‘思曰叡’，今文《尚書》‘思心曰容’，義實相成也。”
按“叡”通作“壑”。林氏取段注之意，以為字从“壑”省，从“目”。
壑中極目所及，故為“深明”、為“通”，其說亦有理據。“通也”二字，
段注以為“俗增”，此從大徐本。以小篆為字頭，所書略異而已。

（23）𣂁

《說文》云：“斁，楚人謂卜問吉凶曰斁。从又持祟。讀若贅。”按，
“又”，手形，治之之意。卜問吉凶以治祟也。

評注：“斁”或以為即“祟”字，甲骨文作“𣂁”（《合集》22733）
“𣂁”（《合集》38535），从“又”持“木”於“示”前；又作“𣂁”（《合
集》23431），置“木”於“示”上，均表示卜問吉凶之意。後者小篆訛
為“祟”。林氏以“又”為手形，表示治祟，可商。“从又持祟”，大徐
本作“从又持祟，祟亦聲”。此從段注本。

（24）𤜞

《說文》云：“獄，从㹜，从言。二犬所以守也。”按，古作“𤜞”
（召伯虎敦），从二“犬”守“言”。“言”實“辛”之譌變，“辛”，罪
人也（“僕”字史僕壺作“𤳈”，从“辛”；諆田鼎作“𤳈”，从“言”）。

評注：“獄”字未見於甲骨文材料。金文如林氏所引，从“言”、从
二“犬”，後世相承。按，“㹜”訓兩犬相嚙，徐灝《說文解字注箋》
曰：“犬性不喜羣，兩犬相遇，往往相嚙，故从二犬。獨字从犬，亦此意
也。”“獄”字从“㹜”从“言”，本義當為雙方以言語爭訟。朱駿聲
《說文通訓定聲》曰：“獄，訟也。”《周禮·秋官·大司寇》：“以兩劑禁

民獄。"鄭玄注:"獄,謂相告以罪名者。"從"犬"之字可移代人事,"獄"字亦然。"獄"之"監獄"之義當由爭訟義引申。《說文》以為"二犬所以守也",林氏以為"從二犬守言","言"為"辛"之訛變,表示罪人,大概都是從"監獄"之義出發而作的解釋。

(25) 戁

《說文》云:"戁,繇(謠)也、舞也。從夊,從章,樂有章也。夅聲。"按,"夅"非聲。三"夊"象舞時多足跡。

評注:"戁"字音 kǎn。或以為金文之"䞢"(庚嬴鼎)即"戁"字,從"章"從"廾",象兩手奉"玉璋"會"賜予"或"貢獻"之意,是"贛"和"貢"的初文,小篆右邊從三"止",乃是訛體,《說文》據訛體釋義,恐不可靠①。如此說可信,則林氏以為"三夊象舞時多足跡",亦據訛體重解,非其朔形本義。按《說文》引《詩》"戁戁舞我","戁"若是本字,則釋為"謠舞"(段注:"上'也'字衍,謠舞者,謠且舞也"),亦與詩句含義相合,則《說文》釋義,不算無稽。有待進一步研究。字頭繫林氏推寫。"從夊,從章,樂有章也。夅聲",大徐本作"樂有章,從章,從夅,從夊"。林氏從段注本。

(26) 劓

《說文》云:"劓,劓或從鼻。"按,從"刀"、從"鼻",為劓象。

評注:"劓"字甲骨文作"刵"(《合集》5995 正),從"刀"、從"自"("鼻"本字),會割鼻之意。金文作"劓"(辛鼎),從"臬"。朱駿聲《說文通訓定聲》"臬"下云:"按從自者,鼻于面,居中特出之形,凡臬似之。"《說文》以"臬"為聲符。林氏所用字頭乃《說文》或體,小篆作"劓",從"臬"。"劓或從鼻",大徐本作"劓,臬或從鼻"。此從段注本,是。

《文源》卷八收殼列指事字 91 個,我們在此僅選取 15 例作評注。跟殼列象形相比,殼列指事字的構字部件中有一部分是表示抽象的意義。跟會意相比,殼列指事字的構字部件中又有一部分是象形的,也就是說,殼列指事字既有象形的成分,又有抽象的符號。如"妃"字林義光採納朱

---

① 參見陳劍:《釋西周金文的"戁(贛)"字》,《甲骨金文考釋論集》,線裝書局 2007 年版。

駿聲 "从女儷己" 之說，則 "女" 為象形構件， "己" 表 "自己" 之 "己"，是表抽象意義的成分； "官" 所从之 "宀" 是象形成分， "𠂤" 表 "眾" 義，是以意義參與構字； "敊" 从 "又" 持 "崇"， "又" 為象形部件， "崇" 為抽象成分； "獄" 字所从之 "言"，林義光認為本作 "辛"， "辛，罪人也"，此為表示抽象意義的成分，兩 "犬" 則是象形部件； "𮂫" 中， "章" 是以 "樂有章" 之義參與構字，三 "夂" 則屬象形成分；則 "劓" 字作 "劓"， "刀" 是象形部件， "鼻" 則不是象形的，而是以 "鼻子" 之義參與構字。 "劓" 字甲骨文作 "𠛱"，从 "自"、从 "刀"，兩個部件都是象形成分，依林義光的六書體系，則屬毀列象形； "後" 所从之 "幺" 表 "系" 義，非以形體參與構字； "辟" 所从之 "辛" 表 "罪" 義，非象形部件； "葬" 所从之 "死" 也是表示意義的構件， "茻" 則是象形成分。不過 "四" "辡" "𨀥" "卅" "晶" 等同體字，不符合林氏對毀列指事的定義。這類字要麼都是形符，要麼都是意符。如 "晶"，甲骨文作 "𣊤" "𣊤"，所从之 "〇" "〇" 表星體； "𨀥" 字作 "𨀥"，从四止， "止" 也是形符； "辡" 字从二 "辛"，都是意符； "四" 為四個 "一"， "卅" 為四個 "十"，也都是意符。都是形符的當歸入毀列象形，全是意符的則當歸入會意。

第三節　《文源》會意字選評

《文源》卷十 "會意" 有 279 例。林義光所謂 "會意"，乃 "取其詞義連屬，非複對構其形"，是指 "詞義比合"，即我們現在所說的 "比義會意"。幾個構字部件不是用形體來會意，而是以它們所代表的詞義比合出新義。如人言為信、人至為到、人死為屍、言美為善、少力為劣等。《文源》中的會意字很多，我們分為以下幾種情況進行評註。

一　"詞義連屬" 的會意字

(1) 匃

《說文》云： "匃，气（乞）也。亡人為匃，遂安說。" 按，人流亡故匃於外。古作 "匃" （已侯敦），反文作 "匃" （杜伯盨），變作 "匃" （夋季良父壺）、作 "匃" （或者尊彝）。

評注："勹"字甲骨文作"�"（《合集》6472 正）"㓬"（《合集》6154），從"刀"（刃），從"亡"，疑會刀芒鋒利，割、害之意。"割"為見紐月部字，"害"為匣紐月部字，"勹"為見紐月部字，三字幾乎同音。《卜辭通纂·別一》第四辭："丁卯卜，㲋貞：歲卜不興，亡勹？五月。"郭沫若謂"無勹者，無害也。與無尤、無巛等同例"。其釋為"乞求"義者，當為假借①。按古文字刀形與人形易混，如甲骨文作"㓘"（《合集》12863）者，刀形即似人形，故小篆訛為人形。"亡人為勹"乃據訛變之形而重解，亦有理據。"遂安"之"遂"，大徐本、段注本作"逯"，林氏書誤。

（2）信

《說文》云："信，誠也。從人、言。"

評注：花東甲骨文 61（H3：212 反）有一字作"㕚"，西周㝢叔鼎有"㕙"字，都與《說文》"信"古文"㕚"同構，當是古"信"字。戰國文字"信"字異構繁多，有從"言"從"人"者，如"㕚"（珍秦齋古印展 190）"信"（睡虎地·為吏之道 7），或訛為從"言"從"千"者，如"訐"（璽彙 3736）"訐"（《郭店·成之聞之》2）；有從"心"從"人"者，如"㕙"（璽彙 0282），又訛為從"心"從"千"者，如"忏"（璽彙 1149）"忏"（璽彙 0244）；有從"言"從"身"者，如"䚐"（中山王方壺）；有從"口"從"人"者，如《說文》"信"字古文作"㕚"；有從"言"從"心"者，如《說文》"信"字古文作"㕙"，可謂紛繁複雜。這些異構可以整理為兩個系列：從"言"從"人"、從"心"從"人"、從"言"從"身"和從"口"從"人"可為一列，從"言"從"心"另為一列。根據文字意符意義相近可以互換的原則，從"身"與從"人"可以互換，從"口"與從"言"和從"心"亦可互換，則上述之前一系列的異構可以歸併為從"人"從"言"，則"信"字的主要異構實際上可分兩類，即"從言從人"和"從言從心"。

學者多以"信"為會意，其本義為"誠"。林氏無說，當同《說文》。以"誠"義而言，從"言"從"心"者最為契合。心中之言即所謂肺腑之言，以此示"誠信"之義，自然明白而無疑義。然則後世流傳

---

① 參見季旭昇：《說文新證》，福建人民出版社 2010 年版，第 911 頁。

者乃从"言"从"人"之"信",如何會意,則有不同說法。徐鍇《說文解字系傳·通論》云:"君子先行其言,然後從之……鸚鵡能言,不離禽獸,言而不信,非為人也。故于文人言為信。"段玉裁《說文解字注》曰:"人言則無不信者,故从人言。"相較而言,徐鍇之說法更為精到,段氏所云則有悖常理。因為人有高尚卑劣之分,人言未必皆可信也①。又有以"信"為形聲字者,多以為从"言""人"聲。以上述戰國文字觀之,亦有从"身"聲者,或聲化為"千"聲者。

(3)奊

《說文》云:"奊,稍前大也。从大,而聲。讀若畏偄。"按,"而"非聲。"奊"為"前大",亦無他證。本義當為"畏偄"。从"大"猶从"人","而"者下垂,畏偄之象。

評注:"奊"字未見於商周古文字。戰國秦簡文字作"奊"(睡虎地·封診式57),从"天"(大)、从"而","而"亦聲。"而""奊"皆日母字。林氏謂从"大"猶从"人","而"者下垂,畏偄之象,可從。"畏偄"亦作"畏愞","畏懦"之意。

(4)覡

《說文》云:"覡,能齊肅事神明者。在男曰覡,在女曰巫。从巫、見。"段氏玉裁云:"見鬼者也。"

評注:"覡"字商周古文字未見。戰國時期的侯馬盟書文字作"覡""覡",前者與小篆同構,後者加口為飾。"齊肅"之"齊",大徐本作"齋",段注以為非,林氏從之。段注又云:"見鬼者也,故从見。"林氏引之。按,《繫傳》云:"能見神也。會意。"段本小徐。此條可證林氏當以段注本為主要參考。

(5)朏

《說文》云:"朏,月未盛之明也。从月、出。《周書》曰:丙午朏。"按,月之三日曰"朏",始生之日也,故从"月""出"。

評注:"朏"字未見於甲骨文。金文作"朏"(九年衛鼎)"朏"(吳方彝),林氏據小篆推寫,與金文偏旁位置不同。徐灝《注箋》云:"月朔初生明,至初三乃可見,故三日曰朏,从月、出會意,出亦聲。"林氏

---

①　參見林志強:《說"信"》,《福建師范大學學報》1997年第2期。

說本此。

(6) 賏

《說文》云："賏，貝聲也。从小、貝。"按，小也。《爾雅》："瑣瑣，小也。"（釋訓）"瑣"即"賏"。

評注："賏"字未見於商周古文字，戰國秦文字作"賏"（珍秦齋古印展 62"瑣"字偏旁），與小篆結構相同。徐鍇《說文解字繫傳》："賏，貝聲。象連貫小貝相叩之聲也。"段注云："聚小貝則多聲，故其字从小貝。"皆主"貝聲"說。戴侗《六書故·動物四》："賏，小貝也。"朱駿聲《說文通訓定聲》云："賏，从小貝會意。"則主"小貝"說。林氏從後說，以為"瑣"之古字，從文字孳乳的角度看，是有道理的。段注云："賏，引伸為細碎之偁。今俗瑣屑字當作此，瑣行而賏廢矣。"邵瑛《說文解字羣經正字》云："賏，此為賏細之賏。今經典統用瑣字。正字當作賏，但今廢賏字不用，祇知有瑣字耳。"

(7) 孫

《說文》云："孫，从系、子。系，續也。"按，古作"孫"（叔家父匜）、作"孫"（郑公華鐘），从"子""糸"，"糸"亦系屬之義。或作"孫"（段敦）。

評注："孫"字甲骨文作"孫"（《合集》10554）"孫"（《合集》31217），从"子""幺"，會子孫象絲線連綿不絕之意。"幺"又作"糸"，表意相同，林氏云："糸亦系屬之義。"因"糸"與"子"之筆畫相連，故《說文》以為从"系"，亦有理據。

(8) 意

《說文》云："意，志也。从心、音。察言而知意也。"按，"心音"非"意"之義。"音"與"言"古多相混（"歆"字豆閉敦作"歆"，趩尊彝作"歆"），从"言""心"。

評注："意"字見于戰國時期，作"意"（《十鐘山房印舉》3·26）"意"（睡虎地·日書乙 83）。"音""言"本一字分化，林氏指出"意"从"言""心"，可從，與《說文》"察言而知意"之說相符，然《說文》以為从"心""音"，亦不乏理據。

(9) 肞

《說文》云："肞，振肞也。从肉，八聲。"按，从"肉"無"振肞"

之義，"肖""八"亦不同音。"肖"本義為"碎"，即《儀禮》"醯醢屑"
（既夕）之"屑"，從"肉""八"。八者，分也。"屑"從"肖"得聲，
古與"肖"同音。

評注："肖"字見於戰國陶文，作"𠂤"（陶彙4·70），《說文》小篆
結構與之同。或以為從"月""八"聲①，形音義皆不可解，恐非是。林
氏以為"屑"之初文，字從"肉""八"，八者，分也，本義為"碎"，
較為合理。按"屑"篆作"𡱂"，本從"肖"，後變從"肖"。

(10) 𤆍

《說文》云："赤，南方色也。從大、火。"按，大火為"赤"。古作
"𤆍"（彔敦）。

評注："赤"字甲骨文作"𤆍"（《合集》15679）"𤆍"（《合集》
33003），從"大"、從"火"。饒炯《部首訂》云："赤者，光明顯耀也。
凡火皆有明著之象。然微則熒熒，大則赫赫，故赤從大火會意。"後世文
字結構相同。可見古文字"大"既象人形，又用作大小之"大"。林氏謂
"大火為'赤'"，可從。

(11) 𥝢

《說文》云："季，少稱也。從子，稚省，稚亦聲。"按，"禾"為
"稚"省不顯。《說文》云"稚亦聲"，是"季"與"稚"同音，當為
"稺"之古文，幼禾也。從"子"、從"禾"。古作"𥝢"（趩尊彝），引伸
為叔季之"季"，亦與"稺"通用。《詩》"有齊季女"（采蘋），"季女
斯飢"（候人），"季"猶"稺"也。

評注："季"字甲骨文作"𥝢"（《合集》21120）"𥝢"（《合集》
14710），從"禾"、從"子"，後世文字結構無異，而解釋不同：《說文》
以為省形省聲，林氏以為從"子"、從"禾"會幼禾之意，即"稺"之
古文。按《說文》之說根據不足，《文源》的解釋則較有理據，故為學者
認同，《漢語大字典》《古文字譜系疏證》均徵引其說。

(12) 𡧀

《說文》云："宕，過也。一曰洞屋。從宀，碭省聲。"按，"石"為
"碭"省不顯。洞屋，石洞如屋者，從"石""宀"。洞屋前後通，故引

---

① 參見黃德寬主編：《古文字譜系疏證》，商務印書館2007年版，第3394頁。

伸為“過”。古作“🈁”（不䢅敦）。

評注：“宕”字甲骨文作“🈁”（《合集》8977 正）“🈁”（《合集》28132），後者為後世所承。其字從“石”、從“宀”，會石屋之意，《說文》“洞屋”當為本義。林氏以為“‘石’為‘碭’省不顯。洞屋，石洞如屋者，從石、宀。洞屋前後通，故引伸為‘過’。”其說可從，為《漢語大字典》所徵引。然林氏說亦有所本。段注云：“洞屋謂通迵之屋，四圍無障蔽也。”徐灝《說文解字注箋》云：“宕，蓋石室空洞之義。”朱駿聲《說文通訓定聲·壯部》云：“宕，按字從宀，洞屋當為本訓。洞屋者，四圍無障蔽之謂。”皆與林氏說有共通之處。

（13）🈁

《說文》云：“臬，射壇（準）的也。從木，自聲。”按，“自”非聲。古作“🈁”（辛器“劓”字偏旁）。自者，鼻也，立木如鼻形也。“闑”為門橛，亦鼻形之木，疑古亦只作“臬”。

評注：“臬”字甲骨文作“🈁”（《合集》6333），後世結構與之同。小徐本作“從木，自聲”。李陽冰曰：“自非聲，從劓省”。大徐本據此作“從木，從自”。段注本作“從木，自聲”。注云：“李陽冰曰‘自非聲’，以去入為隔礙也。”林氏承之以為“自”非聲，故入之會意。但對“自”（鼻）的表意作用，諸說不同。王筠《說文釋例》云：“臬以木為之，故從木；射者之鼻，與臬相直，則可以命中，故從自。”林氏認為“立木如鼻形也”，并以為“闑”之初文。

（14）🈁

《說文》云：“買，市也。從网、貝。”

評注：“買”字甲骨文作“🈁”（《合集》11433）“🈁”（《合集》29420），金文作“🈁”（買簋）“🈁”（右買戈），歷代結構皆無異。商承祚《殷契佚存攷釋》云：“買，象以网取貝之形。”按“以网取貝”當會聚斂財物之意。林氏無說，字頭以“网”字古寫推出，與金文相合。

（15）🈁

《說文》云：“䮞，周人謂兄曰䮞。從弟、眔。”按，“眔”，及也。兄弟相及，故眔弟為“䮞”。今字以“昆”為之。

評注：“䮞”字未見於商周出土文字。徐鍇《繫傳》云：“眔弟為䮞，會意。”王筠《釋例》云：“眔，及也。凡言及者，必自後及之，是從兄之義也。弟之所眾，是為隸矣。"段注云："昆弟字當作此，昆行而隸廢矣。"林氏綜合此數家而言之。

（16）羨

《說文》云："羨，貪欲也。从次，羑省。羑呼之羑，文王所拘羑里。"按，从"次""羊"，謂見羊美而涎欲下也。

評注："羨"字商周古文字未見之。孔廣居《說文疑疑》云："从次、从羊，會垂次羊肉之意。"林氏云"从次、羊，謂見羊美而涎欲下也。"二說基本相同。

（17）仚

《說文》云："仚，入山之深也。从山，从入（从入、山）。闕。"（經傳未見）

評注：甲骨文有"仚"（《合集》7996乙）字，用作人名，形義關係不明，結構與"仚"同，或為異代同形。《玉篇》《廣韻》皆有收錄，《玉篇·入部》："仚，入山谷之深也。"《廣韻·侵韻》："仚，入山深皃。"林氏改《說文》"从山，从入"為"从入、山"，會意邏輯更為清晰。亦以小篆為字頭。

（18）圖

《說文》云："圖，畫計難也。从囗，从啚。啚，難意也。"按，"圖"無"啚啬"之意。都鄙之"鄙"，古但作"啚"（雍伯尊彝）。"圖"，地圖也。从"囗"（圍）"啚"。古作"圖"（子廄圖器）、作"圖"（無更鼎）。

評注："圖"字未見於甲骨文。林氏以為"圖"的本義是地圖，从"囗"（圍）"啚"會意，其說可從。楊樹達《積微居小學述林·釋圖》云："依形求義，圖當訓地圖。从囗者，許君於同下云：'囗象國邑。'是也。""从啚者……啚為鄙之初字……物具國邑，又有邊鄙，非圖而何哉？"按楊說本義同《文源》，然會意方式與林氏不同。《漢語大字典》引楊說而未引林說，失之。《古文字譜系疏證》以為會圍繞鄙（啚）邑繪畫地圖之意（第1507頁），與林說"从囗（圍）、啚"意同。

（19）半

《說文》云："半，物中分也。从八、牛。牛為大物，大可以分也。"按，古作"半"（子和子爸）。

評注："半"字見於春秋戰國文字。秦系文字作"半"（秦公簋），从

"八"、從"牛";晉系文字除作從"八"、從"牛"者外,亦或作從
"八"、從"斗",如十三年上官鼎作"𠬞"。後世繼承了從"八"、從
"牛"的寫法。"八"有分義,故"八""牛"、"八""斗"皆可會分半
之意。大徐本作"牛為物大,可以分也。"各本同。林氏作"牛為大物,
大可以分也。""物"下施以點號,其前加一"大",其後"大"字屬下
句,與各本皆異。

(20) 𧴢

《說文》云:"貫,錢貝之毌(貫)也。從毌、貝。"

評注:"貫"字未見於商周古文字。或以為《陶彙》3·1175 之"𧴢"
為"貫"字①,據《戰國文字編》所錄,當為"庚"字②,因《陶彙》
拓本上部筆畫不清而誤為"貫"字。段注云:"錢貝之毌,故其字從毌、
貝,會意也。""錢貝之毌",大徐本作"錢貝之貫",林氏從段注本。

(21) 𩚕

《說文》云:"飧,餔也。從夕、食。"

評注:"飧"字出土材料似未見之。《孟子·滕文公上》:"賢者與民
並耕而食,饔飧而治。"趙歧注:"朝曰饔,夕曰飧。"故從"夕""食"
會意。按此字大小徐本《說文》作上下結構,上"夕"下"食",段注
本同。林氏殆據後來的隸楷結構而改篆,字頭乃以古字偏旁推寫。

(22) 𤳄

《說文》云:"男,丈夫也。從田、力。言男子力於田也"。按,古作
"𤳄"(師𡠏敦)、作"𤳄"(寰侯臣)。

評注:"男"字甲骨文作"𤳄"(《合集》3455)"𤳄"(《合集》
3456),從"田"、從"力"。金文相承。"力"即"耜"的象形字,是古
代的一種耕田農具。"男"字表示用耒耜類農具耕田,此為男人之本業,
故以為男女之"男"。大徐本作"從田,從力。言男用力於田也。"林氏
據段注本。

(23) 𡗕

《說文》云:"奄,大有餘也。又欠也。從大、申。申,展也。"按,

---

① 參見黃德寬主編:《古文字譜系疏證》,商務印書館 2007 年版,第 2629 頁。

② 參見湯餘惠主編:《戰國文字編》,福建人民出版社 2001 年版,第 408 頁。

古作"❀"（瘫公尊彝）。

　　評注："奄"字未見於甲骨文。所引瘫公尊彝即應公鼎，其字"申"在上而"大"在下，與後世上"大"下"申"異。會廣大申展有所覆蓋之意，从"奄"之"掩"、"淹"等皆有"覆蓋"之意。段注云："覆乎上者，往往大乎下，故字从大。"

二　"聲借"會意字

　　《文源》所收會意字中有一部分比較特殊，這些字中的一個構件是借用另一個讀音相同的字的意義。如：

　　（24）❀

　　《說文》云："奲，賦事也。从半、八。八，分之也。八亦聲。讀若頒。一曰讀若非。"按，从"八"，"僕"省。"八"，分也。"僕"，"付"之聲借（《詩》"景命有僕"，"僕"亦"付"也）。

　　評注："奲"音 bān，先秦出土文獻似未見之，傳世文獻亦罕見其用。林氏以聲借之說解其會意之旨，有一定道理。"八""僕"者，"分""付"也，即所謂"賦事"也。段注云："賦者，布也。"則"賦事"猶今之"布置工作"。字頭為林氏據"僕"字偏旁推定。

　　（25）❀

　　《說文》云："艱，土難治也。从堇，艮聲。"按，難也。从"堇"，為"勤"之聲借，諸彝器"勤"字皆以"堇"為之。

　　評注："艱"字甲骨文作"❀"（《合集》6057 正）"❀"（《合集》24206）"❀"（《合集》24204）等形，从"女"或"堇"，从"豈"。从"女"从"豈"者後世無傳，从"堇"从"豈"者即演變為《說文》籀文"囏"。按"堇"字甲骨文作"❀"（《合集》1103）"❀"（《合集》9815）。省體从"口"从"黑"（"墨"本字，本義為受墨刑之人），會受墨刑之人歎息之意；繁體益"火"作"❀"，為疊加意符，表示災難、苦困之意，乃"艱"之本字。小篆作"艱"，从"堇""艮"聲，為後世所承。林氏在卷十以"从堇、喜，即'勤饎'之聲借"說"囏"字，迂曲難通；此以"'堇'為'勤'之聲借"說"艱"字，大意是事情困難，故需勤，其說亦頗為勉強。

三 割裂獨體象形的會意字

林義光歸入會意的字例中有不少是有問題的。有的是象形字，林氏卻錯誤地割裂字形，當做會意。這主要是因為他沒有見到這些字最初的字形，而是據已經發生變化甚至訛變的字形來立說。如：

（26）兀

《說文》云："元，元，始也。从一，从兀。"按，人首也。古作"兀"（虢叔鐘），从"人""上"。

評注："元"字商代金文作"𠃏"（兀作父戊卣），象人而突出其首。甲骨文作"𠀍"（《合集》19642 正）"𠀍"（《合集》4855），頭部以一橫或二橫表示，前者即"兀"字，後者即"元"字。《文源》卷三"兀"字條云："'兀'蓋與'元'同字，首也。从'人'，'●'記其首處，與'天'同意。"其說是。然解"元"字為"从人上"，殆本戴侗《六書故》，乃系別解，其實不符合"元"的構形本意。

（27）𢡆

《說文》"忞"字古作"𢡆"（師酉敦）、作"𢇛"（旅尊彝乙），用為文武字，从"心""文"。本義當為文章，"文"亦聲。

評注：林氏所舉金文，乃"文"字，象文身之形，象心形者即身上花紋之形，甲骨文作"𣎸"（《合集》4611 反）"𣎸"（《合集》18682），"彣""紋"皆其後起之字。从"心""文"之"忞"字當後起，見于戰國時期，作"𢖪"（璽彙 2325），與"文"非一字。《說文·心部》："忞，彊也。从心，文聲。《周書》曰：在受德忞。讀若旻。"此條字頭標為"文"，條內卻說"忞"，又不引《說文》，與常例不合。

（28）㚔

《說文》云："㚔，所以驚人也。从大，从羊。"按，从"㚔"之字皆以罪為義。"㚔"者"有罪"之義，从"屰"（逆）"大"。"大"猶"人"也。古作"㚔"（師寰敦"執"字偏旁）、作"㚔"（召伯虎敦"報"字偏旁）、作"㚔"（邿公牼鐘"睪"字偏旁）。

評注："㚔"字甲骨文作"𠬪"（《合集》6334 正）"𠬪"（《合集》6956）等形，象拘禁罪人之刑具，與殷墟出土陶俑雙手所被之械作"𠬪"者相同。《說文》云"所以驚人也"，意指使人驚懼之物件（刑具），所解正是本義。林氏以為从"辛"之字皆以罪為義，甚是。如捕罪人之"執"，拘罪人之"圉"，皆从"辛"，甲骨文分別作"𡙡"（《合集》587）"𡆥"（《合集》5973）。閩方言中表示表示抓捕罪人及動物意義的動詞，其本字正是"辛"①。然林氏以字从"屰"（逆）"大"，乃據金文分析，雖有一定理據，實非其朔形。殷墟出土雙手被械之陶俑見于朱芳圃《殷周文字釋叢·卷下》，作如下之形：

(29) 𢆉、𠨍

《說文》云："辛，秋時萬物成而孰，金剛味辛，辛痛即泣出。从一、辛。辛，罪也。辛承庚，象人股。"按，"一辛"非義。"𢆉"即"屰"字（繹山碑"逆"作"𨒋"），凡辛味上撒鼻，故从"屰"（逆）"上"（"二"，古"上"字），引伸為罪，與"辛"同意。凡从"辛"之字多此義。古作"𢆉"（奢彝乙）、作"𠨍"（舍父鼎）、作"𠨍"（祖已父辛器）。《說文》云："辛，辠也。从干、二。二，古文上。"按，古祖已父辛器、妣辛器、聿貝父辛器，"辛"皆作"𠨍"，是"辛"與"辛"同字。

評注："辛"字甲骨文作"𢆉"（《合集》20236）、金文作"𠨍"（鳶且辛卣），象鑿狀工具，亦作刑具。苦、罪之義皆由刑具之義而引申。林氏以"辛""辛"同字，甚是，《說文》誤分為二。然謂"辛"為屰上，乃據後起字形，不可信；《說文》所釋，亦非本形本義。

(30) 𧿹

《說文》云："足，人之足在體下。从口、止。"按，"口止"無"人足"之義。本義當為屬足之"足"。足有止義，體下之足亦所止，故謂之"足"。从"足"之字皆以借義轉注。古作"𧿹"（史懋壺"路"字偏旁），同。

《說文》云："疋，足也。上象腓腸，下从止。"按，"楚"字《說文》从"疋"，古作"𣏨"（楚公鐘），从"足"。"足"（遇韻）"疋"（模韻）形近，又雙聲對轉，當即同字。

---

① 參見林志強：《說"辛"》，《古文字研究》第 24 輯，中華書局 2002 年版。

評注："足"字甲骨文作"🦶"(《合集》19956),象足之形。上端後變為"口",下端後變為"止",遂成金文之"🦶"。林氏以為《說文》所分"口止"無"人足"之義,其說是;然以為其本義為膝足之"足",則非。"足""疋"本一字而分化。《說文》云:"疋,足也……《弟子職》曰:'問疋何止?'古文……亦以為足字。"林氏合"足""疋"為一,良是。

(31) 🔣

《說文》云:"眢,目不正也。从丫、目。讀若末。"按,古作"🔣"(庚嬴尊彝)、作"🔣"(叉彝,並"蔑"字偏旁),"丫"為"乖"省。"目""乖"為"眢"。

評注:商周古文字未見獨立的"眢"字。甲骨文"蔑"字作"🔣"(《合集》12843),金文作"🔣"(長由盉)、戰國文字作"🔣"(璽彙1515),劉釗先生認為甲金文"蔑"字所从的"🔣"即"眢","眢"應是從"眉"分化出的一個字①,季旭昇先生認為"眢"是從"蔑"字分化出來的一個部件②,說均可參。林氏聯係"蔑"字偏旁討論"眢"字,頗有見識,然拘執於"目不正"之義而以字从"丫""目","丫"為"乖"省,"目""乖"為"眢",當非朔誼。

(32) 🔣

《說文》云:"𡤡,籀文婚如此。"按,古作"🔣"(多父盤),从"爵""女"。昏禮,父醮女而送之,故从"爵""女"("爵",古"酌"字。魯侯作酌鬯用尊彝,借"爵"為"酌")。諸彝器多以"🔣"(克盨)為之。此古"聞"字,从"耳""𡤡"聲。"聞""婚"古同音。

評注:"婚"字見於詛楚文,作"🔣"。金文中的"婚"字,皆借"聞"字為之。《說文》籀文"𡤡",也是"聞"字變形。林氏所引金文字形,也都是"聞"字。按"聞"字甲骨文作"🔣"(《合集》2422),象人跽而諦聽之形。金文作"🔣"(利簋)、作"🔣"(盂鼎)、作"🔣"(王孫誥鐘),耳形獨立,人形訛變甚劇。林氏以"🔣"字為例,所分析出來的所謂"爵",乃是"聞"字人形的變化;所分析出來的所謂"女",乃是

---

① 參見劉釗:《古文字構形學》,福建人民出版社2006年版,第128頁。
② 參見季旭昇:《說文新證》,福建人民出版社2010年版,第300頁。

人下足形的訛變。可貴的是，林氏認出克盨的"🔣"是"聞"字，但分析為從"耳""屢"聲，又是不對的。

三　誤將比形會意字當做比義會意字

(33) 🔣

《說文》云："死，從歺、人。"按，"人""歺"為死。古作"🔣"（頌鼎）、作"🔣"（郜公誡鼎）。

評注："死"字甲骨文作"🔣"（《合集》17059）"🔣"（《合集》21306乙）"🔣"（花東21），從"人"、從"歺"。金文、小篆相承。歺為殘骨，人變殘骨，死之意也。或曰，字象生人拜於朽骨之旁，"死"之誼昭然矣（商承祚《殷虛文字類編》）。《說文》："死，澌也，人所離也。"乃用聲訓。林氏證以金文。

(34) 🔣

《說文》云："牡，畜父也。從牛，土聲。"按，"土"非聲。古作"🔣"（剌𠁣彝），從"牛"、從"土"。"土"即"事"本字。牡者任事，故從"土"。

評注："牡"字甲骨文作"🔣"（《合集》24607）"🔣"（《合集》22073）"🔣"（《合集》3157）"🔣"（《合集》14271）等形，從"豕""牛""羊"，亦有從"鹿"、從"馬"者，從"馬"的寫法直至戰國文字尚有之。秦系文字繼承了從"牛"的寫法，為後世所遵循。所從之"土"，本作"🔣"，象牡器之形，如上舉之"🔣""🔣"，皆可證明。將牡器與本體分離，遂作"🔣""🔣"等形，其形與"土"形近，後世遂作"牡"。《說文》以為從"土"聲，段注云："土聲求之疊韻、雙聲皆非是。蓋當是從土，取土為水牡之意。或曰：土當作士，士者夫也。之韻、尤韻合音最近，從士則為會意兼形聲。"林氏從段注以為"土"非聲，而取從"士"之說，然以為"士"即"事"本字，牡者任事，故從"士"。此系別解，非造字本意也。

(35) 🔣

《說文》云："粦，兵死及牛馬之血為粦。粦，鬼火也。從炎、舛。"按，"舛"象二足迹形。鬼火宵行逐人，故從"🔣""🔣"。

評注："粦"即"磷"之本字。甲骨文作"🔣"（《合集》22258）

"𤈷"（《合集》261），从"大"（象人形），旁有四點，象人身邊有磷火之形。金文"大"下加"舛"作"㷭"（尹姞鼎），示行動之意。小篆上部訛為"炎"，從磷火的意義而言，可視為合理的意化。然林氏依此推寫古形，則非是。楷書"炎"形又訛為"米"，形義關係疏離。徐鍇《說文解字繫傳》云："《博物志》：'戰斗死亡之處，其人馬血積年化為粦。粦著地及草木，皆如霜露，不可見。有觸者，著人體便有光，拂拭便散無數，又有吒聲如爆豆。'舛者人足也，言光行著人。"① 林氏謂"舛"象二足迹形，示鬼火宵行逐人，當本小徐之說。

（36）會

《說文》云："會，合也。从亼，曾省。曾，益也。"按，古作"會"（趞亥鼎）、作"會"（沇兒鐘"逾"字偏旁），不从"曾"省。"𭥔"蓋"田"之變。从"合"、从"田"。"田"，古"周"字。

評注："會"字甲骨文作"會"（《合集》1030 正）"會"（《合集》30956），金文之象形者作"會"（䣄羌鐘），上下為器底、器蓋之形，中所从者，或表物品，或為器身，全字當表器蓋相合之意，故"會"當為"合"之分化字。段注云："《禮經》：器之蓋曰會，為其上下相合也。"《說文》以為从"曾"省，又以"益"解之，恐非是。林氏以為从"周"，亦不確。其所摹趞亥鼎之字，當作"會"（《金文編》第 364 頁），中間部分不準確，當正。

（37）延

《說文》云："徙，迻也。从辵，止聲。延，或从彳，止聲。"按，"徙"古屬歌韻，"止"非聲。从"辵""止"，或从"行"（"彳"，"行"省）"止"。古作"延"（伐商彝辛）。

評注："徙"字商代金文作"𨒅"（徙觚，殷周金文集成 6633），从"彳"从二"止"，會二足在路上移動之意。戰國古璽作"𨖿"（璽彙2183），二足線條化後，上作"之"形，下作"止"形。楚文字每借"屧（沙）"字為之，字亦增"辵"作"𨖀"，"沙""徙"同屬心母歌部；齊魯文字則寫作"屧"，下部由"少"訛為"米"。《說文》古文"徙"作"屧"，即齊魯寫法的變體。"徙"字睡虎地秦簡作"𨒖"，馬王堆帛書作

---

① 徐鍇：《說文解字繫傳》，中華書局 1987 年版，第 202 頁。

"徙"，漢碑作"徙"，皆从"少"聲，可能即上述"止"或"之"的變形聲化，也可能是从"沙"省聲，似乎後者的可能性更大①。楷書的"徙"字右上从"止"，大概是從隸書"少"形訛變而來，可謂復其本初。大徐本小篆作"徙"，林氏改作"徙"，與古暗合。段注云："各本有'聲'字，非也。止在一部，徙在十六部。从辵止會意者，乍行乍止而竟止，則移其所矣。"林氏以為"止非聲。从辵、止，或从行、止"，與段氏同。

四　誤將形聲當會意

（38）镳

《說文》云："送，遣也。从辵，倴省。"按，从"灷""辵"。

評注： "送"字見於戰國，金文作"镳"（盉壺），从"辵"、从"灷"。按"灷"當即"送"本字，"送"為"灷"之孳乳，增"辵"表動作義。《說文》分析為"倴"省，似不必。"倴"亦"灷"之孳乳，《說文·人部》："倴，送也。从人，灷聲。"段注云："俟，今之媵字。《釋言》曰：'媵，將送也。'"林氏以為从"灷""辵"，似難會遣送之意。林氏據"灷"字古形推寫字頭。

（39）庸

《說文》云："庸，用也。从用、庚。庚，更事也。"按，古作"庸"（毛公鼎）、作"庸"（虢季子白盤），从"庸"、从"屮"。"庸"，缶也。"屮"即"枺"字，皆常用之物。故"庸"訓為"常"、為"用"。或作"庸"（召伯虎敦），變从"用"，與"用"形近。亦作"庸"（歸父盤），"庸""二"即"由""用"也。

評注： "庸"字甲骨文作"庸"（《合集》30801）"庸"（《合集》15994）；从"庚"、从"凡"。又作"庸"（《合集》12839），"凡"形近于"用"，金文遂作"庸"（旬簋）"庸"（中山王鼎），為後世所承。古文字中的"凡"可以讀為"同"，大概本是筒、桶一類東西的象形字。"同""用"二字古音極近，字形的關係也很密切，故"庸"所从之

---

① 參見曾憲通：《古文字與出土文獻叢考》，中山大學出版社 2005 年版，第 181—182 頁；黃德寬主編：《古文字譜系疏證》，商務印書館 2007 年版，第 2338—2342 頁。

"凡"變為"用"也是非常自然的。古代稱大鐘為"鏞",古書往往寫作"庸"。戴侗《六書故》根據金文認為"庚"象"鐘類",並認為"庸"是"鏞"的初文,頗有見地。"庸""用"字音極近,"庸"顯然是從"庚""用"聲的形聲字,《說文》解釋為會意字是錯誤的①。林氏所引毛公鼎和虢季子白盤之字,乃是從"甾""爿"聲,在文中讀為"將"(唯天將集厥命)或"壯"(壯武于戎工),非"庸"字,字頭亦誤。所引召伯虎敦(簋)的"𩫖"字,用作"祗",非"庸"字;歸父盤的"𩫖"字(林氏所摹略異),為歸父之名,字尚不識,林氏以為"庸"字,根據不足。

第四節　《文源》形聲字選評

林義光認為,形聲字中純形聲字很少,多數是轉注兼形聲,還有的是象形兼形聲、指事兼形聲、會意兼形聲。因此《文源》沒有收純形聲字,而於卷十一收了 129 例轉注兼形聲。象形兼形聲、指事兼形聲和會意兼形聲字則分散在象形、指事、會意各卷中。以下我們分別舉一些例子加以評注:

一　轉注兼形聲

《文源》所收轉注兼形聲可分成兩類:一是"增益轉注以別於本義"者,另一類則看不出有所增益。

(一)　增益形旁或聲旁

(1) 㕻

《說文》云:"㕻,相與語,唾而不受也。從丶,從否,丶亦聲。"按,從"丶",聲義俱非是。古"不"或作"𠀁"(宋公戈)、作"𠀠"(陳曼簠),則"㕻"與"否"同字。"㕻"即"否",故"棓"即"栖"。《海北經》"蛇巫之山有人操杯而東立。""操杯"者,"操棓"也。

評注:"㕻"字音 pǒu。按"否"由"不"加"口"分化而來,"㕻"又由"否"加飾筆分化而來。戰國文字作"㕻"(中山王鼎)。林義光以

---

① 參見裘錫圭:《甲骨文中的幾種樂器名稱——釋"庸""豐""鞀"》,《裘錫圭學術文集·甲骨文卷》,復旦大學出版社 2012 年版。

"不"字加飾筆的寫法論證"音"即"否"字，并證以"杯"字異體，所言甚是。

（2）疢

《說文》云："疾，病也。从疒，矢聲。"朱氏駿聲云："當訓急速。从矢，疒聲。"

評注：目前古文字學界一般認為甲骨文中"疾"有兩類字形。一類作"疢"（《合集》13788）"疢"（《合集》13652），象人臥牀以示疾病之意。這類字形後來演變成"疒"。《說文》："疒，倚也，人有疾痛也，象倚箸之形"；另一類字形作"疾"（《合集》21054）"疾"（《合集》21053），金文相承作"疾"（毛公鼎）。王國維曰："象人腋下箸矢形。古多戰爭，人箸矢則疾矣。"① 卜辭"肩凡有疾"或"肩凡疾"，"疾"字就有上述兩種形體（《合集》709 正、《合集》21054），可見這兩類形體表示的意義是一樣的。要之，甲骨文表示疾病之"疾"，有兩類形體，一作象人臥牀形，一作象人腋下箸矢形，此乃異象同字之例也。但從"疾"字的字形看，飛矢還可表示疾速之義，卜辭"疾歸於牢"（《合集》36766），"疾"表"急"義；上舉毛公鼎"疾"字所在句子為"啟天疾畏"，即《詩經·大雅·召旻》之"旻天疾威"，鄭箋云："疾，猶急也。"此皆表明甲金文从"大"从"矢"之字亦表"疾速"義。如此看來，"疾"形既表疾病之"疾"，又表疾速之"疾"，則當屬同象異字之例也。

金文還有字作"疾"（上官鼎），這就是後來的"疾"字，它可能是在"疒"上加注形符"矢"而形成的，也可以認為是"疢"和"疾"的糅合。從甲骨文"疢"和"疾"均可表示疾病之"疾"而"疾"形又可表示疾速之"疾"的情況來看，由"疢"和"疾"糅合而成的"疾"，既表疾病義，又表疾速義，可謂順理成章，因此糅合說似乎頗有理趣。《說文》訓"疾"為"病"，林氏引朱駿聲說以為當訓"急速"，其實二者結合才算周全。林氏以"疾"為轉注兼形聲字，蓋以為"疾"是在"疒"家形旁"矢"構成。

（3）剚

《說文》云："剚，籀文銳。从厂、刞。"按，从"刞""厂"聲。

---

① 參見王國維：《王國維遺書·觀堂古今文字考釋》，上海古籍書店 1983 年版。

"厂"（寒韻）"銳"（泰韻）雙聲對轉。"剡"本訓"銳"，音轉如"厂"，故加"厂"聲也。

評注："剡"字未見於商周古文字材料。按《說文》："剡（音 yǎn），銳利也。从刀，炎聲。""剡"實即"剡"之異體，"厂"即"炎"之疊加聲符。"剡"作為"銳"的籀文，其實是義近而誤置。《說文》"剛"字古文實為"強"字，亦屬同類。"剡"字《說文》以"厂"為義符，不可說；林氏以"厂"為聲符是對的，但它是"炎"聲的疊加，而不是表"銳"音的聲符，故以音轉來說明與"銳"音的關係，失之。後世以為"剡"音同"銳"，亦不可據。

(4) 甫、圃

《說文》云："甫，男子之美稱也。从用、父，父亦聲。"按，"用父"非義。古作"甫"（王孫鐘"專"字偏旁），从"田""父"聲，即"圃"之本字。或作"甫"（穌甫人匜）、作"甫"（伐徐鼎）。《說文》云："圃，種菜曰圃。从口，甫聲。"按，古作"圃"（御尊彝癸）、作"圃"（辛子彝乙），與"甫"同字。

評注："甫"即"圃"的本字。甲骨文作"甫"（《合集》13643）"甫"（《合集》20117）"甫"（《合集》20219），象田中有所種植之形。後"屮"形訛為"屮"，"田"形變為"用"，如金文作"甫"（為甫人盨），《說文》遂以為字从"用""父"，"父"亦聲，此即所謂變形音化之現象也①。因以"甫"為男子之美稱，則田中種植之"甫"又外加"口"形另造"圃"字。林氏指出《說文》"用父"非義，把金文"甫"分析為从"田""父"聲，即"圃"之本字，"圃"與"甫"同字。其說皆至確可從。"圃"爲轉注兼形聲字。

(5) 句

《說文》云："句，曲也。从口，丩聲。"朱氏駿聲云："从丩，口聲。"古作"句"（師器父鼎）、作"句"（師俞敦"者"字偏旁）。

評注："句"是從"丩"分化出來的一個字，即在"丩"上加"口"聲而成。從"句"聲的字在古文字中多有从"丩"和从"句"兩種形體。如"駒"字作"駒"（師克盨），又作"駒"（駒簋）；"齣"字作

---

① 參見劉釗：《古文字構形學》，福建人民出版社 2006 年版，第 109—110 頁。

"贙"（陶彙3·449），又作"貳"（璽彙1207）；"耆"字作"耆"（師俞
簋），又作"旹"（黃君簋蓋），等等。此亦可證"丩""句"之關係。甲
骨文"丩"字作"丩"（《合集》11018正）"丩"（《合集》31018），金文
同。字象兩繩糾結之形，亦象瓜藤纏結。加"口"為"句"，見於金文，
如林氏所引，為後世所承。

（6）導

《說文》云："導，引也。从寸，道聲。"按，从"寸"猶从"又"，
象手形。古作"導"（曾伯黎臣）、作"導"（虢鼎）。

評注：林氏所引金文，本即"道"字。"導""道"本一字，"導"
是利用"道"字異體分化而來，本从"行"、从"首"、从"又"，小篆
變為从"辵"、从"首"、从"寸"。林義光謂"導"从"寸"猶从
"又"，甚是。石鼓文作"導"（作原），"又"已變為"寸"。

（7）朋（朋、倗）

《說文》云："朋，古文鳳。象形。"按，古作"朋"（杜伯盨）、作
"朋"（朋尊彝），不象鳳鳥形。从"人""朋"聲，即"倗"之古文。凡
倗友字，經傳皆以"朋"為之。《說文》云："倗，輔也。从人，朋聲。"
按，與"朋"同字。"朋"，古作"朋"，从"人"。

評注：林義光認為"倗"是轉注兼形聲字，即在"朋"上再加形符
"人"轉注而成。"朋貝"之"朋"甲骨文作"玤"（《合集》11438）
"玤"（《合集》19336）等形，金文作"玤"（中作且癸鼎）"玤"（衛盉）
等形，象以繩貫貝分為兩組之形。金文中常見"朋"與數字構成合文，
如"玤"（豐鼎）"玤"（彥鼎）"玤"（衛宋尊）"玤"（我鼎）"玤"（令
簋）"玤"（衛盉）等，益顯其"朋貝"之義。"倗"字甲骨文作"玤"
（《合集》12）"玤"（《合集》10196）等，金文作"倗"（倗卣）"倗"
（倗仲鼎）"倗"（克盨）"倗"（多友鼎）"倗"（倗友鐘）等形。甲金文中
"倗"除了用作族氏名、人名外，皆用作"朋友"義。于省吾先生認為金
文"倗"从"勹"，是在"朋"字上疊加"勹"聲而成，《說文》訛
"勹"為"人"[1]。按，"勹"亦人形，傳統釋為从"人""朋"聲，林氏

---

[1] 參見于省吾：《釋勹、鳧、匐》，《甲骨文字釋林》，中華書局1979年版。

因之，亦無不可。林氏并指出，凡倗友字，經傳皆以"朋"為之，其說是，然以"朋""倗"相同無別，則不確。劉釗先生指出，金文朋友之"朋"作"甸"，大概是有意與貝朋之"朋"相區別①。

關於古文"鳳"與"朋"之間的關係，則比較複雜。在《說文》裏，"易"形既是"鳳"的古文，又是朋黨之"朋"，《說文》从"朋"之字，其"朋"旁均寫作"易"。許慎云："易，古文鳳，象形。鳳飛，羣鳥從以萬數，故以為朋黨字。"似乎把二者的關係說清楚了，其實不然。首先，《說文》所錄"鳳"字古文作"易"（林氏所書略異），確是象鳳之形。曾憲通先生指出，"由甲骨文之'羨'（菁501）省其華冠而為'鳥'，反書之則成'易'，再變而為金文的'易'（張伯鼎）和'甸'（子鐘）字，這就是《說文》古文'易'字的由來。許慎云：'易，古文鳳，象形。鳳飛，羣鳥從以萬數，故以為朋黨字。'從上引資料看來，古文之'易'確象豐羽昂首靜立的鳳形。但用為朋黨字，卻是由于讀音相同和形體訛混的結果，與'鳳飛，羣鳥從以萬數'毫不相干。"② 其次，朋黨之"朋"，則來源於金文之倗友之"倗"。上舉金文从"勹"从串貝之形的"倗"，隸變或作"甸"（睡虎地·日書甲65背），最後才逐漸演變成了雙月之"朋"；小篆的"朋"之所以與古文"鳳"混同，都寫作"易"，是因為"易"與金文"甸"（倗尊）"甸"（王孫鐘）等寫法很接近而造成的。這樣看來，《說文》小篆"朋"與古文"鳳"兩者來源有自，一形兩字是兩者訛混的結果，既非借"鳳"為"朋"，也非借"朋"為"鳳"③。林氏認為"甬""甬"不象鳳鳥形，其說有理，但對"甬""甬"和古文"鳳"之間的關係，尚未認識清楚。

(8) 延

《說文》云："延，行也。从廴，正聲。"按，古作"延"（歸夆敦）、作"延"（無叀敦），"廴"即"彳"之變，與"征"同字。

評注：按"征"字初文是"正"，甲骨文作"正"（《合集》16244

---

① 參見劉釗：《古文字構形學》，福建人民出版社 2006 年版，第 82 頁。

② 參見曾憲通：《釋"鳳""皇"及其相關諸字》，《古文字與出土文獻叢考》，中山大學出版社 2005 年版，第 18 頁。

③ 參見黃文杰：《說朋》，《古文字研究》第 22 輯，中華書局 2000 年版。

正），從"止"從"囗"（城邑），本義指征行、征伐。甲骨文"正"除了用來表本義外，還假借為"正月"之"正"以及人名、地名、祭名等，故又加動符"彳"作"𧗺"（《合集》31791）來記錄本義。金文承襲作"𧗽"（盂鼎）"𧗼"（曾伯簠匜）"𧗽"（班簋）等，或從"辵"作"𧗽"（征盨）"𧗽"（曩伯盨）等，此即《說文》之"延"。《說文》："延，正行也。從辵，正聲。征，延或從彳。"又"延，行也。從廴，正聲"。可證"延""延""征"皆一字分化。我們看到，"征"字所從的"彳"形，有往左邊撇作"彡"，也有往右邊彎作"彳"。鄂侯鼎"征"字兩見，一作"𧗽"，一作"𧗽"。林義光謂"延"所從之"廴"乃由往右邊彎的"彳"形所變，"延"與"征"同字，甚確。

（9）🔲

《說文》云："亶，多穀也。從㐭，旦聲。"按，厚也。從"㐭"，取多穀之意。

評注："亶"字甲骨文作"🔲"（《合集》26898），從"㐭"、從"虫"，會穀多生虫之意。甲骨文"檀"字作"🔲"（《合集》29408），金文"廬"字作"🔲"（利簋），"憻"字作"🔲"（憻季遽父尊），此皆可證"亶"本從"㐭"、從"虫"。小篆從"旦"聲，當是"🔲"形去"虫"增"旦"而成，變會意為形聲。戰國文字"亶"字作"🔲"（石鐘山房印舉3·38）"🔲"（秦印集萃），已與小篆同構。林義光謂"亶"從"㐭"，取多穀之意，甚是，《漢語大字典》引以為證。然其謂"亶"之本義為"厚"則不然。"厚"當為"多穀"之引申義。字頭繫林氏推寫，不合金文。

（10）🔲

《說文》云："嚭，大也。從喜，否聲。"朱氏駿聲云："《史記·伍子胥傳》'伯嚭'，《論衡》作'帛喜'。《禮記·檀弓》有'陳太宰嚭'，《漢書·古今人物表》作'太宰喜'，當從丕，喜聲。《集韻》作'噽'。"

評注："嚭"字未見於商周古文字資料。《說文》以為從"否"聲，林義光引朱駿聲說，認為當從"丕""喜"聲。按"丕"有"大"義，與"嚭"的意義相同，故以"丕（否）"為義符，較為合理。林說可從。

（11）🔲

《說文》云："𠤻，頃也。從匕，支聲。匕，頭頃也。《詩》曰：'𠤻彼織女。'"按，从"頃"省。

評注："攲"字音 qì，未見於商周出土古文字。"攲"表傾斜之義，《廣韻·真韻》："攲，傾也。"林義光認為"攲"當从"頃"省，有道理。段注云："頃者，頭不正也。《小雅·大東》'跂彼織女。'《傳》曰：'跂，隅兒。'按：隅者，陬隅不正而角，織女三星成三角，言不正也。許所據作'攲'。"馬瑞辰《〈詩經〉通釋》："織女三星成三角，故言攲以狀之耳。"蓋林氏以爲"攲"是在"匕"（"頃"省）上再加"支"聲分化而來的，故以"攲"爲轉注兼形聲字。

（12）尟

《說文》云："尟，是少也。尟俱存也。从是、少。賈侍中說。"按，"是少"非義。"尟"，少也。當从"少""是"聲。"是"（蟹韻）"尟"（今讀寒韻）雙聲次對轉。"尟"，經傳多以"鮮"為之。"鮮"古音或如"斯"（"鮮支""鮮卑""鮮規"皆疊韻字），則與"是"古同音。

評注："尟"即"鮮少"之"鮮"的異體。未見於商周出土古文字。林氏以為"是少"非義，故以形聲釋之。按上古音"尟"為心母元部字，"是"為禪母支部字，聲韻都相差比較遠。支部字和元部字相通的例子也比較少見①，因此"尟"是否从"是"聲，林氏以雙聲次對轉釋之是否合理，尚需進一步研究。又按，"尟"字又作"尠"，"甚少"為"鮮"很有理據，"尟"之"是"旁或為"甚"之誤。林氏以"尟"爲轉注兼形聲字，蓋以爲"尟"是在"少"字上再加聲符"是"構成的。

（13）蠲

《說文》云："蠲，馬蠲也。从虫，罒象形，益聲。"按，从"蜀""益"聲。"蠲"古音如"益"，《詩》"吉蠲為饎"，《周禮》"蜡氏"注作"吉圭惟饎"，"圭""益"古亦同音。

評注："蠲"字音 juān。商周古文字未見之。字頭繫林氏推寫。大徐本作"馬蠲也。从虫、目，益聲。了，象形。"林氏所錄《說文》，據段注本。《本草綱目·蟲三·螢火》："螢有三種……一名蠲，俗名螢蛆。

---

① 有限的例子如："觶"為支部字，其聲符"單"為元部字；武威漢簡《儀禮·泰射》"興，右還，北面少立，坐取觗"。"觗"即"觶"，其聲符"支"與"單"亦支部與元部相通之例。

《明堂》、《月令》所謂腐草化爲蠲者是也，其名宵行。"如此看來，"蠲"是一種蛾類飛蟲，而"蜀"的本義指蛾蝶類的幼蟲，那麼林義光謂"蠲，从蜀、益聲"，亦頗有理。段注云："不云从蜀者，物非蜀類，又書無蜀部也。"與林說不同。林氏又論"蠲"古音如"益"，引《詩》及《周禮》鄭注證明"蠲""圭"通用，"圭""益"古亦同音。按段注云："益聲在十六部，故蠲之古音如圭。《韓詩》'吉圭爲饎'，《毛詩》作'吉蠲'，蠲乃圭之叚借字也……音轉乃讀古懸切。"

（14）🐛

《說文》云："惠，仁也。从心、叀。"按，"叀""叀"同字。"惠"从"心""叀"聲。"惠"聲轉如"叀"，猶"攸"聲如"條"也。古作"🐛"（邾太宰𠤳）。或作"🐛"（毛公鼎）、作"🐛"（龙姞刪彝），以"叀"爲之。井人鐘"憲聖爽🐛"，借"叀"爲之。

評注：甲骨文"叀"字作"🐛"（《合集》614）"🐛"（懷特1402），學者多以爲象紡磚形。"叀"字本作"🐛"（《合集》37462正），或謂象花蒂之形；又加"止"作"🐛"（《合集》28767）"🐛"（《合集》37500），金文承之而有訛變，小篆从"叀"、从"冂"作者，更是訛體。"叀""叀"雖有一定的音義理據，但從甲骨文字形來看，"叀"字顯然不从"叀"，篆文从"叀"，乃是訛變的結果，"叀"和"叀"是兩個不同的字。林義光謂"叀""叀"同字，"惠"从"心""叀"聲，不可信。"惠"當析爲从"心""叀"聲。甲骨文"叀"字皆假借爲語氣詞"惠"。"惠"當是在"叀"上再加形容符"心"分化而來的，故林氏以"惠"爲轉注兼形聲字，有道理。

（15）🐛

《說文》云："橐，囊張大兒。从橐省，缶聲。"按，古作"🐛"（毛公鼎）、作"🐛"（散氏器），从"束""缶"聲。"囊""橐"字，《說文》皆云"从橐省"，以"橐"例之，疑皆从"束"。

評注："橐"字甲骨文作"🐛"（《合集》9419反），金文相承作"🐛"（毛公鼎）"🐛"（散盤），林氏所摹略異，从"束""缶"聲；"囊"字戰國文字作"🐛"（睡虎地·日書甲159反），與"橐""橐"皆同源。"橐"字甲骨文作"🐛"（《合集》9423反），後加"石"爲聲，秦文字作"🐛"（睡虎地·秦律雜抄16）。此三字皆由甲骨文口袋形衍生而來，林氏疑皆從"束"，可從。"橐"之"缶聲"，大徐本作"匋省聲"，王筠《說文解字句讀》曰："桂氏段氏皆曰，當作缶聲。"此從之。林氏認為"橐"是後起字，是在原來的象形初文上再加聲符"缶"而成的，故歸為轉注兼形聲字。

（16）簹

《說文》云："簹，厚也。从亯，竹聲。讀若篤。"按，从"亯"非義。"亯"實"畐"之誤體。"畐"，高厚也。"竹"聲。即"竺"之或體。

評注："簹"字見於戰國時期，楚簡作"🎋"（包山237）"🎋"（郭店·唐虞之道9），从"亯""竹"聲，與小篆同構。"亯"字甲骨文作"🏠"（《合集》1197）"🏠"（花東502），商代金文作"🏠"（且辛祖癸鼎），象宗廟之形。宗廟乃高臺建築，故《說文》認為"亯"从"高"省。"高""厚"義相因，故"簹"可訓為"厚"。另按"厚"字《說文》从"厂"、从"𣆪"，"𣆪"即反"亯"，亦可旁證"簹""厚"相關。在古文字中，"臺"與"亯"作為合體字構件時常可任作①。从"臺"之"敦"字有"厚"義，亦可作為旁證。簹厚之本字當作"簹"，"竺""篤"應該都是因同音關係而因襲了"簹"的"厚"義。林氏謂"簹"字从"亯"非義，"亯"為"畐"之誤體，"畐"有高厚之義，其說非是。字頭繫林氏推寫。林氏蓋以為"簹"是在"畐"上再加聲符"竹"，故將"簹"歸入轉注兼形聲字。

這類字中的一個部件已經能表意，另一個部件則可能是後來添加的，有的明顯有分化關係。如"句"是在"丩"字上加"口"而來的；"不"加"口"分化出"否"，"否"上加一點飾筆又分化出"音"；"導"是在"道"字上加形符"又"而分化出來的，後"又"變作"寸"；"佣"是在"朋"字上加"勹"而成的，"勹"後來變作"人"；"圃"是在初文"甫"字上加形符"口"而來的；"延"是在"正"字上加動符"廴"而成；"亶"所從之"㐭"表"多穀"義，故加"旦"聲而成轉注兼形聲字；"嚭"本从"丕"非从"否"，"丕"有"大"義，轉注而加"喜"

聲；林氏認為"攱"所從之"匕"乃"頃"省，"支"聲乃後加，故
"攱"為轉注兼形聲字；"尐"字所從之"少"已足以表意，故林氏以為
"尐"所從之"是"乃後加之聲符；"蠋"所從之"蜀"即象蛾蝶類的幼
蟲，故加"益"聲為轉注；林氏將"惠"析為从"心""叀"聲雖不確，
但甲骨文"叀"確讀作"惠"，用作語氣詞。"惠"是在"叀"字上加形
符"心"分化出來的一個字；金文"橐"字作"𦝛"，林氏分析為从
"束""缶"聲，認為"束"就是橐囊形，加"缶"聲乃轉注；林氏認為
"管"字所從之"䇂"乃"畐"之訛體，而"畐"有"高厚"義，加聲
符"竹"，故為轉注兼形聲字。

(二) 無所增益者

(17) 衄

《說文》云："衄，憂也。从血，卩聲。"按，"𣎆"即"人"字。从
"人"，"血"聲。古作"衄"（追敦）。

評注："衄"字見於金文，如林氏所引，从"卩"从"血"，象人俯
視皿中之血，表示祭祀或盟誓時的莊重謹慎之意，"血"亦聲。張世超先
生認為"衄"用為"謹慎"義，與人面向盛血之皿形意相涉。"衄"在
金文或訓為"慎"，或訓為"憂"，或假借為"恤"，或用為"洫"①。林
義光謂"衄"从"血"聲，可從，但他認為"衄"即"恤"字，則非。
《說文》："恤，靜也。从人，血聲。《詩》曰：'閟宮有恤。'"顯然，
"衄"與"恤"是不同的兩個字。"衄"當與"恤"同字。《說文》：
"恤，憂也，收也。从心，血聲。"段注："衄與心部恤音義皆同。古書多
用衄字，後人多改為恤。"

(18) 成

《說文》云："成，就也。从戊，丁聲。"按，从"戊"非義。古作
"成"（孟尊彝）、作"成"（克彝）、作"成"（格伯敦），从"戊""丁"
聲。即"打"之古文，撞也。《廣雅》："桯，刺也。"（釋詁一）"打擊
也。"（釋詁三）本皆"成"字，从"戊"猶从"戈"也（"弍"字古或
从"戈"或从"戊"）。變作"成"（師害敦）、作"成"（沇兒鐘），誤从
"十"。

---

①　參見張世超：《金文形義通解》，中文出版社 1996 年版，第 1246—1250 頁。

評注：甲骨文"成"字作"⿰"（《合集》1245）"⿰"（《合集》1364正），從"戌""丁"（"釘"之初文）聲。所從之"丁"或省，作"⿰"（《合集》30248）"⿰"（《合集》39365），為金文所承。小篆有所訛變，故分析為從"戌""丁"聲。林義光謂"成"從"戌"不從"戊"，甚確，但以"成"為"杼"之古文，恐不可信。或以為"成"乃"城"之初文，從"戌"、從"丁"（象城邑之形），會城邑與軍械之意，"丁"亦聲①。

(19) ⿰

《說文》云："朕，我也。闕。"按，《攷工記》："視其朕，欲其直也。"（函人）戴氏震云："舟之縫理曰朕，故札續之縫亦謂之朕。"段氏玉裁以為本訓"舟縫"，引伸之為凡縫之稱。凡言朕兆者，謂其幾甚微，如舟之縫、龜之坼也。"瞽"下云："目但有朕也。"謂但有縫也。從"舟""灷"聲。古作"⿰"（毛公鼎），變作"⿰"（無㠱敦）。

評注："朕"字甲骨文作"⿰"（《合集》152正）"⿰"（《合集》20975），從"舟""灷"聲。金文除林氏所引外，又作"⿰"（秦公鎛）"⿰"（齊侯敦）"⿰"（毛弔盤）"⿰"（仲辛父簋）等，小篆右上訛為"火"。或以為"灷"即"朕"之初文，字象從廾持物填補船縫之形②。段注曰："朕在舟部，其解當曰'舟縫也。從舟，灷聲。'何以知為舟縫也？《考工記‧函人》曰：'視其朕，欲其直也。'戴先生曰：'舟之縫理曰朕，故札續之縫亦謂之朕。'所以補許書之軼文也。本訓舟縫，引伸為凡縫之偁。凡言朕兆者，謂其幾甚微，如舟之縫、如龜之坼也。目部'瞽'字下云：'目但有朕也。'謂目但有縫也。"林氏按語，源自段注。

(20) ⿰

《說文》云："庶，屋下眾也，從广、炗。炗，古文光字。"按，"光"字諸彝器皆不作"炗"。"庶"，眾也。古作"⿰"（毛公鼎），從"火""石"聲（"石""庶"古同音）。從"火"，取眾盛之意。或作"⿰"（伯庶父敦），譌作"⿰"（魯大司徒匜）。

評注："庶"字甲骨文作"⿰"（《合集》4292）"⿰"（《合集》

① 參見黃德寬主編：《古文字譜系疏證》，商務印書館2007年版，第2166頁。
② 參見季旭昇：《說文新證》，福建人民出版社2010年版，第709頁。

22045），从"火"、从"石"，"石"亦聲。上古音"庶"為書母鐸部字，"石"為禪母鐸部字，故"庶"可從"石"聲。于省吾先生認為"庶"乃"煮"字初文，其本義為以火燃石而煮，眾庶乃其假借義。用火燒熱石頭以烙烤食物，或以燒熱的石頭投於盛水之器而煮熟食物，是原始人類普遍採用的一種熟食方法①。林氏據金文字形認為"庶"字不從古文"光"，其字乃從"火""石"聲，其說可從，但仍因襲舊說而以"從火取眾盛"為說，則不可取。

（21）庹

《說文》云："度，法制也。從又，庶省聲。"按，"又"象手形，則本義當為量度。"庶"本從"石"得聲，則"度"亦"石"聲。

評注："度"字甲骨文作"𠂤"（《合集》31009）"𠂤"（《合集》21289反），從"又""石"聲。戰國文字作"𥝆"（璽彙3211）"𥝆"（陶彙5·358），從"攴""石"聲。但"石"形已經開始變得與小篆相同了。《說文》以為"度"為"庶省聲"，林氏則認為"'庶'本從'石'得聲，則'度'亦'石'聲"，其說頗合甲骨文，堪稱卓識。"度"字從"又"，林氏以為"本義當為量度"，甚確，《說文》所說的"法制"當為其引申義。

（22）𢆶

《說文》云："幼，少也。從幺、力。"按，"幺"字說解未可據。從"力""幽"省聲。

評注："幼"字甲骨文作"𢆶"（《合集》52）"𢆶"（英2185），西周金文作"𢆶"（禹鼎），戰國文字作"𢆶"（包山3）"𢆶"（睡虎地·日書甲50背），皆從"力"、從"幺"，"幺"亦聲。"幺"從"玄"字分化，甲骨文作"𢆶"（《合集》33606"幽"字所從），象束絲之形。束絲形小，分化為"幺"，表示"小"義。林氏以為"幺"字說解未可據，不確，然以為"幼"從"幽"省聲，則亦有據，中山王鼎"幼"字作"𢆶"，可見其卓識。字頭繫林氏推寫。

（23）𡨥

《說文》云："宄，姦也。外為姦，內為宄。從宀，九聲。讀若軌。

---

①　參見于省吾：《釋庶》，《甲骨文字釋林》，中華書局1979年版，第431—433頁。

，古文宄。"按，古作"𡆥"（師望鼎），從"宮"。或作"𡇀"（師酉敦），從"宮"省。亦作"𡇀"（兮田盤）、作"𡆥"（曶鼎）。

評注：甲骨文有"𡆥"（《合集》13573）字，從"宀"、從"攴"，"九"聲，或以為即"宄"字。其字象人持棍入室行凶，引申指內亂。"宄"字金文如林氏所引，所從之"宀"或增繁為"宮"，所從之"攴"或變為"又""攴"，然從"九"聲皆不變。金文諸"宄"字在銘文中皆讀為"宮"。如甲骨文之"宄"為可信，則金文之"宮"既是意化又是聲化，古音"宄"在見紐幽部，"宮"在見紐冬部，二字雙聲，韻為陰陽對轉。林義光據金文指出"宄"從"宮"，可從，然非其朔。

（24）邵

《說文》云："邵，高也。從卩，召聲。"按，"卩"即"人"字。從"人""召"聲。古作"邵"（頌敦）。

評注："邵"字甲骨文作"𠂤"（《合集》15479）"𠂤"（《合集》35174），從"卩""刀"聲。或作"𠂤"（花東275），從"卩""召"聲。金文多承襲從"召"聲者，如林氏所引即是。"邵"字《說文》釋為"高"，形義關係比較隱晦。林義光謂"卩"即"人"字，則其字相當於"佋"，其說是。《金文編》云："邵，與佋為一字，經典作昭。"[1]"佋"字見於金文，作"𠂤"（多友鼎），讀為"召"。《說文》："佋，廟佋穆。父為佋，南面。子為穆，北面。從人，召聲。"清儒多以為"佋"字後起，如朱駿聲《說文通訓定聲》曰："佋，晉避司馬昭諱，別作此字。後人妄增入《說文》。"段注在"昭"字下曰："自晉避司馬昭諱，不敢正讀，《一切》讀'上饒反'，而陸氏乃以入《經典釋文》，陋矣，又別製'佋'字……無識者又取以竄入《說文·人部》中。"又在"佋"下曰："此篆雖《經典釋文》時稱之，然必晉人所竄入。"清王紹蘭《說文段注訂補》云："劉向《請雨華山賦》'殊佋殄賞'，則漢時已有'佋'字，非晉人所製，此其明證。以其義與'昭'同，故《經典》假'昭'為'佋'。"今以金文觀之，則段、朱之晉代說與王紹蘭之漢代說，皆不確矣。

---

[1] 見容庚：《金文編》，中華書局1985年版，第643頁。

（25）🔆

《說文》云："卓，高也。早匕為卓，匕卩為卬，皆同意。"按，"🔆"即"人"之反文。从"人""早"聲。"早"（幽韻）"卓"（宵韻）雙聲旁轉。古作"🔆"（趠鼎"趠"字偏旁）、作"🔆"（龙姞删彝"綽"字偏旁）。

評注："倬"字甲骨文作"🔆"（《合集》26992）字，所从之"🔆"即"卓"字，金文如林氏所引，上部作"匕"形，下部作"早"形，為小篆所承。"卓"字構形眾說紛紜，尚無定論。于省吾先生根據甲骨文字形，以為其字"下从子，上象子之頭頂有某種標識之形，故有高義"[1]。張世超先生主張"卓"字从"人"、从"易"，象人在日上立於高卓之處，故有高義，亦有明義[2]。林義光以為从"人""早"聲。從甲骨文字形看，于說較合理。以意化和聲化現象視之，把金文和小篆釋為从"人""早"聲，亦有理據，可備一說。

從上舉諸例來看，這類形聲字跟純形聲字似無異。"衈"從"卩""血"聲，無論形符還是聲符，都與"憂"義沒有直接聯繫；"成"字甲骨文从"戌"、从"丁"，雖然後世形體有些變化，但未曾再添加部件，故而談不上轉注；"朕"訓"舟縫"，語義重心是"縫"，"舟"只是修飾成分，故"朕"所从之"舟"只是標識了意義的類屬，與一般的形聲字無異；"庶"從"火""石"聲，"度"從"又""石"聲，"幼"從"力""幺"聲，甲骨文已然，後世形體雖有變化，但並無增添部件，故無所謂轉注；"宄"字金文从"宮"，與"宄"的"姦"義也沒有直接的聯繫；"卬"和"卓"皆訓為"高也"，"卬"從"卩""召"聲，"卓"從"人""早"聲，形符"卩"和"人"、聲符"召"皆與"高"義無涉。因此林氏將這些字例歸入轉注兼形聲不妥。

二 象形兼形聲

《文源》象形兼形聲的情況比較複雜，先看下面的例子：

（26）🔆

---

[1] 參見于省吾：《釋倬》，《甲骨文字釋林》，中華書局 1979 年版，第 92 頁。
[2] 參見張世超：《金文形義通解》，中文出版社 1996 年版，第 2036—2037 頁。

《說文》云："䛏，聲也。从只，畀聲。讀若馨。"按，从"只"非義。古作"𪓵"（宗婦彝"聘"字偏旁），从"兄"，與"祝"同意，"畀"聲（兼形聲）。

評注： 大徐本作"讀若聲"，林從段注本作"讀若馨"。段注云："謂語聲也。晉宋人多用'馨'字，若'冷如鬼手馨，強來捉人臂''何物老嫗，生此寧馨兒'是也。'馨'行而'䛏'廢矣。"按"䛏"為助詞，从"只"無誤。《說文》："只，語已詞也。""只"作為語氣詞，與"也"字同。如《詩經·鄘風·柏舟》"母也天只，不諒人只"中的"只"，就是"也"字。林氏所引"𪓵"字，右邊當為"只"字寫異，非"兄"字。

(27) 𪓧

《說文》云："廷，朝中也。从廴，壬聲。"按，古作"𪓧"（利鼎），"廷"與"庭"古多通用，疑初皆作"廷"。"乚"象庭隅之形，"壬"聲（象形兼形聲）。或作"𪓧"（頌敦）、作"𪓧"（頌壺），庭內常灑埽刷飾，故从"丶"。"丶"，飾也（从"丶"轉注，从"彡"亦"丶"之省）。

評注： "廷"字本作"𪓧"（《毛公鼎》），从"乚"（"曲"之初文），从"土"，从"人"，象人挺立于庭隅之形。林氏疑為"庭"之初文，當是。或只从"人"并加飾畫作"𪓧"（《何尊》），聲化為"彡"聲，林氏以灑掃刷飾釋其點畫，非是；或"人""土"合寫作"𪓧"（《秦公簋》），則聲化為"壬"聲。後則省略飾筆，繼承"壬"聲，并將"乚"訛變為"廴"，如睡虎地秦簡作"廷"（《為吏》26），為後世所遵從。

(28) 寢

《說文》云："寢，寐而覺也。从宀，从疒，夢聲。"按，"𠖯"象屋下人在牀上形（"𠤎"，"人"之反文。"爿"，"牀"省，即"牀"字也），"夢"聲。从"宀"之字如"寐""寢""寤""寱"等，《說文》皆云"从寢省"，實非"寢"之轉注，皆象形兼形聲。

評注： "寢"的本義是"寐而覺也"（大徐本作"寐而有覺也"，段注本作"寐而覺者也。"）即"做夢"之義，這個意義經典常用"夢"字，也有用"寢"字。如《淮南子·俶真》："譬若寢為鳥而飛於天，寢為魚而沒於淵。方其寢也，不知其寢也，覺而後知其寢也。"一般認為，"做夢"義的本字是"寢"，寫作"夢"屬於假借。如段注云："今字叚夢為之，夢行而寢廢矣。"但從漢字發展的一般規律看，應是先有"夢"後才有

"瘍"，"瘍"是"夢"的後起增繁之形。按照《說文》，"夢"的本義是"不明"，而夢境依稀，與"不明"之義也相符，故"夢""瘍"應為古今字的關係。"夢""瘍"更古老的字形，見於甲骨文，作"𣦸"（《合集》122）"𣦸"（《合集》12780 反）"𣦸"（《合集》22145）等，象人依牀而睡，突出眼睛和手足活動之狀。從構形看，此字首先應是"夢"的初文。後世之"夢"當是"𣦸"形去"爿"增"夕"而成；而"瘍"則既增"夕"，又增"宀"，還保留著"爿"①。因此小篆中的"疒"，可以認為是"爿"形誤增一橫筆而成的，不包括"人"形在內。林氏分析"'㝱'象屋下人在牀上形"，把"宀"下的部分拆為"人"的反文和"爿"的省文，顯然是不對的。這裏的"疒"符與下條"疒"字其實是不同的。按照林氏的分類，本條所涉諸字皆象形兼形聲，歸為"殷列象形"，自相矛盾。

今按：林義光認為"祝"所從之"只"為"兄"之訛未必可信。不過我們可以通過從他的說解來理解他所謂"象形兼形聲"的含義。他認為"祝"從"兄"，"兄"為象形，與"祝"同意，表"祝"義，又特意在"粵聲"下加注曰"兼形聲"，其意殆謂"祝"非一般形聲字，而是兼聲字；"廷"所從之"壬"象挺立的人形，又兼聲；林氏謂"瘍""寐""寢""寢""癘"皆象形兼形聲，意即諸字所從之"宀"乃象形，"夢""未""寢""臬"則皆為聲符。

《文源》卷一"全體象形"、卷二"連延象形"、卷三"分理象形"、卷四和卷五"表象象形"、卷六"殷列象形"中都收了一些所謂的象形兼形聲字。其中又可分類三類：第一類是在象形初文上加聲符；第二類是殷列象形字中的一個部件又兼聲；第三類是在殷列象形字上再加聲符。下面的例子都是根據《文源》的歸類而舉的。

（一）在象形初文上加聲符

（29）禽

《說文》云："禽，走獸總名。從内，象形，今聲。"按，古作"禽"（不期敦）、作"禽"（禽彝），皆象形，"今"聲。

評注：甲骨文有字作"Ψ""Ψ"（《合集》10514），可隸定為"罕"，象長柄網兜之形，作為動詞，意指捕獲鳥獸。其構形，即"禽""离"之下部，"禽""离"皆此字之孳乳："禽"則加注"今"聲，如林氏所引之金文；"离"則增从"屮"符。作動詞之"禽"，後又增手作"擒"，"禽"則專用為禽獸義。"禽"字林氏歸為"象形兼形聲"（《六書通義》云"'今'聲之'禽'，'止'聲之'齒'，此以象形兼形聲。"），故標注"今聲"。

（30）林

《說文》云："林，藩也。从爻、林。"按，从二"木"，"爻"象藩籬中麗廔形。《說文》云："樊，驚不行也。从𢼅，从林。"按，經傳皆以"樊"為"林"，實與"林"同字。象形，"𢼅"聲。"𢼅"或作"攀"，是"𢼅""樊"同音。

評注："樊"字金文作"𣏟"（氏樊君鼎）"𣏏"（樊夫人龍嬴盤）等形。林氏以為"林"同"樊"，是，後者疊加聲符"𢼅"而已。

（31）旂

《說文》云："旂，旗有眾鈴，以令眾也。从㫃，斤聲。"按，古作"𣃤"（龙姞𣃤彝），从"單"，象眾鈴形。"單"古文或作"單"（甕𣃤彝甲）、作"單"（揚敦），皆與眾鈴形近。蓋"旂"字本作"旂"，以形似"單"，故謬从"單"耳。"㫃"象旂形，"斤"聲。或作"𣃤"（陳公子甋），省作"旂"（頌鼎）。

評注："旂"从"㫃""斯"聲，為"旂"之繁文。林氏據《說文》釋義，以為"單"象眾鈴之形。按，"單"字本是狩獵工具。但"旂"字中的"單"，似可另作分析。甲骨文有"斫"字（《戩》四七·八）、金文有"𣃤"字（《文物》八六·五）[1]，所从之"單"與"㫃"為一體，釋為旗上之物亦無不可，故林氏"單象眾鈴"可備一說，然推測字本作"旂"，則為無據。

（32）齒

《說文》云："齒，象口齒之形。止聲。"

評注："齒"字甲骨文作"齒"（《合集》3523）"齒"（《合集》13649），象口中牙齒之形。戰國中山王壺作"齒"，上部加"止"為聲，

---

① 以上兩個例子見黃德寬主編：《古文字譜系疏證》，商務印書館 2007 年版，第 3640 頁。

小篆同。林氏無說，殆從《說文》。

（33）𢝊、憂

《說文》云："𢝊，愁也。从心，从頁。𢝊，心形於顏面，故从頁。" "憂，和之行也。从夊，𢝊聲。"按，"憂"義為"行"無他證。𢝊愁之 "𢝊"，經傳皆作"憂"。古作"𢝊"（無𢝊彝丁），象憂懑見於顏面之形。 "𡿨""𡿨"象手足。或作"𢝊"（毛公鼎），省"夊"，即篆之"𢝊"字。 或作"𢝊"（番生敦）、作"𢝊"（克鬲彝），从"憂"（"憂"或省）、 "卣"聲。

評注："𢝊"字戰國文字作"𢝊"（中山王鼎）"𢝊"（郭店·語叢二7） "𢝊"（郭店·老子乙4），或从"百"，與从"頁"同。《說文》解為"心 形於顏面，故从頁"，甚是。"憂"當為"𢝊"之後起字，因从"夊"，故 《說文》解為"和之形"。典籍用"憂"，"憂"行而"𢝊"廢。林氏合 "𢝊""憂"為一，是。所舉"𢝊""𢝊"字，象猴類動物之形，以手掩面， 《金文編》亦釋"憂"，或釋為"夒"；或借"夒"為"憂"。番生簋之 "𢝊"及克鼎之"𢝊"，為从"夒"、从"卣"之字，讀為"柔"，辭曰 "柔遠能邇"。依林氏之意，"𢝊"是在"夒"上再加"卣"聲而成的。

（二）殽列象形中一個部件又兼聲

（34）鄉

《說文》云："鄉，國離邑，民所封鄉也。嗇夫別治。从𨛜，皀聲。" 按，古作"鄉"（小子師敦），不从"𨛜"，本義當為向背之"向"，"�" 象薦熟物器，"鄉"象二人相向就食形（一人就食為"鄉"，二人對食為 "鄉"），亦即"饗"之古文。饗必對食也，"皀"亦聲。或作"鄉"（師 虎敦），从"食"。《說文》云："卿，章也。从𠨍，皀聲。"按，古作 "鄉"（番生敦），與"鄉"同形。卿士之"卿"，古蓋借"鄉"為之，無 本字。《說文》以"卿"从"皀"得聲，則亦與"鄉"同音也。《說文》 云："𠨍，事之制也。从卪、卪，闕。"按，即"卿"之偏旁，不為字。

評注："鄉"字甲骨文作"鄉"（《合集》16050）"鄉"（《合集》 27650），金文同，象二人相向就食之形。所从二人之形，小篆訛為 "𨛜"。林氏以為"鄉"本不从"𨛜"，"鄉"即"饗"之古文，皆可從。 "卿"到底是"鄉"的假借還是引申，尚不能論定。楊寬云：" '鄉' 和 '饗' 原本是一字……整個字象兩人相向对坐、共食一簋的情況，其本義應為鄉人共食。"" '卿' 原是共同飲食的氏族聚落中 '鄉老' 的稱謂，因代表一鄉而得名。進入階級社會後，'卿' 便成為 '鄉' 的長官的名稱。"① 可供參考。至于 "界" 字，即甲骨文 "界"（《合集》21096）字之變，乃 "鄉（饗）" 之省體，本有其字，後世不傳。林氏以為 "卿" 之偏旁，是。然謂 "不為字"，則不符合甲骨文情況。

（35）受

《說文》云："受，相付也。從爰，舟省聲。"按，古作 "受"（盂鼎），象相授受形，"舟" 聲。"授""受" 二字，古皆作 "受"。盂鼎："今余其通（率）循先王，授民授疆土。""授" 皆作 "受"。

評注："受" 字甲骨文作 "受"（《合集》27287）從 "爰"、從 "舟"，"舟" 亦聲。林氏云："象相授受形，舟聲。'授''受' 二字，古皆作 '受'。"其說甚是，已為學界共識。《漢語大字典》"受" 字條即引林說為證。或以為所從之 "舟" 本為承盤，後訛變成 "舟" 形②。

（36）客

《說文》云："客，從宀，各聲。"按，古作 "客"（中義父鼎），從人在屋下，"各" 聲。亦省作 "客"（師遽敦）。

評注："客" 字未見於甲骨文。金文從 "宀""各" 聲，後世承之。林氏所引之 "客"，或以為 "客" 之繁文，從 "人""客" 聲③，林氏解為 "從人在屋下，各聲"，亦有理據。然本卷為 "殷列象形"，此字為形聲，非象形之屬。

（37）封

《說文》云："封，爵諸侯之土也。從之、土，從寸，寸，守其制度也。"按，"寸" 非 "制度" 之意。"寸" 即 "又" 字。古作 "封"（召伯虎敦），本義當為聚土。"丄"，"土" 之省。從 "又" 持 "土"，"丰" 聲（《周禮·封人》注："聚土曰封"）。

評注："封" 字本作 "丰"，甲骨文作 "丰"（《合集》20576 正）"丰"（《合集》18426）"丰"（懷特 445），下象土堆，上為樹木，全字象植樹於

① 參見楊寬：《古史新探》，中華書局 1965 年版，第 288 頁、290 頁。
② 參見徐中舒主編：《甲骨文字典》，四川辭書出版社 1989 年版，第 456 頁。
③ 參見黃德寬主編：《古文字譜系疏證》，商務印書館 2007 年版，第 1364 頁。

土堆上之形。古代聚土植樹為界曰"封",《周禮·地官·大司徒》:"制其畿疆而溝封之。"鄭玄注:"封,起土界也。"甲骨文的"丰"字正象其形。周代文字繼承商代的寫法,但開始增益"又"旁,到了《說文》小篆演化為"寸"旁而成"封"字,並延續至今。林氏指出《說文》所釋"寸"非"制度"之意,當即"又"字,其說可從。但釋本義為"聚土",分析字形為"從又持土,丰聲",均不夠準確。"寸,守其制度也"句,大徐本無"寸"字,此據段注本。

(38) 𣀳

《說文》云:"𣀳,坼也。從攴,從厂。厂之性坼,果孰有味亦坼,故謂之𣀳,從未聲。"按,古作"𣀳"(克彝"釐"字偏旁),本義當為"飭"、為"治"。從"攴",從"人"("𠤎"即"人"之反文),與"攸"(修)同意,"來"聲。經傳以"釐"為之。

評注:"𣀳"字甲骨文作"𣀳"(《合集》28173)"𣀳"(《合集》27223),從"攴"、從"來"("麥"本字),象以手持器物擊麥狀。又加"𠤎"(人)形,演變為"厂";"麥"形演變為"未",遂成"𣀳"字。"𣀳"字孳乳為"釐",故林氏云"經傳以'釐'為之"。擊麥所以脫粒,有"分離""開裂"之意,故引申訓為"坼"。林氏以為其本義當為"飭"、為"治",固無不可,然以為其從"攴"、從"人",與"攸"(修)同意,則恐非是。

(39) 𤦇

《說文》云:"𤦇,設飪也。從丮、食,才聲。"按,石鼓作"𤦇",象兩手持食,"才"聲,古作"𤦇"(師虎敦),從"食""戈"聲。

評注:"𤦇"音zài。甲骨文作"𤦇"(《合集》26899),從"丮"、從"皀","才"聲。或省"丮",作"𤦇"(《合集》35890);或省"丮",聲符又變為"史",作"𤦇"(《合集》27152),異體較多。金文"皀"或訛為"食",為小篆所本。林氏解為"象兩手持食",即《說文》之"設飪"也,可從。《漢語大字典》引林說。

(40) 𪨰、𪨰

《說文》云:"宵,夜也。從宀,宀下冥也,肖聲。"按,古作"𪨰"(宵彝),從"月"在"宀"下,"小"聲。《說文》云:"肖,骨肉相似也。從肉,小聲。"按,即"宵"之省文。

評注：西周甲骨文有"⊘"（2 號卜骨）字，《新甲骨文編》錄為"宵"字①。金文如林氏所引，後世相承。"肖"字見於戰國文字，作"⊘"（璽彙 4132）"⊘"（璽彙 1043），从"少""月"或"小""月"，會月光消滅之意，後世相承从"小""月"者。按從字理而言，學界以為"肖"為"宵"之初文，或如林氏所言，"肖"是"宵"之省文（就目前所見材料的時間而言，可以支持省文說）是有道理的；不過"肖"之"月光消滅"義與"宵"之"夜"義也不能完全等同，夜與日、晝相對，與月光之有無或增減無關，有月光是夜，無月光也是夜。由于古文字"月""肉"相似，因此"骨肉相似"之"肖"或另有來源也未可知。《說文》以从"肉"立說，段注云："謂此人骨肉與彼人骨肉狀兒略同也。"也不能說毫無理據。林氏謂"肖"為"宵"之省文，然"宵"字解釋為从"月"在"宀"下，"小"聲，"肖"字則從《說文》解為"从肉，小聲"，二者不類，其說未周。

（三）在殷列象形字上加聲符

（41）⊘

《說文》云："⊘，升高也。从舁，囟聲。⊘，或从卩。"按，"⊘"即"人"字。"⊘"象伸手攀登形。手有四者，謂所攀之處多。"⊘"之"四手"與"奔"之"三足"、"哭"之"四口"同意，"西"省聲。

評注："⊘"字見於金文，作"⊘"（何尊"鄩"字偏旁），小篆結構與之同；亦見於睡虎地秦簡，作"⊘"（睡虎地·秦律十八种 153），上變為从"田"。从"囟"之字或訛為"田"，如"思"字篆从"囟"，隸楷則變為"田"，與此同類。林氏釋形可從，唯以為"西"省聲者，似未必。《說文》以為"囟"聲可從。

（42）⊘

《說文》云："敢，進取也。从𠬪，古聲。"按，"古"非聲。"敢"古作"⊘"（盂鼎），"⊘"象手相持形，與"爭"同意，"甘"聲。或作"⊘"（師俞敦）、作"⊘"（克鐘），省"甘"為"口"。

評注："敢"未見于甲骨文。金文从"爭""甘"聲（或省為"口"）。林氏以為"'⊘'象手相持形，與'爭'同意。"其實應該就是"爭"的

---

① 參見劉釗等：《新甲骨文編》，福建人民出版社 2009 年版，第 430 頁。

變寫。古形是"爭"的筆畫與"口"相連形成的，林氏糾正《說文》以古為聲之誤，甚是。

(43) 𦣞

《說文》云："朢，月滿也，與日相望，似朝君。从月，从臣，从壬。壬，朝廷也。"按，以"月望"比"臣在朝庭"，義已迂曲。"朢"當以"遠視"為本義。从"壬"，人挺立也。从"臣"，伏也。物在遠，故視高則挺立，視卑則屈伏。"𝐃"即"𝐃"之變，"𝐃"與"𝐇"同象物形。古作"𐡀"（庚嬴尊彝），或作"𐡀"（師望鼎），涉"聖"字从"耳"而譌。《說文》云："望，出亡在外，望其還也。从亡，朢省聲。"按，即"朢"之或體。从"月"、从"壬"，"亡"聲。"朢""亡"同音，"臣""亡"又形近，故致譌。古作"𐡀"（無更鼎）。

評注："望"字甲骨文作"𐡀"（《合集》6191 正）"𐡀"（《合集》7222），金文承之作"𐡀"（保卣），象人而突出其目，人下或加土、地之形，表示登高舉目遠望之意。金文或加"月"旁，作"𐡀"（臣辰盉），突出其遠望之意，此即後世之"朢"字也。其所从之"臣"，實即"目"形；其所从之"壬"，乃人形之訛，如金文或作"𐡀"（朢簋），點畫變橫即是"壬"。此與"聖"字从"壬"是一類現象。"朢"字所从之"臣"，或又訛為"亡"，如林氏所舉之無更鼎；或又訛為"耳"，如林氏所舉之師望鼎。訛為"亡"者兼有表音的作用，得以流傳，即後世之"望"字也。林氏批評《說文》以"月望"比"臣在朝庭"之說，以為"'朢'當以'遠視'為本義。从"壬"，人挺立也。"謂"望"即"'朢'之或體，'朢''亡'同音，'臣''亡'又形近，故致譌。"所說皆至確。然以"臣"為"伏"，以"月""象物形"，則非是。大徐本"似朝君"作"以朝君"，此從段注本。

(44) 𨮾

《說文》云："鑄，銷金也。从金，壽聲。"按，古作"𨮾"（太保鑄器）、作"𨮾"（鄭虢遹父鼎）、作"𨮾"（邾公華鐘）、作"𨮾"（伯孝尌盨），象鎔金在皿中有蓋覆之之形。从"火"者，鎔金之光色如火也。或作"𨮾"（洹子器），从"金"。或作"𨮾"（叔皮父敦）、作"𨮾"（鑄公𠤰），从"金"（轉注），"曷"聲。省作"𨮾"（熊凶匜）、作"𨮾"（余卑盤）、作"𨮾"（耶膚匜）、作"𨮾"（寅𨮾）、作"𨮾"（師遽鼎）、作"𨮾"

（儀兒鐘）。

評注："鑄"字甲骨文作"𩱐"（英2567），象兩手捧皿傾液於范中之形，中為"火"，表示熔化的金屬溶液。金文如林氏所引，變化多端：或繁或簡，或增"𠃊"為聲符，或增"金"為形符。小篆之"壽"聲，當從"𠃊"符變來。林氏據金文釋形，可從。

（45）𣚇

《說文》云："𣚇，積火燎之也。从木、火，酉聲。《詩》曰：'薪之𣚇之。'《周禮》：'以𣚇燎祠中司命。'"按，从"木"在"火"上，"酉"聲。

評注："𣚇"音 yǒu，未見於商周古文字資料。段注曰："木，各本作火，今依《玉篇》、《五經文字》正。"故段注本作"積木燎之也"。按段說是。唐寫本《說文》殘卷正作"積木燎之也"。林氏引《說文》從大徐本，未作訂正，非是。此卷為"殷列象形"，此云"酉聲"。

（46）𡧎

《說文》云："寶，珍也。从宀、玉、貝，缶聲。"按，古作"𡧎"（季良父盉）、作"𡧎"（戈叔鼎）、作"𡧎"（周棘生敦），从"玉""貝"在"宀"下，"缶"聲。

評注："寶"字甲骨文作"𡧎"（《合集》6451曰）"𡧎"（《合集》17511曰），从"宀""玉""貝"，象室內有玉、貝之寶，會珍寶之意。金文如林氏所引，增"缶"為聲旁，為小篆所承。本卷為殷列象形，林氏所選字例多有聲符，其與形聲之關係，尚值得研究。

三 指事兼形聲

（47）𦥊

《說文》云："頯，鼻莖也。从頁，安聲。𦥊，或从鼻、曷（"曷"聲也）。"按，古作"𦥊"（伯頯父鬲），从"自"。"自"，鼻也。"𠃌"象鼻中有莖，"安"聲。

（48）𗭬、𗭬

《說文》云："斆，覺悟也。从教、冂。冂，尚矇也。臼聲。學，篆文斆省。"按，古作"𗭬"（盂鼎），从"子"在"宀"下。"宀"，尚矇之象；"𣪊"，兩手以去其蒙；"爻"聲。篆變从"攵"（轉注）。《說文》

云："𡥉，效也。从子，爻聲。"按，即"學"省。《說文》云："教，上
所施下所效也。从攴、𡥉。"按，即"學""敎"之或體，古"教""學"
同字。故《書·盤庚》"敎於民"，《禮記》"凡學世子及學士"（文王世
子），皆以"學"為"教"。古作"𢻻"（《攗古錄》卷二之三郘侯彝），
省作"𡥉"（散氏器）。

評注："學"字甲骨文作"𢼒"（《合集》26798）"𤕫"（《合集》952
正）"𤕫"（花東487）"𤕫"（《合集》30827）"𤕫"（《合集》27712），繁簡
不一。"學"字初文為從"乂"（五）從"六"，或重"乂"聲化為"爻"，
表示教學數字；或增從"臼"，會以手演繹推理之義。金文在甲骨文的基
礎上增"子"旁，下所從之"六"則訛變為"冂"或"宀"，為戰國文
字所承，隨為小篆所本。《說文》以"冂"為尚矇也，林氏以"宀"為
尚矇之象，皆屬重解。或增"攴"作"𤕫"（沈子它簋），即"敎"字。
"教"字甲骨文作"𤕪"（《合集》31621），從"爻"從"子"從"攴"，
會持鞭教子識爻之意，"爻"亦聲。後世相承，以至於今。古時施受無
別，施教和受學乃一體之雙翼，故"學"亦可表示"教"，如林氏所舉之
《書·盤庚》及《禮記》之文，皆以"學"為"教"。後則"教""學"
分化為二字也。

（49）𥠃

《說文》云："積，多小意而止也。从禾，从攴，只聲。"

評注："積"字音 zhǐ。未見于商周古文字材料。據小篆字形，當從
"禾"，楷書作"禾"。《說文》所釋較為費解。段注本增"積秖"二字，
並注云："二字各本無，今補。""積秖"即"草木彎曲不伸貌"，與"禾"
有關。段注又曰："'小意'者，意有未暢也，謂有所妨礙，含意未伸。"
王筠《說文解字句讀》曰："多小意而止也，乃'積秖'二字之義，形容
之詞也。'多小意'者，草木受病，枝葉詰屈，故曰小；逐處凹凸，故曰
多；'而止'者，自此歸於枯稿，不復能暢茂也。"也不夠暢達。林氏無
說。字頭"積"，楷作"積"。《文源》所附《通檢》（十四畫）左上從
"攴"作"積"，下"秖"字釋文同，此處字頭小異。

（50）𣽏

《說文》云："涵，亦从水、鹵、舟。"按，从"水""鹵"者，水涵
則鹽見也。"舟"，"舟"聲。"涵"，《說文》云"讀若狐貈之貈。"

評注： "灪"為"洵"之異體，未見於商周古文字材料。其字從 "水""鹵""舟"，段注謂"未聞其意"。林氏以為"水涸則鹽見"，"舟 聲"，可備一說。小篆作"灪"，字頭之"灪"，乃林氏據偏旁拼合而成。

(51) 蠱

《說文》云："蠱，傷痛也。從血、聿，丽聲。"按，"聿"，筆也。 筆下有血，傷痛之意。"爽"省聲。

評注： "蠱"字音 xì，甲骨文未見，金文作"蠱"（父辛卣）。金文從 "聿"，與小篆同；金文從"皿"，小篆從"血"，金文從二"自"，小篆 從二"百"，此其異。按由"皿"變為"血"，由"自"變為"百"，應 該都是訛變。《說文》以為"丽"聲。林氏以為"爽"省聲，皆非其朔， 待考。此卷為殷列指事，而不避聲符。

四　會意兼形聲

在《文源》卷十"會意"中，林氏或依據《說文》，或補充說明， 指出了一些亦聲或某聲的會意兼聲字。

（一）亦聲字

(52) 志

《說文》云："志，意也。從心、之，之亦聲。"

評注： "志"字見於戰國時期，作"志"（中山王方壺）"志"（郭店・ 老子甲 8）"志"（璽彙 0070）等。段注云："此篆小徐本無，大徐以 '意'下曰'志也'補……許《心部》無'志'者，蓋以其即古文'識' 而'識'下失載也。"大徐本作"從心、之聲"。此從段注本。

(53) 寺

《說文》云："寺，廷也。有法度者也。從寸。"按，從"寸"無"法 度"意。古作"寺"（邿公牼鐘）、作"寺"（洗伯寺敦），從"又"、從 "之"，本義為"持"。"又"象手形，手之所之為持也，"之"亦聲。邿公 牼鐘"分器是持"，石鼓"秀弓持射"，"持"皆作"寺"。

評注： "寺"字本從"又"，如林氏所舉金文例。春秋戰國之後變從 "寸"，如石鼓文作"寺"，二年寺工戈作"寺"，為後世所承。林氏以為本 義為"持"，實即"持"之本字。林氏云："又象手形，手之所之為持也， 之亦聲。邿公牼鐘'分器是持'，石鼓'秀弓持射'，'持'皆作'寺'。"

其說甚是。《漢語大字典》全文引用林氏之說。

(54) 

《說文》云：“道，所行道也。从辵、首。”按，首所向也。“首”亦聲。古作“”（貉子尊彝癸），从“行”“首”。或作“”（散氏器）。

評注：“道”字金文多見。古从“行”，或增“止”符，後从“辵”，皆表示腳之動作；所从之“首”，林氏謂“首所向也。首亦聲”。當可從。按“道”“首”皆幽部字。又楚簡“道”作“”（郭店・老子甲6），則以“人”“行”會意。

(55) 

《說文》云：“𠨍，阬也。从𣦼、井，井亦聲。”

評注：“𠨍”音 jǐng。商周古文字未見之。段注云：“𠨍謂穿地使空也。”朱駿聲《說文通訓定聲・鼎部》：“𠨍，即阱之別體。”按《說文》云：“𣦼，殘穿也。”故以𣦼井為阬。林氏無說。“阬”大徐本作“坑”。林從段注本。

(56) 

《說文》云：“貧，財分少也。从貝、分，分亦聲。”

評注：“貧”字未見於商周古文字，戰國秦簡和楚簡有之，作“”（睡虎地・秦律十八种82）“”（郭店・緇衣44），从“分”“貝”，後世無異。林氏引《說文》而無說，字頭系推寫。

(57) 

《說文》云：“𢇁，織以絲毌（貫）杼也。从絲省，丱聲。”按，从“丱”（貫）絲（“絲”，“絲”省），“丱”亦聲。

評注：“𢇁”字罕見單獨使用。戰國時期作“”（睡虎地・秦律十八種97“關”字偏旁），从“絲”省，从“丱”，會以絲貫杼之意，“丱”亦聲。大徐本作“織絹从糸毌杼也”，段注以為“織”字下各本衍“絹”字，“从糸”為“以絲”之誤，“以絲貫於杼中而後織，是之謂𢇁，杼之往來如關機合開也”。《文源》從段注。

(58) 

《說文》云：“衵，日月所常衣。从衣，从日，日亦聲。”

評注：“衵”音 yì，其字出土材料尚未見之。《玉篇・衣部》：“衵，近身衣也，日日所著衣。”《左傳・宣公九年》：“陳靈公與孔寧、儀行父通於夏姬，皆衷其衵服，以戲于朝。"

(59) 庄

《說文》云："庄，高也。从山、厂，厂亦聲。"

評注："庄"字音è。戰國文字有作"🔲"（璽彙 2057）者，當為"庄"之或體。大徐本作"岸高也"，段注本同，林氏漏"岸"字。饒炯《說文解字部首訂》云："庄、岸、厂、圻皆一字重文。"可從。卷七有"屵"字（音 yùe），可能與此字有同源關係。

（二）从某某、某聲

(60) 🔲

《說文》云："飭，致臤（堅）也。从人、力，食聲。讀若敕。"

評注："飭"字商周古文字未見，戰國文字有之，作"🔲"（睡虎地·秦律雜抄 28），小篆結構同。大徐本"臤"作"堅"。段注："致之於堅，是之謂飭。"大徐本小篆作"🔲"，林氏所書略異，字頭亦繫推寫。

(61) 🔲

《說文》云："鬩，恒訟也。从鬥、兒。兒，善訟者也。"（从"兒""鬥"，"兒"亦聲）

評注："鬩"字未見於商周古文字。段注云："會意，兒亦聲。"林氏同。桂馥《說文解字義證》以為"恒訟"之"恒"當為"相"，可參。

(62) 🔲

《說文》云："衡，牛觸橫大木。从角、大，行聲。"按，"角大"為"橫大木於角"不顯。古作"🔲"（番生敦），从"角""矢"，"行"聲。"矢"，傾側也，猶"楅"取"逼束"之義。或作"🔲"（毛公鼎），變"矢"从"大"。

評注："衡"字未見於甲骨文。或謂其本字从"大"从"角"，會人戴獸角為山林官吏之意[1]；或以為字从"角"从"矢"，可能表達的是單支的獸角傾仄不平衡，而獸角往往成雙，因而保持平衡[2]。林氏謂"矢"指"傾側"，猶"楅"取"逼束"之義，仍然維持《說文》"牛觸橫大木"之解釋。《說文·木部》："楅，以木有所楅束也。"《繫傳》云："楅

---

[1] 參見黃德寬主編：《古文字譜系疏證》，商務印書館 2007 年版，第 1733 頁。

[2] 參見季旭昇：《說文新證》，福建人民出版社 2010 年版，第 374 頁。

横以防牛觸人，故以一木橫於角峠也。衡，橫也。"大徐本"衡大木"下有"其角"二字，林據段注本。

（63）殺

《說文》云："殺，戮也。从殳、杀聲。"按，《說文》無"杀"字，朱氏駿聲云："疑从殳从乂會意，术聲。"按，"术"（微韻）"殺"（泰韻）雙聲旁轉。

評注： 甲骨文有"🗡"（《合集》6343）"🗡"（《合集》6834 正）字，又作"🗡"（《合集》33081），或以為即"殺"字，會以戈殺人頭之意，"🗡""🗡"象散髮之形，"🗡"則象戈繫人首。金文作"🗡"（牆盤），與甲骨文同，又作"🗡"（鬲比鼎）"🗡"（莒叔之仲子平鐘），並畫出人形。又作"🗡"（庚壺），易"戈"為"殳"，為後世所承。戰國時期秦系文字作"殺"（睡虎地·法律答問 66），左上訛為"乂"（意化），左下訛為"术"（聲化），故朱駿聲"疑从殳从乂會意，术聲。"林氏以為"术""殺"雙聲旁轉，故認同朱氏之說。雖以後來字形立論，亦頗有理據[1]。

（64）疑

《說文》云："疑，惑也。从子、止，匕聲。"按，"匕"非聲。古作"疑"（伯疑父敦），从"矢"（即"矢"字），从"止"（"此"之變體，此，所止也），"牛"聲。省作"疑"（召鼎）。本義當為"定"。《詩》"靡所止疑"（桑柔），傳云："疑，定也。""疑"為不定之辭，而義通於定者，不定之事每以揣測定之，可謂之定，亦可謂之不定也（矢所止無定處，亦定與不定之間）。揣測或謂之"擬"，即"疑"字所引伸矣。秦權量作"疑"，从"子"者，小兒之性善疑，亦善擬定，故《說文》："嶷，小兒有知也。《詩》曰'克歧克嶷'（生民）"，今毛詩以"嶷"為之。"嶷"亦"疑"之引伸義也。《說文》云："𣦠，未定也。从匕，矢聲。矢，古文矢字。"按，"矢"非聲，从"矢"、"匕"即"矢""止"之變。秦權量"疑"字作"疑"，从"𣦠"。"𣦠"即"疑"省。

評注： "疑"字甲骨文作"🗡"（《合集》13465）"🗡"（《合集》32908），象人扶杖旁顧猶疑不前之形，小篆之"𣦠"，即其訛變之形。又

---

① 參見黃德寬主編：《古文字譜系疏證》，商務印書館 2007 年版，第 2479 頁；季旭昇：《說文新證》，福建人民出版社 2010 年版，第 233 頁。

作"䫀"（《合集》12532 正），增加"彳"符。金文作"䫀"（伯疑父簋，即林氏所引之伯疑父敦）、"䫀"（齊史疑觶），加聲符"牛"；秦簡作"䫀"（睡虎地·效律 33），小篆作"疑"，右上所從之"子"當是"牛"形之訛，亦可理解為改從"子"聲（子、牛、疑同在"之"部），左下所從之"矢"則為人之身手足所變，故《說文》以為從"矢"得聲。要之，"䫀"即"疑"本字，後世字形增繁而有訛變，《說文》所釋不合其初形，林氏改釋亦有是有非。按林氏據金文以為"疑"字從"牛"聲，指出"矣"非聲，"矢"非聲，都十分正確，然以字從"矢"從"此"，本義為"定"，又引秦權量字從"子"，以為"小兒之性善疑，亦善擬定"，皆據後起字形重解形義關係，不合造字本意。又以為"䫀"即"疑"省，則顛倒了"疑"字的發展序列。又按，大徐本《說文》云："疑，惑也。從子、止、匕，矢聲。"段注本釋文同，注云："此六字有誤。匕、矢者皆在十五部，非聲。疑、止皆在一部，止可為疑聲。匕部有'䫀，未定也'，當作從子，䫀省，止聲，以子䫀會意也。"段氏"此六字"云云，乃指"從子、止、匕，矢聲"，故"匕""矢"為兩字，他對"疑"的重解是"從子，䫀省，止聲"。林氏所謂"從子、止，矣聲"者，乃因豎排而把"匕""矢"二字合為"矣"字。大徐本"疑"下引徐鍇曰："止，不通也；矣，古矢字。"亦將"匕""矢"合為"矣"字。林氏亦或本徐鍇。按，"矣"即"㠯"，從古文字看，其實就是人形之變，諸家或分為"匕、矢"，或合為"矣"字，皆非其朔。

(65) 蠒

《說文》云："蠒，蠶衣也。從糸，從虫，從芇。"按，"芇"聲。

評注：商鼎文"蠒"，季旭昇先生據魯實先《說文析義》釋為"蠒"，謂字從"絲""芇"（幔），會縈絲如幔之意[1]。其說有一定道理，當可從。馬王堆簡帛文字作"蠒"（相馬經 006），《魏受禪表》作"蠒"（《隸辨》卷三），當皆商鼎文之變體。金文中的"蠒"（集成 5·2765），裘錫圭先生在《甲骨文考釋（續）·釋南方名》中隸定為"蠒"[2]，待考。大徐本作"蠶衣也。從糸，從虫，芇省"。林氏從段注本，并以"芇"為

---

① 參見季旭昇：《說文新證》，福建人民出版社 2010 年版，第 926 頁。
② 參見裘錫圭：《裘錫圭學術文集·甲骨文卷》，復旦大學出版社 2012 年版，第 178 頁。

聲。按"芇"又隸定為"芇"，音武延反，又母官反，與"䌛"一樣，上古皆元部字。

（66）𥂥

《說文》云："𥂥，黍稷圜器也。从竹、皿，甫聲。"

評注："𥂥"字古作"𥫫"（瘐𥂥），从"竹""甫"聲。或从"匸"作"𠤈"（厚氏𥂥），或从"夫"聲作"𥫔"（陳逆𥂥），都是形聲字，从"皿"者為後起。林氏字頭用小篆，引《說文》釋為形聲而無說，其歸之於會意者，據下"簠"字條"从竹、皿，與'𥂥'同意"之言，可知乃以"竹、皿"立說也。

（67）糶

《說文》云："糶，出穀也。从出，从糴，糴亦聲。"按，"糴"，《說文》訓為"穀"，未知所據。"糶"疑从"出""米"，"翟"聲。

評注："糶"字出土文字材料尚未見之。傳世文獻見于《韓非子·內儲說下》："韓昭侯之時，黍種嘗甚貴，昭侯令人覆廉，吏果竊黍種而糶之甚多。"又《墨子·魯問》："抑越（王）不聽吾言，不用吾道，而吾往焉，則是我以義糶也。"按《說文·米部》："糴，穀也。"故許慎解"糶"為"出穀"。林氏以為字从"出""米"，"翟"聲，亦有理據。

（68）糴

《說文》云："糴，市穀也。从入、糴。"按，疑从"入""米"，"翟"聲。

評注："糴"字亦未見於出土材料，傳世文獻見于《左傳·莊公二十八年》："冬，饑。臧孫辰告糴于齊。""糴"與"糶"相反為義。《說文》以"糴"為字符單位，故解為"市穀"。林氏以為从"入""米"，"翟"聲，亦可從。

（69）碧

《說文》云："碧，石之青美者。从玉、石，白聲。"

評注："碧"字商周古文字尚未之見。北大考古系藏古陶有字作"瑝"，收錄于《古陶文字徵》（171頁），該書以為即"碧"字。其下从"厂"从"山"，與从"石"同意，頗有理據。大徐本以"白"為聲。段注云："从玉、石者，似玉之石也。碧色青白……故从白。云白聲者，以形聲苞會意。"林氏以為會意，當據段注。

（70）馵

《說文》云："虜，獲也。从毌，从力，虍聲。"

評注："虜"字商周古文字未見之。戰國包山有之，作"馵"（包山2·19），與小篆結構相同。本卷為會意字，林氏此既據《說文》為形聲，而入之會意。字頭繫據偏旁推寫。

　　本章根據《文源》的歸類列舉了較多的象形、指事、會意、形聲的例子，可以看出，拿傳統的"六書"來比較，《文源》中有些例子的歸類頗有道理，也有一些例子的歸類似乎還比較難以理解，這說明，林義光的"六書"說自有其合理之處，亦有其獨特之處，當然也有缺點和不足。我們對林氏"六書"的理論，還要多多結合他的具體字例進行更加深入的研究，弄明白其"六書"的真正內涵。這方面的工作目前還做得不夠，需要今後進一步努力。

第六章 《文源》的學術價值與影響

第一節 《文源》爲傳統《說文》
學開闢了新的道路

　　林義光是新文字學誕生後能提出自己的六書理論並把它貫徹到具體的文字說解中且較爲成功的第一人。他敢於跳出《說文》的藩籬而通過出土古文字資料來研究文字的形音義，這在當時是相當了不起的。可以這麼說，《文源》引領了那個時代《說文》研究的新方向，代表了那個時代古文字研究的新水準。

　　一　《文源》在研究思路、古文字材料的運用、考釋方法以及六書研究等方面都爲傳統《說文》學開闢了新的道路
　　1. 在研究思路和方法上，《文源》跳出傳統《說文》學的框框，具有一定的科學性。這表現在兩點：第一，作者具有科學的文字符號觀。首先他對語言與文字的關係有著正確的認識，他在《六書通義》中闡述了他的語言文字觀："夫智者創物，巧者述之。倉頡知以書契更結繩，而宇宙事物，必非倉頡書契所得賅，有不備者，隨事遞增，新字之作，至今猶未絕也。蓋文字者以濟語言之窮，故作新字必使其意不待視而明，由是六書生焉。六書者，使字義傳於字形，不待口舌辭說而行於異地異世者也。"可見他已經認識到文字是記錄語言的書寫符號系統，它使語言除了說和聽以外又增加了一種寫和看的形式，從而使語言能打破時空的限制。由於事物是不斷地發展變化的，所以新字也"隨事遞增"，源源不斷。人們創造文字是爲了增強了語言的交際能力，因此所造的字首先必須一看就

明瞭。六書就是人們爲了使文字盡可能更好地表情達意而使用的造字之法。其次，他分析文字時能不宥于《說文》，而是從古文字形體入手，注意形體的演變，有動態的文字發展眼光。同時，對漢字形音義的關係、對"音"在文字產生、構成、演變中的重要性有著充分的認識。

2. 科學的文字考釋方法。在第四章第二節和第四節，我們已經詳細論述了林義光考釋古文字的方法。我們發現後世常用的古文字考釋方法如對照法、推勘法、偏旁分析法、歷史考證法等，林義光早已了然於心，運用自如了。

3. 直接從古文字形體入手，探尋造字之源以及文字發展演變的規律。清代以前的學者中已有不少人嘗試探討造字之本，但由於條件有限，始終以《說文》小篆和《說文》古文、籀文爲研究對象，結果總是失多得少。王筠比較善於利用古文字材料，他的《說文釋例》總結了一些漢字演變的規律，其中最重要的就是他提出了"分別文"和"累增字"的概念，揭示了漢字孳乳分化的規律。其後，孫詒讓、羅振玉、王國維等人都致力於文字構形規律的研究。《文源》的一大特點是以古文字字形爲字頭，作者此舉的目的正如他在《序言》中說的"窺制作之源，以定文字之本義，然後古文可復，先聖述作之意曉然可知"。他認爲許慎"就秦篆立說而遂多不可通"。林義光在《文源》中還非常重視文字演變過程中出現的各種情況，爲古文字學理論研究提出許多新的課題，如"古今字""同字分化""訛變""異體字""聲借"等。

4. 此書在文字考釋方面頗多精當之處。近年來古文字學界越來越多學者認識到：即使是在古文字材料如此豐富、古文字學如此發達的今天來看《文源》的說解，其中仍有不少見解值得稱道。丁福保編的《說文解字詁林》、周法高先生主編的《金文詁林》、李孝定先生的《甲骨文字集釋》、于省吾先生的《甲骨文字詁林》等國內外最有影響的古文字集釋類專著都收錄了《文源》一些條目（特別是《金文詁林》引用了《文源》的大部分條目，並把它們列在每個字頭的最前面）。其他如中國社會科學院歷史研究所編的《中國古文字大系——甲骨文獻集成》也收錄了《文源》；李圃先生《甲骨文選注》、湯可敬先生《說文解字今釋》、楊伯峻先生《春秋左傳注》等也肯定了《文源》的一些說解。據瞭解，在臺灣，幾乎每個搞古文字的學者都引用過《文源》。當代語言文字學最權威的工具書《漢語大字典》稱引《文源》中的說解達八十五條。據不完全統計，自 1994 年自 2001 年，國內期刊登載的文章中引用《文源》的就達百餘篇。

5. 林義光在變體字（包括反文）、雙聲符字研究等領域有開創之功。他勇於打破傳統六書的條例，揭示一些構形特殊的漢字的性質特徵，豐富了漢字結構理論，開闢了六書理論研究的新領域。

6. 指出某些以往認為是象形、指事或會意的字實際上是形聲字或含有音的成分，是林義光在科學的語言文字觀的指導下得出的重要研究成果。這一成果也應當給古文字研究予重大啟示：形聲是否晚於假借出現？假借出現以前，古人造字時可曾考慮過音的因素？李孝定先生對他所編的《甲骨文字集釋》所收甲骨文字進行六書分析，結果發現："在所有 129 個假借字裡，除了一兩個可疑、或者可以另作解釋的例外，所借用的字，都是象形、指事或會意字，絕沒有一個形聲字。"① 以這一材料為論據，李先生提出：假借造字法之應用早於形聲造字法，後者是受了前者的啟示才被發明的。孫雍長先生贊同這個觀點，他在《轉注論》中給古人造字思維的發展分幾個階段：造字之初的着眼點只在語詞的意義內上，有"繪形象物""烘托顯物""標識指物""借形寓意""符號示意""比形象事"六種構形模式，即傳統的"象形""指事""會意"三種造字法。當這些造字法或構形模式難以適應人們對文字的需求時，人們不得不把造字構形的關注力從語詞的意義內容轉向語詞的聲音上來。於是，假借也就應運而生了，這是第二階段。其後，過多的假借又給文字的使用和認讀帶來困境，為了解決這問題，先民造字構形的思維着眼點發生逆轉，從詞的語音形式又有意識地回到詞的意義內容上。人們對大量假借字進行了"建類一首，同意相受"式的改造，即採用轉注法，此為第三階段。最後，漢民族造字的思維着眼點是既放在詞的意義內容上，也放在詞的語音形式上，形聲造字法即"音義合成"的構形模式最終得以形成②。李、孫兩位先生之說，有兩點已經得到學術界的基本認同：一是假借是造字法之

---

① 李孝定：《漢字史話》，第 39 頁，轉引自孫雍長：《轉注論》，岳麓書社 1991 年版，第 151 頁。

② 孫雍長：《轉注論》，岳麓書社 1991 年版，第 38—42 頁。

一，而非用字法；二是很大一部分早期形聲字是在假借字上加注意符形成的。然而，李先生提出假借之前沒有形聲的理論依據卻令人生疑：甲骨文裡所用的假借字中沒有形聲字，何以能證明假借先於形聲？事實上，據統計，甲骨文中的形聲字已超過 20%。雖然多數出現在商末（即甲骨文五期劃分的第三期以後），但第一期就出現的形聲字也不少。《古文字類編》所收一期形聲字（有初文的後起形聲字不包括在內）有：人部的"任""但""侚""傴"；女部的"妃""妝""妊""姘""妹""妸""姰""妵""姪""姼""姐""娠""妷""娸""娘""娥""嫊""媒""嫠""嬉""嬕"；攴部的"更""效""敘""政""敏"；手部的"扔"；廾部的"彝"；其部的"冀"（雙聲字）；止部的"歸""歷""歴"；辵部的"迓""迍""追""通""逢""徙""適""彶""往"；口部的"唐""召""吝""商""喪"；耳部的"聾"；肉部的"膏"；心部的"念"；牛部的"牝""牡""牲"；羊部的"義"；犬部的"狼"；鳥部的"鶾"；隹部的"雇""雌""雛""雉"；堇部的"艱"；食部的"餗"；鹿部的"麋"；虍部的"虙"；龍部的"龓"；木部的"杞""杷""杜""枓""柄""某""榆"；艸部的"春"；匚部的"匜"；鼎部的"鬻"；豆部的"登"；酉部的"酓"；壴部的"喜"；舟部的"朕"；刀部的"刜""剝""則"；戈部的"戈"；斤部的"新"；宀部的"宙""宅""窽""寮""寵"；門部的"問"；阜部的"陽""陝"；水部的"汝""汜""汰""沖""河""沮""泊""濤""渼""泙""灂""滴""涅""滋""淮""浸""塗""沁""洋""洹"；雨部的"霰""霾"；勹部的"句"；石部的"碘"；火部的"裁""炘"，等等，約有近一百二十字。要證明李先生的觀點是正確的，除非能一一證明這些形聲字原來都曾用過假借，顯然這是不可能的，此其一也；其二，孫雍長先生認為造字之初，人們的着眼點只在語詞的內容而未顧及語音，假借的運用是古人造字轉向考慮語音的開始，且這一階段，假借泛濫，人們造字只管語音而不管語義。我們認為孫先生的論證也有不嚴密之處。首先，這不符合文字記錄語言的規律。我們知道，語言先於文字，語言先有義然後有音而後才文字，而文字記錄語言的過程正好相反，即文字是用"形"來記錄語音從而表達語詞意義的，因此，古人造字時不可能不考慮音的因素；其次，有關文字起源有"八卦說""結繩和契刻""倉頡造字說"和"圖畫說"。無論文字起源於什麼，在它還無法跟語言中語詞相對應並按照語序逐詞逐句地寫話記言之前，我們不能稱之為文字。象形、指事等表意造字法所能記錄的語詞相當有限，顯然光靠象形、指事無法完成記錄語言任務。在象聲寫詞法出現之前，由象形、指事描摹出來的還只能稱為圖畫文字中的寫詞因素。象聲寫詞法使原始圖畫記事中的寫詞因素產生質的飛躍，成為真正的文字。孫常敍先生在《假借、形聲和先秦文字的性質》一文中指出：“象聲寫詞法在創建先秦文字體系上是有開山之功的。”形象寫詞法和象聲寫詞法相輔相成，共同完成文字寫詞記言的任務。再次，古文字研究已經證明很多早期表意字中含有表音成分。象形字如，“正”“旦”都從“丁”聲。于省吾先生《釋具有部分表音的獨體象形字》指出了一些象形字實際上還含有表音成分。如“羌”，甲骨文前期均作“𦍌”，“姜”作“𦍶”，上部均作“ᴧᴧ”形，即象人戴羊角形，同時也表示着以“羊”省聲為音讀；“眉”，甲骨文作“𥃥”或“𥄉”（隸定作“莧”），“莧”字的上部不僅象眉形，同時也表示着“莧”的音讀；“麋”甲骨文作“𩮸”或“𩭨”（隸定作“莧”），其頭部與人的眉目之眉同形，也表示着“莧”的音讀；“天”甲骨文作“𠑳”，上部以“丁”為“頂”，也表示着“天”字的音讀。有一部分指事字也含有表音成分，于先生在《釋古文字中附劃因聲指事字的一例》一文中發明了指事字的一個通例，即有一類指事字是在某個獨體字上附加一種極簡單的點劃作為標誌，賦予它以新的含意，但仍因原來的獨體字以為音符，而其音讀又略有轉變。于先生所論證諸字中在甲骨文一期就已出現的有“吏”“東”“夕”“千”“百”“甘”“今”“少”“并”“氐”。現略舉一二以申之：“吏”，甲骨文作“𠁗”，其造字本義是在“𠀉”（史）豎劃的上端分作兩叉形，作為指事字的標誌，而仍因“史”字以為聲；“千”，甲骨文作“𠂤”，其造字本義是在“人”字的中部附加一個橫劃作為指事字的標誌，而仍因“人”字以為聲①。會意兼聲字在甲骨文一期也已出現，《古文字類編》就收有“姓”“媚”“敗”“祐”“祐”“庶”“年”“定”“室”等會意兼聲字。基於上述幾點意見，我们認為形聲造字法不必晚於假借。裘錫圭先生認為：“在文字形成過程

---

① 于省吾：《釋具有部分表音的獨體象形字》和《釋古文字中附劃因聲指事字的一例》二文均收錄於于省吾《甲骨文字釋林》，中華書局 1979 年版。

中，表意的造字方法和假借方法應該是同時發展起來的。"① 裘先生此言意謂古人在造字之初就已經使用表音的方法。甲骨文一期也有一些用轉注法造的後起形聲字，如"盤""祀""祝""婦""征""利"旁""陣""物"等。從古文字實際看，很早開始就是"六書"混用的，這也可以從納西象形文字中看出來。從文字發展史來看，納西文字是一種相當於漢字童年時代的文字，也是意音文字。據王元鹿先生的研究，納西文字的造字法有象形、指事、會意、義借、形聲等。納西文字還採用黑色字素，這種黑色字素可以直接充當象形字，或用作指事、會意的構件，還可以充當形聲字的聲符②。

二 《文源》從多方面糾正了《說文》中的錯誤

林義光之研究古文字是在較爲科學的文字符號觀的指導下進行的，他在分析文字時不宥于《說文》，而是從古文字形體入手，注意形體的演變，有動態的文字發展眼光。他的"六書"理論就是他在古文字研究實踐中總結出來的成果。正因爲他能跳出《說文》的藩籬而通過出土古文字資料來研究文字的形音義，所以他對《說文》在說解中存在的問題也能作出較爲客觀中肯的評說。他認爲許慎作《說文》探討字形嬗變之源，其識超絕，但其說解字形卻不盡如人意。在《六書通義》中，他對許書說字提出四點批評，頗爲尖銳：

（一）或斷以明理，或雜以陰陽。斷以明理者如"一貫三爲王""推十合一爲士""无通於元，虛无道也""亥從二人，一人男一人女也"，等等。許說雜以陰陽者爲數不少，經林義光指出的就有"一""二""四""五""六""七""九""水""壬""午""寅""亥""甲""歲""戌""雷""乙""白""戚"近二十字，如：

（1）七，《說文》："七，易之正也。從一，微会從中衺出也。"林按：古作"七"（七幾氏幣），實即"切"之古文，"乀"象所切之物，"一"其切痕。

今按：林說是。"七"，甲骨文作"十"（《合集》13362 正），爲

---

① 裘錫圭：《文字學概要》，商務印書館 1988 年版，第 5 頁。

② 參見王元鹿：《漢古文字與納西東巴文字比較研究》，華東師範大學出版社 1988 年版。

"切"之初文。丁山《數名古誼》云："七古通作'十'者，刊物為二，自中切斷之象也……考其初形，七即切字。"金文仍沿襲甲骨文之形，戰國文字始將橫筆或豎筆變成折筆的字形，作"十"（信陽2・12）"七"（陶彙6・229）"七"（貨系728布尖）。

（2）十，《說文》："甲，東方之孟，易气萌動，从木戴孚甲之象。大一經曰：人頭空為甲。"林按：古作"十"（母甲尊彝），不象人頭。甲者，皮開裂也。"十"象其裂文。《易》："百果草木皆甲宅。"《解卦》鄭注："皮曰甲，根曰宅。"《史記・曆書》："甲者，言萬物剖符甲而出也。"

今按：甲骨文"甲"字作"十"（《合集》00137正），林氏以甲象皮開裂，可備一說。李圃先生《甲骨文選注》肯定了林義光的說法①。

（二）《說文》解釋字義有時亦不免強為之辭，迂曲難通。有以下幾種情況：

1. 其意不顯者，如

（3）夤，《說文》："夤，敬惕也。从夕，寅聲。《易》曰：'夕惕若厲。'"林按：从"夕"，夕惕之義不見。"夤"當即"腫"之或體，从"肉""寅"聲。"⊅"以形近譌為"⊃"也。《易・艮卦》"列其夤"，馬注："夾脊肉也。"正以"夤"為"腫"。鄭本作"臏"。

今按："夤"字最早見於春秋戰國秦文字，作"夤"（秦公簋）"夤"（秦公鎛）"夤"（陶彙5・127），所从"⊅"正如林義光所言，乃"肉"字而非"夕"字。金文"月"及从月之字作"夕"，中間一筆不與外面的輪廓相連接。秦印作"夤"（秦印131頁），已訛从"夕"。林義光認為"夤"當即"腫"之或體，當可信。秦公簋銘曰："嚴恭夤天命。""夤"用作"敬惕"義，當為假借。

（4）赤，《說文》云："赤，南方色也。从大、火。"林按：大火為"赤"。古作"赤"（彔敦）。

今按：林說是。甲骨文"赤"作"赤"（《合集》15679），"大火為赤"意謂"大"表示大小之"大"，而非人形。

（5）夤，《說文》："奊，大腹也。从大，㣎省聲。㣎，籒文糸。"林

---

①　李圃：《甲骨文選注》，上海古籍出版社1989年版，第56頁。

按："大"象"人"形。此象糸繫人頸，爪持之，即係繫之"係"本字。《周禮·天官·序官》："奚三百人。"注："古者從坐男女，沒入縣官為奴，其少才智以為奚。"《淮南子》："僕人之子女。"以"僕"為之。

今按：林義光認為"奚"即即係繫之"係"本字，不確。甲骨文"奚"字作"🔠"（《合集》734 正）"🔠"（《合集》33573）"🔠"（《合集》644）"🔠"（《合集》811 正），"係"字作"🔠"（《合集》01100）"🔠"（《合集》1097）。于省吾先生指出"係"象用繩索縛係人的頸部，"奚"所從之"🔠"指的不是繩索，而是人的髮辮形①。不過林氏指出"奚"的本義非如《說文》所謂"大腹也"，而是指奴隸，則是對的。

（6）🔠，《說文》："孚，卵即孚（孵）也。從爪、子。"林按："🔠"與卵生之"子"形不類。古以"孚"為"俘"字（師寰敦"敺孚士女牛羊""孚吉金"），即"俘"之古文，象爪持子。古作"🔠"（師寰敦）、作"🔠"彝（𢌿伯尊）、作"🔠"（魯士𥂁父匜"𥂁"字偏旁）。

今按：甲骨文"孚"字作"🔠"（《合集》11499 反）"🔠"（屯南1078），從"又"、從"子"，金文變從"爪"，作"🔠"（多友鼎）"🔠"（過伯簋）。王國維《鬼方昆夷獫狁考》亦主"孚"即"俘"之本字②。

2. 因說解難通而輒更故訓。如："畟"從"田"，則訓為治稼之進；"義"從"我"，則訓為己之威儀；"魯"但為鈍，以白而謂之鈍。"顯"，但為明，以從"頁"而謂之頭明飾；"雞"之從"鳥"，"私""穆"之從"禾"，不得其說而以"雞"為鳥名，"私"與"穆"為禾名，不信無徵而欲為典要難矣。

（7）🔠，《說文》："畟，治稼畟畟進也。從田、儿，從夂。"林按：治稼之進與凡進無異，因字從"田"，故強加治稼為說耳。古作"🔠"（子和子釜"褑"字偏旁），"🔠"象人形（"田"象首，非"田"字）。

今按：林說是。"畟"所從之"🔠"象人形，"田"象首，非"田"字，"夂"象其足，訛從"女"。"畟"當與"鬼"一字分化。戰國秦文字"鬼"字作"🔠"（睡虎地秦簡·為吏之道），楚文字作"🔠"（郭店·老子乙5）"🔠"（隨縣漆書）"🔠"（上博五·競建內之7），晉系文字作

---

① 于省吾：《甲骨文文字釋林》，中華書局 1979 年版，第 64—66，296 頁。
② 王國維：《觀堂集林·鬼方昆夷獫狁考》，中華書局 1959 年版，第 587 頁。

"𢆶"（侯馬盟書），齊系文字作"𣌭"（陳肪簋）。社稷之"稷"，秦文字作"稷"（睡虎地·日書甲種 18），楚文字作"禝"（上博四·柬大王泊旱 18），晉系文字作"𥝲"（中山王𦥑鼎），齊系文字作"𥝲"（子禾子釜），馬王堆帛書作"稷"（雜禁方 189）"𥞫"（老子甲 90）。由此我們可以看出"畟"的演變軌跡，即𢆶—𢆶—𢆶。

（8）𦏃，《說文》："義，己之威儀也。从我，从羊。"林按：威儀也。从"美"省，"我"聲。古作"𦏃"（虢叔編鐘）。

今按：林義光認為"義"从"我"聲是對的，不過他說"義"从"美"省則不可信。"義"當為从"羊""我"聲之字。甲骨文"義"字作"𦏃"（《合集》38762）"𦏃"（《合集》32982）"𦏃"（屯南 2179），"羊"字作"𦍌"（《合集》22073）"𦍌"（《合集》22069）"𦍌"（《合集》27321）"𦍌"（《合集》35986），"美"字作"𦍋"（《合集》27459）。

（9）魯，《說文》："魯，鈍詞也。从白，魚聲。"林按："魯"非詞，古作"魯"，从"口"不从"白"。彝器每言"魯休""純魯"。阮氏云："魯即古嘏字。"《史記·周本紀》："魯天子之命。"《魯世家》作"嘉天子。""魯""嘏""嘉"並同音通用。"魯"本義蓋為"嘉"，从魚入口，嘉美也。"魯"（模韻）"嘉"（歌韻），雙聲旁轉。

今按：《漢語大字典》引用了林說。"魯"甲骨文作"魯"（《合集》10133 反）。于省吾先生認為甲骨文"魯"从"魚"从"口"，"口"為器形，象魚在器皿之中。本義為"嘉""美""善"[1]。與林說大致相同。林義光還從語音的角度加以說明，他認為"魯""嘏""嘉"不僅同音通用，還是同源詞。

（10）顯，《說文》："顯，頭明飾也。从頁，㬎聲。"林按："顯"訓"頭明飾"無所考。《說文》："㬎，眾微杪也。从日中視絲。古文以為顯字。"日中視絲，正顯明之象。"顯"，明也（《廣雅·釋詁四》），象人面在日下視絲之形。絲本難視，持向日下視之，乃明也。古作"顯"（師遽尊彝）、作"顯"（歸夆敦）。

今按：林義光認為"㬎"表示日中視絲，顯明之象。"顯"象人面在日下視絲之形，其說可從。《漢語大字典》引用了林說。

---

[1] 于省吾：《甲骨文字釋林》，中華書局 1979 年版，第 52 頁。

(11) 和,《說文》："私,禾也。从禾,厶聲。北道名禾主人曰私主人。"林按："私"為禾名經傳無考。當與"厶"同字,古文作"囗"。从"囗"(圍)"禾"。經傳皆以此為公私字。

今按:林義光認為"私"與"厶"當同字,甚確。戰國文字"厶"字和"私"字都有。"厶"字作"▼"(厶庫嗇夫衡飾),"私"字作"𥝩"(邵宮盃)"和"(睡虎地·秦律雜抄 11)。《韓非子》"自營為厶""自環者謂之私"。西周金文"公"字作"ㄩ"(明公尊)"ㄩ"(盂鼎),可見韓非子所言當有所本。或疑為"私田"之專字,引申而為"私人"之義。《詩·小雅·大田》:"雨我公田,遂及我私。"鄭箋:"因及私田。"又《周頌·噫嘻》:"駿發爾私。"毛傳:"私,民田也。"①

3. 望形生訓。《說文》不乏望形生訓者,林義光明確指出的僅下舉兩例,但事實上遠不止兩例,如《說文》訓"不""至""為""義""顯""私""麗""奚""慶"等均有望形生訓之嫌。

(12) 珏,《說文》:"珏,極巧視之也。从四工。"林按:"珏"字經傳未見。工為巧,故四工為極巧,此望形生訓,實非本義。"珏"即"塞""展"之偏旁,不為字。

(13) 吅,《說文》:"吅,二卪也。巽(巽)从此。闕。"林按:"二卪"望形生訓,非本義。《廣雅·釋詁一》:"巽,順也。"巽順之義當以"吅"為本字,即"遜"(文韻,經典通用"遜",《說文》作"愻")之雙聲旁轉也。象二人俯伏相謙遜形。

今按:羅振玉《殷墟書契考釋》:"《易·雜卦傳》:'巽,伏也。'又為順、為讓、為恭,故二人跽而相從之狀,疑即古文'巽'字。"

(三) 由於許慎所見古文不多,但就秦篆立說,所以《說文》一書在字形分析上的錯誤不在少數。林義光利用金文糾正了不少許書字形上的偏頗之處,並分析了許書誤析字形的幾種情況。

1. 形不顯者,指的是《說文》稱某字象某某之形或从某省,但古文字形體並非如此的情況。如《說文》說"巫"从"𠬞"象兩袖舞形;"不"从"𣎳"象鳥飛上翔不下來之形;"哭"為"獄"省;"監"之从"血"為"衉"省、"耿"之从"火"為"炷"省、"屮"象草木出有址

---

① 黃德寬等編:《古文字譜系疏證》,商務印書館 2007 年版,第 3145 頁。

等，其它如：

（14）羑，《說文》："羞，進獻也。从羊、丑。羊，所進也，丑亦聲。"林按："羊丑"非義。古作"羑"（武生鼎）、作"𦎫"（仲姞鬲）、作"𦍋"（魯伯愈父鬲），象手持羊形。

今按：林說是。"羞"，甲骨文作"𦎫"（《合集》00111 正）"𦍋"（《合集》33986），从"又"、从"羊"，會以手持羊進獻之意。

（15）聿，《說文》："聿，所以書也。从聿、一。"林按：楚謂之"聿"，秦謂之"筆"，"聿"實"筆"之古文。古作"聿""𦘔"（婦庚器），从"又"持"𡿨"，"𡿨"象筆形。

肀，《說文》："肀，手之疌巧也。从又持巾。"林按："肀"為"疌巧"無所考。古"聿"字作"肀"，此即"聿"字。

今按：林義光認為"肀"為"疌巧"無所考，"肀""聿"本一字，甚確。甲骨文"聿"字作"𦘔"（《合集》28169）。甲骨文、金文"聿"的字形與"肀"相合，可證林說。《說文》"肀"字南唐徐鍇注音"尼輒切"，則"肀，手之疌巧也"與表示筆的"聿"也可能是同形字。

（16）寇，《說文》："寇，暴也。从攴、完。"林按：古作"寇"（臣鼎），象人在宀下或攴擊之之形。變作"寇"（虞司寇壺）。

今按：林說可從。甲骨文"寇"字作"寇"（《合集》00540）"寇"（《合集》00594 反），象人持長棍攴擊之形。金文變作"寇"（臣鼎）。容庚先生《金文編》："从人、从攴在宀下，會意。"《說文》謂"寇，从攴、完"，不能體現"寇"的造字本義。

2. 林義光認為文字在發展演變過程中，其形體的變化可大可小，大者可至於奇詭莫辨，小者則可能只是毫末之殊，因此各個階段的文字中一字異文的現象都是常見的，而許書往往把異體字別為一字。他把許書中這方面的錯誤又分為以下三類：

A. 以一畫之小異而別為二字，如，

（17）卪，《說文》："卪，瑞信也，象相合之形。"林按：古作"卪"（番生敦"令"字偏旁）、作"𠂤"（太保彝"令"字偏旁）、作"卪"（洹子器"命"字偏旁）皆於節形不類，與"卩"形近，凡从"卪"之字，皆以人為義，實即"人"字，屈下體象跽伏形。

卪，《說文》："卪，卪也。闕。"林按：即"卩"之反文，不為字。

今按：林說是。"⺄"即"⺈"之反文。《說文》將"⺄"另立字頭不妥。

（18）自，《說文》："自，鼻也。象鼻形。"林按：古作"自"（曾伯霥匜）、作"自"（謀田鼎）。"自"象鼻形，古今相承用"鼻"字，而以"自"爲"己"、爲"從"，猶"大"象人形，相承用爲大小字也。

白，《說文》："白，此亦自字也。省自者，曰言之氣從鼻出，與口相助。"林按："自"字中畫象鼻上腠理，本無定數。古有"白"字（王子吳鼎），亦與"自"同用，然則"白"即"自"之異體（"者""霄"等字皆爲曶言，篆從"白"，古並從"口"）。

今按：林義光謂"自"字中畫象鼻上腠理，本無定數，"自""白"當為異體。此說可從，《說文》別為二字不確，

B. 象形字詰詘翻反，本無二致，許書則強析爲二。如，《說文》釋"凵"爲"口"，釋"人"爲"亼"，曰："亼，三合也。從人一，象三合之形。"林義光認爲經傳無此字，從"亼"之字如"食""龠""今"等字，以三合說之皆不可通，考其義並有口象。如"亼"（令）"食"（食）"會"（會）"龠"（龠）"侖"（侖）"僉"（僉）"合"（合）等從"亼"之字均與"口"有關；又如：《說文》："匕，從反人。"林義光根據"艮"（艮）"此"（此）"匘"（匘）"頃"（頃）"印"（卬）"尼"（尼）等從"匕"之字的古文字字形均作人形，從而推斷出這些偏旁從"匕"的字實從"人"；再如，《說文》釋"卩"爲"符節"，林義光認爲"卩"即人之宛轉形，這可以從一些從"卩"的字中得到證實，如"即"（即）"睪"（睪）"卯"（肥）"令"（令）"印"（印）"反"（反）"辟"（辟）"卸"（卸）"厄"（厄）"邑"（邑）"承"（承）等。

C. 時俗異文有增益轉注形聲以爲或體者，許書乃多所別異。林義光認爲有些《說文》分別爲兩個不同的字，實際上是由於文字的孳乳分化而造成的古今字或異體字，古今字如"或"與"國"、"采"與"番"、"苟"與"敬"、"秋"與"愁"、"棥"與"樊"、"复"與"復"等，異體字如"兇"與"怷"、"鼠"與"鼺"、"永"與"羕"、"辭"與"辤"、"刑"與"荊"等。

3. 《說文》多剖析偏旁附以音義，甚至點引鉤識皆名以文字的情況。林義光認爲偏旁與獨體迥殊，偏旁不必皆成獨體。許慎割裂偏旁而名之爲

文字者，既不見於他書，實亦無所用之，所以應該剔除。許書中這類錯誤很多，經林義光指出的有：

（19）⊕，《說文》："鬼頭也，象形。"林按：即"鬼"之偏旁，不為字。

（20）丫，《說文》："羊角也，象形，讀若乖。"林按：即"羊"之偏旁，不爲字。

（21）●，《說文》："有所絕止而識之也。"林按：此"主"之偏旁，不爲字。

（22）㇗，《說文》："右戾也。象左引之形。"ㄣ，左戾也。從反㇗，讀與弗同。林按："㇗""ㄣ"經傳未見，當即"弗"之偏旁，不爲字。

（23）竒，《說文》："背呂也。象脅肋形，讀若乖。"林按：經傳未見。

（24）㞷，《說文》："極巧視之也。從四工。"林按："㞷"字，經傳未見，工爲巧，故四工爲極巧，此望形生訓，實非本義。"㞷"即"寒""展"之偏旁，不爲字。

（25）夅，《說文》："夅，服也。從夂㐄相承，不敢並也。"林按：兩足相承非降服義。凡降服，經傳皆以"降"爲之（即降義引申），"夅"即"降"之偏旁，不爲字。

（26）賏，《說文》："頸飾也。從二貝。"林按：即"嬰"之偏旁。"賏"字經傳未見。

（27）𨸏，《說文》："陬隅山之𨸏也。從山𨸏。"林按："𨸏"義不憭，經傳無"𨸏"字，實"丞"之偏旁。

（28）丨，《說文》："下上通也。引而上行，讀若囟。引而下行讀若退。"林按：經傳未見，當即"引"之偏旁。

（29）誩，《說文》："競言也。從二言，讀若競。"林按：即"競"之偏旁。不爲字。

（30）亅，《說文》："鉤逆者謂之亅，象形。讀若橜。"林按：經傳未見

（31）乚，《說文》："鉤識也，從反亅，讀若隱。"林按：經傳未見

（32）虍，《說文》："虎文也，象形。"林按：即"虎"之偏旁，不爲字。

（33）彑，《說文》："豕之頭也。象其銳而上見形。讀若罽。"林按：即小篆"彖""彑"等字之偏旁，不爲字。

（34）屮，《說文》："蹈也。从反止。讀若撻。"林按：經傳未見，疑即"止"之反文，不為字。

（35）彳，《說文》："小步也。象人脛三屬相連也。"林按：不象人脛形。古作"彳"（師寰敦"後"字偏旁），三屬亦不相連。从"彳"之字皆以"行"為義，"彳"實即"行"省，不為字；亍，《說文》："步止也。从反彳。"林按：即"行"之偏旁，不為字。

（36）卯，《說文》："事之制也。从卩、卪，闕。"林按：即"卿"之偏旁，不為字。

（37）癶，《說文》："足剌癶也。从止、少，讀若撥。"林按：即"登"之偏旁，不為字。

（38）朋，《說文》："並視也。从二見。"林按：經傳未見，當即"覵"之偏旁，不為字。

4. 古篆放失之餘，是非無正，乃有以漢隸爲舊文。如"兵"，隸變作"兵"，而謂古文作"㣊"。"拜"，古作"拜"（師趛敦），隸變爲"拜"，而謂篆或作"拜"。他如"廙"之作"廜"，"晦"之作"敏"，"罘"之作"臬"，因隸制篆，其謬顯然。

以上四類都是林義光認爲許說不合文字嬗變之塗、與六書相刺謬之處。他在《六書通義》結尾時說："今述六書者，凡許說所未安，必準之於理，反之於心，以求其是，或可以委屈求通，雖別爲之解亦不能遽信者，則不復巧創異說以取紛呶。蓋許書曆世傳習，久爲學者所宗，非不得已，不敢奮其私臆。世有勇於變者或更改焉。"可見，在林義光所處的時代，雖然有部分學者敢於質疑許說，但宗許之風尚存。林義光能跳出《說文》的藩籬，比較全面、客觀地指出許說的不足之處，可謂"勇者"，更堪稱"智者"。

三　編排體例上的突破

《文源》是一部運用金文以定文字本形、本義的字書，共收字頭1551個，分爲十二卷。該書一改《說文解字》以小篆爲字頭之例，而以金文爲字頭（金文所無的字才取小篆），以著者的六書理論爲經、古音理論爲緯，其目的是"觀爻象之變，掇采遺文，以定文字之本形，審六書，窺制作之源，以定文字之本義，然後古文可復，先聖述作之意曉然可知，文化之盛庶以不泯也"。(《文源·自序》) 這並非簡單的體例上的突破，而是傳統《說文》學的突破，是《文源》取得巨大成功的決定因素。以金文定文字本形、本義，比起《說文》用小篆，更具說服力和證明力。如"熊"，《說文》："獸似豕，山居，冬蟄。从能，炎省聲。"《文源》據號叔鐘"熊"字作"𤌷"指出字象頭、背、足之形。在形體分析上比《說文》所謂"从能，炎省聲"要可信得多。以六書理論爲經，這一方面是對鄭樵以六書統一切文字之法的繼承，另一方面也是用一個個鮮活的例子來闡釋其六書理論，化抽象爲具體；以古音理論爲緯，這是前無古人後無來者的創新。林氏給每一個字頭都標注了韻部，這是他在《古音說略》裡創制的古音韻部系統。除此之外，有的用直音法注音，有的用反切法注音。這一體例既有助于因聲求義，也有利于分析形體中所包含的音的因素，達到形、音、義互相求。同時也是其古音理論的具體詮釋，是一種實踐和檢驗。

四　《文源》是以金文定本形、本義，故收錄了大量的金文字形。當時沒有專門的金文編，因此《文源》彙集的金文字形爲學界提供了豐富的文字資料；《文源》還引用了大量典籍資料來解釋文字本義。

五　結語

利用出土的古文字資料研究《說文》一直是現當代古文字的重要課題。清代乾嘉時期以後，特別是清末甲骨文發現以來，不少學者根據《說文》釋讀古文字，同時也利用古文字印證《說文》，已經取得很大的成績。林義光繼承並發揚了這一優良傳統，他所作的《文源》是迄今爲止第一部集中地利用古文字資料印證並匡正《說文》的專著。在他之後，特別是近幾十年來，地下出土的各種古文字，尤其是戰國、秦漢時期的簡牘、帛書、兵器、貨幣文、陶文、璽印等特別豐富，因此在利用古文字資料研究《說文》方面取得了豐碩的成果。不過從整體來看，學術界對此還重視不夠。爲此，劉釗先生特撰專文《談考古資料在〈說文〉研究中的重要性》(此文所謂的考古資料泛指古代遺留下來和地下出土的甲骨、金文、戰國文字、秦漢簡牘帛書等文字資料及各種圖像資料)，呼籲學術界要充分認識到在《說文》研究中考古資料，特別是秦漢時期考古資料的重要性。他強調指出："……越來越多考古資料更預示着這一研究的美好前景。我們今天如果還對考古資料重視不夠或不予理睬，則在研究方法上連清人尚且不如，更談不上在前人的基礎上取得更大的成就。以現今的學術研究水平衡量，在《說文》研究中擯棄考古資料的研究方法，必將是孤陋寡聞，有失偏頗的。"① 是的，在古文字資料空前豐富的今天，我們沒有理由不繼承前輩所倡導的這一優良傳統，爲《說文》學開創一個美好的明天。

第二節　《漢語大字典》引《文源》箋證

二十一世紀以來，近人林義光撰寫的《文源》一書越來越受到關注。中西書局于 2012 年影印出版了《文源》。上海古籍出版社也即將出版林志強先生校訂的《文源》橫排版。當代語言文字學最權威的工具書《漢語大字典》稱引《文源》中的說解達八十五條，它們是：包、熊、鳥、冑、禼、氏、氐、巜、且、穴、升、匹、稻、舀、世、沙、堊、竺、乍、五、八、散、夭、企、走、員、尼、皆、坐、夾、受、寽、立、即、臨、監、顯、魯、占、食、有、支、殳、殷、敊、臾、革、弄、索、項、𩔖、虢、桀、朝、夏、畢、制、剛、斬、兀、熏、後、贊、宋、門、内、聯、此、屍、寺、兑、甸、毫、絲、季、宕、勺、容、伊、罷、粤、鬮、刑、燹、戴。我們將利用古文字材料和古文字研究新成果對這些條目做疏證。這項工作的意義在于：一是充分發掘《文源》的學術價值，二是對《漢語大字典》今後的修訂也能有所裨益。

1. 五

《漢語大字典》"五"字下云：《說文》："五，五行也。从二。陰陽在天地閒交午也。✗，古文五省。"林義光《文源》："五，本義為'交午'，假借為數名。〓象横平，✗象相交，以〓之平見✗之交也。"

今按：甲骨文"五"字作"〓"（花東 178）"✗"（《合集》28054），

① 劉釗：《談考古資料在〈說文〉研究中的重要性》，《中國古文字研究》第一輯，吉林大學出版社 1999 年版，第 238 頁。

此當為最初的初文，後或加二橫筆作"𝕏"（《合集》340148）。林義光謂"五"的本義為"交午"可備一說。"五"有"縱橫交錯"之義，《周禮·秋官·壺涿氏》："若欲殺其神，則以牡橭午貫象齒而沈之"，漢鄭玄注："故書橭爲梓，午爲五。"孫詒讓《周禮正義》："午五二字古本通用。即"午"假借為"五"，"五貫"即"交貫"之義。

2. 世

《漢語大字典》"世"字下云：《説文》："世，三十年為一世。从卅而曳長之，亦取其聲。"林義光《文源》："當為'葉'之古文。象莖及葉之形。草木之葉重累百疊，故引申為世代之'世'字。亦作'葉'。"

今按："世"字最早見於西周金文，作"𝕎"（甯簋蓋·西周早期）"𝕍"（同簋·西周中期）"𝕎"（多友鼎·西周晚期）。林說近是。"世"與"葉"的確有關係，不過他說"世"為"葉"之古文，有点問題。"葉"字見於甲骨文，作"𝑦"（《合集》33151）。劉釗先生認為"世"是從"葉"分化而來，即截取"葉"字上部而成，讀音仍同"葉"[1]。其說可信。遣邘之妻鼎"世"字作"𝖍"，假借"枼"為之可證。"世"與"葉"古音非常接近。白一平先生擬"世"的上古音爲 $*lap\text{-}s$，"葉"爲 $*lap$。

3. 且

《漢語大字典》"且"字下云：《說文》："所以薦也。从几，足有二橫。一，其下也。"林義光《文源》："即俎之古文……从二肉在俎上。肉不當在足間，則二橫者俎上之橫，非足間之橫也。"

今按：唐蘭《殷墟文字二記》引林義光說，認爲"且"是"俎"之本字，"𝔘"象俎形，其作"𝔘"或"𝔘"者，蓋象房俎，於俎上施橫格也[2]。王國維認爲"且"象（俎）自上觀下之形[3]。金文"俎"字作"𝔘"（三年瘨壺），陳劍先生認爲"俎"字全形實爲俎案側視與俯視之形的結合。俎足部分演變過程中與右旁分離，即訛變爲俎字中之"仌"形。《説文·且部》："俎，禮俎也。从半肉在且上。"即據已訛變的"仌"形

---

① 劉釗：《古文字構形學》，福建人民出版社 2006 年版。

② 唐蘭：《殷墟文字二記》，《古文字研究》第 1 輯，中華書局 1979 年版，第 58 頁。

③ 王國維：《説俎》，《觀堂集林》卷三，中華書局 1959 年版影印本，第 157、158 頁。

誤說。"俎"爲"且"之繁體①。

4. 乍

《漢語大字典》"乍"字下云：《說文》："乍，止也。一曰亡也。从亡，从一。"林義光《文源》以爲"乍""即'作'字古文。"

今按：林說是。"乍"確爲"作"字初文，"乍""作"古今字。甲骨文"乍"字作"𐠇"（《合集》00217）"𐠋"（《合集》16466）"𐠌"（《合集》00536），曾憲通先生認爲"乍"字作"𐠋"形者是从耒起土會意，義爲耕作②。

5. 禹

《漢語大字典》"禹"字下云：《說文》："禹，蟲也。从厹，象形。𥜼，古文禹。"林義光《文源》認爲金文"禹"字爲蟲名，"皆象頭足尾之形。"

今按：林說近是。商代金文"禹"字作"𧴦"（且辛禹方鼎），西周金文作"𧴦"（㸔公盨）"𡴋"（弔向父禹鼎），春秋中晚期金文作"𡴋"（秦公簋）。劉釗先生指出"禹"字的演變軌跡爲：𡴉—𡴋—𡴋③，即本象蟲的頭、身體和尾部，再添加一橫飾筆，後又在一橫飾筆上加"丿"飾筆，後來橫筆的右端向下折，變作"𡴋"。

6. 禼

《漢語大字典》"禼"字下云：《說文》："禼，蟲也。从厹，象形。讀與偰同。"林義光《文源》："象頭、足、尾之形。"

今按：林說是。劉釗先生指出："禼"字本是從"萬"字中分化出的一個字，即"萬"字經過形變，分化出了與其讀音相近的"禼"字。甲骨文"萬"字作"𧖬"，本象蠍形，因語言中"蠍"字與"萬"字的讀音相近，故用蠍形假借記錄語言中"萬"這個詞。金文"萬"字作"𧖬"，加上一橫飾筆，又作"𧖬"，累加上"丿"形飾筆，這與"禹"字作"𡴉—𡴋—𡴋"，"禼"字作"𧴦—𧴦—𧴦"是相同的演變。"萬"的本字小篆作

---

① 陳劍：《甲骨金文舊釋"𣪏"之字及相關諸字新釋》，《出土文獻與古文字研究》第二輯，復旦大學出版社 2008 年版，第 13—47 頁。

② 曾憲通：《"作"字探源——兼談耒字的流變》，《古文字研究》第十九輯，中華書局 1992 年版，第 408—416 頁。

③ 劉釗：《古文字構形學》，福建人民出版社 2006 年版。

"蚩"，訓為"毒蟲"，後世又造形聲字作"蠆"。"萬"為"蠆"字的初文，應有"蠆"的讀音。古音"蠆"在曉紐月部，"离"在心紐月部，二字疊韻。又"离"字《說文》訓為"蟲"，與"萬"字訓為"蟲"正相合，故可知"萬"字和"离"字在音義上都有聯繫，這更證明了"离"字乃是"萬"字的分化字的推論。楚帛書"□逃為禹為萬，以司域襄"，"萬"即"离"，也即商契，典籍"离"與"契""偰"通，契乃商之先祖①。

7. 匹

《漢語大字典》"匹"字下云：《說文》："四丈也。从匚、八。八揲一匹，八亦聲。"林義光《文源》："匹，不从八，象布一匹數揲之形。"

今按："匹"字金文作"𠤳"（兮甲盤）"𠤳"（師克盨）"𠤳"（無𣄴簋）"𠤳"（單伯鐘）。林義光謂"匹，象布一匹數揲之形"，可備一說。《說文》謂"匹，从匚、八"，乃據訛變後的字形立說。

8. 企

《漢語大字典》"企"字下云：《說文》："企，舉踵也。从人、止聲。"段玉裁注："从人、止。"林義光《文源》："人下有足跡，象人舉踵形。"

今按：林說是。甲骨文"企"字作"𧽼"（《合集》18983）"𧽼"（《合集》18982），象人舉足企望之形。《說文》謂"企，从人、止聲"，不確。古音"企""止"聲韻皆不近，"企"在溪紐支部，"止"在章紐之部。林義光之說比之段玉裁"从人、止"，析形更準確。

9. 俞

《漢語大字典》"俞"字下云：《說文》："俞（舊字形作'兪'），空中木爲舟。从亼、从舟、从巜。巜，水也。"段玉裁改作从"亼"，从"舟"，从"巜"。"巜"，水也。並注云："合三字會意。"林義光《文源》："从舟，余省聲，余、俞雙聲旁轉。"

今按：林義光謂"俞"字从"舟""余"省聲，近是。《說文》小篆"俞"字作"兪"，這是已經訛變了的形體，因此《說文》對"俞"字形體的分析是不可靠的。甲骨文"俞"字作"𦨶"（《合集》10405）"𦨶"

①　劉釗：《古文字構形學》，福建人民出版社 2006 年版。

（《合集》18675），早期銅器銘文"俞"字作"𦨶"（俞伯尊）。劉釗先生指出"俞"所從之"𠆢"即"余"字。其演變線索爲：𠆢——个——𠆢——朵。魏宜輝先生認爲"俞"從"舟"、從"个"，"个"象箭鏃之形。方稚松先生認爲"俞"左旁所從之"舟"是"盤"的訛體，右旁也與"余"有別。西周晚期及春秋金文"俞"字往往加弧筆作飾筆，作"𦨶"（不嬰簋）"𦨶"（魯伯俞父盤），這種形體應該就是《說文》小篆之所本。陳劍先生綜合魏說和方說，認爲"俞"字當從"盤""鏃"聲。

10. 兑

《漢語大字典》"兑"字下云：《說文》："兑，說也。从儿，㕣聲。"林義光《文源》："㕣非聲。兑即悅之本字……从人、口、八。八，分也。人笑故口分開。

今按：甲骨文"兑"字作"𠑹"（《合集》27945），从"八"、从"兄"。"八"有"分"義。《說文》將"兑"解析爲"㕣、儿"兩部分，而"㕣"本義指山閒陷泥地（據《說文》），與"兑，說也"顯然沒有對應關係，故我們認爲林義光的解釋更合理，"兑"當爲"悅"之初文。

11. 亶

《漢語大字典》"亶"字下云：《說文》："亶，多穀也。从㐭，旦聲。"林義光《文源》："从㐭，取多穀之意。"

今按：甲骨文"𧮾"字作"𠂤"（《合集》26898），"檀"字作"𣚺"（《合集》29408）。金文"旃"（《說文》"㫍"字異體）字作"𤜌"（番生簋），"憻"字作"𢝊"（憻季遽父尊）。此皆可證"亶"本从"㐭"。秦漢文字始見"亶"字，作"亶"（石鐘山房印舉3·38）"亶"（秦印集萃）"亶"（馬王堆·周易4）。林義光謂"亶"从"㐭"，取多穀之意，甚是。然其謂"亶"之本義爲"厚"則不然。"厚"當爲"多穀"之引申義。

12. 刑

《漢語大字典》"刑"字下云：《說文》："刑，剄也。从刀，幵聲。"林義光《文源》以爲"刑""荊"蓋本同字。"井"譌爲"幵"，復譌爲"开"耳。

今按：林義光謂"荊""刑"本同字，"荊"从"刀""井"聲，甚

確。古文字資料中"刑罰"之"刑"皆作"荆"，如"荆"（叔夷鎛）
"荆"（子禾子釜）"荆"（睡虎地·法律答問 3），姓氏"刑"字作"荆"
（四年雍令矛）"荆"（璽彙 1279）。東漢始出現從"开"、從"刀"的
"刑"字，作"开刂"（武梁祠畫像題字）"荆刂"（碩人鏡）。林義光認爲
"刑"所從之"开"是由"井"訛爲"开"，然後再訛爲"开"。

13. 制

《漢語大字典》"制"下云：《說文》："制，裁也。從刀、未。未，
物成有滋味可裁斷。"林義光《文源》："未，古枚字，枝幹也。古制、折
通用。"

今按：林義光說古"制""折"通用是對的。甲骨文"制"字作
"制"（《合集》7938），從"刀"、從"木"，會以刀斷木之意。"折"字
作"折"（《合集》07923），象以斤斷木。裘錫圭先生指出："制""折"
不僅形義相近，而且上古音極爲接近。從"折"聲的"浙""狾""晣"
等字都有從"制"聲的異體。從"制"的"製"字在秦簡裡有從"折"
聲的異體。所以"制""折"所代表的詞很可能有親屬關係[1]。

《說文》謂"制，從刀、未"，林義光從之。實則不然。春秋戰國金
文作"制"（王子午鼎）"制"（子禾子釜），皆從"未"、從"刀"。王子
午鼎"制"與《說文》古文相合。如此看來，《說文》謂"制"從"未"
不誤。然而，秦文字"制"又作"制"（大魏權）"制"（元年詔版）"制"
（兩詔橢量），西漢前期簡帛文字"制"又作"制"（馬王堆·春秋事語
43）"制"（銀雀山漢簡·孫子兵法 133），裘錫圭先生結合"折"的字初
文以及"制"與"折"的關係推斷"制"的左旁斷成三截的寫法比較原
始，從"未"的寫法是由它變來的[2]。

14. 剛

《漢語大字典》"剛"下云：《說文》："剛，彊斷也。從刀，岡聲。"
林義光《文源》以爲是"以刀斷网"，會意。

---

① 裘錫圭：《說字小記·說"制"》，《裘錫圭學術文集·第三卷·金文及其他古文字卷》，
復旦大學出版社 2012 年版。

② 同上書。

今按：甲骨文"剛"字作"𠜁"（《合集》32597），正作以刀斷网形。西周金文"剛"字作"𠜁"（剛爵）"𠜁"（牆盤）"𠜁"（散盤），加形符"山"。林義光認為此當為"𠜁"，為"剛"之古文，而"剛"則當析為"从山，𠜁聲"，乃訓為"山脊也"之"岡"的本字。這從古文字資料來看是有道理的。如此看來，《說文》"剛，彊斷也"，乃假借義。"岡"當析為"从山、剛省聲。"

15. 寸

《漢語大字典》"寸"下云：《說文》："寸，十分。人手卻一寸動脈，謂之寸口。从又、一。"林義光《文源》："又象手形，一識手後一寸之處。"

今按：林說是。"寸"最早見於秦文字，作"𢬗"（睡虎地·秦律雜抄9）。"寸"是個典型的指事字。

16. 寺

《漢語大字典》"寺"下云：《說文》："寺，廷也。有法度者也。从寸，之聲。"林義光《文源》認為金文"寺""从又，从之，本義為持。'又'象手形，手之所之為持也，'之'亦聲。邿公𦈎鐘'分器是持'，石鼓'秀弓持射'，'持'皆作'寺'。"

今按：林說是。西周至春秋金文"寺"皆从"又"、从"之"，作"𡥀"（寺季故公簋）"𡥀"（吳王光鑑），戰國文字始有从"寸"作的"𡥀"（寺工戈）"𡥀"（侯馬盟書）。"寺"是個會意兼聲字，本从"又"、从"止"，"止"亦聲，本義為"持"，引申而有"廷"義。"寺"所从之"止"有表義作用，正如"受"所从之"舟"。

17. 弄

《漢語大字典》"弄"下云：《說文》："弄，玩也。从廾持玉。"林義光《文源》："弄，象兩手持玉形。"

今按：林說是。金文"弄"字作"𢆶"（林氏壺）"𢆶"（弄卣），所从之"𤣩""𤣩"即"玉"字。

18. "夭"和"走"

《漢語大字典》"夭"下云：《說文》："夭，屈也。从大，象形。""走"下云：《說文》："趨也。从夭、止。夭者，屈也。"林義光《文源》："奔走字篆从夭……象兩手搖曳形。""（古文）象人走搖兩手形。

从止，止象其足。"

今按：林說是。"夭"字甲骨文作"👤"（《合集》27939"👤"（《合集》17230 正），象人搖擺雙臂奔走之形，當即"走"之初文。西周金文"走"字作"👤"（盂鼎），加"止"形，或加"辵"作"👤"（井侯簋）。

从"夭"的"奔"字，《說文》謂从"賁"省聲，林義光據金文"奔"字作"👤"以指出其誤，曰："从火，與走同意。👤象足跡，疾走故跡多。"甚確。《說文》小篆"奔"字作"👤"，三止形訛變作"👤"，故"奔"與"賁"無涉。

19. 員

《漢語大字典》"員"下云：《說文》："物數也。从貝，口聲。鼎，籀文从鼎。"林義光《文源》："口，鼎口也。鼎口，圓象。"

今按：林義光指出"員"所从之"口"乃鼎口，圓象，可謂卓識。金文"員"字作"👤"（員父尊）"👤"（員壺）"👤"（戜方鼎），皆从"👤"、从"鼎"，"👤"亦聲。"👤"乃"員"和"圓"之初文。"員"的本義當指鼎口圓，引申之一切事物之"圓"。《說文》"員，物數也"，乃假借義，非本義。因"員"假借作量詞，故造"圓"字表本義。"員""圓"古今字。戰國晚期秦文字始見从"貝"作之"員"字，作"👤"（為吏之道 26）"👤"（秦印文字編 115 頁）。

20. 夤

《漢語大字典》"夤"下云：《說文》："夤，敬惕也。从夕，寅聲。《易》曰：'夕惕若厲。'"林義光《文源》："按从夕，夕惕之義不見。夤當即胂之或體，从肉，寅聲。月以形近譌為夕也。《易》'列其夤'，馬注：夾脊肉也。正以夤為胂。鄭本作膌。"

今按：林義光謂"夤"當為"胂"之或體，甚確。《說文》："胂，夾脊肉也。"《集韻·諄韻》："膌，夾脊肉也。通作夤。"王安石《易泛論》："夤，上體之接乎限（腰）者也。"古音"胂"在書紐真部，"夤"在以紐真部，音極近。秦文字有"夤"字，作"👤"（秦公鎛）"👤"（秦公簋）"👤"（陶彙 5·127）"👤"（秦印）。容庚先生《金文編》"👤"字下謂"从月"。今按："👤"所从之"👤"非"月"字乃"肉"字。金文"月"字及从月之字作"👤"，中間一筆從不與外面的輪廓相連接。秦印"👤"字已訛从"夕"。秦公簋銘曰："嚴恭夤天命。""夤"用作"敬惕"義,當爲假借,其本字待考。

21. 宕

《漢語大字典》"宕"字下云:《說文》云:"宕,過也。一曰洞屋。從宀,碭省聲。"林義光《文源》:"石爲碭省不顯。洞屋,石洞如屋者,從石、宀。洞屋前後通,故引伸爲過。"

今按:林說是。甲骨文"宕"字作"𠈓"(《合集》08977 正)"𠈓"(《合集》23432)"𠈓"(《合集》28132),從"宀"、從"石"會意,"宕"的本義當指"洞屋"。段玉裁《說文解字注》:"洞屋,謂通迵之屋,四圍無障蔽也。"引申指空曠,指穿通、通過。《說文》所謂"碭省聲",不可信。

22. 戴

《漢語大字典》"戴"字下云:《說文》:"戴,分物得增益曰戴。從異,𢦏聲。"林義光《文源》:"按,此義經傳無用者。戴相承訓爲頭戴物,當即本義。"

今按:林義光以"頭戴物"爲"戴"之本義。古音"異"在喻紐職部,"戴"在端紐月部,兩字聲皆爲舌音,韻亦可通;再看"異"與"𢦏",古音"𢦏"在精紐之部,兩字韻爲陰入對轉,聲亦可通,可見,"戴"確爲雙聲符字。不過,林義光不知"異"也表義,"異"甲骨文作"𠀉"(英甲骨314)"𠀉"(《合集》17992),象人頭上戴物、兩手捧之之形,"異"即"戴"之初文,後累加聲旁"𢦏"成"戴"字。如此看來,"戴"部分表義的雙聲符字。

23. 此

《漢語大字典》"此"字下云:《說文》:"此,止也。從止、匕。匕,相比次也。"林義光《文源》:"匕即人之反文,從人、止。此者,近處之稱,近處即其人所止之處也。"

今按:林說是。甲骨文"此"字皆見於無名組,作"𣥚"(《合集》32300)"𣥚"(《合集》27499),從"止"、從"人",也有從"匕"作的,如"𣥚"(《合集》30831)"𣥚"(31188)。"匕"和"人"形近而訛混。金文亦如此,如"𣥚"(此牛尊)"𣥚"(此簋)"𣥚"(此鼎)"𣥚"(此盉)。金文"匕"字作"𠤎"(瘋匕)"𠤎"(我鼎),"從"字作"𠤎"(從鼎)"𠤎"(天作從尊),"從"字作"𠤎"(臧孫鐘),"比"字作

"〻"（比簋）"〻"（禺攸比鼎）。"此"的詞義當與人有關，而跟匕無關，故"此"當从"止"、从"人"。

24. 沙

《漢語大字典》"沙"字下云：《說文》云："沙，水散石也。从水、少。水少沙見。"林義光《文源》："象散沙及水形。"

今按：林說是。甲骨文"沙"字作"〻"（《合集》27996），正从"水"及散沙形。金文"沙"字作"〻"（五年師旋簋）"〻"（休盤）"〻"（曶伯簋），《說文》小篆"〻"即由"〻"這類字形演變而來。

25. 斬

《漢語大字典》"斬"字下云：《說文》："截也。从車、斤。斬法車裂也。"林義光《文源》："按，車裂不謂之斬。斬，伐木也。《攷工記》：'輪人斬三材。'从斤从車，謂斬木為車。"

今按："斬"字始見於戰國文字，作"斬"（璽彙3818）"斬"（睡虎地‧秦律十八種155）"斬"（馬王堆‧養生方54）。包山楚簡："登人所漸（斬）木四百縣失於鄴君之地襄溪之中。（140）""又縈，見於繼無後者與漸（斬）木立，以其古之敓之。（249）""命攻解於漸（斬）木立，叡徙其尻而逗之，尚吉。（250）""漸木"皆當讀為"斬木"。林義光謂"斬"本義當為"斬木為車"，可備一說。

26. 有

《漢語大字典》"有"字下云：《說文》："有，不宜有也。《春秋傳》曰：'日有食之。'从月，又聲。"林義光《文源》："有非'不宜有'之義。有，持有也。古从又持肉，不从月。"

今按：林說是。《說文》分析"有"字的形義關係不可信。金文"有"字作"〻"（召伯簋）"〻"（毛公鼎）"〻"（秦公鎛），所从之"〻"乃"肉"字而非"月"字。金文"月"字及从"月"之字皆作"〻"，中間一筆跟外邊的輪廓不相連，而"肉"字則是相連的。"有"是個會意兼聲字，即从"又"、从"肉"，"又"亦聲，其本義當為"持有"。

27. 朝

《漢語大字典》"朝"字下云：《說文》："朝，旦也。从倝，舟聲。"林義光《文源》："不从倝，亦不从舟。象日在艸中，旁有水形。"

今按：《漢語大字典》引《文源》不全。《文源》"朝"字下按語為："不從倝，亦不從舟。象日在艸中，旁有水形，與淖形合。淖汐之淖，古當與朝夕之朝同字。"林義光釋金文"𣇨""𣇍""𣇃"為淖汐之"淖"，謂字象日在艸中，旁有水形，此皆不誤。不過他認為"淖"與"朝夕"之"朝"同字則有問題。"朝夕"之"朝"見於甲骨文，作"𣅱"（《合集》33130）"𣅦"（《合集》23148），象月亮落於草叢、太陽剛要從草叢中升起的景象，即"旦也"。此字後來廢棄不用，而是假借淖汐之"淖"為之，淖汐之"淖"又另造新字"潮"。至於"淖"如何變成"朝"，劉釗先生有精彩論述，他在《古文字構形學》中指出："朝"金文作"𣇨"或"𣇍""𣇃""𣇉"，從"水"或從"川"，又作"𣇄"或"𣇅"，或作"𣇆"。因為"𣶒"形與戰國文字"舟"旁作"𣇀"形形體接近，故又變形音化為從"舟"聲。《說文》："朝，旦也，從倝、舟聲。"又《說文》："倝，日始出光倝倝也，從旦、㫃聲。"從金文"朝"字看，"倝"字既非從"旦"、從"㫃"，"朝"字也非從"倝"。其實本沒有"倝"字，《說文》所說的"倝"本即"朝"字所從的"𣎆"這一部分，從甲骨文看，象日在草中形，"倝"字是在"𣎆"形的基礎上類化出的一個字。金文"㫃"字作"𣃧""𣃨"，因"𣎆"字上部作"𣅲"，與"㫃"字上部形近，於是受"㫃"字的影響，在"𣎆"形上類化加上一筆寫成從"㫃"，戰國文字寫作"𤕤""𤕥"，下部有所變化。而朝字反過來也受"倝"字的影響，也類化為從"倝"作[1]。

28. 氐

《漢語大字典》"氐"字下云：《說文》："氐，至也，本也。從氏下箸一，一，地也。"林義光《文源》："當與'氏'同字。氏、氐音稍變，故加'一'以別之。'一'，實非地。氏象根，根在地下，非根之下復有地也。"

今按：林義光認為"氏""氐"同字。《文源》在"氐"字下指出："氐"的本義當為根柢，姓氏之"氏"，亦由根柢之義引申。此說甚確。張世超先生《金文形義通解》引林義光之說[2]。金文"氏"字作"𠂤"

---

① 劉釗：《古文字構形學》，福建人民出版社 2006 年版。
② 張世超：《金文形義通解》，京都：中文出版社 1996 年版，第 2238、2240 條。

（令鼎），又加飾點作"ϒ"（散盤），後飾點變成一橫作"ϒ"（於氏弔子盤），"氏"字作"ϒ"（虢金氏孫盤）。于省吾先生指出："氏"字的造字本義係於"氏"字豎劃或斜劃的下部附加一點，作為指事字的標誌，以別於"氏"，而仍因"氏"字為聲①。

29. 殳

《漢語大字典》"殳"字下云：《說文》："殳，以杸殊人也。《禮》：'殳以積竹，八觚，長丈二尺，建於兵車，車旅賁以先驅。'"林義光《文源》："古（殳）象手持殳形，亦象手有所持以治物，故從殳之字與又、攴同意。"

今按：甲骨文"殳"字作"ᛚ"（《合集》21868）。甲骨文又有字作"ᚱ"（《合集》11497反），陳劍先生釋此字為"槌"字，謂字所從的"▽""ϒ"就是"槌"字的象形初文。剩下的一般隸定爲"殳"的部分作"ᖙ""ᖕ"等形，象手執持槌一類的工具②。從古文字從"殳"之字來看，林義光謂"殳象手有所持以治物"有一定道理。黃德寬等先生認為"殳"象兵器形③。曾侯乙墓出土刻有"曾侯之用殳"的兵器，1978年曾侯乙墓出土了7件殳、14件晉。殳有刃，晉則無刃僅有銅套，兩兵器的杆均為積竹木，八棱形，外表纏絲線。《詩·衛風·伯兮》："伯也執殳，爲王前驅。"毛傳："殳，長丈二而無刃。"其實說的是"晉"不是"殳"。從甲骨文來看，最初的"殳"是在竹棍上裝個圓頭，既用作兵器，也用作錘子一類的工具。

30. 羆

《漢語大字典》"羆"字下云：《說文》："羆，如熊，黃白文。從熊，罷省聲。"林義光《文源》："（古熊）不從能、火。此後出字，疑無本字，借罷字爲之，後因加火耳。"

今按：甲骨文"能（熊）"字作"ᛚ"（屯南2169），金文作"ᖙ"（毛公鼎）"ᖕ"（能匋尊）"ᛚ"（中山王𨻰壺）"ᛚ"（鄂君啟節），象熊

①　于省吾：《甲骨文字釋林·釋古文字中附劃因聲指事字的一例》，中華書局1979年版，第460頁。

②　陳劍：《甲骨金文考釋論集·殷墟卜辭的分期分類對甲骨文考釋的重要性》，線裝書局2007年版。

③　黃德寬等編：《古文字譜系疏證》，商務印書館2007年版，第1014頁。

之形。楚帛書"熊"字作"<ruby>罴</ruby>"（甲 1·69），秦文字作"<ruby>罴</ruby>"（詛楚文）"<ruby>罴</ruby>"（十鐘 3·14）。季旭昇先生認爲"能"和"熊"應該分別指不同的熊類。"熊"指"大熊"。楚帛書"熊"字從"大"，"熊"所從之"火"可能是由"大"訛變而來的。"能""熊"一字分化說不可靠。

秦印有"罷"字作"<ruby>罴</ruby>"，用作姓氏"罷"，《集韻·紙韻》："罷，姓。"睡虎地秦簡有"罷"字作"<ruby>罴</ruby>"（法律答問 133），簡文曰："罷癃守官府。"《字彙補》："罷，古文罴字。"從古文字資料來看可能是對的。"罷"和"罴"都只能是會意字，"罷"從"网"從"能"與"罴"從"网"從"熊"，所會之義應該沒有差別。《說文》："罷，遣有辠也。從网從能。言有賢能而入网，而貫遣之。《周禮》曰：'議能之辟。'"《說文》的訓釋頗爲牽強，不可信。林義光之說亦難取信。

31. 燹

《漢語大字典》"燹"字下云：《說文》："燹，火也。從火，豩聲。"林義光《文源》："（古文）從火，豩聲。豩、燹雙聲對轉。"

今按：林義光謂"燹"字從"火""豩"聲，甚確。西周金文"燹"字作"<ruby>燹</ruby>"（衛盉）"<ruby>燹</ruby>"（五祀衛鼎）"<ruby>燹</ruby>"（善鼎）。董蓮池先生在《新金文編》"燹"字下加按語云："'燹'與'豳'系一字所分化，均從'豩'聲。此從'豩'是'豕'之古形。'豕'者乃'豩'之後來所訛省。其分化爲從"山"之'豳'，學者從前推斷'山'應是'火'之訛成，以今日發現形體觀之，說是。"

32. 甸

《漢語大字典》"甸"字下云：《說文》："甸，天子五百里内地。從田、包省。"林義光《文源》："《說文》從勹之字，古作從人。甸當與佃同字。從人、田，田亦聲。"

今按：林義光謂"甸""佃"本同字，從"人""田"，"田"亦聲，甚確。不過其謂《說文》從"勹"之字，古作從"人"，則未必全是。《說文》從"勹"之字見於古文字的有"匀""旬""匍""菊""匐""<ruby>匌</ruby>""塚""匐""匈"。其中，"匀"字甲骨文作"<ruby>匀</ruby>"（《合集》），從

"ᘯ"、"ᘯ" 即 "旬" 字①;"旬" 字又作 "ᘰ"(《合集》36851);"匊"
字作 "ᘱ"(禹鼎),亦從 "旬"。此皆不從 "人"。

33. 粵

《漢語大字典》"粵" 字下云:《說文》:"粵,于也。審愼之詞也。
從亏,從宷。《周書》曰:'粵三日丁亥。'" 林義光《文源》:"粵音本如
于……字作雩(《毛公鼎》)。因音轉如越,故小篆別爲一字,其形由雩而
變,非從宷也。"

今按:林義光據毛公鼎 "粵之庶出入事"、散氏器 "粵戲遼陜以西"、
靜敦 "粵八月初吉" 中 "粵" 字皆作 "雩",推斷典籍中中用作語助詞的
"粵" 本作 "雩",後因語言的孳乳分化導致語音發生變化,從而分化成
"粵""雩" 二字。"粵" 本非從 "宷",其形由 "雩" 而變。林說甚是。
甲骨文 "雩" 字作 "ᘲ"(《合集》01961 臼)"ᘳ"(《合集》00828 反)
"ᘴ"(《合集》06740 臼)"ᘵ"(《合集》11423 正)"ᘶ"(《合集》
03318),從 "雨""于" 聲;或作 "ᘷ"(《合集》28180)"ᘸ"(《合集》
31199),從 "雨" 從 "無"("無" 象一人操牛尾而舞形) 會意,本義指
爲祈雨而舉行的祭祀。《王國維遺書·觀堂古今文考釋·毛公鼎銘考釋》
云:"雩,古文粵。小篆作 '粵'。猶霸之訛爲 'ᘹ'(《說文》古文由此
作) 矣。" 可與林說互證。

林氏謂毛公鼎 "雩" 所從之 "ᘺ" 亦 "于" 字,象紆曲形,甚確。克
罍 "雩" 字作 "ᘻ",所從之 "ᘼ" 與甲骨文 "于" 字作 "ᘽ"(《合集》
37398) 形同。"ᘾ" 乃 "ᘼ" 之省形。

34. 紹

《漢語大字典》"紹" 字下云:《說文》:"紹,繼也。從糸召聲。一
曰紹,緊糾也。綤,古文紹從邵。" 林義光《文源》:"《說文》云:'綤,
古文紹。' 按:從糸邵聲。《說文》云:'絕,斷絲也。從糸從刀從卩。'
按:與綤形近。刀聲猶召聲也,絕蓋與紹同字,相承誤用爲斷繼之
繼。"……林氏之說是。初誼爲絕,而許書訓繼者亦治之訓亂也。其始爲
一字,繼絕兩訓其後始分衍爲二耳。

①　參看裘錫圭:《裘錫圭學術文集·殷墟甲骨文字考釋(七篇)》,復旦大學出版社,第
354—355 頁。

今按：林義光謂“絕”與“紹”同字，相承誤用爲斷絲之“𢇍”，此說不可信。甲骨文“絕”字作“𢇍”（《合集》152 正）“𢇍”（《合集》17464），從“絲”、從“刀”，象以刀斷絲形，或從“素”、從“刀”，作“𢇍”（花東 480）。楚簡“絕”字作“𢇍”（包山 249）“𢇍”（望山楚簡 2·50）“𢇍”（曾侯乙墓竹簡 14）“𢇍”（天星觀楚簡）。中山王𰯼壺“絕”字作“𢇍”，與曾侯乙墓竹簡“𢇍”、《說文》“絕”字古文“𢇍”相合。睡虎地秦簡“絕”字作“𢇍”（治獄 53），從“絲”、從“刀”、從“卪”。黃德寬等先生認爲“絕”所從之“卪”乃聲符。我們認爲“卪”不是聲符，而是在甲骨文從“絲”、從“刀”之形上加形符“卪”。

戰國文字有“紹”字，作“𢇍”（璽彙 2387）“𢇍”（璽彙 1188）“𢇍”（十四年銅泡），皆用作人名。《說文》“紹”字古文“𢇍”，段玉裁據《玉篇》、《廣韻》、《汗簡》改爲“𢇍”。《古匋文香錄》13.1 有字作“𢇍”，陳侯因𦅫敦“𢇍”，可證段氏之說。陳侯因𦅫敦“𢇍”在銘文中即用作“紹”。“紹”字本從“糸”“卲”聲。楚王酓忎盤有人名作“𢇍”，此字亦當視爲從“糸”“卲”聲之字，而非“絕”字。

綜上所述可見，“絕”字甲骨文中已多見，“紹”字則最早出現于戰國文字，因此，林義光認爲“絕”是由“紹”分化而來，顯然不可信。不過，從詞義引申規律和文字分化的角度來看，由于詞義引申的相反爲義，“絕”由斷絕義引申出“繼”義，由“絕”字分化出“紹”字來記錄“繼”義也是可能的。

35. 𢇍

《漢語大字典》“𢇍”字下云：《說文》：“𢇍，圮也。從攴，從厂。厂之性圮，果孰有味亦圮，故謂之𢇍，從未聲。”林義光《文源》：“本義當爲‘飭’、爲‘治’。從攴，從人，與“攸”同意，來聲。經傳以‘釐’爲之。”

今按：林義光據金文“𢇍”字作“𢇍”，指出“𢇍”非從“厂”，《說文》所謂“厂”乃“人”形所變，“𢇍”從“來”聲，非從“未”聲，甚確。“𢇍”字見於甲骨文，作“𢇍”（《合集》31854）“𢇍”（屯南 4453），或累加“又”作“𢇍”（《合集》27347）“𢇍”（《合集》31853），象穫麥之形，引申而又“福”義、“治”義。卜辭中皆當讀作“釐”，訓爲“福”。商代毓且丁卣銘文“賜𢇍”，“𢇍”讀作“釐”。西周金文

"氂"用作人名。師嫠簋銘文："嫠敢氂王"，"氂"亦當讀作"釐"。西周金文"釐"字作"𦎫"（錄伯簋）"𥝩"（芮伯壺），或從"子"作"𦎫"（史墻盤）"𥝩"（叔向簋），或從"貝"作"𦎫"（克鼎）。姚孝遂先生在《甲骨文字詁林》"氂"字條下加按語曰："'氂''氂'本為一字。'釐'與'氂''氂'則為古今字。"[1] 表示"整飭"之"氂"後作"敕"。郭店楚簡《尊德義》："不（32）愛則不親，不□則弗懷，不蛮則無畏，不忠則不信。（33）"劉釗先生認為"蛮"當讀作"敕"，訓為"戒"[2]。

36. 亳

《漢語大字典》"亳"字下云：《說文》"亳，京兆杜陵亭也。從高省，乇聲。"林義光《文源》："亳與乇不同音，亳字當為殷湯所居邑名而制，其本義不當為亭名。從京、宅省，京宅互體而省。"

今按：商代金文"亳"字作"𩰫"（亳戈冊父乙觚）"𩰫"（乙亳戈冊觚）；西周早期金文作"𩰫""𩰫"（亳鼎）"𩰫"（内史亳觚），皆用作人名；春秋金文作"𩰫"（亳疕戈）；戰國文字作"𩰫"（陳璋鑐）"𩰫"（睡虎地·日書甲種149背）"𩰫"（陶彙3·6）。陳璋鑐"亳"字用作地名。"乇"聲系字只有"亳"是幫組並母字，其餘皆為端組字，通假資料中亦未見"乇"聲系字與幫組字通假之例，故《說文》謂"亳，從乇聲"未必可信。林義光認為"亳"字從"京""宅"省，"京""宅"互體而省，可備一說。林氏所謂"互體"是指字的某一部分是兩個部件共有的，即我們現在說的借筆。

37. 廷

《漢語大字典》"廷"字下云：《說文》："廷，朝中也。從廴、壬聲。"林義光《文源》："古作𨒉（利鼎）。廷與庭古多通用，疑初皆作'廷'。乚象庭隅之形，壬聲。或作𨒉（頌敦）、作𨒉（頌壺），庭内常灑埽刷飾，故從丷、丷，飾也。"

今按："廷"字見於西周金文，作"𨒉"（毛公鼎）"𨒉"（何尊）"𨒉"（頌鼎）"𨒉"（頌簋）"𨒉"（衛簋）。春秋時期的秦公簋"廷"字作"𨒉"，睡虎地秦簡作"廷"（秦律十八種197）。林義光謂字所從之"乚"

---

①　于省吾主編：《甲骨文字詁林》，中華書局1996年版，第1462頁。

②　劉釗：《郭店楚簡校釋》，福建人民出版社2005年版，第129頁。

象庭隅之形，"廷""庭"初皆作"廷"，庭内常灑埽刷飾，故从"⋮"。"⋮"，飾也。此皆有一定道理。不過他認為"廷"从"壬"聲，則是據訛變後的形體立說。從金文來看，"廷"象人立於廷隅之形，後"人"下加一橫飾筆，作"𡈼"，後再加飾筆變作"𡈼"，"𡈼"則是割裂"𡈼"的結果。劉釗先生認為"廷"字後來从"壬"聲，是由"𡈼""𡈼"等形所从之"土"和"人"重合變來的①。"廷"的演變軌跡還有一種可能是："𡈼"所从之"𢕂"加一橫飾筆作"𡈼"，"𡈼"所从之"𡈼"再添一橫飾筆作"𡈼"，"𡈼"省去"彡"後再演變成"廷"。

38. 後

《漢語大字典》"後"字下云：《説文》："遲也。从彳、幺，夊者，後也。逡，古文後从辵。"林義光《文源》："𢆶，古玄字，繫也，𣥚象足形，足有所繫，故後不得前。"

今按：林氏之言可備一説。目前為止沒有更好的解釋。甲骨文"後"字作"𢆶"（《合集》18595），从"𢆶"、从倒"止"。或作"𢕂"（屯南2358），加動符"彳"。

39. 畁

《漢語大字典》"畁"字下云：《説文》："畁，舉也。从廾、由。《春秋傳》曰：'晉人或以廣墜，楚人畁之。'黄顥説：'廣車陷，楚人爲舉之。'杜林以爲麒麟字。"林義光《文源》："象兩手奉击。击，缶。"

今按：《新金文編》"畁"字下收"𤮺"（師酉簋）"𤮺"（白敢畁盨乙盨器）"𤮺"（白敢畁盨甲盨器）。《金文摹釋总集》隸作"畀"。趙平安先生據侯馬盟書"弁"字作"𢁨"釋師酉簋"𤮺"字為"弁"②。然而，師酉簋"畁"字用作方國名，白敢畁盨則為人名用字，難以確證"𤮺"即"弁"。因此我們以《新金文編》所釋為是。《玉篇》："𤰵，今作畀。"林義光所言近是。

40. 聯

《漢語大字典》"聯"字下云：《説文》："連也。从耳，耳連於頰。

---

① 劉釗：《古文字構形學》，福建人民出版社 2006 年版，第 91 頁。
② 參見趙平安：《釋甲骨文中的"𢁨"和"𢆶"》，收入《新出簡帛與古文字古文獻研究》，商務印書館 2009 年版。

从絲，絲連不絕也。"林義光《文源》："按：从耳，其連於煩之意不顯。凡器物如鼎、爵、盤、壺之屬多有耳，欲聯綴之，則以繩貫其耳。从絲，从耳。"

今按：甲骨文"聯"字作"𦔮"（《合集》32176）"𦕁"（花東203）"𦕀"（花東480），从"耳"、从"糸"。西周金文或承襲甲骨文之形，作"𦕁"（作醫聯鬲）"𦖥"（聯作父丁觶），或从"耳"从"絲"，作"𦖶"（任簠）。王筠《說文釋例》曰："然絲可以連，耳何以連？合絲於耳，又何以連？字形殊難知也，故許君分疏之，而各以'連'字與字義黏合，終不扭合耳、絲為一義，疑以傳疑也。"林義光認為"聯"所从之"耳"非人耳，而是器皿之耳，頗有道理。以繩貫耳，理據充分，可備一說。

41. 曳

《漢語大字典》"曳"字下云：《說文》："曳，臾曳也。从申，从乙。"林義光《文源》："曳从人、臼，象兩手捽扭一人之形。"

今按：甲骨文"曳"字作"𠂤"（《合集》21231）"𠂤"（《合集》1107）"𠂤"（《合集》17955），西周金文作"𠂤"（聿曳鼎）"𠂤"（師曳鐘），皆象以兩手曳人之形。林義光所言甚是。林氏還指出"申"古作"𠂤"，"申"非"申"字。《說文》析形殊誤。《說文》釋義亦有不確之處，"曳"無"束縛"之義。

42. 臨

《漢語大字典》"臨"字下云：《說文》："临，監臨也。从臥、品聲。"林義光《文源》："品，眾物也，象人俯視眾物形。"

今按："臨"字最早見於西周金文，作"𠂤"（盂鼎）"𠂤"（伯唐父鼎），"𠂤"象俯視之人，林義光謂"臨"象人俯視眾物之形，甚是。"監臨"是"臨"的引申義，而不是本義。"臨"的本義當指由上看下，居高面低。如《荀子·勸學》："不臨深溪，不知地之厚也。""臨"乃會意字，《說文》析為"从臥，品聲"，不可信。"臨"聲系字"灆"亦來母字。傳世典籍和古文字資料中皆未見"臨"聲系字與幫組字通假的例子。

43. 虦

《漢語大字典》"虦"字下云：《說文》："虦，虎所攫畫明文也。从虎、寽聲。"林義光《文源》："虦為虎攫，無他證，當為鞹之古文，去毛皮也。"

今按：林氏还指出："古作鞹（虢文公子鼎）、作鞹（虢叔作叔殷匜）。變作鞹（虢叔匜），从虎、彐，象手有所持，以去其毛。凡朱鞹，諸彝器以'虢'為之。"《古文字譜系疏證》亦以"虢"為"鞹"之初文，認為字从"爪"、从"攴"、从"虎"，會以手持虎另手治取其皮之意，虎亦聲①。《說文》以為从"寽"聲，不可信。段注以為"聲"字衍。

44. 索

《漢語大字典》"索"字下云：《說文》："索，艸有莖葉，可作繩索。从宋、糸。杜林說：'宋亦朱宋字'。"林義光《文源》："象兩手緧索形，不从宋。"

今按：林說甚是。甲骨文"索"字作"🔣"（《合集》21306甲），象繩索形；或作"🔣"（花東125），加兩手，象用雙手搓繩之形。西周金文皆沿襲後一種形體，作"🔣"（炎伯壺蓋）"🔣"（輔師嫠簋）。戰國文字分兩系，秦文字作"🔣"（睡虎地·秦律十八種167），在"🔣"形上加飾筆"🔣"；楚文字作"🔣"（曾侯乙鐘）"🔣"（郭店·老子甲種2）"🔣"（郭店·緇衣29）。《說文》小篆作"🔣"，是由秦文字訛變而成。

45. 終

《漢語大字典》"終"字下云：《說文》："終，絿絲也。从糸、冬聲。宆，古文終。"林義光《文源》："（甲骨文）象兩端有結形。"

今按：《漢語大字典》引《文源》有誤。《文源》從未提及"甲骨文"三個字。凡論及古文字，皆云："古作某。""夂"字下云："古作🔣（頌鼎），象兩端有結形。"可備一說。或以為下垂者為紡專，象絿絲形②。甲骨文"終"字作"🔣"（《合集》12998正），商代金文與此同形，作"🔣"（亡終鼎）。西周金文下端兩圈或變成點，並上移，作"🔣"（頌壺），點或變成兩短橫，作"🔣"（黃子鼎），兩短橫連成一橫，就成了《說文》"終"字古文"🔣"形。

46. 縣

《漢語大字典》"縣"字下云：《說文》："縣，繫也。从系、持県。"

---

① 黃德寬等編：《古文字譜系疏證》，商務印書館2007年版，第1267頁。

② 參見于省吾主編：《甲骨文字詁林》姚孝遂按語，中華書局1996年版，第3133頁；黃德寬等編：《古文字譜系疏證》，中華書局2007年版，第1158頁。

林義光《文源》謂金文"从木，从糸，持首"。

今按：林說是。"縣"字最早見於西周中期金文，作"🔲"（縣改簋）。春秋戰國文字或承襲此形，作"🔲"（仲壺君匜），或將下部的"目"換成"首"，作"🔲"（邵黛鐘）。戰國沿襲此形，作"🔲"（曾侯乙墓竹簡2）"🔲"（古封泥集成15）；或作"🔲"（包山227），从"又"、从"糸"、从"首"；或作"🔲"（睡虎地秦簡·效律28），《說文》小篆作"🔲"即由秦文字演變而成。

47. 睿

《漢語大字典》"睿"字下云：《說文》："𣎑，山閒陷泥地。从口、从水敗皃。讀若沇州之沇。九州之渥地也，故以沇名焉。睿，古文𣎑。"林義光《文源》："《说文》云：按，睿，古文𣎑。按：从𠑹省从谷。疑與睿同字。"

今按：《说文》："睿，深通川也。从谷、从𠑹。𠑹，殘地阬坎意也。《虞書》曰：'睿畎澮距川。'睿或从水。濬，古文睿。"林義光懷疑"𣎑"字古文"睿"與"睿"同字。張富海先生以爲可信。張先生認爲"𣎑"和"濬"的聲符"睿"聲母都是余母，韻部一是元部合口，一是祭部合口，是陰陽對轉的關係，所以"𣎑"的古文可以是"濬"的異體[1]。

48. 頊

《漢語大字典》"頊"字下云：《說文》："頊，頭頊頊，謹皃。从頁、玉聲。"林義光《文源》："象奉玉謹愨見於顏面之形。"

今按：西周金文"頊"字作"🔲"（頊爰盨），字確如林義光所言象人奉玉之形。古音"頊""玉"皆為侯部字，"頊"為曉母字，"玉"為疑母字，"玉"當如《說文》所言亦聲符。因此"頊"字當為會意兼聲字，从"頁"、从"玉"，"玉"亦聲。

49. 食

《漢語大字典》"食"字下云：《說文》："食，一米也。从皂、亼聲。或說：亼皂也。"林義光《文源》："（吳王姬鼎）从亼倒口在皂上。皂，薦熟物器也。象食之形。"

今按：甲骨文"食"字作"🔲"（《合集》11484正）"🔲"（《合集》

---

① 張富海：《漢人所謂古文之研究》，線裝書局2007年版。

20134 正）“”（《合集》33694）“”（《合集》29776）“”（《合集》28000）“”（英甲骨 0923）。林義光謂字所从之“”“”乃倒口，“皀”，薦熟物器也，象食之形，頗具理據。古文字从倒“口”的字還有“今”“令”“酓”“龠”“侖”“僉”“合”“會”等。其中“今”“令”“酓”“龠”“侖”“僉”所从之“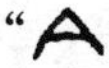”皆與人之口有關。不過“合”“會”所从“”則是器蓋的象形，因此有些學者認為“食”所从之“”乃器蓋之形。我們認為林氏之說更可信。

50．鳥

《漢語大字典》“鳥”字下云：《說文》：“鳥，長尾禽總名也。象形。鳥之足似匕，从匕。”林義光《文源》：“匕象鳥足形，非匕箸字。”

今按：林說是。甲骨文“鳥”字作“”（《合集》20354）“”（《合集》11500 正），金文作“”（丁弄鳥尊），《說文》小篆作“”。《說文》謂“从匕”，乃割裂形體說字。所謂“匕”實際上是鳥足之形。

51．魯

《漢語大字典》“魯”字下云：《說文》：“魯，鈍詞也。从白、鮺省聲。”林義光《文源》：“（古魯字）从口，不从白，彝器每言‘魯休’‘純魯’，阮氏元云：‘魯本義蓋為嘉，从魚入口，嘉美也。’”

今按：《漢語大字典》引林說有誤。林義光引阮元之說為：“阮氏元云：‘魯即嘏字’”。“魯本義蓋為嘉，从魚入口，嘉美也”乃林說，非阮說。甲骨文“魯”字作“”（《合集》10133 反），从“魚”、从“口”。西周金文沿襲甲骨文之形，作“”（䚄簋），或於“口”部加飾點或一橫笔作“”（善夫克鼎）“”（魯司徒仲齊盤）。戰國楚文字作“”（包山 2）“”（包山 176），《說文》小篆變从“白”當是由表示魚尾的兩筆與下部的“”相接而造成的訛體。

引用書刊簡稱表

《殷契粹編》	《粹》
《甲骨文合集》	《合集》
《甲骨文合集補編》	《合補》
《小屯南地甲骨》	《屯南》
《懷特氏等收藏甲骨文集》	《懷特》
《英國所藏甲骨集》	《英》
《花園東地甲骨》	《花東》
《殷周金文集成》	《集成》
《古璽彙編》	《璽彙》
《秦印文字彙編》	《秦印》
《古陶文彙編》	《陶彙》
《中國歷代貨幣大系·先秦卷》	《貨系》
《包山楚簡》	《包山》
《郭店楚墓竹簡》	《郭店》
《天星觀卜筮簡》	《天卜》
《上海博物館藏戰國楚竹書》	《上博》
《信陽楚簡》	《信陽》
《睡虎地秦墓竹簡》	《睡虎地》
《馬王堆漢墓帛書》	《馬王堆》

附録一　通檢

　　說明：本《通檢》依《文源》原來格式編排，每字後的頁碼則重新編訂，有些字原《通檢》漏錄，作了補充，有些字根據筆畫數重新作了調整。

六畫

八畫

---

① "美"字原《通檢》有，《文源》正文無。

---

① "磊""晶"二字原《通檢》有，正文無。

主要參考文獻

一　著作部分（以著者拼音為序）

[1] 白壽彝：《中國通史》第三卷（上），上海人民出版社 1999 年版。

[2]〔美〕白一平：《漢語上古音手冊》（A Hand Book of Old Chinese Pho-nology），Trends in Linguistic – s. &m. 64，Mouton de Gruyter，Berlin／New York，1992 年。

[3]〔美〕包擬古著，潘悟雲、馮蒸譯：《原始漢語與漢藏語》，中華書局 1995 年版。

[4]（清）曹仁虎：《轉注古義考》，叢書集成本第 1105 本，商務印書館 1935—1937 年版。

[5] 陳劍：《甲骨金文考釋論集》，線裝書局 2007 年版。

[6] 陳夢家：《殷墟卜辭綜述》，中華書局 1988 年版。

[7] 陳慶元主編：《賭棋山莊稿本》，江蘇古籍出版社 2002 年版。

[8] 陳慶元主編：《謝章鋌集》，吉林文史出版社 2009 年版。

[9] 陳偉：《郭店竹書別釋》，湖北教育出版社 2002 年版。

[10] 陳煒湛：《陳煒湛語言文字論集》，世紀出版集團、上海古籍出版社 2005 年版。

[11] 黨懷興：《宋元明六書學研究》，中國社會科學出版社 2003 年版。

[12] 董蓮池：《金文編校補》，東北師範大學出版社 1995 年版。

[13]（清）段玉裁：《説文解字注》，江苏广陵古籍刻印社 1997 年版。

[14] 高明：《古文字類編》，中華書局 1980 年版。

[15] 高明：《中國古文字學通論》，北京大學出版社 1996 年版。

[16] 顧藹吉：《隸辨》，中華書局 1986 年版。

[17] 郭沫若著，中國科學院考古研究所編：《甲骨文字研究》，科學出版

社 1962 年版。

[18] 郭沫若：《郭沫若全集·考古篇·金文叢考》第五卷，科學出版社 2002 年版。

[19] 漢語大字典編輯委員會編：《漢語大字典》，湖北、四川辭書出版社 1993 年版。

[20] 何琳儀：《戰國古文字典》，中華書局 1998 年版。

[21] 何琳儀：《戰國文字通論》，中華書局 1989 年版。

[22] 何添：《王筠說文六書相兼說研究》，吉林文史出版社 2000 年版。

[23] 洪成玉：《古今字》，語文出版社 1995 年版。

[24] 胡厚宣：《五十年甲骨學論著目》，中華書局 1952 年版。

[25] 胡樸安：《中國文字學史》（據商務印書館 1937 年版複印），上海書店 1984 年版。

[26] 黃德寬、陳秉新：《漢語文字學史》（增訂本），安徽教育出版社 2006 年版。

[27] 黃德寬主編：《古文字譜系疏證》，商務印書館 2007 年版。

[28] 黃侃：《黃侃論學雜著》，上海古籍出版社 1980 年版。

[29] 黃錫全：《汗簡注釋》，武漢大學出版社 1990 年版。

[30] 吉常宏、王佩增編：《中國古代語言學家評傳·鄭樵》，山東教育出版社 1992 年版。

[31] 季旭昇：《說文新證》，福建人民出版社 2010 年版。

[32] 李方桂：《上古音研究》，商務印書館 1980 年版。

[33] 李國英：《小篆形聲字研究》，北京師範大學出版社 1996 年版。

[34] 李家浩：《安徽大學漢語言文字研究叢書·李家浩卷》，北京師範大學出版社 2013 年版。

[35] 李孝定：《甲骨文字集釋》，中研院歷史語言研究所，1970 年版。

[36] 李學勤：《失落的文明·〈說文解字〉》，上海文藝出版社 1997 年版。

[37] 梁啟超：《清代學術概論》，上海古籍出版社 1998 年版。

[38] 林義光：《文源》，中西書局 2012 年版。

[39] 林義光：《詩經通解》，中西書局 2012 年版。

[40] 林澐：《古文字研究簡論》，吉林大學出版社 1986 年版。

[41] 林志強：《漢字的闡釋》，海峽文藝出版社 2000 年版。

[42] 林志強：《古本〈尚書〉文字研究》，中山大學出版社 2009 年版。

[43] 劉釗：《郭店楚簡校釋》，福建人民出版社 2005 年版。

[44] 劉釗：《古文字構形學》，福建人民出版社 2006 年版。

[45] 劉釗主編：《新甲骨文編》，福建人民出版社 2009 年版。

[46] 馬衡：《凡將齋金石叢稿·中國金石學概要上》，中華書局 1977 年版。

[47] ［加］蒲立本著，潘悟雲、徐文堪譯：《上古漢語輔音系統》，中華書局 1999 年版。

[48] （清）錢大昕：《十駕齋養新錄》，上海書店 1983 年版。

[49] ［日］僑川時雄：《中國文化界人物總鑑》，中華法令編譯館 1940 年版。

[50] 裘錫圭：《文字學概要》，商務印書館 1988 年版。

[51] 裘錫圭：《古文字論集》，中華書局 1992 年版。

[52] 裘錫圭：《文史叢稿——上古思想、民俗與古文字學史》，上海遠東出版社 1995 年版。

[53] 裘錫圭：《裘錫圭學術文集·甲骨文卷》，復旦大學出版社 2012 年版。

[54] 商承祚：《說文中之古文考》，上海古籍出版社 1993 年版。

[55] 孫雍長：《轉注論》，嶽麓書社 1991 年版。

[56] 唐蘭：《古文字學導論》，齊魯書社 1981 年版。

[57] 唐蘭：《中國文字學》，上海古籍出版社 2001 年版。

[58] 唐作藩：《上古音手冊》，江蘇人民出版社 1982 年版。

[59] 王國維：《觀堂集林》，中華書局 1959 年版。

[60] 王國維：《王國維遺書·觀堂古今文字考釋》，上海古籍書店 1983 年版。

[61] 王鍈、袁本良點校：《鄭珍集·小學》，貴州人民出版社 2001 年版。

[62] 王元鹿：《漢古文字與納西東巴文字比較研究》，華東師範大學出版社 1988 年版。

[63] （清）王筠：《文字蒙求》，中華書局 1962 年版。

[64] （清）王筠：《說文釋例》，中國書店 1983 年版。

[65] （南唐）徐鍇：《說文解字繫傳》，中華書局 1987 年版。

[66] （漢）許慎：《說文解字》，中華書局 1963 年版。

[67] 徐無聞主編：《甲金篆隸大字典》，四川辭書出版社 1991 年版。

[68] 徐中舒主編：《甲骨文字典》，四川辭書出版社 1989 年版。

[69] 嚴迪昌：《清詞史》，江蘇古籍出版社 2001 年版。

[70] 楊逢彬：《積微居友朋書劄》，湖南教育出版社 1986 年版。

[71] 楊寬：《古史新探》，中華書局 1965 年版。

[72] 楊樹達：《文字形義學》，上海古籍出版社 1988 年版。

[73] 楊樹達：《積微居小學金石論叢》（增訂本），中華書局 1983 年版。

[74] （明）楊慎：《轉注古音略》，叢書集成本，商務印書館 1935—1937
年版。

[75] 楊五銘：《文字學》，長沙人民出版社 1986 年版。

[76] 葉玉英：《古文字構形與上古音研究》，廈門大學出版社 2009 年版。

[77] 于省吾：《甲骨文字釋林》，中華書局 1979 年版。

[78] 于省吾：《甲骨文字詁林》，中華書局 1996 年版。

[79] 曾憲通《曾憲通學術文集》，汕頭大學出版社 2002 年版。

[80] 曾憲通、林志強：《漢字源流》，中山大學出版社 2011 年版。

[81] 詹鄞鑫：《漢字說略》，遼寧教育出版社 1991 年版。

[82] 張斌、許威漢《中國古代語言學資料匯纂·文字學分冊》，福建人
民出版社 1993 年版。

[83] 張富海：《漢人所謂古文研究》，線裝書局 2007 年版。

[84] 張其昀：《"說文學" 源流考略》，貴州人民出版社 1998 年版。

[85] 張世超：《金文形義通考》，京都：中文出版社 1996 年版。

[86] 章太炎：《文始》，江蘇廣陵古籍刻印社 1981 年版。

[87] 章太炎：《國故論衡》，商務印書館 2010 年版。

[88] 趙平安：《〈說文〉小篆研究》，廣西教育出版社 1999 年版。

[89] 趙平安：《新出簡帛與古文字古文獻研究》，商務印書館 2009 年版。

[90] （宋）鄭樵：《通志略》，上海古籍出版社 1990 年版。

[91] 鄭張尚芳：《上古音系》，上海教育出版社 2003 年版。

[92] 中國社會科學院考古研究所編：《甲骨文編》，中華書局 1965 年版。

[93] 周法高：《金文詁林》，香港中文大學出版社 1984 年版。

[94] 朱德熙：《朱德熙古文字論集》，中華書局 1995 年版。

二 論文部分（以作者拼音為序）

[1] 陳初生：《古文字形體的動態分析》，《暨南學報》1993 年第 1 期。

[2] 陳近歡：《〈說文大小徐本錄異〉研究》，福建師範大學碩士論文，2013 年版。

[3] 陈剑：《甲骨金文舊釋"蠢"之字及相關諸字新釋》，《出土文獻與古文字研究》第二輯，復旦大學出版社 2008 年版。

[4] 陳偉武：《雙聲符字綜論》，《中國古文字研究》第一輯，吉林大學出版社 1999 年版。

[5] 陳煒湛：《清代傑出的古文字學家吳大澂》，《古文字研究》第二十輯，中華書局 2000 年版。

[6] 陳煒湛：《古文字與篆刻》，《字詞天地》1984 年第 4 期。

[7] 陳雙新：《形聲起源初探》，《河北大學學報》1995 年第 3 期。

[8] 黨懷興：《〈六書故〉用鐘鼎文考釋古文字評議》，《中央民族學院學報》2001 年第 4 期。

[9] 丁山：《數名古誼》，中研院《歷史語言研究所集刊》一本一分，1928 年版。

[10] 董琨：《周原甲骨文與漢字形體發展》，《古漢語研究》1994 年增刊。

[11] 董蓮池：《宋人在金文文獻整理上的創獲》，《古籍整理研究學刊》1992 年第 4 期。

[12] 馮時：《中國古文字研究五十年》，人大複印報刊資料《語言文字》2000 年第 1 期。

[13] 高樂田：《〈說文解字〉中的符號學思想初探》，《湖北大學學報》1997 年第 2 期。

[14] 郭永秉：《談古文字中的"要"字和從"要"之字》，《古文字研究》第二十八輯，中華書局 2010 年版。

[15] 韓偉：《"象意"與"會意"辨》，《信陽師範學院學報》1996 年第 7 期。

[16] 韓偉：《合體象形質疑》，《中州大學學報》2000 年第 4 期。

[17] 韓偉:《再辨"象意"與"會意"》,《信陽師範學院學報》2001 年
第 1 期。

[18] 黃麗娟:《戰國多聲字研究》,《新出土文獻與古代文明研究》,上
海大學出版社 2004 年版。

[19] 黃天樹:《殷墟甲骨文"有聲字"的構造》,《中研院歷史語言研究
所集刊》第七十六本·第二分,2005 年。

[20] 黃文杰:《說朋》,《古文字研究》第 22 輯,中華書局 2000 年版。

[21] 季采素:《漢字形體訛變說》,《漢字文化》1994 年第 2 期。

[22] 金國泰:《訛變三題》,《吉林師範學院學報》1989 年年 3 期。

[23] 姜亮夫:《孫詒讓學術檢論》,《浙江學刊》1999 年第 1 期。

[24] 江中柱:《戴震"四體二用說"研究》,《湖北大學學報》1993 年第
4 期。

[25] 李葆嘉:《論清代上古聲紐研究》,《語言研究》1992 年第 2 期。

[26] 李家浩:《戰國於疋布考》,《中國錢幣》1986 年第 4 期。

[27] 李家浩:《讀〈郭店楚墓竹簡〉瑣議》,《郭店楚簡研究》,遼寧教
育出版社 2000 年版。

[28] 李家浩:《〈說文解字〉篆文有漢代小學家篡改和虛造的字形》,
《安徽大學漢語言文字研究叢書·李家浩卷》,北京師範大學出版社
2013 年版。

[29] 李敏辭:《"省聲"說略》,《古漢語研究》1995 年第 2 期。

[30] 李仁安:《六書剳記》,《玉溪師範學院學報》2001 年第 2 期。

[31] 李萬福:《論漢字的造字方法》,《古漢語研究》2001 年第 2 期。

[32] 林海俊:《清代古文字學家阮元》,《揚州大學學報》1998 年第
5 期。

[33] 林奎良:《〈古今文字通釋〉研究》,福建師範大學碩士論文,2012
年版。

[34] 林清源:《楚文字構形演變研究》,東海大學中國文學系博士論文,
1997 年版。

[35] 林小安:《殷契六書研究》(一),《出土文獻研究》第三輯,1998
年版。

[36] 林澐:《四版〈金文編〉商榷》,江蘇太倉古文字學年會論文,1990

年版。

[37] 林文華：《清代金石學著作〈廣金石韻府〉研究》，《福建師範大學學報》2012 年增刊。

[38] 林志強：《論傳抄古文的形態變化及相關問題》，《漢字研究》（第一輯），學苑出版社 2005 年版。

[39] 林志強：《鄭樵的漢字生成理論》，《古漢語研究》2001 年第 1 期。

[40] 林志強：《漢碑隸體古文述略》，《古文字研究》第 26 輯，中華書局 2006 年版。

[41] 林志強：《趙明誠、李清照與古文字學》，《中山大學學報》1994 年第 2 期。

[42] 林志強：《關於漢字的訛變現象》，《福建師範大學學報》1999 年第 4 期。

[43] 林志強：《說“夲”》，《古文字研究》第 24 輯，中華書局 2002 年版。

[44] 劉又辛、李茂康：《章太炎的語言文字研究》，《西南師範大學學報》1990 年第 3 期。

[45] 劉釗：《卜辭所見殷代的軍事活動》，《古文字研究》第十六輯，中華書局 1989 年版。

[46] 劉釗：《談考古資料在〈說文〉研究中的重要性》，《中國古文字研究》第一輯，吉林大學出版社 1999 年版。

[47] 劉釗：《古文字中的合文、借筆、借字》，《古文字研究》第 21 輯，中華書局 2001 年版。

[48] 羅衛東：《春秋金文研究概況》，《古漢語研究》1997 年第 3 期。

[49] 羅智光：《試論古無次清音》，《中山大學學報》1999 年第 2 期。

[50] 馬育良：《關於漢字早期形聲化現象的再認識》，《安徽大學學報》1999 年第 6 期。

[51] 孟廣道：《聲符累增現象初探》，《古漢語研究》2000 年第 2 期。

[52] 彭裕商：《金文研究與古代典籍》，《四川大學學報》1991 年第 1 期。

[53] 彭裕商：《指事說》，《中國古文字研究》第一輯，吉林大學出版社 1999 年版。

[54] 彭志雄：《"六書"新解》，《貴州教育學院學報》1995 年第 3 期。

[55] 裘錫圭：《古文字學簡史》，《文史叢稿——上古思想、民俗與古文字學史》，上海遠東出版社 1996 年版。

[56] 裘錫圭：《史牆盤銘解釋》，《考古》1978 年第 5 期。

[57] 裘錫圭：《殷墟甲骨文字考釋（七篇)》，《湖北大學學報》1990 年 1 期。

[58] 裘錫圭：《從殷墟卜辭的"王占曰"說到上古漢語的宵談對轉》，《中國語文》2002 年第 1 期。

[59] 商中：《指事字之結構類型》，《平原大學學報》2000 年第 1 期。

[60] 宋均芬：《從〈說文解字〉看許慎的語言文字觀》，《漢字文化》1997 年第 2 期。

[61] 孫常敘：《假借形聲和先秦文字的性質》，《古文字研究》第十輯，中華書局 1983 年版。

[62] 孫雍長：《六書研究中的一些看法》，《古漢語研究》1990 年第 3 期。

[63] 孫雍長：《漢字構形的思維模式》，《湖北師範大學學報》1990 年第 4 期。

[64] 孫永強：《"散"本義及其本字初探》，《古漢語研究》1992 年第 3 期。

[65] 湯可敬：《〈說文〉"多形多聲"說研究》，《益陽師專學報》1991 年第 10 期。

[66] 唐蘭：《殷墟文字二記》，《古文字研究》第 1 輯，中華書局 1979 年版。

[67] 王國珍：《"形借"說辨》，《殷都學刊》2001 年第 1 期。

[68] 王玉鼎：《轉注假借新說》，《延安大學學報》2000 年第 2 期。

[69] 吳振武：《古文字中的借筆字》，《古文字研究》第 20 輯，中華書局 2000 年版。

[70] 徐福豔：《〈說文字辨〉字形摹辨體例及得失》，《福建師範大學學報》2012 年增刊。

[71] 徐在國：《略論丁佛言的古文字研究》，《煙臺師範學院學報》1998 年第 3 期。

[72] 楊潤陸：《論古今字的定稱與定義》，《古漢語研究》1999 年第

1 期。

[73] 楊薇：《淺議假借造字及“三書”說》，《古漢語研究》2000 年第 2 期。

[74] 姚孝遂：《古漢字的形體結構及其發展階段》，《古文字研究》第四輯，中華書局 1980 年版。

[75] 姚孝遂：《論文字形體的整體性》，《吉林大學學報》1996 年第 5 期。

[76] 姚孝遂：《甲骨文形體結構分析》，《古文字研究》第二十輯，中華書局 2000 年版。

[77] 葉玉英：《論第一人稱代詞“予”出現的時代及其與“余”“舍”的關係》，《中山大學學報》2010 年第 3 期。

[78] 葉玉英：《中古精莊組字來源於 ＊S－複輔音說箋證》，首都師範大學博士後出站報告，2011 年。

[79] 袁家麟：《漢字純雙聲符字例證》，《南京師大學報》1988 年第 2 期。

[80] 曾憲通：《吳王鐘銘考釋——薛氏〈款識〉商鐘四新解》，《古文字研究》第 17 輯，中華書局 1989 年版。

[81] 曾憲通：《從曾侯乙編鐘之鐘虡銅人說“虡”與“業”》，《曾侯乙編鐘研究》，湖北人民出版社 1992 年版。

[82] 曾憲通：《“作”字探源》，《古文字研究》第十九輯，中華書局 1992 年版。

[83] 曾憲通：《楚帛書文字新訂》，《中國古文字研究》第一輯，吉林大學出版社 1999 年版。

[84] 曾憲通：《“盲”及相關諸字考辨》，《古文字與出土文獻叢考》，中山大學出版社 2005 年版。

[85] 曾憲通：《四十年來古文字學的新發現與新學問》，《曾憲通學術文集》，汕頭大學出版社 2002 年版。

[86] 張標：《論鄭樵的〈六書略〉》，《古漢語研究》1997 年第 2 期。

[87] 張桂光：《古文字中的形體訛變》，《古文字研究》第十五輯，中華書局 1986 年版。

[88] 張明海：《反形字淺論》，《商丘師範學院學報》2001 年第 3 期。

[89] 張渭毅：《章太炎和他的〈國故論衡〉》，《邯鄲學院學報》2011 年第 3 期。

［90］張文國：《"轉注"新說》,《聊城師範學院學報》2000 年第 4 期。

［91］張玉金：《漢字造字法新探》,《古漢語研究》1999 年第 4 期。

［92］張振林：《古文字中的羨符》,《中國文字研究》第二輯，廣西教育出版社 2001 年版。

［93］趙誠：《試論古文字的規律性和實踐性》，人大複印報刊資料《語言文字》1984 年第 8 期。

［94］趙誠：《晚清的金文研究》,《古漢語研究》2002 年第 1 期。

［95］趙誠：《近幾年的古文字研究》，人大複印報刊資料《語言文字學》1986 年第 5 期。

［96］周玉秀：《聲轉述評》,《古漢語研究》1996 年第 3 期。

［97］莊義友：《漢字的造字理據與字形構造模式》,《韶關學院學報》2001 年第 1 期。

後　記

　　2001 年初，臨近寒假，業師林志強先生從廣州回榕，找到我和兰碧仙，給出鄭樵《六書略》和林義光《文源》兩個題目讓我們選。林師說《文源》很有價值，越來越受關注，引用的人不少，但還沒有人專門研究過，比較難。我選擇了《文源》。我去圖書館古籍部借來《文源》複印。初看《文源》，如讀天書。特別是《六書通義》部分，令人如墜雲霧。為我撥開雲霧的，除了林師外，還有劉釗先生和季旭昇先生。劉釗先生指出：“林義光有著科學的語言文字觀，他是用歷史的、動態眼光去研究文字的。”劉師此言令我茅塞頓開。季先生不但給我提供資料，還認真批閱我的論文，提了很多寶貴意見。2003 年 6 月，我的碩士論文《〈文源〉的文字學理論研究》順利答辯通過，並獲得福建師範大學優秀學位論文一等獎。

　　我的碩士論文只是《文源》研究之冰山一角。因此，林師又讓師妹田勝男、宋麗娟對《文源》作進一步的研究。田勝男碩士論文《〈文源〉疏證舉例——以甲骨文為中心》完成於 2010 年 6 月。該文利用甲骨資料對《文源》作疏證，驗證林義光之說。宋麗娟碩士論文《〈文源〉所列古今字研究》旨在凸顯了林義光歷史的、動態的文字發展觀。其文完成於 2014 年 6 月。這些研究使我們對《文源》的價值有了更加深入的認識。

　　十五年來，林師在指導我們完成有關《文源》研究的碩士學位論文的同時，還親身投入《文源》研究之中。2009 年他申請了全國高校古籍整理項目《〈文源〉的疏證與研究》，對《文源》中的所有字例進行全面的疏證。2012 年，林師的項目《從鄭樵到林義光：區域文字學研究案例考察》還得到國家社科基金的資助。通過多年的不懈努力，林師不僅發表多篇相關研究的文章，還完成了《文源》標點本和《〈文源〉評注》，為《文源》研究做出重要貢獻。

　　本書由我們師生多年研究成果整合而成的。其中收錄了林師《從鄭樵到林義光：閩籍學者的文字學研究》（代序）《關於〈文源〉的取材問題》《試論林義光的“聲借”說》《〈文源〉“因隸制篆”例說》四篇論文。第一章《林義光生平及主要著作》《林義光與〈文源〉》兩節是在劉釗、葉玉英《林義光及其〈文源〉》（2012年中西書局出版《文源》的“導論”部分）和田勝男《林義光及其〈文源〉》（《新疆教育學院學報》2012年第2期）二文的基礎上，由葉玉英加以整合修改而成。第二章第三節《論林義光的“互體”理論》的作者是田勝男。第五章《〈文源〉評注選登》是龔雪梅和葉玉英根據《〈文源〉評註》進行重新選擇歸整而成的。第一章第四節《林義光古音學思想初探》、第二章第一節《〈文源〉術語分類闡釋》、第三章《林義光的“六書”理論》、第四章《林義光與古文字研究》和第六章《〈文源〉的學術價值與影響》皆為葉玉英所撰。葉玉英完成的字數為21萬，林志強師完成的字數為9萬，龔雪梅完成的字數為3萬，田勝男完成的字數為8千。

　　林義光作為閩籍學者，對其文字學著作的研究，自然也列入馬重奇教授主持的福建省高校服務海西建設重點項目“海峽西岸瀕危語言學文獻及資料的挖掘、整理與研究”的研究計劃中，本書就是在該項目的資助下才得以出版。在此，我們特別向馬重奇先生致謝！本書古字甚多，責任編輯張林先生為此付出不少心血，我們表示衷心的感謝！

　　《文源》的內容很豐富，我們的研究還不夠充分，比如《文源》“六書”的理論內涵及其來源、《文源》注音與林義光古音學思想之間的關係等問題仍然值得我們作進一步探討，我們不應停下研究《文源》的腳步。儘管我們經過多年的努力才完成本書，但由於我們的學識所限造成的缺點錯誤肯定不少，對學界研究成果的吸收也存在不足，希望得到學界同道的指正。

葉玉英

2016年3月